완역 한서 ❽ 열전列傳 4

완역 8

한서 漢書
열전 列傳 4

漢書

반고 지음 · 이한우 옮김

21세기북스

옮긴이의 말

 우선 중국 한(漢)나라의 역사서인 반고(班固)의 『한서(漢書)』를 우리말로 옮겨 세상에 내놓는다.

 편년체(編年體)와는 구별되는 기전체(紀傳體)로 사마천(司馬遷)의 『사기(史記)』는 이미 여러 사람들에 의해 국내에 번역이 돼 있는데 아직 어떤 번역본도 대표 번역의 지위를 얻지 못하고 있다. 아마도 번역상의 문제 때문일 것이다.
 고대에서부터 한나라 무제(武帝)까지를 범위로 하는 『사기』와 달리 『한서』는 오직 한나라만을 대상 범위로 하고 있어 흔히 단대사(斷代史)의 효시로 불리기도 한다. 서(書)란 곧 사(史)다. 『서경(書經)』도 그렇지만 적어도 『한서(漢書)』와 『당서(唐書)』의 이름에서 보듯이 중국의 오래된 역사서 서술 방식인 기전체라는 것은 본기와 열전(列傳)으로 돼 있다는 뜻인데, 그밖에도 표(表)와 지(志)가 포함돼 있다. 서(書)란 곧 사(史)였다.

 『당서』 편찬에 참여했던 당(唐)나라 역사학자 유지기(劉知幾)는 중국 역사학의 전통을 체계적으로 정리한 『사통(史通)』에서 옛날부터 그가 살았던 당나라 때까지의 역사서를 여섯 유파로 분류했다.

첫째가 상서가(尙書家)다. 『상서(尙書)』란 바로 육경(六經)의 하나인 『서경(書經)』을 가리킨다.

둘째는 춘추가(春秋家)다. 공자가 지은 『춘추(春秋)』를 가리킨다. 편년체 역사의 원조다.

셋째는 좌전가(左傳家)다. 좌구명(左丘明)이 『춘추』를 기반으로 해서 역사적 사실을 보충한 것이다.

넷째는 국어가(國語家)다. 『국어(國語)』는 좌구명이 『좌씨전(左氏傳)』을 쓰기 위해 각국의 역사를 모아 찬술(撰述)한 것으로, 주어(周語) 3권, 노어(魯語) 2권, 제어(齊語) 1권, 진어(晋語) 9권, 정어(鄭語) 1권, 초어(楚語) 2권, 오어(吳語) 1권, 월어(越語) 2권으로 돼 있다. 주로 노(魯)나라에 대해 기술한 『좌씨전』을 '내전(內傳)'이라 하는 데 비해 이를 '외전(外傳)'이라고 한다. 사마천이 좌구명을 무식꾼으로 몰았다 하여 '맹사(盲史)'라고도 한다. 또 당나라 유종원(柳宗元)이 『비국어(非國語)』를 지어 이 책을 비난하자 송(宋)나라의 강단례(江端禮)가 『비비국어(非非國語)』를 지어 이를 반박하는 등, 그후로도 학자들의 논쟁이 끊이지 않았다.

다섯째는 사기가(史記家)다. 사마천의 『사기』를 가리킨다. 이 책은 기전체(紀傳體)의 효시로 불린다. 그러나 지나치게 문장의 꾸밈에 치중하고 사실의 비중을 낮췄다는 비판이 줄곧 제기됐다.

여섯째는 한서가(漢書家)다. 반고의 단대사 『한서』를 말한다.

그런데 유지기는 책의 결론에서 "상서가 등 4가의 체례는 이미 오래전에 폐기되었다. 본받아 따를 만한 것으로는 단지 『좌전』과 『한서』 2가만 있을 뿐이다"라고 단정 지었다. 즉, 편년체는 『좌씨전』, 기전체는 『한서』만이 표준이 될 만하다는 것이다. 그후에 사마광(司馬光)은 『좌씨전』의 전통에 서서 『자치통감(資治通鑑)』을 편찬했고, 나머지 중국의 대표적 역사서들은 한결같이 『한서』를 모범으로 삼아 단대기전(斷代紀傳)의 전통을 따랐다. 참고로 사마천의 『사기』는 통고기전(通古紀傳)이라고 한다.

그후에도 중국 역사학계에서는 편년체와 기전체 중에 어느 것이 좋은 역사 서술이냐를 놓고서 지속적인 논쟁이 이어졌고, 동시에 사마천과 반고 중 누가 더 뛰어난 역사가인지를 두고서도 지속적인 논쟁이 이어졌다. 편년체와 기전체의 우열 논쟁은 조선 세종 때 고려의 역사를 정리하는 문제를 두고도 치열하게 진행됐다. 결국 세종은 어느 한쪽의 손을 들어주지 않은 채 기전체 『고려사(高麗史)』와 편년체 『고려사절요(高麗史節要)』를 다 편찬하도록 했다. 그만큼 쉽지 않은 문제인 것이다.

그러면 중국에서 『한서』와 『사기』의 우열 논쟁은 어떻게 진행돼왔는가? 이에 대해서는 옮긴이의 생각보다는 『반고평전(班固評傳)』(진기태·조영춘 지음, 정명기 옮김, 다른생각)에 있는 내용을 간략히 정리하는 것으로 대신하고자 한다. 그에 앞서 『논어(論語)』 「옹야(雍也)」 편에 나온 공자의 말을 읽어둘 필요가 있다.

"바탕이 꾸밈을 이기면 거칠고 꾸밈이 바탕을 이기면 번지레하니, 바탕과 꾸밈이 잘 어우러진 뒤에야 군자답다[質勝文則野 文勝質則史 文質彬彬 君子]."
_{질승문즉야 문승질즉사 문질빈빈   군자}

『후한서(後漢書)』를 지은 범엽(范曄)은 이미 사마천과 반고를 비교해 이렇게 말한 바 있다.

"사마천의 글은 직설적이어서 역사적 사실들이 숨김없이 드러나며, 반고의 글은 풍부한 내용을 담고 있어서 역사적 사실들을 상세하게 서술하고 있다."

송나라 작가 양만리(楊萬里)는 또 더욱 운치 있는 말을 남겼다.
"이백(李白)의 시는 신선과 검객들의 말이며, 두보(杜甫)의 시는 전아(典雅)한 선비와 문사(文士)의 말이라고 할 수 있다. 이들을 문장에 비유하자면 이백은 곧 『사기』이며, 두보는 곧 『한서』다."

『반고평전』은 『한서』가 후한 초에 발간된 이래 지식인들의 필독서가 된 과정을 이렇게 요약한다.
"『한서』는 동한 시기에 조정 당국과 학자들 사이에서 매우 높은 지위를 차지했다. 이후 반고를 추종하고 『한서』에 주석을 다는 사람들이 끊임없이 증가하여 『한서』의 지위가 계속 높아지자 전문적으로 『한서』를 가르치고 배우는 데까지 이르렀으며, 마침내 오경(五經)에 버금하게 됐다."

남북조(南北朝)시대를 거쳐 당나라에 이르면 『한서』에 주석을 단 저작들이 20여 종에 이른다. 당나라 안사고(顔師古)는 '한서서례(漢書敍例)'라는 글에서 3국, 양진(兩晉), 남북조시대까지 『한서』를 주석한 사람들로 복건(服虔), 응소(應劭), 진작(晉灼), 신찬(臣瓚) 등 23명의 학자들을 열거하고 있다. 이는 곧 이때에 이미 『한서』가 『사기』에 비해 훨씬 더 중시되고 있었음을 보여준다. 물론 여기에는 『한서』의 경우 고문자(古文字)를 많이 사용한 데 반해 『사기』는 고문자를 별로 사용하지 않고, 그나마 인용된 고문자조차 당시에 사용하던 문자로 번역했기 때문에 많은 주석이 필요치 않은 이유도 작용했다.

그리고 안사고가 주석을 단 이후에 『한서』는 비로소 더 이상 배우기 어려운 책이 아닌 것으로 인식됐고 주석도 거의 사라졌다.

당나라 때 『사기』를 연구해 『사기색은(史記索隱)』을 지은 사마정(司馬貞)은 "『사기』는 반고의 『한서』에 비해 예스럽고 질박한 느낌이 적기 때문에 한나라와 진(晉)나라의 명현(名賢)들은 『사기』를 중시하지 않았다"고 말했다. 이런 흐름은 명(明)나라 때까지 이어져 학자 호응린(胡應麟)은 "두 저작에 대한 논의가 분분해 정설은 없었지만, 반고를 높게 평가하는 사람이 대략 열에 일곱은 됐다"고 말했다.

물론 사마천의 손을 들어주는 학자도 있었다. 진(晉)나라의 장보(張輔)는 이렇게 말했다. "세상 사람들은 대부분 반고가 뛰어나다고 말한다. 하지만 나는 이것이 잘못이라고 본다. 사마천의 저술은 말을 아껴 역사적 사실들을 거론해 3,000년 동안에 있었던 일을 서술하면서 단지 50만 자로 표현해냈다. 그러나 반고는 200년 동안에 있었던 일을 80만 자로 서술했으니, 말의 번거로움과 간략함이 같지 않다."

이런 흐름 속에서 반고의 편을 드는 갑반을마(甲班乙馬)라는 말도 생겨났고, 열고우천(劣固優遷)이라는 말도 생겨났다.

그러나 우리의 입장에서는 굳이 이런 우열 논쟁에 깊이 관여할 이유는 없다. 장단점을 보고서 취할 것은 취하고 버릴 것은 버리면 그만이다. 송나라 때의 학자 범조우(范祖禹)는 사마광의 『자치통감』 편찬에도 조수로 참여한 인물이었는데, 그의 말이 우리의 척도라 할 만하다.

"사마천과 반고는 뛰어난 역사가의 인재로서 박학다식하고 사건 서술에 능하여 근거 없이 찬미하거나 나쁜 점을 감추지 않았다. 그러므로 그들의 저서는 1,000년 이상을 전해오면서 사라지지 않았다."

『한서』 번역은 그저 개인의 취향 때문에 고른 작업이 아니다. 그것은 지금 우리가 처해 있는 상황과 깊은 관련이 있다.

　첫째, 중국의 눈부신 성장이다. 그것은 곧 우리에게 위험과 기회를 동시에 가져다준다는 점에서 말 그대로 위기(危機)이다. 기회로 만드는 길은 분명하다. 중국을 정확히 알고서 그에 맞게 대처해가는 것이다. 중국을 정확히 아는 작업은 크게 두 가지 방향에서 이뤄질 수밖에 없다. 지금 당장 일어나고 있는 중국의 정치, 경제, 문화, 사회의 변동을 깊고 넓게 파악하는 것이다. 이것은 어느 한 사람의 노력으로 될 일이 아니며, 우리 사회의 전반적인 정보 및 지식의 종합 대응력을 높이는 데 달려 있다. 또 하나는 중국의 역사를 깊이 들어가서 정확하게 아는 일이다. 옮긴이의 이 작업은 바로 그 방향으로 나아가기 위한 첫걸음이라 여긴다.

　둘째, 우리의 역사적 안목과 현실을 보는 시야를 깊고 넓게 하는 데 『한서』가 크게 기여한다고 보았기 때문이다. 그것이 중국의 역사라는 점과는 별개로, 오래전에 이와 같은 치밀하고 수준 높은 역사를 저술할 능력을 갖췄던 반고의 식견은 지금도 여전히 우리에게 절실히 필요한 안목이다. 역사에서 중요한 것은 무엇을 취하고 무엇을 버리느냐에 달려 있는데, 그런 점에서 반고는 여전히 우리의 스승이 될 수 있다.

셋째, 우리에게 필요한 고전의 목록에 반드시 『한서』를 포함시키고 싶은 욕심이 있었다. 서양의 역사 고전은 읽으면서 우리가 속한 동양의 고전을 소홀히 여겨서는 안 된다. 사실 그렇게 된 이유 중의 하나는 이 분야에 대한 제대로 된 번역서가 없기 때문이기도 하다. 그래서 우리 다음 세대들은 중국에 대한 단편적인 지식보다는 이 같은 정사(正史), 특히 저들의 제국 건설의 역사를 깊이 파고듦으로써 중국 혹은 중국인을 그 깊은 속내에서 읽어내주기를 바라는 바람으로 이 작업에 혼신의 힘을 다했다.

넷째, 다소 부차적인 이유가 되겠지만, 일본에는 『한서』가 완역돼 있는데 우리는 열전의 일부만이 편집된 채 번역된 것이 전부라는 지적 현실에 대한 부끄러움이 이 작업을 서두르게 한 원동력의 하나가 됐다는 점을 말하고 싶다.

이 책이 나오게 되기까지 많은 분들의 도움과 성원이 있었다. 21세기북스 김영곤 대표의 결단이 없었다면 이 책은 세상에 나오지 못했을 것이다. 이 자리를 빌려 깊이 감사드린다. 그리고 함께 공부하는 즐거움을 누리고 있는 우리 논어등반학교 대원들에게 진심으로 고맙다는 말을 전하고 싶다.

  22년 동안 재직한 조선일보의 방상훈 사장님을 비롯해 선후배님들에게도 깊은 고마움을 전한다. 또 2016년 조선일보를 그만두고 강의와 저술에 뛰어든 이래로 물심양면의 지원을 아끼지 않으시는 LS그룹 구자열 회장님께 진심으로 감사드린다.

  아마도 이 책의 출간을 가장 기뻐해주셨을 분은 돌아가신 아버님과 장인어른, 그리고 고 김충렬 선생님이신데 아쉽다. 하늘나라에서나마 축하해주시리라 믿는다. 학문적 기초를 닦게 해주신 이기상 교수님께도 감사드린다. 그리고 내 글쓰기의 든든한 원동력인 가족에게 고마움을 전한다.

2020년 4월 상도동 보심서실(普心書室)에서
탄주(灘舟) 이한우(李翰雨) 삼가 쓰다

【 차례 】

옮긴이의 말 · · · · · · · · · · · · · · · · 4

권71 준불의·소광·우정국·설광덕·평당·팽선전
(雋疏于薛平彭傳) · · · · · · · · · · · · · 17

권72 왕길·공우·양공·포선전(王貢兩龔鮑傳) · · · 43

권73 위현전(韋賢傳) · · · · · · · · · · · · · 103

권74 위상·병길전(魏相丙吉傳) · · · · · · · · · 145

권75 수홍·양하후·경방·익봉·이심전(眭兩夏侯京翼李傳) · 175

권76 조광한·윤옹귀·한연수·장창·양왕전
(趙尹韓張兩王傳) · · · · · · · · · · · · · 243

권77 개관요·제갈풍·유보·정숭·손보·무장륭·하병전
(蓋諸葛劉鄭孫毋將何傳) · · · · · · · · · · 303

권78	소망지전(蕭望之傳) · · · · · · · · · · 341
권79	풍봉세전(馮奉世傳) · · · · · · · · · · 373
권80	선원육왕전(宣元六王傳) · · · · · · · · 395
권81	광형·장우·공광·마궁전(匡張孔馬傳) · · · · 421
권82	왕상·사단·부희전(王商史丹傅喜傳) · · · · 473
권83	설선·주박전(薛宣朱博傳) · · · · · · · · 497

| 일러두기 |

1. 『한서(漢書)』에는 안사고(顔師古)를 비롯한 많은 학자들의 원주가 붙어 있다. 아주 사소하거나 지금의 맥락에서 중요성이 떨어지는 것 외에는 가능한 한 원주를 다 옮겼다(원주는 해당 본문에 회색 글자로〔○ 〕처리해 넣었다). 그리고 인물과 역사적 배경이 중요하기 때문에 문맥에서 필요한 범위 내에서 충실하게 역주(譯註)를 달았다.

2. 간혹 역사적 흐름에 대한 설명이 필요한 경우 간략한 내용을 주로 달았다. 그러나 독자들의 해석과 평가에 영향을 미치지 않도록 최소한의 범위에서만 언급했다. 단어 수준의 풀이가 필요한 경우에는 별도의 역주로 처리하지 않고 괄호 안에 짧게 언급했다.

3. 『논어(論語)』를 비롯해 동양의 고전들을 인용한 경우가 많은데, 기존의 번역에서는 출전을 거의 밝히지 않았다. 그러나 『한서(漢書)』의 경우 특히 열전(列傳)에서 인물들을 평가할 때 『논어』를 비롯한 유가의 경전들을 빈번하게 인용하기 때문에 그 속에 중국 고전들이 얼마나 자연스럽게 녹아 있는지를 살피는 것이 중요하다. 그래서 확인 가능한 고전 인용의 경우 주를 통해 그 전거를 밝혔다.

4. 분량이 워낙 방대하기 때문에 설사 앞서 주를 통해 언급한 바 있더라도 다시 찾아보는 번거로움을 덜기 위해 중복이 되더라도 다시 주를 단 경우가 있음을 밝혀둔다.

5. 한자는 대부분 우리말로 풀어쓰고 대괄호([ ]) 안에 독음과 함께 한자를 표기했다. 그래서 '천명(天命)'이라고 표기한 경우도 있지만 대부분 '하늘의 명[天命]'이라는 방식으로 표기했다. 또한 한자 단어의 경우 독음을 붙여쓰기로 표기하여 한문 문장을 이해하는 데 도움이 되도록 했다.

권
◆
71

준불의·소광·
우정국·설광덕
·평당·팽선전
雋疏于薛平彭傳

준불의(雋不疑)는 자(字)가 만천(曼倩)으로 발해(勃海) 사람이다. 『춘추(春秋)』를 익혀 군(郡) 문학(文學)이 됐으며, 나아가고 물어날 때는 반드시 예(禮)로써 했기에 이름이 주군(州郡)에 자자했다.

무제(武帝) 말년에 군국(郡國)들에서 도적들이 떼지어 일어나자 폭승지(暴勝之)가 직지사자(直指使者)가 돼 수의(繡衣)를 입고 도끼를 쥐고서 도적들을 뒤쫓아 붙잡았는데, 군국들을 시찰하면서[督] 동쪽으로 바다에 이르는 동안 명령을 따르지 않는 자들을 군흥법(軍興法)으로 죽이자 그 위세가 주군들을 떨게 만들었다. 승지(勝之)는 평소 불의(不疑)가 뛰어나다는 소문을 듣고서 발해에 이르러 관리를 보내 한번 만나보기를 청했다. 이에 불의는 진현관(進賢冠)을 쓰고 칼자루에 장식을 단 검과 옥가락지와 옥패(玉佩)를 차고, 소매가 넓은 옷에다가 폭이 넓은 띠를 둘러서 성장(盛裝)을 차리고 문에 이르러 명함을 들여놓았다. 문하의 사람들이 그가 찬

검을 풀라고 하자 불의는 "검(劍)이란 군자의 무비(武備)로 몸을 보호하는 것이라 풀 수가 없다. 그냥 물러가겠다"라고 맞섰다. 그러자 관리가 폭승지에게 사정을 아뢰었다. 승지는 사랑방 문을 열고 불의를 청해 맞아들였는데 멀리서 바라보니 그의 용모가 존귀하고도 근엄했으며, 의관 차림새가 대단히 웅장했기에 승지는 신발을 제대로 꿰지도 않은 채 벌떡 일어나 그를 맞이했다. 방에 들어가서 좌정하고 난 다음 불의가 바닥을 손으로 짚고서 말을 꺼냈다.

"바닷가 구석에 엎드려 지내는 몸이 폭공자(暴公子)의 위엄과 명성을 들은 지 오래입니다. 지금에서야 얼굴을 직접 뵙고 말씀을 듣게 됐습니다. 무릇 관리가 지나치게 뻣뻣하면 꺾어지고 지나치게 부드러우면 퇴출당합니다. 위엄 있게 행하되 은혜를 베풀어야 공훈을 세우고 이름을 드날리며 영구히 하늘의 복록을 누릴 수 있습니다."

불의가 평범한 사람이 아님을 안 승지는 그가 경계하는 말을 공손하게 받아들였다. 예의를 갖추어 정중하게 접대하고 당세에 시행해야 할 일을 물었다. 문하(門下-각 군현의 속관 중에서 특별히 신임하는 관리)의 여러 종사관들은 다들 주군(州郡)에서 선발된 관리들이었는데, 불의가 한 말을 곁에서 듣고서 감탄하고 놀라지 않는 자가 없었다. 밤이 돼서야 불의는 대화를 마치고 물러갔다. 승지가 마침내 표(表)를 올려 불의를 추천하자 그는 장안에 불려가서 공거(公車)에 나아가 청주(靑州)자사에 임명됐다.

오랜 시일이 흘러 무제(武帝)가 붕어하고 소제(昭帝)가 즉위했다. 제효왕(齊孝王)의 손자 유택(劉澤)이 군국의 호걸들과 결탁해 모반하고서 가장 먼저 청주자사를 죽이려 했다. 불의가 모의를 발각해 그들을 체포하니 모두 죄에 얽어져 죽임을 당했다. 이로 인해 발탁돼 경조윤(京兆尹)이 됐고 100만 전을 받았다. 장안의 관리와 백성들은 불의의 위엄과 신의를 공경했다. 불의가 소속 현(縣)을 순시할 때 감옥에 갇힌 죄수의 죄상을 재조사하고 돌아올 때마다 그의 어머니는 "재판을 뒤집어 가볍게 해준 것이 있느냐? 몇 명이나 살려주었느냐?"라고 물었다. 그가 억울한 죄상을 벗긴 것이 많으면 어머니는 기뻐하며 웃고, 음식을 들거나 말하는 것이 여느 때와 차이가 났다. 억울함을 풀어서 내보낸 일이 없을 때에는 어머니가 화를 내며 음식을 들지 않았다. 이 때문에 불의는 관리 노릇을 엄격히 하면서도 잔혹하지는 않았다.

시원(始元) 5년에 한 남자가 누런 소가 끄는 수레를 타고, 노란 깃발을 세운 채 누런 도포를 입고 누런 모자를 쓰고는 북쪽 대궐(-미앙궁을 가리킨다)에 나아와 자기가 위태자(衛太子-무제의 맏아들)라고 말했다. 공거령(公車令)이 이를 보고하자 상이 조서를 내려 공경 대신과 장군, 중(中) 2,000석 관리들로 하여금 그가 진짜인지 아닌지를 살펴서 가리라고 했다. 장안의 관리와 백성들 수만 명이 구경을 하러 몰려왔다. 우장군은 대궐문 아래 군사를 정렬시켜 만일의 사태에 대비했다. 승상과 어사, 중(中) 2,000석 관리들이 도착했으나 감히 말을 꺼내지 못했다. 경조윤 불의가 뒤늦게 도착해 부하 관리에게 소리를 질러 자칭 위태자를 포박하라고 명했다. 누군가가 "진짜인지 가짜인지 알 수 없으니 서두르지 마시오"라고 말했다. 그러자 불의가 이렇게 대답했다.

"여러분은 어찌 위태자의 일을 걱정하시오. 옛날 괴외(蒯聵)가 명을 거역하고 나라를 버리고 도망하자, 뒤에 그의 아들 첩(輒)이 환국을 거절하고 받아들이지 않았소. 『춘추(春秋)』에서는 그의 처리를 옳다고 했소. 위태자는 선제(先帝)에게 죄를 얻은 사람이오. 도망가서 죽지 않고 이제 와서 제 발로 나타났다면 이 사람은 죄인이오."

마침내 그자를 조옥(詔獄)에 보냈다. 경과를 듣고 난 천자와 대장군 곽광은 불의의 처사를 가상하게 여겨 이렇게 말했다.

"공경과 대신은 모름지기 경술(經術)을 배워 대의(大誼)에 밝아야 한다."

이로 말미암아 그의 명성이 조정에서 높아졌고, 높은 지위에 앉은 벼슬아치 모두 불의에게는 감히 미치지 못한다고 자인했다. 대장군 광이 자신의 딸을 불의에게 주어 아내로 삼게 했으나 불의는 감당할 수 없다며 고사했다. 오랜 시간이 흘러 병으로 면직된 그는 집에서 죽었다[終]. 장안 사람들은 그의 치적을 기억했다. 훗날 조광한(趙廣漢)이 경조윤이 돼 말했다.

"나는 간사하고 사악한 짓을 금지시켜 관리와 백성을 잘 다스렸으나 조정 일에서는 불의에게 조금도 미칠 수가 없다."

정위가 위태자라고 사칭한 그 사내를 조사해 마침내 간사한 술책을 밝혀냈다. 그자는 본래 하양현(夏陽縣) 사람으로 성은 성(成)이고 이름은 방수(方遂)였는데, 호현(湖縣)에 거주했으며 점치는 직업을 가지고 있었다. 옛날 위태자의 태자사인(太子舍人)이 방수에게 점을 친 적이 있었는데, 그자가 방수에게 "자네 생김새가 위태자와 아주 흡사하다"고 하니, 바야흐로 방수가 속으로 그가 한 말을 이롭게 여겨 부귀를 얻을까 해서 곧장 위태자를 사칭하고 대궐에 갔던 것이다. 정위는 방수와 면식이 있는 같은 마을의 장종록(張宗祿) 등을 소환하고 곧바로 체포해 조사했다. 방수가 마침내 황제를 속인 부도죄(不道罪)를 저지른 죄목으로 장안의 동쪽 시장에서 허리를 베이는 요참형을 당했다. 일설에는 방수의 성은 장(張)이요, 이름은 연년(延年)이라고 했다.

소광(疏廣)은 자(字)가 중옹(仲翁)으로 동해(東海) 난릉(蘭陵) 사람이다. 그는 어려서부터 배움을 좋아했고, 특히 『춘추(春秋)』에 밝았다. 집 안에 거처하면서 학생들을 가르치자 배우려는 자들이 먼 곳에서부터 그를 찾아왔다. 조정에서 그를 불러 박사 태중대부로 삼았다. 지절(地節) 3년에 황태자를 세우고 병길을 뽑아 태부(太傅)로 삼고 광을 소부로 삼았다. 몇 달 뒤에 길(吉)이 어사대부로 승진하자 광(廣)은 태부로 승진했고, 광에게 형의 아들 수(受)가 있었는데 자(字)가 공자(公子)였고, 그도 현량(賢良)으로 천거돼 태자가령(太子家令)이 됐다. 수(受)는 사람됨이 예를 좋아하고 공손하며 근신했고, 또 민첩하며 말재주가 좋았다. 선제(宣帝)가 태자궁에 행차했을 때 수가 황제를 맞이해 절하고 접대했으며, 주연을 베풀자 술잔을 받들어 상에게 축수했는데, 언사와 예법이 세련되고도 단아해 상이 몹시 기뻐했다. 얼마 후에[頃之] 수를 제배해 소부(少傅)로 삼았다.
경지

태자의 외조부인 특진(特進)[1] 평은후(平恩侯) 허백(許伯)이 태자의 나이가 어리다고 생각해 자신의 동생 중랑장 순(舜)으로 하여금 태자 집을 감독하고 보호하게 하자고 건의했다. 상이 이 일을 광에게 묻자 광은 이렇게 대답했다.

"태자는 나라의 후계자로서 제2의 군주[副君]이니 그 스승과 벗[師友]
부군   사우

---

1 관직명으로 왕이나 후나 장군 중에서 공덕이 뛰어난 자에게 내려주었다. 삼공의 아래다.

은 반드시 천하의 영준(英俊)이어야지, 오직 외가 허씨(許氏)만 가까이 지내는 것은 옳지 않습니다. 게다가 태자에게는 태부와 소부가 붙어 있고 관료가 벌써 갖추어져 있는데, 지금 다시 순으로 하여금 태자 집을 보호하게 하는 것은 기존의 태부와 소부, 그리고 관료가 보잘것없다는 사실만을 드러낼 뿐, 태자의 다움을 천하로 넓히게 하는 방법이 아닙니다."

상은 광의 말이 옳다고 여기고서 그가 한 말을 승상 위상(魏相)에게 말하니 상(相)은 관을 벗고 사죄하며 말했다.

"이 사람은 신들이 따를 수 있는 인물이 아닙니다."

광은 이 일로 큰 그릇의 인물로 인정받아 자주 내려주는 상을 받았다. 태자가 조회에 참석할 때마다 광도 함께 나아가 알현했고, 태부가 앞에 있고 소부는 뒤에 있었다. 부자(父子)²가 나란히 사부가 돼 조정에서는 그것을 영예로 여겼다.

광이 태부로 재직한 지 5년이 되자 황태자는 12세였는데 『논어(論語)』와 『효경(孝經)』에 통달했다. 광(廣)이 수(受)에게 말했다.

"내가 듣건대 '족함을 알면 욕되지 않고 그칠 줄을 알면 위태롭지 않다'라고 했고, 또 '공을 이루고 나서는 물러나는 것이 하늘과도 같은 도리다'³라고 했다. (그런데) 벼슬에 나아와 관직이 2,000석(二千石)에 이른 지금 벼슬살이도 성공했고 명성도 얻었으니, 이러한 때에 물러나지 않는다면 후회할 일이 생길까 두렵다. 차라리 부자(父子)가 앞서거니 뒤서거니 관문을 벗

---

2 당시에는 숙부와 조카 사이도 부자라고 했다.

3 둘 다 『노자(老子)』에 나오는 말이다.

어나 고향으로 돌아가 천명을 누리고 죽는 것도 좋지 않겠느냐?"

수(受)가 머리를 조아리며 말했다.

"대인의 의견을 따르겠습니다."

그날로 부자가 글을 올려 병이 나서 사직한다고 간청했다. 3개월간의 휴가를 채우고 광이 마침내 병이 위독하다는 핑계를 대고 소를 올려 은퇴를 청했다[乞骸骨]. 상은 그들이 나이가 많은 노인임을 고려해 모두 허락하고 황금 20근을 내려주었으며, 황태자도 황금 50근을 내려주었다. 공경대부와 친구, 동향 사람들이 동도문(東都門-장안의 동쪽 성곽 문) 밖에 차일을 치고 송별연을 베풀었는데, 전송하는 사람의 수레가 수백 대였다. 광과 수는 전송객들과 인사를 나누고 떠났다. 길에 나와 구경하던 사람들 모두가 말했다.

"뛰어나도다! 저 두 대부여!"

탄식하며 눈물을 흘리는 사람도 있었다.

광은 이미 향리로 돌아가서는 날마다 가족을 시켜 술과 음식을 차리라고 해 집안사람과 옛 친구, 손님들을 초청해 서로 즐기며 놀았다. 그는 자주 집 안에 금전이 얼마나 남아 있는지 묻고는 아낌없이 금을 팔아 잔치를 준비하라고 했다. 1년 남짓 지나 자손들이 광이 아끼고 신임하는 친척 노인에게 슬쩍 말했다.

"자손들은 집안 어른이 살아계실 때 생업의 기반을 닦고 싶은데 지금은 음식 비용을 대느라 거의 바닥이 났습니다. 어르신의 생각이라고 하시고 어른을 설득해 자손들에게 전답과 저택을 사주라고 말씀 좀 해주십시오."

노인이 한가한 틈을 엿보다가 광에게 그런 생각을 말했더니 그는 이렇게 말했다.

"내가 어찌 늙어서 망령이 들어 자손들을 생각하지 않았겠는가? 내게는 옛날부터 물려받은 전답과 집이 있네. 자손들이 그것을 활용해 근면하게 일하면 의식을 충분히 장만해 남들과 어깨를 나란히 하고 살 수 있네. 이제 다시 거기에 더 보태주어 넉넉하게 해준다면 자손들을 나태하게 만들 뿐일세. 뛰어난 사람에게 재물이 많으면 정신을 손상시키고, 어리석은 사람에게 재물이 많으면 허물을 더 조장할 뿐일세. 게다가 부(富)란 것은 모든 사람들이 원망하는 대상일세. 내가 자손들을 제대로 교육시키지 못했는데 저들의 허물을 더 조장해서 남의 원망을 사게 하고 싶지는 않네. 게다가 이 황금은 빼어난 임금께서 늙은 신하에게 여생을 즐기라고 은혜를 베풀어주신 것일세. 그러므로 고향 친구나 친척들과 함께 하사하신 재물을 즐겁게 누리면서 여생을 마치려고 하네. 이렇게 하는 것이 진실로 좋지 않겠는가?"

이에 가족은 모두 그 뜻을 받아들였다. 광과 수 두 사람 모두 장수했다 [壽終].

우정국(于定國)은 자(字)가 만천(曼倩)으로 동해(東海) 담(郯) 사람이다. 그의 아버지 우공(于公)은 현의 옥사(獄史) 및 군의 결조(決曹)를 지내면서 재판에 공정했기 때문에, 법에 저촉된[羅文法=罹文法] 자들 그 누구도 우공의 판결에는 원망을 품지 않았다. 군에서는 그가 살아 있을 때에 그를 위한 사당을 세워주었으며, 그 명칭도 우공사(于公祠)라고 했다.

동해군에 한 효성 지극한 며느리가 있었는데, 젊은 나이에 과부가 됐고 자식이 없었다. 이 며느리는 시어머니를 온갖 정성을 다해 봉양했고, 시어머니는 이 며느리를 재가시키고자 했으나 며느리는 끝내 들으려 하지 않았다. 시어머니가 이웃 사람들에게 말했다.

"우리 효성 지극한 며느리가 정성껏 나를 섬기는데 자식도 없고 과부로 수절하는 것이 안타깝구려. 이 늙은것이 젊은것에게 너무 오래 짐이 되니 어찌할꼬!"

그후에 시어머니는 스스로 목을 매어 죽었다. 그러자 딸이 "며느리가 어머니를 죽였다"라고 관에 고발했다. 관리가 효부를 체포하자 효부는 시어머니를 죽이지 않았다고 주장했다. 관리가 증거를 끌어대면서 아주 혹독하게 조사하자 효부가 거짓으로 자백했다. 관리가 조서를 갖춰 군의 형리(刑吏) 부서에 올렸다.

우공은 며느리가 시어머니를 10여 년간이나 잘 봉양했고, 효성으로 소문이 났으므로 결코 시어머니를 살해하지 않았으리라고 판단했다. 태수가 그의 말을 듣지 않자 우공이 반론을 제기했으나 끝내 받아들여지지 않았다. 마침내 죄상을 기록한 조서를 안고서 형리 부서에서 통곡하고 병을 핑계로 관직을 떠났다. 태수는 결국 효부를 사형에 처하고 말았다. 그후로 동해군에는 3년 동안이나 내리 가뭄이 들었다. 나중에 다른 태수가 부임해 원인을 캐묻자 우공이 그에게 "효부가 죽임을 당해서는 안 되는데 전임 태수가 억지로 사형으로 단죄했으니 가뭄의 재앙은 아무래도 여기에 원인이 있지 않을까요?"라고 답했다. 이에 태수가 소를 잡아 직접 효부의 무덤에 가서 제사를 지내고 그녀의 묘에 정표를 세우자, 하늘에서 즉시 큰 비가 내렸고 그 해에는 풍년이 들었다. 이 일로 군에서는 더욱 우공을 공경하고 존중했다.

정국(定國)은 젊어서 아버지에게 법률을 배웠고 아버지가 죽은 뒤 정국도 옥사(獄史)가 돼 군의 형리로 승진했다가 정위의 속관에 임명됐는데, 여기서 선발돼 어사중승(御史中丞) 및 종사(從事)와 함께 반란자의 옥사를 처리하는 업무를 보았다. 그는 재능이 뛰어나 시어사에 천거됐고 어사중승으로 승진했다. 그때 마침 소제(昭帝)가 붕(崩)하자 창읍왕(昌邑王)이 장안으로 불려와 자리에 나아갔는데, 행실이 음란하니 정국이 글을 올려 간언했다. 뒤에 창읍왕이 폐위돼 선제(宣帝)가 즉위하고 대장군 광(光)이 상서(尚書) 업무를 총괄했다. 광은 창읍왕에게 간언했던 신하들을 모두 서열을 뛰어넘어 승진시키자고 아뢰었다. 정국은 이로 말미암아 광록대부가 돼 상서 업무를 처리했는데 큰 신임을 받았다. 여러 해가 지나 그는 수형도위로 승진했고 서열을 건너뛰어 정위(廷尉)가 됐다.

정국은 이에 스승을 맞이해 『춘추(春秋)』를 배웠는데, 자신이 직접 경전을 잡고서 북쪽을 향해 제자로서 예의를 갖추었다. 사람됨이 겸손하고 공손했으며 특히 경술(經術)에 통달한 선비를 존중했고, 신분이 낮아 도보로 걷는 자가 찾아와도 정국은 그들 누구에게나 똑같이 예절을 갖추었으며, 은혜를 베풀고 공경하는 자세를 잃지 않았기 때문에 학자들은 하나같이 그를 칭송했다. 의혹이 있는 사건을 평결하고 법을 고르게 적용하되 홀아비나 과부의 처지에 있는 자들을 불쌍히 여겨 처리했고, 미심쩍은 사안은 가벼운 벌을 적용하는 등 깊이 생각하고 신중하려고 노력했다. 조정에서는 그를 칭송해 "장석지(張釋之)가 정위로 있을 때에는 천하에 억울하게 죄를 얻은 백성이 없었고, 우정국이 정위로 있을 때에는 백성들이 억울하게 죄인으로 몰릴 두려움이 없었다"라고 말했다. 술을 즐겨 마신 그는 술을 여러 섬 마셔도 취해 비틀거리지 않았다. 결심을 평결하는 겨울에는 술을 더 즐겨, 마시면 마실수록 한층 정확하고 명료하게 처리했다. 그는 정위가 된 지 18년 만에 어사대부로 승진했다.

정국은 감로(甘露) 연간 황패(黃覇)의 뒤를 이어 승상이 됐고 서평후(西平侯)에 봉해졌다. 3년 뒤에 선제(宣帝)가 붕하고 원제(元帝)가 즉위했는데, 중요한 직책을 역임한 옛 신하라고 해서 상은 정국을 공경하고 존중했다. 그때는 진만년(陳萬年)이 어사대부로 재직하며 그와 더불어 8년간이나 나란히 직책을 수행했다. 두 사람은 서로를 거스르는 일 없이 국사를 처리했다. 그 뒤에 공우(貢禹)가 만년의 뒤를 이어 어사대부가 되자 그와 의견 충돌이 잦았다. 그가 정사에 밝아 훤하게 꿰뚫고 있었으므로 천자는 늘 승상의 의견을 들어 재가했다. 그러나 원제가 즉위한 직후에 관동(關東)에서 해를 거듭해 재해를 입은 백성들이 유랑하다가 관문 안으로 흘러들어왔다. 상소해 국정을 논하는 자들이 그 잘못을 대신들 탓으로 돌렸다. 상은 조회하는 날 승상과 어사대부를 자주 접견했다. 이들이 들어와 조칙을 받을 때면 상은 대신들이 할 일을 조목조목 들어서 책망하며 다음과 같이 말했다.

"흉악한 관리들이 도적을 적발하지 못하고 추궁을 당할까 두려워 선량한 사람을 망령되게 의심해 죄를 뒤집어씌워 무고한 자들이 죽음에 이르기까지 한다. 심지어는 도적이 발생하면 관리들이 도적을 서둘러 잡기는커녕 도리어 재물을 잃어버린 사람을 감옥에 가두기도 한다. 이런 뒤에는 사건이 발생해도 감히 고발하지 못하므로 도적들이 점점 극성이다. 백성들이 억울한 일이 많아도 주군(州郡)에서 해결하지 못해 상소를 올리는 자들이 꼬리를 물고 대궐 뜰에 몰려든다. 2,000석 고관이 속관의 선발과 인재의 천거를 부실하게 하기 때문에 영(令), 장(長), 승(丞), 위(尉)의 관리가 직책을 제대로 수행하지 못한다. 농토에 재해가 발생해도 관리들이 세금을 면제하기는커녕 조세를 독촉해 백성을 중첩된 곤경에 몰아넣는다. 관동의 유민이 기한과 질병에 시달리는 까닭에 이미 관리에게 조칙을 내려 물자를 실어 보내고, 국가 창고의 곡물을 꺼내며 조정의 창고를 열어 구제하라고 명령했다. 추위에 떠는 자에게는 옷을 하사했지만 봄에 이르러도 넉넉할지 걱정이다. 승상과 어사대부는 어떤 시책을 펴서 책임을 지겠는가? 대책을 조목조목 열거하고 짐의 과실을 솔직하게 말하라!"

이에 정국은 글을 올려 사죄했다.

영광(永光) 원년 봄에 서리가 내렸고, 여름에 날이 추웠으며 해가 푸르고 빛이 없었다. 이에 상이 다시 조서를 내려 조목조목 책망했다.

"관동 지방에서 이주해온 자들이 있는데 그들이 말하기를 백성들은 아비와 자식이 (심한 기근을 만나 서로 길러줄 수가 없어) 서로 내버린다고 한다. 승상과 어사는 그 일을 잘 살피도록 하라. 관리들이 숨기고서 말하지 않은 것들이 있었는가, 아니면 관동에서 온 유민들이 과장을 한 것인가? 어쩌다가 이런 지경에 이르렀는가? 그 실상을 제대로 보고토록 하라.

바야흐로 지금은 조금도 앞일을 알 수가 없다. 큰 가뭄이 들고 근심은 깊다. 공경들은 이를 미연에 막을 수 있는가? 이미 닥치고 나면 구제하려 해도 힘들지 않겠는가? 각자 성심을 다해 답변하되 꺼리는 바가 결코 없도록 하라."

정국(定國)은 글을 올려 스스로를 탄핵하고, 후인(侯印)을 반납하며 면직을 청했다. 상이 답해 말했다.

"그대는 짐을 도와 일하는 승상이므로 감히 태만하거나 쉴 수 없다. 천하 만방의 모든 일은 그대가 총괄한다. 허물이 없는 자는 오직 빼어난 이뿐이다. 지금은 주나라와 진나라의 피폐함을 뒤이은 때라 풍속이 무너지고 교화가 쇠퇴했다. 예의를 지키는 백성이 적고, 음양이 조화를 이루지 못한다. 재앙과 허물은 한두 가지 잘못으로 발생하지 않는다. 빼어난 이도 감히 혼자서 재앙의 이유를 독차지하지 못하거늘 더구나 성인이 아닌 범인이야 말해 무엇하랴? 밤낮으로 원인을 고민해보아도 재앙이 발생하는 이유를 말끔히 밝힐 수 없다. 경전에서는 '천하 만방에 죄가 있다면, 그 죄는 짐에게 있도다'[4]라고 했다. 그대가 승상의 책임을 맡아보지만 재앙의 책임을 전적으로 질 수 있겠는가? 군국의 태수, 승과 수령을 세심하게 살펴서 비적임자가 백성을 오래도록 해치는 것을 금지하라! 기강을 굳게 잡고 총기를 발휘하고자 힘쓸 것이며, 식사를 거르지 말고 건강을 조심하라!"

그러나 정국은 끝까지 병이 깊다는 구실로 고사했다. 상은 마침내 안거(安車-노인이나 부인네가 타는 수레)와 네 필의 말을 하사하고, 황금 60근을 내려준 다음 면직시켜 사저로 돌아가게 했다[就第]. 여러 해가 지나 70여 세에 훙(薨)하니 시호를 안후(安侯)라 했다.

아들 영(永)이 뒤를 이었다. 영은 젊을 때 술을 좋아해 과실이 많았는데, 나이가 서른 가까이 되자 마침내 예전의 생활 태도를 버리고 행실을

---

4 『논어(論語)』「요왈(堯曰)」 편에 있는 탕왕의 말이다.

닦았고, 아버지의 보증으로 시중 중랑장과 장수교위(長水校尉)가 됐다. 정국이 죽자 예법에 맞추어 상례를 치렀고 효행으로 세상에 알려졌다. 이로 말미암아 열후(列侯)로서 산기 광록훈(散騎光祿勳)이 됐고 어사대부에 이르렀다. 관도공주(館陶公主) 유시(劉施)를 아내로 맞이했는데, 유시는 선제의 맏딸이자 성제의 고모로 현명하고 행실이 정숙한 공주의 남편으로 영이 뽑혀서 공주와 혼인했다. 상이 바야흐로 영을 승상으로 삼으려고 할 즈음에 마침 영이 훙했다. 아들 염(恬)이 이어받았는데 염은 불초(不肖)한 자로 행실이 경박했다.

정국의 아버지 우공이 살아 있을 때 마을의 문이 무너져 부로(父老)들이 함께 문을 세우려고 했다. 그때 우공이 말했다.

"마을의 문을 조금 높여서 네 마리 말이 끌고, 높은 일산(日傘)을 단 수레가 드나들 수 있도록 합시다. 내가 옥사를 처리할 때 음덕을 많이 베풀어 억울하다고 생각하는 자가 하나도 없었으니 분명히 출세하는 자손이 나올 거요."

마침내 정국이 승상이 되고 영이 어사대부가 돼 제후로 봉해져 대대로 전했으니 이를 이른 듯하다.

설광덕(薛廣德)은 자(字)가 장경(長卿)으로 패군(沛郡) 상(相) 사람이다. 초국(楚國)에서 『노시(魯詩)』를 가르쳤는데 공승(龔勝)과 공사(龔舍)가 그에게 배웠다. 소망지(蕭望之)가 어사대부로 있을 때 광덕(廣德)을 속관으로 삼았고, 여러 차례 함께 일을 토의하면서 그가 큰 그릇의 인물임을 알아차리고서, 광덕은 경술에 밝고 덕행이 있으니 마땅히 조정의 일을 맡겨야 할 것이라고 천거했다. 그리하여 경학박사(經學博士)가 되고 석거각(石渠閣) 회의에 참여했으며, 승진해 간의대부(諫議大夫)가 됐고 공우(貢禹)의 뒤를 이어 장신소부(長信少府), 어사대부(御史大夫)가 됐다.

광덕은 사람됨이 온아(溫雅)하고 학식이 깊고 넓어 삼공(三公)에 이르러서도 곧은 말로 간쟁(諫爭)했다.

처음에 제배돼 10여 일이 지났을 때 상이 감천궁에 행차해 태치(泰畤)에서 교(郊)제사를 지냈는데, 예를 마치고 나자 그대로 머물러 사냥을 했다. 광덕이 글을 올려 말했다.

'가만히 보건대 관동(關東)은 곤궁함이 극도에 이르러서 백성들이 흩어지고 있는데, 폐하께서는 매일같이 망한 진(秦)나라의 종을 치고, (음란한) 정(鄭)나라와 위(衛)나라의 음악을 즐기고 있으니, 신은 진실로 이것을 슬퍼합니다. 지금 사졸들은 들판에서 노숙을 하고 있고, 따르는 관리들도 수고해 피로하니, 바라건대 폐하께서는 빨리 환궁하시어 백성들과 더불어 함께 걱정하고 즐기신다면 천하는 아주 다행일 것입니다.'

상은 그날로 돌아왔다. 그 해 가을에 상이 종묘에 제사를 지내려고 편문(便門)을 나서서 누선(樓船)을 타려고 했다. 광덕이 승여거(乘輿車)를 맞아서 관을 벗고 머리를 조아리며 말했다.

"다리로 건너는 것이 마땅합니다."

조하여 말했다.

"대부는 모자를 쓰시오!"

광덕이 말했다.

"폐하께서 신의 말을 듣지 않으시면 신은 자살해 피로 수레바퀴를 더럽혀서 폐하께서 종묘에 들어갈 수 없게 하겠습니다."

상은 기분이 상했다. 이때 광록대부 장맹(張猛)이 나아와 말했다.

"신이 듣건대 임금이 빼어나면 신은 곧다고 했습니다. 배는 위험하니 다리로 가시는 것이 안전합니다. 빼어난 군주는 위험한 것을 타지 않습니다. 어사대부의 말씀을 들으십시오."

상이 말했다.

"남을 깨우쳐주려면 마땅히 장맹처럼 해야 하지 않겠는가!"

마침내 다리로 갔다.

한 달여가 지나서 흉년이 심하니 백성들이 뿔뿔이 흩어지자 승상(丞相) 우정국(于定國), 대사마(大司馬) 거기장군(車騎將軍) 사고(史高)와 함께 재앙의 이변에 대해 책임을 지고 걸해골(乞骸骨)하니, 안거(安車)와 네 필의 말과 황금 60근을 내려주고 면직시켰다. 광덕은 어사대부로 있은 지 10개월 만에 면직된 것이다. 동쪽으로 가서 패군(沛郡)으로 돌아가니 태수가 군의 경계까지 나와서 맞아주었다. 패군에서는 안거를 하사받은 것을 영광으로 여겨 그것을 내걸어서 대대로 자손들에게 영예가 되게 했다.

평당(平當)은 자(字)가 자사(子思)이며 할아버지가 재산 100만 전을 밑천으로 (양국(梁國)의) 하읍(下邑)에서 평릉(平陵)으로 이주해왔다. 당(當)은 어려서 대행(大行)의 치례(治禮) 승(丞)이 됐고, 인사고과 성적에 따라 대홍려(大鴻臚) 문학(文學)에 보임됐으며, 일을 잘 살피고 청렴해[察廉] 순양(順陽)의 현장(縣長)과 순읍(栒邑)의 현령이 됐고, 명경(明經)으로 천거돼 박사(博士)가 됐으며, 공경(公卿)들이 천거해 급사중(給事中)에 올랐다. 매번 재이(災異)가 일어나면 전거(典據)를 밝히면서 얻고 잃음[得失]을 이야기했다. 글의 우아함[文雅]에 있어서는 소망지(蕭望之)나 광형(匡衡)에 미치지 못했지만, 그러나 그 지향하는 바와 뜻은 그들과 대략 비슷했다.

원제(元帝) 때부터 위현성(韋玄成)이 승상이 돼 태상황의 묘원(廟園)을 철폐할 것을 아뢰니 당(當)이 글을 올려 말했다.

'신이 듣건대 공자(孔子)가 말하기를 "만일 임금다운 임금이 통치를 하더라도 반드시 한 세대는 지난 뒤에라야 백성들이 인(仁)을 따르게 될 것이다"[5]라고 했으니 30년이면 도리와 다움[道德]은 화합을 이루고, 예가 제정되고 음악이 융성하며[制禮興樂], 재해는 생겨나지 않고 화란(禍亂)은 일어나지 않게 된다는 뜻입니다. 지금 빼어난 한나라는 천명을 받아 왕이 돼 지위를 잇고, 대업을 이어받아 200여 년에 이르는 동안 매사에 힘써 조금도 게을리하지 않았고, 정령(政令)은 깨끗했습니다. 그런데도 풍속은 아직 조화를 이루지 못하고, 음양은 제자리를 찾지 못하고 있으며, 재해는 여러 차례 일어나니, 생각건대 큰 근본[大本]을 세우지 못했기 때문이 아니겠습니까? 그 어떤 덕화(德化)나 아름다운 징험도 생겨나지 않은 지가 오래입니다. 화(禍)나 복(福)은 공허한 것이 아니어서 반드시 원인이 있어 생겨나게 되는 것입니다. 마땅히 깊이 그 도리를 추적해 그 근본을 닦는 데 힘써야 할 것입니다.

옛날에 요(堯)임금께서는 남면(南面)해 다스리시면서 "빼어난 다움을

---

5 『논어(論語)』「자로(子路)」편에 나오는 공자의 말이다.

능히 밝힘으로써 구족(九族)을 제 몸과 같이 여기셨다"[6]라고 했으니 이리하여 교화가 온 나라에 이르렀습니다. 『효경(孝經)』에 이르기를 "하늘과 땅의 본성 중에서는 사람이 가장 귀하고, 사람의 행실 중에서는 효(孝)보다 큰 것이 없으며, 효 중에서는 아버지를 엄격히 대하는 것보다 큰 것이 없고, 아버지를 엄격히 대하는 것 중에서는 하늘에 짝하는 것[配天]보다 큰 것이 없으니 곧 주공(周公)이 그런 사람이다"라고 했습니다. 무릇 효자란 아버지의 뜻을 잘 계술(繼述)하는 것이니 주공은 이미 문왕과 무왕의 대업을 완성시키고, 예악을 지어 아버지를 엄격히 대해 하늘에 짝하는 일을 잘 닦았으며, 문왕이 자식으로서 아버지의 자리에 임하려 하지 않았다는 것을 잘 알았기에, 그리하여 미루어 헤아려 그 차례를 잡았으니〔○ 사고(師古)가 말했다. "문왕이 처음 천명을 받았기 때문에 마땅히 주나라의 시조가 돼야 했다. 그런데 태왕(太王), 왕계(王季)를 추존하고 또 후직(后稷)에까지 거슬러 올라갔으니 이것이 자신을 낮추고 높은 자리에 임하려 하지 않았다는 뜻이다."〕 위로는 후직(后稷)까지 거슬러 올라가 하늘에 짝하게 했습니다. 이는 빼어난 이의 다움도 효에 더할 것이 없다는 뜻입니다. 고황제께서 빼어난 다움으로 천명을 받으시어 천하를 소유하시고 태상황을 높이신 것은 바로 주나라 문왕과 무왕이 자신의 조상인 태왕과 왕계를 추존한 것과 같습니다. 이는 한나라의 시조이며, 후사는 마땅히 그분을 높여 성대한 다움을 넓혀야 하며, 그것이 바로 효의 지극함입니다. 『서경(書經)』에 이르기를 "옛것을 바르게 하고 깊이 상고해 공로를 세우고 일을 바로잡

---

6 『서경(書經)』「우서(虞書)」'요전(堯典)' 편에 나오는 말이다.

으면 끝없이 나라를 후세에 전할 수 있으리라"고 했습니다〔○ 사고(師古)가 말했다. "「금문(今文)」 '태서(泰誓)'에 나오는 말이다."〕.'

상은 그 말을 받아들여 조서를 내려 다시 태상황의 침묘원(寢廟園)을 복원하라고 했다.

얼마 후에 사자가 돼 유주(幽州)의 떠도는 백성들을 순시했고, 자사(刺史)와 2,000석 관리들 중에서 백성들을 위해 뜻을 쏟을 만한 사람들을 천거했으며, 발해군의 염지(鹽池)를 풀어서 관에서 독점하지 못하도록 해 백성들에게 도움을 주니, 그가 지나는 곳마다 칭송을 받았고, 사명(使命)을 받든 11명 중에서 성적이 최고를 기록해 승상 사직(司直)으로 승진했다. 법에 걸려 삭방(朔方)자사로 좌천됐다가 다시 불려 들어와 태중대부 급사중이 됐고 장신소부(長信少府), 대홍려, 광록훈으로 차례차례 승진했다.

이에 앞서 태후의 여동생의 아들 위위(衛尉) 순우장(淳于長 ?~기원전 8년)[7]이 창릉(昌陵)이 완성될 수 없는 이유에 대해 말하자 이를 유사에 내려 토의케 했다. 당(當)은 조성 작업을 시작한 것이 여러 해였기 때문에 마침내 완성될 수 있으리라 보았다. 상은 이미 창릉 조성을 폐기하고서 장(長)이 충의로운 계책을 냈다 해 다시 공경에게 내려 장을 봉하는 문제를

---

7 젊어서 태후의 조카로 황문랑(黃門郞)이 됐다가 여러 번 승진해 구경(九卿)까지 올랐다. 성제(成帝)가 조비연(趙飛燕)을 황후로 만들려고 했는데, 태후가 조비연의 출신이 천하다면서 난색을 보였다. 이에 순우장이 도와 황후의 자리에 오르게 했다. 성제가 신세를 졌다고 여겨 먼저 관내후(關內侯)의 작위를 주고, 이어 정릉후(定陵侯)에 봉했다. 나중에 교만·방자해져서 왕망(王莽)이 대사마(大司馬) 표기장군(驃騎將軍) 왕근(王根)에게 참소해 관직을 잃고 물러났다. 또 진귀한 보석을 인양후(仁陽侯) 왕립(王立)에게 뇌물로 주어 성제의 의심을 샀다. 낙양(洛陽)의 옥사에 연계돼 심문을 받다가 옥중에서 죽었다.

토의하게 했다. 당은 또 장이 좋은 말을 한 것은 사실이지만 그렇다고 봉작을 할 정도의 일은 아니라고 여겼다. 그리고 창릉과 관련돼 바르지 못한 의견을 올렸다 해 거록(鉅鹿)태수로 좌천됐다. 뒤에 상은 드디어 장을 봉했다. 당은 경서 중에서도 「우공(禹貢)」편[8]에 능통했기 때문에 사자가 돼 황하를 순시하고 기도위(騎都尉)가 돼 하제(河隄)를 관장했다.

애제(哀帝)가 즉위하자 당을 불러 광록대부 제리(諸吏) 산기(散騎)로 삼았고, 다시 광록훈, 어사대부를 거쳐 승상에 이르렀다. 겨울에 관내후의 작위를 내려주었다. 이듬해 봄에 상은 사자를 불러오게 해 당을 봉해주려 했다(○ 이기(李奇)가 말했다. "겨울은 봉후(封侯)하는 계절이 아니기 때문에 우선 겨울에 관내후의 작위만 먼저 내려준 것이다."). 당은 병이 심해 부름에 응하지 못했다. 가족 중에 어떤 사람이 당에게 말했다.

"억지로라도 일어나 후의 인끈을 받아 자손을 위할 수는 있지 않습니까?"

당이 말했다.

"내가 큰 자리에 있으면서 이미 소찬(素餐)의 책임[9]을 지고 있는데, 일어나 후의 인수를 받고서 돌아와 누웠다가 죽는다면 죽어서도 죄가 남을 것이다. 지금 일어나지 않는 것이 자손을 위하는 것이다."

드디어 글을 올려 사직을 청했다. 상이 답해 말했다.

"짐은 여러 사람들 중에서 골라 그대를 승상으로 삼았는데, 그대가 일을 보는 날이 적었고 정사를 보좌한 것도 아직 오래지 않다. 음양이 제자

---

8 『서경(書經)』 중에서 우왕(禹王)이 치수 사업을 했던 내용을 기록한 것이다.

9 밥만 먹고 아무 일도 하지 못하는 책임을 가리킨다.

리를 잃고, 겨울에 큰 눈이 내리지 않으며, 가뭄의 기운이 재앙을 만들고 있는 것은 짐이 임금답지 못한 때문이지 어찌 반드시 그대의 죄이겠는가? 그대는 무엇을 의심해 글을 올려 사직을 청해 관내후의 작읍(爵邑)으로 돌아가려는가? 상서령 담(譚)에게 명해 그대에게 양우(養牛) 한 두와 좋은 술 10석을 내려주도록 하겠다. 그대는 힘써 의약을 잘 써서 자신의 건강을 챙기도록 하라."

한 달여 후에 졸(卒)했다. 아들 안(晏)이 경술에 밝아 대사도(大司徒)의 자리를 거쳤고 방향후(防鄕侯)에 봉해졌다. 한나라가 일어난 이래 오직 위(韋)[10]와 평(平) 두 씨(氏)만이 부자가 함께 재상이 됐다.

팽선(彭宣)은 자(字)가 자패(子佩)로 회양(淮陽) 양가(陽夏) 사람이다. 역(易)을 배웠고 장우(張禹)를 섬겨 천거돼 박사가 됐으며 동평국(東平國)의 태부(太傅)로 승진했다. 우(禹)가 제(帝)의 스승으로 존경과 신망을 받았기에 선(宣)이 경술에 밝고 위엄이 있어 정사를 맡길 만하다고 천거해, 이로 말미암아 불려 들어와 우부풍(右扶風)이 되고 정위(廷尉)로 승진했으며, 그곳 왕국 사람이라 해 태원태수(太原太守)로 나갔다. 여러 해 후에 다시 불려 들어와 대사농(大司農), 광록훈 우장군(右將軍)을 역임했다. 애제(哀帝)가 즉위하자 옮겨서 좌장군이 됐다. 1년여가 지나 상이 정씨(丁氏)와 부씨(傅氏)를 조아관(爪牙官-측근 관리)으로 앉히고 싶어 하자 이에 선에게 책서(策書)를 주어 말했다.

---

10 위현(韋賢)을 가리킨다.

"유사에서 여러 차례 아뢰기를 제후국의 사람에게는 숙위(宿衛)를 하지 못하게 하고, 그들의 장군에게는 병사를 맡기거나 높은 자리를 주어서는 안 된다고 말하고 있다. 짐은 다만 장군을 한나라 조정의 장군이라는 중책을 맡겼지만, 아들이 또한 전에 회양왕(淮陽王)의 딸을 아내로 맞아들였고 제후와의 혼인 관계가 끊어지지 않았으니 나라의 제도에 맞지 않다. 광록대부 만(曼)으로 하여금 장군에게 황금 50근과 안거(安車) 및 말 네 마리를 내려주도록 하고, 이에 좌장군 인끈을 반납하고 관내후로서 집으로 돌아가게 하라."

선(宣)이 파직된 지 여러 해가 지나 간대부 포선(鮑宣)이 여러 차례 선을 천거했다. 마침 원수(元壽) 원년 정월 초하루에 일식이 있자 포선은 다시 말씀을 올려 마침내 선을 불러들여 광록대부로 삼았고, 어사대부(御史大夫)로 승진시켰으며 옮겨서 대사공(大司空)이 됐다가 장평후(長平侯)에 봉해졌다.

마침 애제(哀帝)가 붕하자 신도후(新都侯) 왕망(王莽)이 대사마가 돼 정권을 쥐고서 권력을 자기 마음대로 했다. 선(宣)이 글을 올려 말했다.

'삼공(三公)은 정족(鼎足)을 이루어 군왕의 뜻을 이어받는 것인데, 한 발이 책임을 지지 못하면 넘어져서 맛있는 알맹이가 엎어져 뒤죽박죽이 됩니다. 신은 자질과 성품이 얕고 또 늙어서 자주 질병에 시달리고 어둡고 혼란하며 잊어버리니, 바라건대 대사공 장평후의 인끈을 반환해 올리며 사직을 청해 향리로 돌아가 골짜기의 구덩이나 채우게 해주소서.'

망(莽)이 태후에게 건의해 선에게 책서를 내려 말했다.

'생각건대 그대가 정사를 본 날이 얼마 되지 않고 공로와 다움도 아직 드러나지 않았건만, 늙고 어둡다 하니 나라를 보필하고 해내(海內)를 안정시키는 도리가 아니다. 광록훈 풍(豊)을 시켜 그대에게 책서로 조서를 내리노라. 이에 대사공의 인끈을 반납하고 봉국으로 나아가도록 하라.'

망은 선이 물러나려고 하는 것을 한스럽게 여겨 그 때문에 황금과 안거 및 말 네 마리는 내려주지 않았다. 선은 봉국에 머물다가 몇 년 만에 훙하니 시호는 경후(頃侯)라 했다. 작위는 아들부터 손자에까지 전해졌는데, 왕망이 패망하면서 마침내 봉국(과 봉작)은 끊어졌다.

찬(贊)하여 말했다.

"준불의(雋不疑)는 학문으로 정치에 뛰어들어 일에 임해 미혹되는 바가 없었고[不惑], 드디어 이름과 족적을 남겨 그 처음과 끝[終始]을 다 서술할 만하다. 소광(疏廣)은 그칠 줄 알고 만족할 줄 아는 계책[止足之計]을 보여주어 치욕과 위태로움의 함정을 면했으니 준불의 다음 자리에 있을 만하다. 우정국(于定國) 부자는 홀아비(와 과부)를 불쌍히 여기고 옥사를 지혜롭게 처결해 직책에 충실한 신하[職臣]라 할 만하다. 설광덕(薛廣德)은 안거가 고향에 내걸리는 영예를 지켰고, 평당(平當)은 순시하면서 염치가 있었고[有恥], 팽선(彭宣)은 위험을 보고서 멈출 줄을 알았으니, '정말로 자리를 잃으면 어떻게 하나를 걱정하는'[11] 부류들과는 달랐다."

---

11 『논어(論語)』「양화(陽貨)」 편에 나오는 공자의 말 중 일부다. "비루한 사람과 함께 임금을 섬기는 것이 과연 가능할 수 있을 것인가? 얻기 전엔 그것을 얻어보려고 걱정하고, 이미 얻고 나서는 그것을 잃을까 걱정한다. 정말로 자리를 잃으면 어떻게 하나를 걱정할 경우[苟患失之] (그것을 잃지 않기 위해) 못하는 짓이 없을 것이다."

권

72

왕길·공우·양공·포선전
王貢兩龔鮑傳

옛날에 무왕(武王)이 은나라 주왕(紂王)을 정벌하고 (천자를 상징하는) 구정(九鼎)을 낙읍(洛邑)으로 옮기니, 백이(伯夷)와 숙제(叔齊)는 무왕이 한 일을 못마땅하게 여겨 수양산(首陽山)에서 굶어 죽으면서도 주나라의 녹(祿)을 받지 않았는데, 주나라 사람들은 오히려 성대한 다움[盛德]을 갖추었다고 칭송했다. 공자는 이 두 사람을 뛰어났다[賢]고 평하며 "뜻을 굽히지 않았고 몸을 욕되게 하지 않았다"라고 했고, 맹자(孟子) 역시 "백이의 기개를 듣게 되면 탐욕스러운 자도 청렴해지고 나약한 자도 의지를 세우게 된다"라며 "백이가 백 세대 이전에 분발하자 그의 행위를 듣고서 백 세대 아래에서도 감동해 분발하지 않는 사람이 없었다. 뛰어난 이가 아니고

---

1 『논어(論語)』「미자(微子)」편에 나오는 공자의 말이다.

서야 어떻게 능히 이럴 수 있을까?"라고 했다.[2]

한나라가 일어난 뒤 원공(園公), 기리계(綺里季), 하황공(夏黃公), 녹리선생(甪里先生)이라는 분들이 있었는데, 이 네 사람은 진(秦)나라 시절에 세상을 피해 상락(商雒)이라는 깊은 산중에 들어가 천하가 안정되기를 기다렸다. 그 소문을 들은 고조(高祖)가 불렀으나 그들은 오지 않았다. 그 뒤에 여후(呂后)가 유후(留侯) 장량(張良)의 계책에 따라 황태자로 하여금 공손한 말씨로 비단을 바치고 예우를 잘해 안거(安車)에 태워 장안으로 불러들였다. 네 사람이 대궐에 도착해 태자의 뒤를 따라 고조를 알현하자 고조가 그들을 귀빈으로 맞이하고 공경했으며, 그 덕분에 황태자는 정치적 비중이 높아져 드디어 확고한 위치를 찾을 수 있었다[自安]. 상세한 이야기는 「유후전(留侯傳)」에 실려 있다.

그 뒤에 곡구현(谷口縣)에 정자진(鄭子眞)이라는 사람과 촉(蜀) 땅에 엄군평(嚴君平)이라는 사람이 있었는데, 둘 다 몸을 닦고 스스로를 지켜[自保=自守] 입어야 할 옷이 아니면 입지 않았고, 먹어야 할 음식이 아니면 먹지를 않았다. 성제(成帝) 때 외삼촌인 대장군(大將軍) 왕봉(王鳳)이 예를 갖추어 자진(子眞)을 초빙한 일이 있었으나 그는 끝까지 굴복하지 않고 생애를 마쳤다. 군평(君平)은 성도(成都)에서 점을 치며 살았는데 그는 이런 생각의 소유자였다.

'점쟁이는 천한 직업이지만 많은 사람에게 혜택을 줄 수 있다. 사악하고 올바르지 못한 일을 물어오는 자가 있으면 시초점(蓍草占)과 거북점을 이

---

2 둘 다 『맹자(孟子)』에 나오는 말이다.

용해 그 이로움과 해로움을 말해준다. 아들에게 점을 쳐줄 때에는 효도를 말해주고, 동생에게 점을 쳐줄 때에는 고분고분한 도리를 말해주며, 신하에게 점을 쳐줄 때에는 충성을 말해주어, 각각의 경우마다 사람이 처한 형세에 따라 좋은 쪽으로 이끌면 되니 내 말을 따르기만 하면 이미 반쯤은 된 것이다.'

군평은 날마다 몇 사람에게 점을 쳐주어 그에게 필요한 100전(錢)을 얻기만 하면 가게 문을 닫고 발을 내리고서 『노자(老子)』를 가르쳤다. 책을 널리 보아 통달하지 못한 것이 없었고, 노자와 엄주(嚴周-곧 장자)의 가르침에 의거해 10여만 자의 책을 저술하기도 했다. 양웅(揚雄)이 젊은 시절에 그를 따라 공부했으며, 그 덕분에 장안에 올라가 이름을 드날리게 된 양웅은 조정의 벼슬아치나 뛰어난 이들에게 군평의 덕망을 자주 칭송했다. 두릉(杜陵) 사람 이강(李彊)은 평소 웅(雄)과 친하게 지냈는데, 오랜 세월이 흐른 뒤에 익주(益州) 목(牧)이 되자 기쁨에 넘쳐 웅에게 말했다.

"나는 엄군평을 진짜로 만날 수 있게 됐소!"

웅이 말했다.

"그대는 예의를 잘 갖춰 그분을 대우하시오. 그렇게 하면 만나볼 수는 있을 거요. 그렇다고 해도 굴복시킬 수는 없을 거요."

강(彊)은 내심 그럴 리가 없다고 여겼다. 촉 땅에 도착한 강은 예를 갖춰 만났으나 끝내 감히 자신의 종사관이 돼달라는 말을 꺼내지 못하고, 마침내 감탄하며 말했다.

"양웅은 진실로 사람을 볼 줄 아는구나!"

군평은 아흔이 넘은 나이까지 점을 치다가 생애를 마쳤는데, 촉 사람들은 군평을 사랑하고 공경해 지금까지 칭송하고 있다. 웅(雄)이 저서를 지어 당대의 선비를 언급할 때 이 두 분을 칭송했다. 웅의 논(論)은 이러했다.

'어떤 사람이 내게 "군자는 생애를 마칠 때까지 세상에서 이름이 불리지 않는 것을 싫어한다고 했습니다. 선생은 왜 권세를 잡으려고 하지 않습니까? 공경의 지위를 얻으면 명예를 얻을 수 있습니다"라고 말했다.

나는 이렇게 대답했다.

"덕망이 있는 군자라야 명예를 가질 수 있다. 양(梁), 제(齊), 초(楚), 조(趙)의 한 나라 제후들은 부유하고 고귀하지 않은 사람이 없지만 그렇다고 명예를 얻을 수 있을까? 곡구에 사는 정자진은 뜻을 굽히지 않고 바위산 아래에서 밭갈이를 하며 살았지만 그 명성이 서울 장안을 진동시켰다. 어떻게 공경의 지위로 명성을 얻겠는가? 초 땅에 사는 두 분의 공씨(龔氏-공승과 공사)도 고결해 깨끗하지 않은가? 촉 땅의 엄군평은 깊숙이 숨어서 구차하게 자신을 드러내는 행동을 하지 않았고, 구차하게 얻기를 애쓰지 않았다. 오래도록 숨어 살면서도 지조를 바꾸지 않았다. 수후(隨侯)나 화씨(和氏)의 구슬이라도 그들이 가진 재능보다 낫겠는가? 이들을 천거해 국가에서 활용한다면 나라의 보물이 되지 않겠는가?"

원공, 기리계, 하황공, 녹리선생, 정자진, 엄군평은 일찍이 벼슬한 적이 없는 분들이다. 그러나 그들의 풍모와 명성은 탐욕한 자를 부끄럽게 만들고, 풍속을 일깨울 만하므로 가까운 시대의 일민(逸民)이라 하겠다. 왕길, 공우, 두 공씨도 모두 예의와 사양[禮讓]을 통해 조정에 나아가고 조정에서 물러난 분들이다.'

왕길(王吉)은 자(字)가 자양(子陽)으로 낭야(琅邪) 고우(皐虞) 사람이다. 어려서 배우기를 좋아해 경전에 밝았고, 군의 관리로 있다가 효렴(孝廉)으로 천거돼 낭(郎)이 됐으며, 약로(若盧) 우승(右丞)〔○ 사고(師古)가 말했다. "소부(少府)의 속관 중에 약로 우승이 있다. 창고의 병사들을 담당했다."〕에 보임됐다가 운양(雲陽)현령으로 승진했다. 현량(賢良)으로 천거를 받아 창읍왕(昌邑王)의 중위(中尉)가 됐는데, 왕이 떠돌며 사냥하기를 좋아해 온 나라 안을 말을 타고 달리며 절제 없는 행동을 하자 길(吉)이 소를 올려 다음과 같이 간언했다.

'신이 듣건대 옛날에는 군사들이 하루에 30리를 행군하고, 길례(吉禮)[3]에는 50리를 간다고 했습니다. 『시경(詩經)』에 이르기를 "바람은 휘몰아치고, 저 수레는 휘몰아가네. 주나라로 가는 큰 길을 돌아보니 이 마음 애달파라[匪風發兮 匪車揭兮 顧瞻周道 中心弔兮]!"[4]라고 했습니다. 이 시를 풀이해보면, 저 휘몰아치는 바람은 예전에 불던 바람이 아니고, 저 휘몰아가는 수레는 옛날의 수레가 아니라서 마음이 애달팠던 것입니다.

지금 대왕께서는 방예현(方輿縣)에 나가실 때 반나절도 되지 않아서 200리를 달리셨습니다. 그 때문에 밭갈이와 누에치기를 중지한 채 길을 닦거나 말을 잡고 나선 백성들이 제법 많았습니다. 어리석은 신은 백성에게 변고를 자주 일으켜서는 안 된다고 생각합니다. 옛날 소공(召公-주나라 선왕(宣王)을 보좌해 중흥을 이룬 공신)께서 직책을 수행하실 때 백성들이

3　상례와 제례를 제외한 모든 제사 의식을 가리킨다.

4　「회풍(檜風)」'비풍(匪風)' 편에 나오는 구절이다.

농사에 여념이 없을 시기가 되면 팥배나무 밑에서 쉬면서 백성들의 고충을 듣고 해결해주었습니다. 그때에는 백성들 모두가 제자리를 지키며 잘 살았으므로 후세에는 그분의 인자함과 은혜를 그리워해 그 팥배나무를 베지 않았습니다. 『시경(詩經)』의 '감당(甘棠)'[5]이 바로 그 사실을 노래한 것입니다.

반면에 대왕께서는 서책과 술수(術數-유학과 계책)는 좋아하지 않고 쾌락과 놀기만을 즐기며, 수레 앞턱의 가로나무에 기대어 고삐를 잡고 말을 내달리기를 그치지 않습니다. 말을 재촉하느라 입술이 지칠 지경이요 채찍과 고삐를 잡느라 손이 부르트고 수레를 타느라 몸이 피곤해 죽을 지경입니다. 아침에는 안개를 헤치고 낮에는 먼지를 뒤집어쓰며, 여름에는 폭염에 등을 달구고 겨울에는 찬바람에 휩쓸리며 다닙니다. 나약하고 고운 옥체로 힘들고 수고로운 고통을 몸소 자주 행하시니 높으신 분의 수명을 온전히 누리는 길이 아니고, 또 숭고한 어짊과 의로움[仁義]으로 나아가는 도리가 아닙니다.

큰 저택의 지붕 아래, 고운 양탄자 위에 앉아 앞에는 명철한 스승이 있고, 뒤에는 선행을 격려하는 사람이 있어야 합니다. 위로는 요순(堯舜) 시절의 정사를 토론하고, 아래로는 은주(殷周) 시대의 번성한 문물을 논의해야 합니다. 어진 성인의 기풍을 살피고 나라를 다스리는 도리를 익혀야 합

---

5 「소남(召南)」에 실린 편 이름이다. 팥배나무가 곧 감당이다.

6 『논어(論語)』「술이(述而)」편에 나오는 말이다.

7 『주역(周易)』의 '대축(大畜)괘'로 「단전(彖傳)」편에 나오는 말이다.

니다. 삼가 발분망식(發憤忘食)⁶해 날마다 다움을 새롭게 키우려고⁷ 노력한다면 그 즐거움이 말과 수레를 타서 즐기는 정도에 그치겠습니까? 쉴 때에는 하늘을 올려다보고 땅을 내려다보며 몸을 펴는 동작을 해 신체를 건강하게 하고, 나아가고 물러가며 이리저리 걸어서 하체를 충실하게 단련시키십시오. 청량한 공기를 들이마시고 묵은 공기를 뱉어내어 오장의 기운을 단련시키며, 뜻을 한곳에 모으고 정기를 쌓아서 정신을 조화롭게 하십시오. 이렇게 양생을 하신다면 왜 장수하지 않겠습니까?

대왕께서 진실로 여기에 유의하신다면 마음에는 요순의 뜻이 생겨나고, 몸은 백교(伯喬)와 적송자(赤松子-고대의 장수한 신인(神人))처럼 장수를 누리실 것입니다. 아름다운 명성이 널리 퍼져서 황제의 귀에까지 소문이 들린다면 복이 찾아와 사직이 안정될 것입니다. 황제께서는 어질고 명철하셔서 지금까지 선왕(先王)을 사모하는 마음이 흐트러지지 않았습니다. 별궁과 금원(禁苑)에서 사냥하고 즐기는 일은 아직 한 번도 하시지 않았습니다. 대왕께서는 아침저녁으로 이 점을 생각하시고 황제 폐하의 뜻을 받들도록 하십시오.

폐하와 육친 관계가 있는 제후들 중에서 대왕보다 더 가까운 사람은 없습니다. 대왕께서는 친분으로는 아들이지만 지위로는 신하입니다. 한 몸에 두 가지 책임이 얹혀 있는 것입니다. 은애(恩愛)와 행의(行義)를 조금이라도 갖추지 못했을 때에는 황제 폐하께 보고되므로 나라를 향유하는 대왕께 복이 아닙니다. 신 길은 어리석고 모자라지만 바라건대 대왕께서 굽어 살피시기 바랍니다.'

왕 유하(劉賀-창읍왕)는 비록 그의 말을 따르지는 않았지만 길(吉)을 공경하고 예우할 줄은 알았기에 마침내 다음과 같은 명을 내렸다.

"과인의 행실에 게으름이 없지 않았거니와 중위(中尉-왕길)가 매우 충성스럽게도 여러 번에 걸쳐 내 과실을 고치도록 인도했다. 알자(謁者) 천추(千秋)를 시켜 중위에게 쇠고기 500근, 술 다섯 말, 포(脯) 다섯 묶음을 하사하노라!"

그러나 뒤에는 다시 태연자약하고 방종하게 행동했다. 길은 그때마다 간쟁해 왕을 보필하는 의리를 한껏 발휘했다. 백성을 다스린 일은 없었으나[8] 나라 안에서 그를 공경하고 존중하지 않는 자가 없었다.

세월이 흘러 소제(昭帝)가 붕(崩)했는데 뒤를 이을 후사가 없어 정사를 도맡아보던 대장군 곽광이 대홍려 종정(宗正)을 보내 창읍왕을 모셔오도록 했다. 길(吉)은 즉시 소를 올려 창읍왕을 경계시켜 말했다.

'신이 듣건대 (상나라) 고종(高宗)은 양암(諒闇)하며 3년 동안 말을 하지 않았다고 합니다. 지금 대왕께서는 상사(喪事)가 있어 불려오신 것이니 마땅히 밤낮으로 곡하고 눈물을 흘리면서 슬퍼하시기만 해야 할 뿐이니 매사 신중히 하시고 일의 발단을 일으켜서는 안 될 것입니다. 이것이 어찌 복상(服喪)의 일에만 한정되겠습니까? 남면하는 임금이 무슨 말을 하겠습니까? 하늘이 말을 하지 않고도 사계절은 운행되며 온갖 생물은 자라난다[9]고 했으니 바라건대 대왕께서는 이를 깊이 살피셔야 할 것입니다.

대장군이 가진 인애(仁愛)와 용지(勇智), 충신(忠信)의 다움에 대해서는

---

8 태수가 돼 지방을 직접 다스린 적이 없다는 말이다.

9 『논어(論語)』「양화(陽貨)」편에 나오는 공자의 말이다.

천하 사람들 중에 못 들은 이가 없는데, 효무제(孝武帝)를 20여 년 동안 모시면서 일찍이 아무런 허물이 없었습니다. 선제께서 여러 신하들을 버리실 때 천하를 부탁해 어린 고아(-소제)를 맡기셨습니다. 대장군은 어린 주군을 강보에 품고 보호하면서 정교(政敎)를 시행해 온 나라 안이 편안해졌으니, 설사 주공(周公)이나 이윤(伊尹)이라도 이보다 더할 수 없을 것입니다. 이제 제(帝)께서 붕하시고 후사가 없으니 대장군은 오직 종묘를 받들 수 있는 사람만 생각하다가 들고 끌어서 대왕을 세우려 하니, 그의 어질고 두터움이 어찌 잴 수나 있겠습니까? 신이 바라건대 대왕께서는 그를 섬기고 그를 공경하며, 정사는 오로지 그에게서만 들으시고, 대왕께서는 팔짱을 끼고서 남면만 하시면 됩니다. 바라건대 이 점에 유의하시어 늘 생각하시옵소서.'

왕이 이미 도착해 자리에 나아간 지 20여 일 만에 음란하다 해 폐위됐다. 창읍의 여러 신하들은 창읍국에 있을 때 왕의 죄와 허물을 드러내어 아뢰지 않고 한나라 조정에서 알지 못하게 했고, 또 제대로 보도(輔道)하지 못해 왕을 큰 악에 빠지게 했다 해 모두 감옥에 내려져 주살됐다. 오직 길(吉)과 낭중령 공수(龔遂)만이 충성스러움과 곧음으로 바르게 간언했다 해 사형에서 감형돼 머리를 깎고서 성곽 공사에 노역을 했다.

다시 임용돼 익주(益州)자사가 됐고 병이 나자 관직을 내놓았는데 다시 불려가 박사 간대부가 됐다. 이때 선제(宣帝)가 자못 무제(武帝)의 옛일들을 고치려 했고, 궁실(宮室)과 거복(車服)이 소제(昭帝) 때보다 성대했다. 당시에는 외척인 허씨(許氏), 사씨(史氏), 왕씨(王氏)가 귀한 총애를 받았는데 상이 몸소 정무를 맡아 하면서 유능한 관리들을 임용했다. 길이 소를 올려 그 얻고 잃음에 관해 말했다.

'폐하께서는 빼어난 바탕[聖質]을 가지신 몸으로 만방(萬方)을 통치하고 계십니다. 제왕의 지도와 문서를 날마다 앞에 펼쳐놓고서 오직 세상을 다스리는 일만 생각하시어 장차 태평(성대)을 일으키려 하십니다. 그래서 조서(詔書)가 내려질 때마다 백성들은 흔쾌히 다시 살아나고 있습니다. 신이 엎드려 생각건대 이는 지극한 은혜[至恩]라 할 수는 있지만, (황제가) 본래 힘써야 할 일[本務]이라 할 수는 없습니다.

세상을 제대로 다스려보려고 하는 임금은 매 세대마다 나올 수 있는 것이 아닙니다[不世出]. 공경(公卿)들이 요행히 그런 시대를 만나면 신하의 간언을 들어 임금이 그것을 따라주기는 합니다. 그러나 아직 만세의 장구한 계책을 세워서 밝은 임금을 삼대의 융성한 때보다 더 높이 세워준 신하들은 없었습니다. 이는 그들이 힘쓰는 바가 그때그때의 회계 처리나 문서, 옥사를 처리하고 송사를 재결하는 것에 불과하기 때문입니다. 이런 것들은 태평을 이룰 수 있는 밑바탕[基]이 아닙니다.

신이 듣건대 빼어난 임금이 다움을 베풀고 교화를 널리 행할 때에는 반드시 본인과 가까운 데서[自近] 시작한다고 했습니다. 조정이 잘 갖춰져 있지 못하면[不備] 다스림에 관해 말하기가 어렵고, (임금의) 좌우 신하들이 바르지 못하면[不正] 먼 곳에 있는 백성들까지 교화하기가 어렵습니다. 백성이란 것은 약해 보여도 이길 수가 없고, 어리석어 보여도 속일 수가 없습니다. 빼어난 임금께서 깊은 궁궐 안에서 홀로 행한 것이라 하더라도 제대로 하면[得] 천하가 그것을 칭송하지만, 제대로 하지 못하면[失] 천하가 모두 그것을 (비판적으로) 말할 것입니다. 이는 가까운 곳에서 행하는 것이라 하더라도 반드시 먼 곳에서까지 나타나기 때문입니다. 그렇기 때문에 좌우에 둘 신하들은 조심해서 뽑아야 하는 것이고, 일을 시킬 사람들은 잘 가려서 골라야 하는 것입니다. 좌우에 있는 자들은 자신을 바르게 해 줄 수 있기 때문이고, 일을 시킬 사람들은 (자신을 대신해서 백성들에게) 다움을 널리 펴줄 것이기 때문입니다. 『시경(詩經)』에 이르기를 "많고 많은 선비들이여, 그대들로 인해 문왕께서는 편안하시도다"[10]라고 한 것은 바로 여기에 바탕을 두고 있습니다.

　『춘추(春秋)』의 대일통(大一統)이라는 것은 천하[六合]의 풍속이 하나가 되고 중국[九州]의 풍속이 하나로 관통되는 것을 뜻합니다. (그런데) 지금 속된 관리들이 백성들을 돌보는 것[牧民]을 보면 예와 의로움 혹은 법도나 준칙이 대대로 이어질 만한 것이 아니라 그저 형벌과 법률만을 만들어서 그냥 지키고 있을 뿐입니다. 그들 중에서 혹 잘 다스려보려고 하는 자도 어떤 길을 따라가야[繇=由] 할지를 모르고, 자기 마음대로 제각각 임시방편으로 술수[譎]나 행하고 있습니다. 그래서 한 번 크게 변하고 나면 뒤에는 다시 회복할 수가 없습니다. 이 때문에 사방 100리가 서로 풍속이 같지 아니하고, 사방 1,000리가 습속이 같지 않아 집집마다 가르침[政]이 다르고 사람마다 의복이 다르며, 사기와 거짓이 싹트고[萌生][○ 사고(師古)가 말했다. "이는 초목이 처음 나올 때처럼 서로 다투어 생겨난다는 말이다."] 형벌에 한도가 없으며, 질박함은 나날이 사라지고 은혜와 사랑은 점점 엷어지고 있습니다. 공자가 말하기를 "윗사람을 편안케 하고 백성들

---

10 「대아(大雅)」 '문왕(文王)' 편에 나오는 시구다.

을 다스리는 데는 예(禮)만 한 것이 없다"[11]라고 했으니 이는 빈말[空言]이 아닙니다. 임금다운 임금들은 아직 예의 제도가 정해지지 않았을 때는 선왕의 예법 중에서 지금에 마땅한 것을 가져다가 사용했습니다. 신이 바라건대 폐하께서는 하늘의 마음을 이으시고 큰 왕업을 일으키시어 공경 대신뿐만 아니라 유생들까지 불러들여 옛날의 예법을 진술케 하신 다음 임금다운 예제를 명확하게 만드셔야 합니다. 그리하여 한 시대의 백성들을 몰아서 어질고 오래 살 수 있게 구제해주신다면 그 (어진) 풍속이 어찌 성왕(成王)이나 강왕(康王)의 시대와 같지 않을 것이며, 오래 사는 것이 어찌 은나라 고종(高宗)의 시대와 같지 않겠습니까? 지금 시대의 추세와 사업 중에서 도리에 부합하지 않는 것들을 남몰래 찾아내어 삼가 조목별로 말씀 올리는 것이니 폐하께서 잘 가려[財=裁] 택하시기를 바랍니다.'

길은 또 말했다.

'부부란 인륜의 큰 벼리요 일찍 죽느냐 오래 사느냐의 싹입니다. 세상 풍속은 시집, 장가보내기를 너무 일찍 하는데, 사람이 부모가 되는 도리를 미처 알기도 전에 자식을 갖게 되니, 이 때문에 교화가 밝게 이뤄지지 못하고 백성들은 대부분 일찍 죽습니다. 아내를 맞아들이고 딸을 시집보내는 데 절도가 없으면, 가난한 사람들은 이를 제대로 따라 할 수가 없으므로 자식도 낳을 수 없게 됩니다. 또 한나라 황실에서는 열후가 공주를 받들어 혼인하고, 제후의 딸인 옹주(翁主)를 나라 사람들이 받들어 혼인합니다.〔○ 진작(晉灼)이 말했다. "천하의 딸을 아내로 맞아들이는 것을 '공주

---

11 『효경(孝經)』에 나오는 구절이다.

를 받들어[尙公主]'라 했고, 나라 사람이 제후의 딸을 아내로 맞아들이는 것을 '옹주를 받들어'라고 했는데, 이는 다 비하하는 표현이다." 사고(師古)가 말했다. "옹주(翁主)라고 한 것은 그의 아버지 자신이 혼사의 주인공임을 말하는 것이다."]. 남자로 하여금 여자를 섬기게 하고[事], 남편으로 하여금 부인에게 복종하게 하는 것[詘=屈]은 음양의 자리를 거스르는 일이므로, 이 때문에 여인으로 인한 난리[女亂]가 많이 생겨나는 것입니다.

옛날에는 의복, 수레, 말은 귀천에 따른 차등이 있어 이로써 다움이 있는 자[有德]를 기리고, 귀하고 천함[尊卑]을 구별했습니다. (그런데) 지금은 위아래가 그 차등을 무시하고 사람마다 제 마음대로 합니다. 이 때문에 재물을 탐하고 이익을 좇느라 죽는 것도 두려워하지 않습니다. 주나라가 능히 잘 다스리는 경지에 이르러 형벌을 두고서도 쓰지 않은 까닭은 일의 단초가 발생하기 전에 금했고, 악의 싹이 트기 전에 잘라버렸기 때문입니다.'

또 말했다.

'순(舜)임금과 탕왕(湯王)이 삼공과 구경의 후손들을 쓰지 않고, 각각 고요(皐陶)와 이윤(伊尹)을 들어 쓰자 어질지 못한 자들이 멀리 사라졌습니다. (그런데) 지금 속된 관리들로 하여금 그 자제들에게 일을 맡기도록 해주셨는데[○ 장안(張晏)이 말했다. "자식과 동생들을 아버지나 형 때문에 낭(郎)에 임용한 것을 말한다."] 대부분 교만한 자들이 많을 뿐만 아니라 고금(의 이치)에 두루 통하는 자가 없습니다. (그리고 그들은) 공적을 쌓는다거나 사람들을 다스림에 있어 백성들에게 도움이 되는 바가 하나도 없으니 이것이 바로 시 벌단(伐檀)¹²이 지어지게 된 까닭입니다. 마땅히 (관리를) 공명하게 뽑으시어 뛰어난 이를 찾으시고, 임자(任子)¹³의 명을 거두셔야 합니다. 외척이나 예부터 친분이 있는 사람[故人]에게 재물을
_{고인}
두텁게 주는 것은 무방하지만 관직에 있게 하는 것은 아니 됩니다. 씨름놀이[角抵]를 없애고, 악부(樂府)의 인원을 감축하고, 상방(尙方)의 기구들을
_{각저}
줄임으로써 (폐하께서) 검소하시다는 점을 온 천하에 훤하게 드러내셔야 합니다.

옛날에는 공인들이 화려한 조각품을 만들지 않았고, 상인들은 사치스러운 물품을 유통시키지 않았습니다. 공인이나 상인이 유별나게 뛰어나서 그랬던 것이 아니라 정치와 교화가 그들로 하여금 그렇게 만든 것이었습니다. 백성들은 (폐하의) 검소함을 보면 근본으로 돌아갈 것이니 근본이 서면 말단의 일도 이루어질 것입니다.'

길의 뜻은 이와 같았으나 상은 그의 논의가 실정과 동떨어진 것[迂闊]
_{우활}
이라 여겨 크게 총애하거나 특별하다고 생각지 않았다. 길은 마침내 병을 핑계로 사직하고 낭야군(琅邪郡)으로 돌아갔다.

애초에 젊은 길(吉)은 학문을 배우면서 장안에 살았다. 동쪽 이웃집에 큰 대추나무가 있었는데, 그것이 길의 집 뜰 안으로 드리워져 있어 길의 부인이 그 대추를 따서 길에게 먹였다. 길은 뒤에 일의 자초지종을 알게

---

12 『시경(詩經)』「위풍(魏風)」의 편 이름이다. 위정자가 세금을 무겁게 부과하고 탐욕스러우며, 일하지 않고 봉록을 먹는 실정을 풍자한 시다.

13 한나라의 관리 선발 제도로 2,000석 이상의 관리로서 3년 이상 근무한 사람은 그의 형제나 자식 중에서 한 사람을 낭(郎)으로 임명할 수 있었다.

되자 마침내 부인을 내쫓았다. 동쪽 이웃집에서 그 일을 듣고서 나무를 베어버리려 하자 마을 사람들이 그것을 말렸고, 더불어 길에게 아내와 다시 인연을 맺기를 청했다. 마을에서는 그 때문에 이런 말이 돌았다.

'동쪽 이웃집에 나무가 있어 왕양(王陽-왕길)의 아내가 쫓겨났다네.
동쪽 이웃집 대추가 다 익자 쫓겨났던 부인도 집으로 돌아왔다네.'

그가 뜻을 굳게 지킨 것[厲志]이 이와 같았다.
여지

길은 공우(貢禹)와 친한 벗이어서 세상에서는 "왕양이 벼슬자리에 앉으면 공공(貢公)이 관의 먼지를 턴다"[14]라는 말이 나올 만큼 그들이 취하고 버리는 것이 같았다. 원제(元帝)가 처음 즉위했을 때 사자를 보내 공우와 길을 불러들였다. 길은 연로해 대궐로 가는 도중에 죽으니 상이 이를 애석하게 여겨 다시 사자를 보내 조문하게 했다고 한다.

원래 길은 오경(五經)에 두루 통달했다. 『추씨춘추(騶氏春秋)』를 잘 알았고, 『시경(詩經)』과 『논어(論語)』를 제자들에게 가르쳤으며, 양구하(梁丘賀)가 풀이한 『역경(易經)』을 좋아해 아들 준(駿)에게 배우도록 했다. 준은 효렴(孝廉)으로 낭(郎)이 됐다. 좌조(左曹) 진함(陳咸)이 준을 뛰어난 아버지의 아들로서 경서에 통달하고 행실을 잘 닦았으므로, 세상에 진출시켜 풍속을 깨끗하게 해야 한다고 천거했다. 광록훈(光祿勳) 광형(匡衡)도 정

---

14 관의 먼지를 턴다는 것은 벼슬하기 위해서 그동안 치워두었던 관의 먼지를 털어 쓰고 가려고 한다는 의미다.

사를 물으면 즉시 대답할 능력이 있다고 준을 천거했다. 그래서 준을 간대부에 임명해 회양헌왕(淮陽憲王)을 문책하도록 했다. 그 뒤에는 조(趙)나라 내사(內史)가 됐다. 길이 창읍왕의 일에 연좌돼 형벌을 받은 이후로는 자손들에게 왕국(王國)의 관리가 되지 말라고 경계했기 때문에 준은 병이 들었다는 핑계를 대고 관복을 벗어던지고 귀향했다. 조정에서는 준을 집에서 불러내 다시 유주(幽州)자사로 삼았다가 사예교위로 옮겼다. 승상 광형을 면직시키라고 상주한 뒤에 자신은 소부로 승진했다.

8년 뒤에 성제(成帝)가 준을 크게 쓰려고 그를 내보내 경조윤으로 삼아 정사를 잘 보살피는지를 시험했다. 이보다 앞서 경조윤을 지낸 사람으로 조광한(趙廣漢), 장창(張敞), 왕존(王尊), 왕장(王章)이 있었고, 준에 이르기까지 모두 유능하다는 명망이 있었다. 그래서 서울에서는 "앞에는 조광한, 장창이요, 뒤에는 왕씨 세 사람"이라는 칭송이 있었다. 그리고 설선(薛宣)이 좌풍익으로 재직하다가 준을 대신해 소부가 됐는데 마침 어사대부 자리가 비게 되자 곡영(谷永)이 아뢰어 말했다.

"빼어난 왕은 실상보다 명예를 더 높이지 않습니다. 공적을 평가하는 것은 관리를 기용하는 방법인데 설선은 정사를 행하는 능력을 벌써 시험했습니다."

상은 그의 제안을 그럴듯하게 여겼다. 그래서 선(宣)은 소부가 된 지 한 달여 만에 드디어 어사대부로 뛰어올랐다가 승상에까지 이르렀다. 준은 선의 자리를 이어 어사대부가 돼 자리를 나란히 했다. 6년 뒤에 준이 병으로 죽고, 적방진(翟方進)이 준의 뒤를 이어 어사대부가 됐다. 몇 개월 뒤에 설선이 면직되자 적방진이 뒤를 이어 승상이 됐다. 많은 사람들은 준이 후

(侯)에 봉해지지 못한 것을 안타깝게 생각했다. 준이 소부로 재직할 때 그의 아내가 죽었는데, 준이 후처를 얻지 않자 어떤 사람이 그 이유를 물으니 준은 이렇게 답했다.

"나의 다움은 증자(曾子)만도 못하고, 아들은 화(華)와 원(元)[15]이 아닌데 진실로 감히 재취할 수 있겠소?"

준의 아들 숭(崇)은 아버지의 보증으로 낭(郞)이 됐고, 자사와 군수를 역임하며 백성 다스리기를 잘한다는 명성을 얻었다. 건평(建平) 3년에 하남군 태수로 있다가 조정에 들어와 어사대부가 됐고, 몇 개월이 지났을 때 성제의 외숙 안성공후(安成恭侯)의 부인 방(放)이 과부의 몸으로 장신궁(長信宮)에 들어와 태후를 봉양했다. 방이 저주를 했다는 사건에 연루돼 옥에 갇히자 숭이 봉사(封事)를 올려 방을 변호했다. 그런데 방의 외가인 해씨(解氏)가 숭과 혼사로 맺어졌다. 애제(哀帝)는 이 때문에 숭이 충성스럽지 못하다고 여겨 그에게 다음과 같은 조서를 내렸다.

'짐은 그대가 여러 대 동안 아름다운 다움을 쌓았다고 여겨 서열을 뛰어넘어 높은 자리에 앉혔다. 그런데 그 자리에 있는 이래 충성을 바쳐 나랏일을 바로잡았다는 말은 들은 바 없고, 도리어 간사한 언사를 품고서 옛 인척관계에 있는 집안과 대역죄를 지은 허물이 있는 자를 구원하려고 했다. 행동과 조치가 제멋대로이고 방자하며, 법도를 준수하지 않으므로 만조백관에게 보일 면목이 없다.'

---

15 증자의 두 아들이다. 『한시외전(韓詩外傳)』에 "증자가 상처(喪妻)했는데 재취를 얻지 않았다. 누군가가 그 이유를 묻자 증자가 화와 원이 착한 아들이라서 못한다고 대답했다"고 한다.

좌천당해 대사농이 됐다가 나중에 위위 좌장군(衛尉左將軍)으로 옮겼다. 평제(平帝)가 즉위해 왕망이 정사를 장악하자 대사공(大司空) 팽선(彭宣)이 은퇴를 애걸해 면직됐는데, 숭이 그 자리를 이어받아 대사공이 돼 부평후(扶平侯)에 봉해졌다. 1년 남짓 지나서 숭이 다시 병을 핑계로 은퇴를 청해 모두 왕망을 피했다. 왕망이 숭을 봉국으로 가도록 보냈다. 그로부터 1년 남짓 지나서 숭이 측근에게 독살당해 죽자 봉국이 없어졌다.

길로부터 숭에 이르기까지 대대로 청렴하다는 명성이 있었으나 자질과 명성은 그 아버지에 조금씩 미치지 못했음에도 녹봉과 지위는 더욱 높아갔다. 모두 수레와 말과 의복을 좋아해 직접 쓰는 물건이 대단히 고왔으나 금은이나 비단과 같은 재물은 없었다. 이들이 거처를 옮겨 이사할 때 수레에 싣고 간 것은 한 보따리의 옷밖에 없었고, 다른 재물은 쌓아두지 않았다. 벼슬을 버리고 집 안에 머물 적에는 베옷을 입고 보잘것없는 식사를 했다. 천하가 이들의 청렴함에 탄복하면서도 그들의 사치스러움은 이상하게 여겼다. 그래서 세상에서는 "왕양은 능히 황금도 만든다"라는 말이 전해진다.

공우(貢禹)는 자(字)가 소옹(少翁)으로 낭야(琅邪) 사람이다. 경서에 밝고 행실이 깨끗하다[明經潔行]는 명성을 얻어 불려가 박사(博士)가 됐고, 양주(涼州)자사로 나갔다가 병으로 관직을 떠났다. 다시 현량(賢良)으로 천거돼 하남령(河南令-현령)이 됐다. 1년여 후에 직무와 관련된 일로 태수의 관부에게 문책을 당하고서 파직됐다. 우(禹)가 말했다.

"관(冠)을 일단 한 번 벗고 나면 어찌 다시 쓸 수 있겠는가?"

드디어 관직을 떠났다.

원제(元帝)가 즉위한 초기에 우(禹)를 불러 간대부(諫大夫)로 삼고, 여러 차례에 걸쳐 자신의 사사로움을 버리고서[虛己] 정사에 관해 물었다. 이때에는 농사가 흉년이 들었고, 군국(郡國)에 여러 가지 어려운 일들이 생겼기에 우가 말씀을 올렸다[奏言].

"옛날에는 궁실(宮室)에 일정한 제도가 있어 궁녀는 9명을 넘을 수 없고, 궁실에서 기르는 말[秣馬]은 8필을 넘을 수 없었습니다. 또 담을 칠하되 장식을 새겨서는 안 되고, 나무를 손질하되 조각해서는 안 되며, 수레나 기물에는 무늬나 그림을 그려서는 안 되고, 정원이나 동산[苑囿]도 수십 리를 넘지 않게 하며, 백성들과 함께 그것을 누렸습니다. 뛰어난 이에게 일을 맡기고 유능한 이를 부리며, 10분의 1만 세금으로 받고 그밖의 다른 부렴(賦斂)이나 요역 혹은 수자리는 없었으며, 백성들을 1년에 3일 이상 부리지 않았고, 사방 1,000리 안에서는 스스로 자급했고, 사방 1,000리 밖에서는 각각 공물을 바치는 직책[貢職]을 두었을 뿐입니다. 그랬기 때문에 천하의 가정들은 먹고살 것들을 조달할 수 있어 사람들이 만족해 칭송하는 노래가 다투어 만들어졌던 것입니다.

고조(高祖)와 문제(文帝), 경제(景帝) 때까지도 옛 임금들의 절약과 검소함을 따라서 궁녀가 10여 명을 넘지 않았고, 궁실의 말은 100여 필이었습니다. 문제께서는 거친 비단옷을 입으시고, 생가죽으로 만든 신을 신으셨으며, 기물에는 조각이나 무늬를 새기지 않았고, 금과 은으로 장식하지도 않았습니다. (그런데) 후세에 이르러 다투어 사치를 일삼고, 곳곳에서 [轉轉] 갈수록 심해지더니 신하들까지도 서로 마구 본받는 바람에 의복과 신발과 바지, 그리고 차고 있는 칼과 검이 상보다 사치스러워 상께서 사당에 들어가시면 여러 사람들과 구별되지 않을 정도로 그 잘못됨이 점점 심합니다. 그런데도 그들은 스스로 자신들의 사치와 참람[奢僭]을 알지 못하니 이는 마치 (노나라 소공 25년(기원전 517년)에) 노(魯)나라 소공(昭公)이 '내가 어찌 참람되단 말인가'라고 말한 것과 똑같습니다.[16]

지금의 대부들은 제후들을 뛰어넘고[僭=僭濫], 제후들은 천자를 뛰어넘고, 천자는 하늘과도 같은 도리[天道]를 뛰어넘으니, 그렇게 된 세월이 오래됐습니다. 쇠퇴한 풍조를 이어받아 어지러움을 구제하고, 옛것을 다시 되찾아 교화를 이루는 것은 폐하께 달려 있습니다. 신의 어리석음으로 볼 때는 태고(太古) 때처럼 하는 것은 어렵겠지만 마땅히 조금씩 옛 풍조를 본뜸으로써 스스로 절약해가야 한다고 봅니다. 『논어(論語)』에 이르기를 '군자는 예악으로 절제하는 것을 좋아한다[君子樂節禮樂]'[17]라고 했으니, 바야흐로 지금은 궁실의 제도가 이미 정해져 있어 어떻게 해볼 수가 없지만, 그 나머지는 모두 다 줄이고 덜어낼 수 있습니다. 옛날에[故時=昔者] 제(齊) 땅(-지금의 산동 지역)의 삼복관(三服官)[18]은 (조정에) 보내는 물건

---

16 소공이 천자의 예를 마구 행하면서도 자신의 잘못이 무엇인지 모르고 이렇게 말했던 사례를 가리킨다.

17 「계씨(季氏)」편에서 공자는 이렇게 말했다. "유익한 세 가지 좋아함이 있고, 손해 보는 세 가지 좋아함이 있다. 예악(禮樂)으로 절제하는 것을 좋아하고, 사람의 선함을 이끌어내는 것을 좋아하고, 어진 벗이 많음을 좋아하는 것이 유익한 세 가지이고, 교만과 쾌락을 좋아하고, 마냥(佚) 노는 것을 좋아하고, 향락을 좋아하는 것이 손해 보는 세 가지다[益者三樂 損者三樂 樂節禮樂 樂道人之善 樂多賢友 益矣 樂驕樂 樂佚遊 樂宴樂 損矣]."

18 조정을 위해 춘복, 하복, 추복을 짓는 기관을 말한다.

이 10상자[笥]에 지나지 않았는데, 바야흐로 지금 제 땅의 삼복관은 옷 짓는 공인이 각각 수천 명이고, 1년의 비용도 거만(鉅萬)을 헤아립니다. 촉(蜀) 땅과 광한(廣漢) 땅은 금은 기물들을 주관하는데 해마다 각각 500만을 씁니다. 삼공관(三工官)〔○ 사고(師古)가 말했다. "소부(少府)에 속한 관직으로 고공실(考工室), 좌공실(左工室), 동원장(東園匠) 셋을 가리킨다."〕은 5,000만을 쓰는데 동과 서의 직실(織室)[19]도 사정은 마찬가지입니다. (궁궐 내) 마구간의 말도 곡식을 먹어대는 것이 무려 1만 필입니다.

신 우(禹)는 일찍이 동궁(東宮)을 시종하면서〔○ 사고(師古)가 말했다. "천자를 따라서 태후궁에 가는 것을 말한다."〕하사하시는 각종 잔이나 다반 등을 보니 모두 다 그림이나 문양을 금은으로 장식했으니 신하들에게 내려주는 것과는 비할 바가 아니었습니다. 동궁에 들어가는 비용 또한 이루 다 계산을 할 수 없을 정도입니다. 천하의 백성들이 큰 기근 때문에 굶어 죽는 것은 이 때문입니다. 지금 백성들이 큰 가뭄을 맞아 죽어가고 또 죽더라도 제대로 장례조차 치르지 못하는 것도 (백성들이 먹어야 할 것을) 개와 돼지들에게 먹이기 때문입니다. 사람은 (먹을 것이 없어) 서로 잡아먹고 있는데 궁궐 내 마구간의 말들은 곡식을 먹고 나아가 크게 살이 찌니, (하늘의) 기운이 심히 노하게 돼 마침내 그것이 하루하루 (겉으로도) 드러나게 되는 것입니다. 임금이라는 자리는 하늘로부터 명을 받아

---

19 한대(漢代)의 공관(工官)의 하나로 『한서(漢書)』의 「백관공경표(百官公卿表)」에 의하면 진(秦)나라 관제(官制)로는 소부(小府)에 동직(東織)·서직(西織)의 두 관청이 속하고, 그곳에서 궁정용의 직물을 짰다. 한나라 성제의 하평(河平) 원년(기원전 28년) 동직을 폐지하고, 서직을 직실이라고 개칭했다.

백성들의 부모가 된 것인데 진실로 이와 같아서야 되겠습니까? 하늘이 다 보고 있지 않겠습니까?

　무제(武帝) 때에는 또 여자들을 많이 취해 수천 명에 이르는 여자들로 후궁을 채웠습니다[塡]. 천하를 버리게 되자[20] 소제(昭帝)는 어리고 힘이 없어 곽광(霍光)이 모든 일을 주관하면서, 예의 바름[禮正]은 알지 못한 채 자기 마음대로 수많은 금전(金錢)과 재물을 (무제의 무덤에) 묻었고, 또 기이한 새나 짐승, 물고기와 자라, 소, 말, 호랑이, 표범 등을 산 채로 무려 190가지 생물을 같이 파묻었으며, 또 후궁들을 남김없이 다 원릉(園陵-무덤)에 두었으니[置] 이는 크게 예를 잃은 것이고 하늘의 마음을 거스른 것이며, 또한 이는 반드시 무제의 본뜻과도 맞지 않는 것일 것입니다. 소제(昭帝)께서 붕어하셨을[晏駕=崩御] 때에도 곽광은 다시 똑같은 짓을 행했습니다. 효선황제(孝宣皇帝) 때에 이르러서는 폐하께서 말씀하시는 것을 싫어하셨고〔○ 사고(師古)가 말했다. "스스로 말을 할 수 없었기 때문에 일을 줄였다."〕,[21] 여러 신하들도 그저 옛 사례를 따르기만 하니 심히 고통스러웠습니다. 그래서 천하로 하여금 이런 전통을 이어받게 하자 여자를 취하는 일이 모두 도리에 크게 지나쳤고, 그 결과 제후들의 처첩은 혹 수백 명에 이르고, 부호나 관리들이 돌봐주는 노래꾼[歌者]이 수십 명에 이르니, 이 때문에 안에서는 원망하는 여인들이 많았고, 밖으로는 홀아비[曠夫]가 많아졌습니다. 많은 일반 백성들이 장례 지내고 매장하는 일에 이르러

20　천하를 버리다[棄天下]란 황제의 죽음을 직접 언급하지 못하고 에둘러 표현한 것이다.
21　말을 더듬는 장애가 있었다는 말이다.

서는 모두 다 땅 위를 비우고 땅 아래를 채우고 있습니다.[22] 이처럼 지나친 풍속은 위로부터 생겨나는 것이니 모두 대신들이 옛 사례를 그저 따른 죄 때문이라 하겠습니다.

오로지 폐하께서는 옛 도리[古道]를 깊이 살피시어 그 검소했던 바를 따르시고, 가마[乘輿]와 복장[服御], 각종 기물들을 크게 줄이고 덜어내어 3분의 2를 없애셔야 합니다. 자녀를 많이 낳고 적게 낳는 것은 천명에 달려 있는 것이니 후궁들을 훤히 살피시어, 그중에서 뛰어난 사람 20명만 남겨 두시고 그 나머지는 다 돌려보내셔야 합니다. 여러 원릉에 있는 여자들 가운데 자식이 없는 사람의 경우에는 마땅히 모두 보내줘야 합니다. 다만 두릉(杜陵)에만 궁인 수백 명을 두시되 그들을 진실로 애틋하고 불쌍하게 여기셔야 합니다. 궁궐 내 마구간에는 말이 수십 필을 넘어야 할 이유가 없습니다. 다만 장안성 남쪽의 원유(苑囿)만 사냥터로 삼으시고, 나머지 성 서남쪽부터 산서(山西)와 호(鄠) 땅에 이르기까지 모든 정원을 다시 논밭으로 바꿔 가난한 백성들에게 나눠줘야 합니다.

바야흐로 지금 천하는 기근이 들었으니 크게 스스로 (대궐에서는 쓰는 바를) 줄이고 덜어내어 백성들을 구제하는 것만이 하늘의 뜻에 어울리지 않겠습니까? 하늘이 빼어난 이를 낳는 것은 대개 만백성을 위한 것이지 다만 (임금으로 하여금) 스스로 쾌락이나 즐기게 할 뿐은 아닙니다. 그래서 『시경(詩經)』에 이르기를 '하늘은 믿기 어려운지라 임금 노릇 하기가

---

22 땅 위란 사람이 사는 곳이고, 땅 아래는 죽은 사람의 무덤을 말한다. 일반 백성들도 장례에 부장품을 많이 사용했다는 뜻이다.

쉽지 않도다[天難忱斯 不易爲王]'라고 했고, 또 이르기를 '상제께서 너에게
천난침사　불이 위왕
임해 계시니 너는 두 마음을 품어서는 안 된다[上帝臨女 毋貳爾心]'[23]라고
상제 임여 무이 이심
했으니 홀로 빼어난 마음[聖心]으로 저 하늘과 땅에 참여해 지나간 옛일
성심
을 잴 수는 있지만 신하들과 함께 상의할 수 있는 것은 아닙니다. (그리하
신다면) 만약에 아첨하려는 뜻으로 지시를 고분고분 따르고, 그저 임금의
마음에 상하 신하들이 맞추려고만 할 것입니다. 신 우는 이루 정성을 다
할 수[拳拳] 없으니 감히 어리석은 마음이라도 다해 말씀드리지 않을 수
권권
없었습니다."

천자는 그 충의(忠義)가 아름답다 해 받아들이고, 이에 조서를 내려 태
복(太僕-말 사육 담당 관리)으로 하여금 말들에게 주는 곡식을 줄이도록
하고, 수형(水衡)에게는 짐승들에게 주는 고기를 줄이도록 명했으며, 춘하
원(春下苑)의 규모를 줄여 가난한 백성들에게 나눠주고, 또 씨름[角抵]이나
각저
각종 유희를 없애 그 인원들을 제 땅의 삼복관(三服官-특수 의복을 제작
하는 관아)에 충당하도록 했다. 우를 승진시켜 광록대부(光祿大夫)로 삼았
다. 시간이 흘러 우가 글을 올려 말했다.

'신(臣) 우(禹)는 나이가 많고 집안이 빈궁해 재산이라고 1만 전도 되지
않으며, 처자식은 겨와 콩도 충분히 먹지 못하고 다 떨어진 갈옷조차 제
대로 갖춰 입지 못합니다. 밭이 130이랑 정도 있지만 폐하께서 잘못 판단
하시어 신을 부르시는 바람에 신은 밭 100이랑을 팔아서 거마(車馬)의 비
용으로 써야 했습니다. 도성에 들어오자 제배해 간대부(諫大夫)로 삼으셨

---

23 둘 다 「대아(大雅)」 '대명(大明)' 편에 나오는 구절이다.

는데, 작질은 800석이고 월봉은 9,200전이었습니다. 식사를 태관(太官)에서 지급받았고, 또 계절마다 각종 비단과 솜[絮]과 의복, 술과 고기, 여러 과일 등을 상으로 내려주시어 그 은덕이 참으로 깊고 두텁습니다. 병이 들면 시의(侍醫)로 하여금 치료하게 해주시어 폐하의 신령스러움에 힘입어 죽지 않고 살아날 수 있었습니다. 또 제배해 광록대부로 삼으셨는데 작질은 2,000석이고 월봉은 1만 2,000전이었습니다. 복록을 더욱 많이 내려주시어 우리 집안은 날로 부유해졌고, 이 몸은 날로 존귀해져 초가집에 살던 어리석은 신이 제대로 감당할 바가 아니었습니다. 엎드려 폐하의 두터운 은혜를 갚을 수 있는 길을 생각해보니 낮밤으로 부끄러울 뿐입니다. 신 우는 견마의 나이 81세로 혈기는 쇠해 다 고갈됐고, 귀와 눈은 제대로 밝지가 못해 제대로 보필할 수 있는 바가 없어, 이른바 소찬시록(素餐尸祿)하며 조정이나 더럽히는 신하입니다. 집에서 3,000리나 떨어진 곳에 와 있고, 아들이라고는 다 해서 한 명뿐이며, 나이라고는 12세이니 집에 있어서 신을 위해 관곽(棺槨)을 준비해줄 수가 없습니다. 진실로 두려운 것은 하루아침에 기운이 다해 죽게 될 경우 궁실의 자리만 더럽히고 해골은 내버려져 외로운 영혼은 돌아갈 곳이 없게 되는 것입니다. 신의 소원을 다 들어주시지는 못하더라도 바라건대 사직을 청하오니 살아서 고향으로 돌아갈 수 있게만 된다면 죽어서도 여한이 없을 것입니다.'

천자가 답해 말했다.

"(그대는) 짐의 스승으로 백이(伯夷)의 청렴함[廉]과 사어(史魚)[24]의 곧

---

[24] 『논어(論語)』 「위령공(衛靈公)」 편에서 공자가 그의 곧음[直]을 칭찬했던 인물이다. "곧도다, 사어

음[直]을 갖고서 큰 도리를 지키고, 옛것에 바탕을 두며 당대에 아부하지 않고, 백성을 위해 온 힘을 다하니 세상에 보기 드문 선비다. 그래서 그대를 몸소 가까이하며 국정에 참여시키려 했다. 그런데 지금까지 선생의 뛰어난 식견[奇論]을 오랫동안 듣지를 못했는데, 이제 말하기를 물러나고 싶다고 하니 유감스럽구려! 장차 이 자리에 있을 사람이 스승과 뜻이 같을 수 있겠는가? 예전에 일찍이 금창(金敞)으로부터 들은 바, 금창이 스승에게 말하기를 스승이 살아 계실 때 스승의 아들에게 녹읍을 주겠다고 하자 사양을 했고, 지금은 다시 말하기를 자식이 어리다고 말한다. 무릇 왕명으로 스승의 집안을 지켜주려 하는데, 비록 100명의 자식이 있다 한들 무엇을 더해줄 수 있겠는가? 『논어(論語)』에 이르기를 '처한 곳의 편안함을 생각하는 것[懷土]'[25]은 안 된다고 했거늘 하필이면 고향을 생각하는가? 스승은 식사를 잘 챙기고 질병에 조심해 스스로를 잘 보살피도록 하라[自輔]."

한 달여 후에 우(禹)를 장신소부(長信少府)로 삼았다. 마침 어사대부 진만년(陳萬年)이 졸(卒)하자 우는 그를 대신해 어사대부가 돼 삼공(三公)의 반열에 올랐다. 우가 어사대부가 돼 (삼공의) 지위에 있으면서 (정치의) 얻고 잃음에 대해 여러 차례 말했고, 글을 올린 것은 수십 차례였다.

"우(禹-공우)가 보건대 옛날에는 각 백성들에게 부과하는 인두세(人頭

여! 나라에 도리가 있을 때에 화살처럼 곧으며, 나라에 도리가 없을 때에도 화살처럼 곧도다."
25 「이인(里仁)」편에서 공자가 말했다. "군자는 다움을 생각하고 소인은 처하는 곳의 편안함을 생각한다[君子懷德 小人懷土]".

稅)[口錢]가 없었는데, 무제(武帝)께서 사방의 오랑캐를 정벌하기 위해 백성들의 부담을 무겁게 한 이래 백성들은 자식을 낳아 3세가 되면 인두세를 내야 했으니, 그로 인한 백성들의 어려움은 더욱 심해져서 자식을 낳으면 곧장 죽이기에까지 이르러 너무나도 비통했습니다. (그후에도) 어린아이가 7세가 돼 이가 날 때면 곧 인두세를 내야 했고, 20세가 되면 마침내 소득세[算]를 내야 했습니다."

그는 또 말했다.

"옛날에는 쇠붙이를 화폐로 쓰지 않아 (사람들은) 농업에 전념했습니다. 그래서 남자 한 명이 농사를 짓지 않게 되면 반드시 누군가는 그 사람으로 인해 굶어야 했습니다. (그런데) 지금 한나라 조정은 쇠돈[錢]을 주조하고 또 여러 철관(鐵官)에게는 모두 다 일꾼이나 하급 관리 등을 두어 산을 파내 구리와 쇠[銅鐵]를 얻어내느라 1년에 10만 명 이상의 노동력이 요구됩니다. 중농(中農) 정도가 7명을 먹일 수 있으니 10만 명이라고 한다면 (그들은 농사를 짓지 못하기 때문에) 사실상 70만 명이 늘 그 때문에 굶어야 한다는 말입니다. 땅을 파면 수백 장(丈)이어서 음의 정기(精氣)를 없애버리니 땅속에 저장돼 있던 것들은 텅 비게 돼 기운을 품어 습기를 내보낼 수가 없고, 숲과 나무를 마구 베느라 계절에 따른 일정한 금지 기간도 없어 홍수와 가뭄[水旱]의 재해가 이로 말미암아 반드시 생겨나지 않을 수가 없습니다. 오수전(五銖錢)이 유통된 지 70년이 돼 쇠돈을 몰래 주조하다가 걸려들어 형벌을 받은 백성들이 많고, 부자들은 쇠돈을 쌓아 집을 가득 채워놓고도 오히려 싫증을 내거나 만족할 줄을 모릅니다. (이러니) 백성들의 마음은 동요하고, 상인들은 이익을 추구하느라 동서남북 할 것없이 돌아다니며 각자 온갖 지략과 기교를 부리고, 좋은 옷에 맛있는 음식을 먹으면서 1년에 10분의 2의 이윤을 얻으면서도 조세를 (한 푼도) 내지 않습니다. (반면에) 농부들은 아버지나 자식 모두 들판에 고스란히 노출돼 추위나 더위를 피하지도 못한 채, 잡초를 뽑고[捽屮=拔草] 손으로 땅을 졸좌 발초
고르느라 손발이 다 부르트면서도[胝=繭] 이미 곡물의 지세(地稅)를 납부 지전
해야 하고, 또 볏단[槀=禾稈]에 대한 세금도 내야 했는데, 또다시 지방 관 고 화간
리들이 사사로이 징수하는 것까지 포함하면 이루 다 감당을 할 수가 없습니다. 그러니 백성들은 본업을 내팽개치고 말업을 좇으니 농사짓는 사람들은 지금까지의 절반도 생산할 수가 없습니다. 가난한 백성들은 비록 밭을 나라로부터 받더라도 오히려 헐값에 팔아버리고 상인이 되며, 그보다 더 궁해지면 결국 도적 떼가 됩니다. 무슨 연유로 이렇게 되겠습니까? 그것은 상업으로 인한 이익이 커서 돈에 혹하기 때문입니다. 이로 인해 간사함을 근절시킬 수가 없고, 그 원인은 다 돈 때문에 생겨납니다. 이처럼 상공업을 향해 달려가게 되면 본업인 농업을 끊게 되니, 마땅히 주옥과 금은을 캐는 일과 쇠돈을 만드는 일을 담당하는 관직을 혁파하시고, 다시는 돈을 만들지 못하게 해야 합니다. 시장에서 싼값에 사서 비싼 값에 파는 것[販] 판
을 막고, 조세를 돈[銖]으로 내게 하는 법률을 없애 조세와 녹봉은 다 (돈 수
이 아니라) 베와 비단, 그리고 곡식으로 납부하거나 지급토록 해야 할 것입니다. (그리고) 백성들을 모두 농사일로 돌아가게 한다면 옛 도리[古道= 고도
古法]를 따르게 돼 모든 일이 편안케 될 것입니다." 고법

그는 또 말했다.

"여러 이궁(離宮-별궁)과 장락궁(長樂宮)의 위병은 절반 이상[太半]으로 태반

줄일 수 있으니 그렇게 해 요역을 덜어주어야 합니다. 또 여러 관가의 노비 10만여 명은 유희에만 동원되고 일을 하지 않으면서 양민의 세금으로 그들의 노임을 지급하는데, 그것이 해마다 5, 6거만(鉅萬)이나 되니 마땅히 면천시켜 서인으로 삼고 먹을 것을 제공해주어야 하며, 또 함곡관(函谷關) 동쪽에서 오는 수자리 병졸들을 대신해 북쪽 변경의 정찰 망루와 요새에 올라 경계를 서도록[候望=望] 해야 할 것입니다. 또 근신들 중에서 여러 후망 후망 조(曹)의 시중 이상으로 하여금 집 안에서 사사로이 물건을 사고팔아 백성들과 이익을 다투는 일을 못하게 하고, 이를 어기는 자는 즉각 면직시켜 관작을 빼앗은[免官削爵] 다음 다시는 벼슬을 할 수 없게 해야 합니다." 면관 삭작

우는 또 이렇게 말했다.

"효문황제(-문제) 때에는 신분이 높으면서 청렴한 것을 깨끗하다[絜= 혈 潔]고 하고, 신분이 낮으면서 탐욕스러운 것을 더럽다[汙]고 여겨, (관리가) 결 오 상인을 데릴사위로 맞아들이거나[贅婿] 관리로서 뇌물죄에 걸리면 다 금 췌서 고(禁錮)시켜 관리가 될 수 없게 했고, 좋은 일을 하면 상을 내리고 나쁜 짓을 하면 벌을 내렸으며, 친척들에게 아첨하지 못하도록 해 죄가 명백한 자는 엎드려 그 벌을 받도록 했고, 죄가 의심스러운 자는 가벼운 법을 택해 처리토록 했으며, 속죄(贖罪)의 법은 없었습니다. 명령을 내려 이처럼 금하고 막는 조치들을 시행하자 나라 안은 크게 교화됐고[大化], 천하에서 대화 옥사를 결단한 것은 400건에 불과했으며, 형벌이 폐지된 것과 마찬가지였습니다.

무제께서 처음 천하를 다스리실 때 뛰어난 이를 높이고, (좋은) 선비들을 써서 땅을 개척해 국경을 넓힌 것이 수천 리였으며, 몸소 큰 공적과 위

대한 행동을 보여주셨습니다. 그러나 뒤에 가서는 마음 가는 대로 해 재용이 부족하게 되고, 마침내 완전히 뒤바뀐 정사를 행하는 바람에 법을 어긴 자는 속죄를 하고 곡식을 바친 자는 관리가 돼, 이로 인해 천하는 사치가 판을 쳤고 관은 어지러워졌으며 백성들은 가난해지니, 도적 떼가 여기저기서 일어나고 도망친 자들이 많았습니다. 군국에서는 (법을 어겨) 주살당하는 것을 두려워해 예서(隸書)를 잘 써서[史書] 장부의 작성에 익숙해지도록 해 상부(上府)를 능히 기만할 수 있는 자를 골라 고위직[右職=高職]에 올리고, 또 간교하게 법을 어겨 스스로 견딜 수 없으면 용맹으로 백성들을 엄하고 각박하게[切=刻] 다뤄, 아랫사람들을 가혹하고 무자비한 위세로 굴복시키는 자들을 큰 자리[大位]에 있게 합니다. 그래서 의롭지 못하면서[亡義=不義] 재산을 많이 가진 자는 세상에 드러나고, 거짓과 속임수[謾=誑]로 글을 잘 쓰는 자가 조정에서 높이 올라가며, 도리를 어지럽히고 어기면서[誖逆=亂逆] 용맹한 자는 관계(官界)에서 귀하게 됩니다. 그 때문에 세간에서는 누구나 다 '뭐 하러 (부모에게) 효도하고 (윗사람에게) 공순하게[孝弟] 하겠는가? 재산만 많으면 광영을 누릴 수 있다. 뭐 하러 예를 갖추고 의로움을[禮義] 행하겠는가? 예서만 잘 쓰면 벼슬을 할 수 있다. 뭐 하러 조심하고 삼가겠는가[謹愼]? 용맹하기만 하면 높은 자리에 오를 수 있다'라고 말합니다. 그래서 (먹물을 새겨 넣는) 경형(黥刑)이나 (코를 베는) 의형(劓刑)을 받거나 (머리를 깎고 목에 칼을 씌우는) 곤겸형(髡鉗刑)을 받은 자라도 오히려 다시 소매를 걷어 올리고서[攘臂] 세상에 정치를 펼 수 있고, 행동하는 바가 개나 돼지[犬彘] 같아도 집안이 잘 살고 세력이 든든하면 눈짓과 기세로 얼마든지 사람을 움직이니 이를 뛰어나다

[賢]고 할 뿐입니다. 그래서 벼슬자리에 있으면서 치부를 하는 사람은 영웅이나 호걸이 되고, 간사한 짓이나 해대면서 이득을 얻는 자는 장사(壯士)가 되니, 형은 동생에게 그리 살라 하고 아버지는 자식에게 그리 살라 해, 풍속이 무너져 내려 마침내 이 지경에까지 이른 것입니다.

사정이 이리 된 까닭을 깊이 들여다보면 다 법을 어겨도 돈으로 속죄를 받을 수 있기 때문이니, 좋은 선비를 구하려 해도 진짜 뛰어난 이[眞賢]를 얻지 못하고, (제후들의) 재상과 태수(혹은 군수)[相守]는 재물과 이익을 숭상해 (범법자에 대한) 주벌을 제대로 행하지 못하기 때문입니다. 지금이라도 제대로 된 다스림[至治]을 불러일으켜 태평을 이루려면 마땅히 속죄의 법을 없애야 합니다. 재상이나 태수들 중에서 실력에 따라 사람을 뽑아 쓰지 않고, 뇌물을 받은 자에 대해서는 즉각 주벌을 행하고 그저 면직에 그치지 않는다면, 사람들은 다투어 좋은 일을 하기 위해 온 힘을 다 쏟고, 효도와 공순을 귀하게 여기고, 상인을 천하게 여기며, 진짜 뛰어난 이를 나아오게 하고 실력 있는 청렴한 자[實廉]를 들어 쓸 것이니 천하는 잘 다스려질 것입니다.

공자께서도 그저 필부의 한 사람에 지나지 않았지만, 도리를 즐기고[樂道] 몸을 바로 하고[正身] 게으름에 빠지지 않았기[不解=不懈] 때문에 나라 안에서 천하의 임금이라도 공자의 말씀을 취해서 그것을 제대로 쓰지 않는 바가 없었던 것입니다. 하물며 한나라의 땅을 넓히시어 폐하께서는 성대한 다움을 갖고 계시며, 남면하는 지존의 자리에서 만승(萬乘)의 권력을 쥐고 계시니, 하늘과 땅의 도움에 힘입어 세상을 바꾸고 풍속을 고치며, 음과 양이 조화를 이루게 하고 만물을 도야(陶冶)하며, 천하를 바르게 교화하는 일은, 물길을 터주고 장차 떨어지려고 하는 물건을 막는 것보다도 쉽습니다. (주나라 때 중흥을 이룬) 성왕(成王)과 강왕(康王) 이래로 거의 1,000년이 지나가는 동안 제대로 된 다스림을 해보려는 임금은 아주 많았지만 태평성대가 다시 오지 않은 까닭은 무엇이겠습니까? 그것은 법도를 내팽개치고 사사로운 뜻에 맡기며, 사치를 행하고 어짊과 의로움을 폐기한 때문입니다.

폐하께서는 성심을 다해 (나라를 세우실 때의) 고조께서 겪으셨던 고난을 깊이 생각하시고, 태종(太宗-문제)의 다스림[治=治世]을 고스란히 본받으시어[醇法] 몸을 바로 하심으로써, 백성들에게 솔선수범하시고 뛰어난 이를 뽑음으로써 자신을 돕도록 하시며, 충성스럽고 바른 신하들이 나아올 수 있는 길을 열어주시고[開進=등용] 간사한 신하들은 주벌하시며, 아첨이나 하는 자들은 멀리 추방하십시오. 또 원릉(園陵)의 시녀들을 풀어서 내보내시고 배우와 악사의 제도는 혁파하시며 (음란한) 정(鄭)나라의 음악은 끊으시고 갑을(甲乙)의 장부[26]는 없애시며, 겉치레가 요란한 경박한 물건들을 물리시고 절약과 검소의 교화를 닦으시어, 천하의 백성들로 하여금 모두 다 농촌으로 돌아가게 하십시오. 이처럼 게으름을 부리지 않으신다면 삼왕(三王)과 어깨를 나란히 할 수 있고, 오제(五帝)에 이를 수도 있을 것입니다. 오직 폐하께서 여기에 뜻을 두시어 성찰하신다면 천하는 참으로 다행할 것입니다."

---

26 무제가 사용했던 진귀한 보석들로 장식한 장부를 말한다. 진귀한 물건들에 대해 갑을로 순서를 매겼다.

천자는 그의 의견을 내려보냈다. 백성들이 자식을 낳아 7세가 되면 비로소 인두세[口錢]를 내게 된 것은 이로부터 시작됐다. 또 상림원의 궁관에 드물게 행차하던 관례를 없앴고, 건장궁과 감천궁의 위졸(衛卒)을 줄였으며, 제후왕들의 사당을 지키는 위졸들도 반으로 줄였다. 나머지 것들에 대해서는 비록 다 따르지는 않았지만, (상은) 이 글에 담긴 꾸밈없고 곧은 [質直] 뜻은 아름답게 여겼다. 우는 또 군국에 있는 사당을 없애고, 한나라 종묘에서 번갈아 훼철하는 예를 정할 것을 아뢰었으나 모두 아직 시행되지는 못했다.

어사대부가 된 지 수개월 만에 졸하니 천자는 100만 전을 내려주었고 그의 아들은 낭(郞)으로 삼았는데, 관직이 동군도위(東郡都尉)에 이르렀다. 우가 졸한 뒤에 상은 그의 의견을 상기해 결국 조서를 내려 군국에 있는 사당을 없애고, 한나라 종묘에서 번갈아 훼철하는 예를 정했다. (그러나 통속적인 유학자들 중에는 그것을 비난하는 자들이 있었는데) 상세한 이야기는 「위현성전(韋玄成傳)」에 실려 있다.

두 공(龔)은 모두 초(楚) 사람인데, 승(勝)은 자(字)가 군빈(君賓)이고 사(舍)는 자가 군천(君倩)이다. 두 사람은 서로 친구이고 나란히 명성과 절의를 드러냈기 때문에 세상에서는 그들을 일러 초(楚)의 양공(兩龔)이라고 불렀다. 어려서는 둘 다 배우기를 좋아하고 경전에 밝았으며, 승은 군리(郡吏)가 됐는데 사는 벼슬을 하지 않았다.

오랜 시일이 흐른 뒤에 초왕(楚王)이 조정에 들어올 때 사(舍)가 고명하다는 명성을 전해 듣고 사를 초빙해 상시(常侍)로 삼으니, 사는 부득이 초왕을 따라갔다가 초나라로 되돌아오자 학문을 마치고 싶다고 청하며 벼슬을 고사하고 다시 장안으로 돌아갔다. 반면에 승은 군의 관리가 돼 세 번이나 효렴(孝廉)으로 천거됐는데, 왕국 사람이기 때문에 장안의 궁궐을 숙위할 수 없어 지방 관리로 임명됐다. 두 번에 걸쳐 위(尉)가 됐고 한 차례 승(丞)이 됐는데, 승은 그때마다 부임하자마자 곧바로 벼슬을 버리고 떠났다. 고을에서 무재(茂材-인재를 선발하는 과목의 하나)로 천거해 중천(重泉)현령이 됐으나 병이 나서 관직을 떠났다.

대사공 하무(何武)와 집금오 염숭(閻崇)이 승을 천거했는데, 애제(哀帝)는 정도왕(定陶王)으로 있을 때부터 그의 명성을 들어 잘 알고 있었던 터라 그를 불러서 간대부로 삼았다. 애제가 승을 인견하는 자리에서 그는 사와 항보(亢父) 사람 영수(甯壽), 그리고 제음(濟陰) 사람 후가(侯嘉)를 천거했는데, 애제는 조서를 내려 그들 모두를 불렀다. (이때) 승이 말했다.

"국가에서 의원이나 무당을 부를 때 늘 수레를 내려보내는 것을 신은 보았습니다. 뛰어난 이를 부를 때에도 마땅히 수레를 내려보내야 하옵니다."

상이 말했다.

"대부들은 자신들의 수레를 타고 오는가?"

승이 말했다.

"예, 예! 그렇습니다."

조서를 내려 수레를 내려보내게 했다. 사와 후가가 조정에 이르자 모두 간대부로 삼았다. 영수는 병을 핑계로 오지 않았다.

승은 간관(諫官)으로 있을 때 자주 글을 올려 알현을 청해 진언했다. 진언의 내용은 백성들은 가난하고 도적은 많으며 관리들은 선량하지 못하고, 풍속은 각박하며 천재지변이 자주 발생해 근심하지 않을 수 없다는 것이었다. 또 제도가 지나치게 번잡하고 형벌은 지나치게 가혹하며, 부세는 지나치게 무거워 아랫사람에게 검약함으로 솔선수범해야 한다고 했다. 그가 진언한 내용은 왕길과 공우의 주장을 모범으로 삼았다. 간대부가 된 지 2년 남짓 지나 승상사직(丞相司直)으로 승진했다가 광록대부가 돼 임시로 우부풍의 직책을 맡았다. 몇 개월 지나 애제(哀帝)는 승이 관리들의 번잡한 농간을 적발할 적임자가 아님을 알고 다시 그를 광록대부 제리(諸吏) 급사중(給事中)으로 복귀시켰다. 그런데 그는 동현(董賢-애제가 동성애 상대로 총애하던 미소년)이 제도를 어지럽힌다고 진언했다가 이로 말미암아 상의 뜻을 거스르게 됐다.

1년여가 지나 승상 왕가(王嘉)가 글을 올려 정위를 지낸 양상(梁相) 등을 천거하자 상서(尚書)가 가(嘉)를 탄핵해 말했다.

"국사를 자기 멋대로 말하고 나라를 어지럽히며, 상을 기망하므로 부도죄에 해당한다."

이 사건의 처리를 장군과 중조(中朝)[27]에 맡겨 토의하게 하니 좌장군 공손록(公孫祿)과 사예(司隷-애제가 원래의 사예교위를 사예로 개칭) 포선(鮑宣), 광록대부 공광(孔光) 등 14명 모두가 가는 국가를 어지러움에 빠뜨려 부도죄에 해당한다고 의견을 모았다. 승은 혼자서 글을 올려 다른

---

27 내조(內朝)라고도 한다. 대사마, 전후 좌우 장군(前後左右將軍), 시중(侍中), 상시(常侍), 산기(散騎), 급사중(給事中) 등으로 구성돼 황제를 측근에서 보필해 국가의 중대사를 논의·의결하는 기구이다. 승상을 수반으로 황제를 보필해 전국의 행정을 맡아보는 외조(外朝)와 상대된다.

의견을 냈다.

'왕가는 타고난 성품이 사악하고 편벽되며, 그가 천거한 자들은 탐욕스럽고 잔혹한 관리가 많았습니다. 그가 삼공의 지위에 오르자 음양이 조화를 이루지 못하고 갖가지 국사가 피폐해졌습니다. 이러한 허물은 모두 왕가로부터 말미암은 것입니다. 다만 국가를 혼란에 빠뜨린 것은 의심할 바가 아닙니다만 지금 양상 따위를 천거한 것은 지나치게 사소한 일에 불과합니다.'

날이 저물어 논의를 마치고 다음 날 다시 모여서 계속하기로 했다. 좌장군 공손록이 승에게 "당신의 주장은 증거가 불충분합니다. 이번에 모아진 의견을 상주해야만 할 터인데 당신은 어떤 쪽을 따르겠습니까?"라고 물었다. 그러자 승은 "장군께서 제 주장이 타당치 않다고 생각하시면 저까지 함께 탄핵하십시오"라고 답했다. 박사 하후상(夏侯常)은 승이 공손록에게 불손하게 응대하는 장면을 목격하고 자리에서 일어나 그의 앞으로 다가와 "마땅히 상서가 탄핵한 대로 따라야 합니다"라고 했다. 그러자 승은 손으로 상(常)을 밀치며 "저리 비키시오!"라고 했다.

그로부터 며칠이 지나 다시 모여 혜제(惠帝)와 경제(景帝)의 종묘를 회복시켜야 하는지 여부를 토의하는 회의를 열었는데, 참가자 모두가 마땅히 회복시켜야 한다고 주장했다. 그러나 승 홀로 "마땅히 예에 따라야 한다"라고 주장했다. 상이 다시 승에게 "예에도 변통이 있다"라고 말하자 공승이 버럭 소리쳐 "그만두시오! 시세가 변했을 뿐 예법이 변한 것이 아니오!"라고 했다. 그러자 상이 화를 내며 "당신이 다른 주장만을 내세우려고 애쓴다는 것을 나는 잘 알고 있소. 당신은 뭇 사람들과 조금이라도 다르게 보여 남에게 명성을 얻고자 애쓸 뿐이오. 당신은 신도적(申徒狄)[28]의 무리에 불과합니다"라고 말했다.

이보다 앞서 상은 승에게 고릉현(高陵縣)에 어머니를 죽인 아들이 있다고 말해준 적이 있었다. 그가 이 일을 상주하자 상서가 "그 사실을 누구로부터 들었는가?"라고 물었다. 그는 "상으로부터 들었다"고 대답했다. 상서가 그로 하여금 상에게 자세한 사정을 묻게 했다. 상은 연이어 그와 다툰 적이 있는지라 즉시 응답해 "서민에게 들었는데 아무에게도 말하지 말라고 당신에게 당부했었소. 분명하지도 않은 일을 상주해 죄에 저촉되는 일을 함부로 저질렀소"라고 말했다. 궁지에 빠진 그는 상서에게 대답할 말이 없었다. 그러자 그는 곧바로 상과 말다툼을 벌여 조정을 더럽힌 자신을 탄핵하는 상주를 올렸다. 일의 처리가 어사중승에게 맡겨졌다. 어사중승이 그를 소환해 조사하고는 다음과 같이 탄핵했다.

'승은 2,000석 고관이요, 상은 대부의 지위를 가진 관리로서 모두 영광스럽게도 급사중의 반열에 올라 조정의 중대사를 논의하는 자리에 참여합니다. 그렇건만 예의를 숭상하지 않고 조정에서 서로를 비방하고 원망했으며, 목소리를 높여 다투었으므로 불경스럽기 짝이 없습니다. 모두 불경죄에 해당합니다.'

(천자는) 제(制)하여 말했다.

"각각 직급을 한 단계씩 강등시키라!"

승은 사죄하고 벼슬에서 물러날 것을 청했다. 상은 이에 다시 상을 더

---

28 은나라 말엽의 개결한 사람으로 황하에 투신자살했다.

내려주고 아들 박(博)을 시랑으로 삼았으며, 승을 외직으로 내보내 발해군(渤海郡)태수로 삼았다. 승은 병을 핑계로 사양하고 부임하지 않았는데, 6개월이 경과한 후에 면직돼 고향으로 돌아갔다[免歸].

상은 그를 다시 불러 광록대부로 삼았다. 그는 항상 병으로 누워 있다는 핑계를 대고 여러 번 아들을 시켜 글을 올려 물러날 것을 청했는데, 그때 마침 애제(哀帝)가 붕했다.

애초에 낭야군 사람 병한(邴漢)도 청렴한 행실로 조정에 불려와 벼슬이 경조윤까지 이르렀는데 뒤에 태중대부가 됐다. 왕망이 정권을 독점하게 되자 승과 한(漢)은 함께 사직할 것을 청했다. 소제(昭帝) 때 탁군(涿郡) 사람 한복(韓福)이 덕망과 선행이 있다고 해 경사로 불려와 천자의 글과 비단을 하사받고 귀향하도록 했다. 그때 상이 다음과 같은 조서를 내렸다.

'짐은 관직의 일로 그대를 수고롭게 한 것을 안타깝게 생각하고 위로한다. 효성과 공경의 행실을 닦아서 향리의 백성들을 교육하는 일에 힘쓰도록 하라! 길을 떠나 여관에 머물 때 각 현에서는 술과 고기를 갖추어 대접하고, 종자와 말에게 먹을 것을 주어라! 고을의 수령은 때때로 찾아뵙고 안부를 물을 것이며, 항상 매해 8월에 양 한 마리, 술 두 섬을 공급하라! 불행히 수명을 다할 경우 수의(壽衣) 한 건을 내려주고, 중뢰(中牢-돼지와 양 2종의 희생)로 제사하라!'

이에 왕망은 고사를 따라서 승과 한을 은퇴시킬 것을 건의했다. 그에 따라 태후는 책서를 내려 말했다.

'원시(元始) 2년 6월 경인일(庚寅日)에 광록대부 공승, 태중대부 병한, 두 신하가 늙고 병들어 벼슬에서 물러나려고 한다. 태황태후(太皇太后-원제의 왕황후(王皇后))는 알자복야(謁者僕射)에게 명해 다음의 조서를 내리노라. 옛날에 관리가 정년에 이르면 벼슬에서 은퇴하는 것이 상례로, 겸손하게 양보해 기운을 다 소진하지 않기 위한 방법이었다. 지금 대부들은 나이가 정년에 이르렀으므로 관직으로 대부들을 힘겹게 할까 염려한다. 아들이나 손자, 또는 형제나 형제의 아들을 천거하라! 대부들은 몸을 수양하고 도리를 지키면서 노년을 보내라! 비단을 하사하고 길에서는 역사를 이용하라! 해마다 정해진 때에 양고기와 술, 옷과 이불을 내려주어 모든 것을 한복(韓福)의 옛일과 같이 하라! 천거한 아들과 남자는 모두 낭관을 제수하노라!'

이에 승과 한은 드디어 향리로 돌아가 노년을 보냈다. 한의 형의 아들인 만용(曼容)도 지조를 지키며 몸을 수양해 벼슬살이를 하되 600석 이상의 관리가 되기를 즐겨 하지 않아, 그때마다 벼슬을 버리고 떠났기에 그 명성이 한보다 더 알려졌다.

애초에 공사는 공승의 추천으로 장안에 불려와 간대부가 됐으나 병 때문에 벼슬에서 물러났다. 다시 불려와 박사가 됐으나 또 병으로 벼슬을 떠났다. 얼마 뒤에 애제가 사자를 초(楚)에 파견해 그를 태산(太山)태수에 임명했다. 그는 무원현(武原縣)의 한 집에 거처하고 있었는데, 사자가 현에 이르러 그를 보자고 청했다. 그로 하여금 관아에 이르러 절하고 태수의 인끈을 받게 할 의도였다. 사가 말했다.

"임금다운 임금[王者]은 천하를 집으로 삼는다. 꼭 관아에서 받아야 할 필요가 있겠는가?"

드디어 자기 집에서 조서를 받고 곧바로 임지로 떠났다. 그는 임지에 이른 지 몇 개월이 지나 소를 올려 벼슬에서 물러날 것을 청했다. 상은 사를 불렀는데 사는 경조(京兆)의 동쪽 호현(湖縣)의 경계에 이르러 병이 위독하다고 굳이 사양했다. 천자가 사자를 보내 그의 인끈을 거두고 제배해 광록대부로 삼았다. 여러 차례 요양을 위한 휴가를 주었으나 사는 끝내 기꺼이 벼슬에 나아가려고 하지 않았고, 마침내 귀향하도록 허락했다.

사 또한 오경(五經)에 통달해 노시(魯詩)를 학생들에게 가르쳤다. 사와 승이 향리로 돌아간 뒤 2,000석 고위 관리들이 처음에 군에 부임하면 다들 그의 집에 가서 스승과 제자의 예를 갖추었다. 사는 왕망이 섭정하던 때에 68세로 졸했다.

왕망이 나라를 찬탈하고 나서 오위장수(五威將帥)를 보내 천하의 풍속을 살피게 했는데, 그때 장수가 직접 양고기와 술을 받들고 승을 찾아가 위문했다. 이듬해 왕망은 사자를 보내 승을 그의 집에서 바로 강학제주(講學祭酒)에 임명했으나 그는 병을 핑계로 부름에 응하지 않았다. 그로부터 2년이 지나 왕망이 다시 사자를 보내 옥새를 찍은 조서와 태자 사우제주(太子師友祭酒)의 인장과 인끈을 받들고 안거사마(安車駟馬)를 가지고 가서 그를 모셔오게 했다. 사자는 그의 집에서 바로 벼슬을 제수하고 상경(上卿)의 녹봉을 주기로 했다. 우선 6개월분의 녹봉을 내려주어 행장을 갖추도록 했다. 사자는 군의 태수와 각 현의 고위 관리, 삼로(三老)와 속관 및 고을의 학행이 있는 학도들 1,000여 명과 함께 승이 사는 마을로 가서 조서를 전달했다. 사자가 그로 하여금 자리에서 일어나 조칙을 받들도록 하기 위해서 오랜 시간 문 밖에 서서 기다렸다. 그는 신병이 위독함을 핑계로 서남쪽 창 밑에 침상을 놓고 동쪽으로 머리를 향한 채 조복을 입고 큰 띠를 내려뜨렸다. 사신이 문 안으로 들어와 서쪽으로 가서 남쪽을 바라보고 서서 조서를 전달하고 옥새를 찍은 조서를 건넸다. 뒤로 물러나서 두 번 절하고 인장과 인끈을 받들어 바치고 안거사마를 집 안으로 들였다. 사자는 앞으로 나와 그에게 말했다.

"빼어난 조정에서 한 번도 그대를 잊은 적이 없습니다. 나라의 제도가 아직 정해지지 않았기 때문에 그대를 맞이해 정사를 행하고자 합니다. 무엇을 시행하는 것이 좋은지를 듣고 천하를 편안하게 만들고자 하십니다."

승이 대답했다.

"저는 본래 어리석은 데다가 지금은 나이가 들고 병까지 겹쳐 목숨이 아침저녁에 달려 있습니다. 사자를 좇아 길에 오른다면 틀림없이 길 위에서 죽을 것이므로 베푸신 은혜를 만에 하나도 갚지 못할 것입니다."

사자가 말을 막고서 왕망의 위세를 빙자해서 인장과 인끈을 그의 몸에 걸려고 했으나 그는 그때마다 물리치며 받지 않았다. 사자는 즉시 조정에 사정을 밝혀 "지금은 한여름이라 매우 덥습니다. 공승은 병이 들어 기력이 쇠했으므로 서늘한 가을이 되기를 기다렸다가 출발하는 것이 좋겠습니다"라고 보고했다. 상은 조서를 내려 이를 허락했다. 사자가 닷새에 한 번씩 태수와 함께 찾아와 문안했다. 그리고 그의 아들 둘과 문인인 고휘(高暉) 등에게 말했다.

"조정에서 마음을 비운 채 제후로 봉해주려고 어른을 기다리고 있습니다. 어른께서 병이 깊어도 역전(驛傳)까지 몸을 움직여 길을 떠나겠다는 뜻을 보여주셔야 합니다. 그래야 자손들을 위한 탄탄한 밑바탕이 마련될 것입니다."

고휘 등이 사자가 한 말을 공승에게 아뢰자 그는 자신의 바람이 받아들여지지 못할 것임을 알아차리고 고휘 등에게 다음과 같이 말했다.

"내가 한나라의 두터운 은혜를 입었으나 그 은혜를 갚을 길이 없었다. 이제 나는 늙어 오늘내일이면 무덤 속으로 들어갈 것이다. 의리로 보아 한 몸으로 두 성(姓)을 섬겨서야 어떻게 지하에서 옛 군주를 뵈올 수 있겠느냐?"

말을 마친 뒤 승은 관과 염습할 옷가지 따위의 장례를 당부해 "옷은 몸을 두르기만 하고 관은 옷을 두르게만 하라! 세상 풍속을 좇아 무덤에 잣나무를 심거나 사당을 만들어서 내 무덤에 소란을 피우지 말라!"라고 했다. 말을 마치고는 다시는 입을 열어 음식을 대지 않았다. 14일 만에 죽으니 그의 나이 79세였다. 사자와 태수가 염을 할 때 지켜보고는 수의를 내려주고 법에 따라 제사를 드리게 했다. 상복을 입고 장례를 치른 문인의 수가 100여 명이었다. 한 노인이 나타나 조문을 했는데 아주 슬프게 곡을 했다. 그러고는 "안타깝도다! 향기로운 풀로 몸을 꾸몄기에 불에 태워지고, 기름으로 세상을 밝게 빛냈기에 몸은 스스로 녹는다. 공생(龔生)은 끝내 천수를 누리지 못하고 죽었으니 우리 무리가 아니로다!"라고 말하고 종종걸음을 쳐서 밖으로 나갔다. 아무도 그가 누구인지를 몰랐다.

승은 팽성현(彭城縣) 염리(廉里)에 살았는데 후세에 그가 살던 마을의 문 근처 바위에 행적을 새겨 정표를 했다.

포선(鮑宣)은 자(字)가 자도(子都)로 발해(渤海) 고성(高城) 사람이다. 배우기를 좋아했고 경전에 밝아 현향(縣鄕) 색부(嗇夫-하급 관리)가 됐으며

(발해현) 속주(束州)의 승(丞)이 됐다. 뒤에 도위와 태수의 공조(功曹-아전)로 있다가 효렴(孝廉)으로 천거됐는데, 병으로 관직을 떠났다가 다시 주(州)의 종사(從事)가 됐다. 대사마 위장군 왕상(王商)이 선(宣)을 천거해 의랑(議郎)이 됐고 뒤에 병으로 관직을 떠났다. 애제(哀帝) 초에 대사공 하무(何武)가 선을 서조(西曹) 연(掾-하급 관리)에 임명했는데, 심히 존경하고 중히 여겼으며 다시 선을 천거해 간대부로 삼았고, 뒤에 예주(豫州) 목(牧)으로 승진했다. 1년여 뒤에 승상사직 곽흠(郭欽)이 아뢰어 말했다.

"선(宣)은 일처리가 번거롭고 가혹했으며 2,000석 관리를 대신해 관리들에게 소송을 청단하게 했고, 그가 점검한 사항들은 조서에서 정한 여섯 가지 조항을 넘어섰습니다. 지방 행정구역들을 순시할 때는 역전의 수레를 타도록 규정에 정해져 있는데, 한 마리 말만 타고서 향정(鄕亭)에 임의로 머무르는 바람에 많은 이들로부터 비난을 받고 있습니다."

선은 죄에 연루돼 면직됐다. 집으로 돌아간 지 여러 달 만에 다시 불려와 간대부가 됐다. 선은 어떤 자리에 있을 때마다 늘 글을 올려 간쟁했는데, 그 말이 꾸미는 바가 적고 내용은 매우 알찼다[少文多實]. 이때 애제(哀帝)의 할머니인 부태후(傅太后)가 존호를 받고 싶어 하고 친족들이 봉작되고 싶어 하자 승상 공광(孔光), 대사공 하무(何武)와 사단(師丹), 대사마 부희(傅喜) 등이 처음부터 바른 의견을 고집하며 부태후의 뜻을 어겨 모두 면직당했다. 정씨(丁氏)와 부씨(傅氏)의 자제들이 나란히 조정에 진출하고, 동현(董賢)이 귀하게 돼 총애를 얻자 선이 간대부로서 그후에 글을 올려 간언해 다음과 같이 말했다.

'남몰래 보건대 효성황제(孝成皇帝) 때에는 외척들이 권력을 쥐고서 (그 집안) 사람들마다 사사로운 인연 등으로 사람을 이끌어다가 조정을 꽉 채우는 바람에, 뛰어난 이들이 들어갈 수 있는 길을 방해했고 천하를 흐리게 하고 어지럽혔으며, 사치가 심해 한도가 없어 백성들을 곤궁에 빠뜨렸으니, 이로 인해 일식이 또 10번 있었고 혜성이 네 차례 나타났습니다. 위태롭고 망하게 될 징조는 폐하께서도 친히 보셨던 바인데 지금 어찌하여 이전보다 더 심한 일을 반복할 수 있겠습니까?

조정 신하들 중에는 큰 유학자나 강직한 신하[骨鯁_골경_], 백발의 원로[耆艾_기애_], 늠름한 선비[魁壘之士_괴루 지 사_]가 없고, 또 그 논하고 토의하는 바가 고금에 두루 통해 많은 사람들을 감동시키고, 나라를 걱정하는 바가 마치 굶주리고 목말라하는 것처럼 간절한 인물을 신은 아직 본 적이 없습니다. 외척의 어린아이나 총애하는 신하인 동현 등을 두터이 해주어 공문(公門-궁문)과 성호(省戶-궁중의 입구)에 머물게 하시어 폐하께서는 이들과 더불어 천지신명을 받들어 온 나라를 편안케 하려고 하시지만 그것은 심히 어려운 일입니다. 지금 세상 풍속은 지혜가 없는 자를 현능하다[能_능_] 하고 일을 아는 자[智者_지자_]를 현능하지 못하다[不能_불능_]고 말합니다. 옛날에 요(堯)임금이 네 사람의 죄인[四罪=四凶_사죄 사흉_][29]을 내쫓으시자 천하가 마음으로 따랐는데, 지금은 한 사람의 관리를 제거해도 많은 사람들이 다 의혹을 품습니다. 또 옛날에는 사람을 형벌에 처하면 오히려 많은 이들이 마음으로 따랐는데,

---

29 천하에 해를 끼친다고 알려진 악인과 괴물 4인조를 가리킨다. 사람의 얼굴과 뱀의 몸을 가진 괴물로 홍수를 일으켰다는 공공(共工), 요(堯)임금의 장남으로 인간의 모습이지만 손대지 못할 만큼 악하이었던 단주(丹朱), 단주와 손을 잡고 요에게 반기를 든 삼묘(三苗)라는 만족(蠻族), 치수 사업을 명 받았으면서도 제멋대로 일만 저지른 곤(鯀)이라는 관리, 이 네 명이다.

지금은 사람에게 상을 내리면 도리어 의혹을 품습니다. 남몰래 서로 청탁을 해가면서 간사한 짓을 행해 여러 소인배들이 나날이 조정에 진출해대니 나라는 텅 비고 재용은 부족합니다. 백성들은 사는 곳을 떠나 떠돌아다니며 성곽을 없애고, 도적 떼는 여기저기서 나란히 일어나니 관리가 떨거지 도적 떼[殘賊잔적]가 돼[30] 해마다 더 심해지고 있습니다.

대개 지금의 백성들은 일곱 가지 망조[七亡칠망][31]에 시달리고 있습니다. 음과 양이 조화를 잃어 물과 가뭄으로 인한 재앙이 일어나고 있으니 첫 번째 망조입니다.

중앙 조정[顯官현관]이 무거운 책임을 밑에다 지우고 다시 (무거운) 조세를 부과하고 있으니 두 번째 망조입니다.

탐관오리가 공직(公職)을 차지하고서 수탈이 그치지를 않으니 세 번째 망조입니다.

크고 강대한 귀족이나 호족[大姓대성]들이 야금야금 집어삼키기를 싫증낼 줄 모르니 네 번째 망조입니다.

가혹한 관리들이 요역을 시켜서 백성들이 농사짓고 뽕잎을 따야 할 때를 잃게 되니 다섯 번째 망조입니다.

부락에 북소리가 울리면 남녀 할 것 없이 모두 막아서 몰아세우니[遮迣차열=遮列차열][○ 사고(師古)가 말했다. "북소리가 울린다는 것은 도적이 들었다는 것으로, 이때는 모두 몰아넣어서 마구 체포했다는 말이다."] 여섯 번째 망

---

30 실제로 도적이 됐다기보다는 더욱 악랄하게 착취를 한다는 뜻이다.

31 재산이나 생업을 잃게 되는 것을 말한다.

조입니다.

　도적 떼가 겁탈하고 약탈해 백성들의 재산을 빼앗으니 일곱 번째 망조입니다.

　일곱 가지 망조는 오히려 그럴 수 있지만 더 심한 것은 일곱 가지 죽을 일[七死]입니다. 가혹한 관리들이 함부로 때려죽이는 것[毆殺=打殺]이 첫 번째 죽을 일입니다.

　판결을 내리는 것[治獄]이 너무 심하고 각박한 것이 두 번째 죽을 일입니다.

　아무런 죄도 없는 사람을 억울하게 죄의 함정에 빠뜨리는 것이 세 번째 죽을 일입니다.

　도적 떼가 횡행하는 것이 네 번째 죽을 일입니다.

　원수들끼리 서로 죽이는 것이 다섯 번째 죽을 일입니다.

　흉년이 들어 굶주림에 시달리게 되는 것이 여섯 번째 죽을 일입니다.

　시절과 절기마다 전염병이 도는 것이 일곱 번째 죽을 일입니다.

　백성들에게 일곱 가지 망조[七亡]가 있는데, 하나의 이득[一得]도 없으니 아무리 나라를 안정시키려고 해도 진실로 어려울 것입니다. 또 백성들에게 일곱 가지 죽을 일[七死]이 있는데, 하나의 살아날 일[一生]도 없으니 아무리 형벌로 바로잡으려 해도 진실로 어려울 것입니다. 이는 공경과 (봉국의)태수 및 재상[守相]이 탐욕스럽고 잔인해 그렇게 된 결과가 아니겠습니까? 여러 신하들은 요행스럽게도 높은 관직을 얻어 많은 녹봉을 먹고 있으니 어찌 힘없는 백성들에 대해 불쌍해하는 마음을 기꺼이 가질 것이며, 또 폐하께서 교화를 펼치려는 것을 제대로 돕겠습니까? 그들의 속마음은 오직 자기 집안의 이익을 경영하는 데만 있고, 빈객을 핑계 삼아 간사한 이득[奸利]이나 취하려 할 뿐입니다. 구차스럽게 용모를 꾸미고 굴종하는 것을 뛰어나다[賢]고 하고, 손을 모은 채 입을 닫고서 시체처럼 녹봉만 타가는 것[尸祿=屍祿]을 일을 안다[智]고 해 신 선(宣)과 같은 자들을 어리석다[愚]고 말합니다. 폐하께서는 바위굴 속에서 신을 발탁하셨으니 신은 진실로 털끝만큼이라도 나라에 유익함이 되기를 바라는데, 어찌 헛되이 신으로 하여금 큰 관직을 맡아 아름다운 음식이나 먹으며 고문전(高門殿)³²의 땅에서 (조정의) 중책을 맡을 수 있겠습니까?

천하는 곧 황천(皇天)³³의 천하이니 폐하께서는 위로는 황천의 아들이시며, 아래로는 만백성[黎庶]의 부모이시므로 하늘을 위해 백성들을 돌보아 기르시고, 백성들에 대해 마땅히 차별 없이 똑같이 대하시어 시구(尸鳩)³⁴의 시와 합치되도록 해야 합니다. (그런데) 지금 가난한 백성들은 나물로도 배를 채우지 못하고, 옷은 또 구멍나고 해졌으며, 아버지와 자식, 지아비와 지어미는 서로를 보호해줄 수가 없으니 진실로 코끝이 시려옵니다[酸鼻]. 만일 폐하께서 이들을 구제해주지 않으신다면 장차 어디에다가

---

32 미앙궁(未央宮)에 있는 전각의 이름으로 여기서는 조정을 뜻한다.

33 천신(天神)이나 상제(上帝)와 같은 뜻이다.

34 『시경(詩經)』「조풍(曹風)」의 편 이름이다. 시(尸)는 시(鳲)다. 따라서 시구(鳲鳩)는 뻐꾸기를 가리킨다. 첫 장에 "뻐꾸기가 뽕나무에 있는데 그 새끼가 일곱이다. 좋은 사람이요, 군자의 그 위엄이 한결같도다. 그 위엄 한결같으니 마음도 단단히 맺어져 있도다[鳲鳩在桑 其子七兮 淑人君子 其儀一兮 其儀一兮 心如結兮]"라고 했다. 이는 뻐꾸기가 그 새끼 일곱 마리를 키우면서 모두에게 고르게 대했다는 뜻이다.

그 목숨을 기댈 것입니까? (그런데도) 어찌하여 오직 외척들과 총애하는 신하 동현만을 사사로이 길러주시고, 상사(賞賜)는 막대해 만금을 헤아리며, 그들의 노비나 빈객들로 하여금 귀한 술 보기를 간장 정도로 여기고, 고기 보기를 콩잎[藿]³⁵ 정도로 여기게 하며, 머슴[蒼頭=豆葉]과 집 지키는 아이[廬兒]까지 다 부자로 만들어주었으니 이는 하늘의 뜻이 아닐 것입니다. 또한 여창후(汝昌侯) 부상(傅商)은 아무런 공로가 없는데도 후에 책봉됐습니다. 무릇 관직과 작위는 폐하의 관작(官爵)이 아니라 곧 천하의 관작입니다. 폐하께서는 그 관직에 어울리지 않는 사람을 뽑으셨는데, 그 관직은 그 사람에게 맞지 않는데도 하늘이 기뻐하고 백성들이 따르기를 바라시니, 이것은 어찌 어렵지 않겠습니까?

방양후(方陽侯) 손총(孫寵)³⁶과 선릉후(宣陵侯) 식부궁(息夫躬)의 말재주[辯]는 많은 사람들의 마음을 족히 움직일 수 있으니 억지로라도 등용시켜 홀로 세워줄 수 있었지만, 그래 봤자 그들은 간사한 자들의 영웅일 뿐이며 세상을 현혹시키는 데 더욱 격렬한 자이니 마땅히 때를 봐서 파면해 물리쳐야 할 것입니다. 또 외척들 중에서 아직 어려 경술(經術-유학)에 능통하지 못한 자들은 모두 다 마땅히 (관직을) 쉬게 하고 스승에게 나아가도록 해야 합니다. 급히 옛날의 대사마 부희를 불러들여 외척들을 관장토록 하시고, 옛날의 대사공 하무와 사단, 옛날의 승상 공광, 옛날의 좌

---

35 이는 가난한 자들이 식량이 떨어졌을 때 먹는 것이다.
36 유세로 명성을 떨쳤는데, 여남태수(汝南太守)를 지내다가 파면됐을 때 식부궁과 친교를 맺어 함께 애제의 부름을 받았다.

장군 팽선(彭宣) 등은 경력상으로 모두 박사(博士)를 지냈고, 지위상으로 다 삼공(三公)을 역임해 그 지략과 위신은 더불어 교화를 이룩하고 나라의 안위를 도모할 수 있습니다. 공승(龔勝)이 사직(司直)이 되면 군국은 다 사람을 뽑는 데 신중하게 돼 (기내(畿內)의) 삼보(三輔)의 위수관(委輸官)[37]은 감히 간악스러운 짓을 못할 것이니 크게 일을 맡길 만합니다. 폐하께서는 예전에 불쾌함을 조금 참지 못하시어 하무 등을 물리치시자 온 나라가 실망했습니다. 폐하께서는 오히려 아무런 공로나 다움도 없는 자들을 능히 받아주시는 바가 아주 많으셨는데, 일찍이 하무 등은 참아주실 수 없었던 것입니까? 천하를 다스리는 자는 마땅히 천하의 마음을 써서 자신의 마음으로 삼아야 하는 것이지, 스스로 마음을 자기 마음대로 하는 것을 즐기는 일은 있어서는 안 되는 것일 뿐입니다. 위에서는 저 황천이 꾸지람을 보이고, 아래에서는 저 백성들이 원망하고 한스러워하며, 그다음으로 다투어 간언하는 신하들이 있으니 폐하께서 만약에 스스로에게는 엷게 하고 그릇된 신하들을 두터이 하려고 하시어도 천하가 오히려 듣고 따르지 않을 것입니다. 신이 아무리 어리석고 앞뒤가 꽉 막혔다고 하더라도 (어찌) 홀로 녹봉과 하사품을 많이 받고, 태관(太官)에서 아름다운 음식을 먹고 논밭과 집을 넓히고 처자를 두터이 하며, 나쁜 자들과 원한을 맺지 않음으로써 한 몸을 온전하게 하는 것이 좋다는 것을 모르겠습니까? 진실로 큰 의로움[大義]을 향해 좀 더 나아가고, 관리는 (모름지기) 간쟁을 함으로써 직책을 유지하는 것이라 감히 어리석은 충정이나마 다하지 않을 수

---

37 비축미의 운반을 담당하는 관직이다.

없습니다. 오직 폐하께서는 조금이라도 신령스럽고 밝은 마음[神明]에 머무시고, 오경(五經)의 글들을 열람하심으로써 빼어난 이들의 지극한 뜻을 그 뿌리에서 파악하시어[原] 하늘과 땅의 경계함을 깊이 생각하소서. 신 선(宣)은 글이 어눌하고 무디지만[吶鈍=訥鈍] 정성을 다하고자 하는 마음을 이길 수가 없어 목숨보다 아끼는 절의[死節]를 다할 뿐입니다.'

상은 선(宣)을 명유(名儒)라 여겼기에 그 글을 너그러이 받아들였다[優容].

이때 군국(郡國)에 지진이 일어나자 백성들 사이에는 서왕모(西王母)가 도래한다는 유언비어가 퍼졌고[籌], 이듬해 정월 초하루에 일식이 있자 상은 마침내 공광(孔光)을 부르고 손총(孫寵)과 식부궁(息夫躬)을 면직시켰으며, 시중과 제조(諸曹), 황문랑(黃門郎) 등 수십 명을 파직시켰다.[38] 선이 다시 글을 올려 다음과 같이 말했다.

'폐하께서는 하늘을 아버지처럼, 땅을 어머니처럼 섬기시고 백성들을 자식처럼 기르시는데, 즉위하신 이래로 아버지는 빛이 일그러졌고(-일식), 어머니는 흔들려 움직였으며(-지진), 자식은 유언비어를 퍼뜨려 서로가 놀라 두려워하고 있습니다. (게다가) 지금 일식이 삼시(三始)에 나타났으니 진실로 무섭고 두려워할 만합니다. 힘없는 백성들[小民]은 정월 초하루에 기물만 깨져도 오히려 두려워하는데 하물며 해가 일그러졌으니(얼마나 심각한 일이겠습니까?).

---

38 이들은 대부분 부씨와 정씨인 관리들이다. 애제의 할머니 부태후와 어머니인 정태후가 이미 세상을 떠났기 때문에 이렇게 처리할 수 있었다.

폐하께서는 안으로 깊이 자책하시고 정전(正殿)을 피하시며, 곧은 말을 들어 쓰시고, 허물을 찾으시어 외척과 측근에서 밥만 축내는 자들을 파직하시고, 공광을 불러들여 광록대부로 삼으시며, 손총과 식부궁의 허물과 잘못을 다 드러내시어 면직시키고 자신들의 봉국으로 나아가게 하신다면, 많은 사람들이 흡족해하며 기뻐하지 않는 바가 없을 것입니다. 하늘과 사람은 한마음이니 사람의 마음이 기쁘면 하늘의 뜻도 풀어집니다. 마침 2월 병술일(丙戌日)에 흰 무지개[白虹]가 해를 범했고,[39] 계속해서 흐린데도 비는 내리지 않으니 이는 하늘에 걱정거리가 맺혀 있는데 아직 풀어지지 않았다는 것이며, 또한 백성들에게 원망이 있는데 아직 그것을 막아주지 못했다는 것입니다.

시중 겸 부마도위인 동현은 원래 (황실과) 갈대만큼의 친연(親緣)도 없는데, 다만 아름다운 얼굴과 아첨하는 말[令色諛言]로 스스로 출세해 상으로 받은 것이 한도가 없고, 궁궐의 창고에 쌓아놓은 것을 다 내주었는데도 세 개의 저택을 합쳐주어도 오히려 작다고 여기고 다시 폭실(暴室-궁정의 감옥)까지 헐어버렸습니다. 동현의 부자(父子)는 앉아서 천자의 사자를 제 마음대로 부리고, 장작(將作)대장(-궁궐 수리 담당)을 시켜 사저를 손질하게 하고, 자기 집의 순찰을 도는 말단 관리에게까지 다 상을 내려주었습니다. 또 자기 집안의 무덤을 찾는 일이 있을 때는 매번 궁실의 태관이 직접 필요한 것들을 조달했습니다. 나라 안에서 올리고 바치는 것[貢獻]은 마땅히 한 분의 임금을 봉양하는 것이어야 하는데, 지금은 도리어 동현의

---

39 통상 이는 전쟁이 일어날 것을 상징하는데 동시에 신하가 임금을 범하는 것을 뜻하기도 한다.

집에 다 주고 있으니 어찌 그것이 하늘의 뜻이며 백성들의 뜻이겠습니까? 하늘에게는 오랫동안 등을 돌릴 수 없으니 이처럼 그에게 두터이 해주는 것은 도리어 그를 해치는 까닭이 될 것입니다. 진실로 동현을 안타깝게 여기신다면 마땅히 하늘과 땅에 잘못을 빌고 온 나라의 원수들을 풀어주고 면직시켜 봉국으로 떠나가게 하고서, 그에게 주었던 승여와 기물들을 다 거둬들여 조정[顯官]으로 되돌려놓아야 합니다. 이와 같이 한다면 그 부자는 자신들의 본성과 명[性命]을 끝까지 보전할 것이고, 그렇지 아니하면 나라 안에 원수진 사람들로 인해 오랫동안 편안할 수 없을 것입니다.

손총과 식부궁은 마땅히 봉국에 가서 살게 해서는 안 될 것이니 둘 다 파직해 온 천하에 보여주셔야 합니다. 그리고 다시 하무, 사단, 팽선, 부희 등을 불러들여 백성들에게 확연히 달라진 것을 보도록 하시어, 하늘의 마음에 부응하시고 큰 정사를 세우시어 태평성대의 실마리를 일으키셔야 합니다.

고문전은 성중(省中)의 문에서 불과 몇십 보밖에 안 되지만 알현하고자 들고 나는 사람들을 2년 동안 돌아보지 않으셨으니, 바닷가의 신분이 천한 사람들의 의견을 소통시키려고 해도 미치기에는 너무 멉니다. 아무쪼록 몇 시간이라도 내시어 신의 어리석은 생각을 살펴봐주신다면 신은 물러가 깊숙이 삼천(三泉-땅속 깊은 곳)으로 들어가 죽는다 해도 한스러워 하는 바가 없을 것입니다.'

상은 큰 이변이 있으리라 느끼고서 선의 말을 받아들여 하무, 팽선을 불러들이고 몇 달 후에 모두 삼공(三公)으로 삼았다. 또 선을 제배해 사예(司隷)로 삼았다. 이때 애제(哀帝)는 사예교위(司隷校尉)라는 명칭을 고쳐 그냥 사예라고 했는데 그 관급을 사직(司直)과 대등하게 했다.

승상 공광(孔光)은 매 계절마다 원릉(園陵)을 순시했는데 관속들에게 명해 치도(馳道)의 측면 도로를 달리게 했다. 선은 나가서 그것을 보고서 소속 관리를 시켜 승상의 연사(掾史)를 구류하고, 그 수레와 말을 몰수해 재상의 위신을 꺾어놓았다. 일이 어사에 내려졌고 중승(中丞) 시어사(侍御史)가 사예의 부서에 나와 종사(從事)를 붙잡으려 했지만 선이 문을 닫아버려 안으로 들어갈 수가 없었다. 선은 사자를 거부하고 문에서 막아 신하 된 예가 없었으니, 큰 불경에 부도(不道)까지 더해져 정위의 감옥에 내려졌다. 박사 제자인 제남(濟南)의 왕함(王咸)은 태학(太學) 아래에 깃발을 들고서 말했다.

"포(鮑)사예를 구하고자 하는 사람은 이 아래에 모이시오."

제생(諸生)들 중에 모여든 사람이 1,000여 명이었다. 조회가 있는 날 이들은 승상 공광을 가로막고서 자신들의 주장을 외쳤기 때문에 승상의 수레는 나아갈 수가 없었는데, 이때 일부 유생들은 대궐 문을 막고서 글을 올렸다. 상은 결국 선의 죄를 사형에서 1등 감해주어 머리를 깎고 목에 칼을 차는 것으로 감형됐다. 선이 이미 형벌을 받고 나자 마침내 상당(上黨)으로 유배됐다. 그곳은 경작이나 목축에 적합했고 호걸과 준걸들이 많지 않아 두각을 나타내기가 쉬웠기 때문에, 드디어 장자현(長子縣)에서 가족을 거느리고 살았다.

평제(平帝)가 자리에 나아가고 왕망(王莽)이 정권을 장악하자 몰래 나라를 빼앗을 마음을 품고서, 이에 주군(州郡)에 형벌의 법을 통고하고서 여러 호걸들 및 한나라의 충직한 신하들 중에 자기에게 와서 붙지 않자들을 조사해 주살하니 선과 하무 등은 모두 죽게 됐다. 이때 농서(隴西)의 신흥(辛興)이 지명수배를 받아 쫓기고 있었는데, 흥은 선의 사위 허감(許紺)과 함께 선을 방문해 밥 한 끼만 하고 떠났다. 그러나 선은 그 사정을 알지도 못한 채 연루돼 감옥에 내려지자 자살했다.

성제(成帝)부터 왕망 때에 이르기까지 청명(淸名)한 선비로는 낭야군에 또 기준왕사(紀逡王思-왕사는 기준의 자(字)), 제(齊)에는 설방자용(薛方子容), 태원(太原)에는 순월신중(郇越臣仲), 순상치빈(郇相稚賓), 패군(沛郡)에는 당림자고(唐林子高), 당존백고(唐尊伯高)가 있었는데, 모두 경전에 밝고 행실에 다잡음[飭行]이 있어 세상에 이름이 났다.

기준(紀逡)과 당림, 당존은 모두 왕망에게서 벼슬을 했고 후에 봉해져 존귀하게 됐으며 공경의 자리를 역임했다. 당림은 여러 차례 소를 올려 간언을 하고 바로잡으려 했으며 충직한 절조가 있었다. 당존은 다 떨어진 옷을 입고 수시로 굶었으며, 기와 조각으로 음식을 먹었으며 기와 조각을 공경들에게 주기도 해 허위로 스스로를 꾸민 자라는 명성을 얻기도 했다.

순월(郇越)과 상(相)은 한집안 형제로 함께 나란히 주군의 효렴과 무재(茂才)로 천거를 받았으나 여러 차례 병에 걸려 관직을 떠났다. 월(越)은 선조들에게 받은 재산 1,000여만 전을 구족과 향리 사람들에게 다 나눠졌고 지조와 절의가 더욱 높았다. 상(相)은 왕망 때 불려가 태자의 네 벗[40]이

---

40 「왕망전(王莽傳)」에 따르면 네 벗이란 당림(唐林), 이충(李充), 조양(趙襄), 염단(廉丹)이라고 돼 있다.

됐는데 병으로 죽자, 망(莽)의 태자는 사자를 시켜 죽은 자를 위해 옷가지와 이불들을 보내주니, 그 아들이 아버지의 관에 그것을 함께 넣는 것을 거부하고서 말했다.

"돌아가신 아버지께서 유언하시기를 스승이나 벗들이 보내오는 물건들을 받지 말라고 하셨는데, 지금 황태자의 경우에도 아버지께서 우관(友官)으로 계셨으니 받을 수가 없습니다."

경사(京師) 사람들은 이를 칭송했다.

설방(薛方)은 일찍이 군연(郡掾) 제주가 됐고 일찍이 부름을 받았으나 가지 않았으며, 망이 안거(安車)를 보내 방(方)을 맞으려 하니 방은 사자를 통해 사죄하며 말했다.

"요순과 같은 빼어난 임금이 위에 있을 때에도 그 아래에는 소보(巢父)나 허유(許由)와 같은 사람들이 있었습니다. 지금 밝은 임금께서 바야흐로 요순[唐虞]의 다움을 갖고 계시니 소신은 기산(箕山-허유가 은둔했던 산)의 절의를 지키고자 합니다."

사자가 이대로 보고하니 망은 그 말에 기뻐하며 더 이상 억지로 부르지 않았다.

처음에 유미현(隃麋縣)의 곽흠(郭欽)은 애제(哀帝) 때 승상 사직으로 있으면서 예주 목 포선과 경조윤 설수(薛修) 등을 파면할 것을 주청하고, 또한 동현(董賢)에 관해 아뢰었다가 노노(盧奴)현령으로 좌천됐고 평제(平帝) 때 남군(南郡)태수로 승진했다. 그리고 두릉(杜陵)의 장후원경(蔣詡元卿)은 연주(兗州)자사로 있었는데, 그 또한 청렴하고 곧은 것[廉直]으로 이름이

권72 왕길·공우·양공·포선전(王貢兩龔鮑傳) 99

있었다. 왕망이 거섭(居攝-섭정)할 때 흠과 후는 둘 다 병으로 면직돼 고향으로 돌아가서 두문불출하다가 집에서 졸했다.

제(齊)의 율융객경(栗融客卿), 북해(北海)의 금경자하(禽慶子夏), 소장유경(蘇章游卿), 산양(山陽)의 조경자기(曹竟子期)는 모두 유생들로 관직을 버리고 망 정권에서는 출사하지 않았다. 망이 죽고 한나라 경시(更始) 연간에 (회양왕은) 경(竟)을 불러 승상으로 삼고 후에 봉해, 뛰어난 이들을 초치하려 하는 것을 보임으로써 점차 도적이 사라지게 하려고 했다. 그러나 경은 끝내 후작을 받지 않았다. 마침 적미(赤眉)가 장안에 들이닥쳐 경을 항복시키려 하니 경은 칼을 들고 싸우다가 숨졌다.

세조(世祖-후한 광무제)가 자리에 나아가 설방을 불렀으나 오던 도중에 병으로 졸했다. 양공(兩龔)과 포선의 자손들은 모두 포창과 정표를 받고 대관(大官)에 이르렀다.

찬(贊)하여 말했다.

"『주역(周易)』에서 '군자의 도리란 어떤 때는 나아오고 어떤 때는 숨으며, 어떤 때는 침묵하고 어떤 때는 말을 한다'[41]라고 한 것은 각각은 도리의 한 부분[一節]만을 얻을 뿐이라는 뜻으로 초목에 비유하자면 (같은 초목이라도) 유형별로 구별되는 것과 같다. 그래서 말하기를 산림의 선비는 한 번 떠나가면 돌아올 수가 없고, 조정의 선비는 한 번 들어가면 나올 수

---

41 「계사전(繫辭傳)」에 나오는 말이다. 상황에 따라 대처 방식은 다르지만 길은 결국 하나라는 뜻이다.

가 없다고 한 것이니 이 둘은 각각 단점이 있다.

춘추시대 열국(列國)의 경대부로부터 한나라가 일어나 장상과 명신에 이르기까지 총애를 탐하다가 그 세상을 잃은 사람들이 많았다. 이 때문에 깨끗하고 절의 있는 선비는 이들보다 귀하다고 할 것이다. 그러나 대체로 이들은 대부분 자신은 잘 다스렸지만[自治] 다른 사람을 잘 다스리지는[治人] 못했다.

왕길과 공우[王貢]의 재주는 두 공과 포선[龔鮑]보다 넉넉했다. '죽음으로써 좋은 도리를 지킨다[守死善道]'[42]라고 했는데 공승(龔勝)은 실제로 이 길을 밟아갔다. '(군자는) 곧되 작은 신의에 얽매이지 않는다[貞而不諒]'[43]라고 했는데 설방(薛方)이 이에 가까웠다. 곽흠(郭欽)과 장후(蔣詡)는 숨어 지내기를 좋아해 더럽혀지지 않았으니 기(紀-기준)나 당(唐-당림, 당준)과는 전혀 다른 부류로다!"

---

42 『논어(論語)』「태백(泰伯)」편에 나오는 말이다.

43 『논어(論語)』「위령공(衛靈公)」편에 나오는 말이다.

권
◆
73

위현전
韋賢傳

위현(韋賢)은 자(字)가 장유(長孺)로 노국(魯國) 추(鄒) 사람이다. 그의 선조 위맹(韋孟, ?~?)[1]은 집안이 원래 팽성(彭城)이었고 초(楚) 원왕(元王)의 사부가 됐는데, 그 아들 이왕(夷王)과 손자 왕 무(戊)의 사부를 지냈다.[2] 무가 주색에 빠져 도리를 존중하지 않자 맹(孟)은 시를 지어 풍간(風諫)했다. 뒤에 드디어 그 자리에서 쫓겨나 추(鄒)로 집안을 옮겼는데, 다시 또 한 편을 지었다. 그 간언한 시는 다음과 같다.

---

1 초 원왕 및 그 아들과 손자에게 경학을 가르쳤다. 세 임금을 섬겼는데 유무(劉戊)가 황음무도(荒淫無道)하자 시를 지어 풍간(諷諫)했다가 파직되고, 추(鄒) 땅으로 이사를 가 그곳에서 죽었다. 노시(魯詩)를 깊이 연구해 후손에게 전수했는데, 위현(韋賢)에 이르러 노시위씨학(魯詩韋氏學)이 형성됐다.

2 이왕은 원왕 유교(劉交)의 아들 유영객(劉郢客)의 시호이고 왕 무는 원왕의 손자인데, 오왕과 함께 반란을 일으켰기 때문에 시호가 없다.

'엄숙하신 우리 선조께서는 그 나라가 시위(豕韋)로부터 시작했지요

보의(黼衣)와 주불(朱黻)을 갖춰 입고,

사모(四牡)를 몰고 용기(龍旂)를 꽂았으며

동궁(彤弓)을 받아 정벌해 멀리 있는 지역까지 안정시켰습니다

여러 나라들을 잘 다스려 상(商)왕조를 보좌했으니

대팽(大彭)과 함께 업적을 빛냈고

주(周)왕조에 이르러 대대로 회동(會同)했지만

난왕(赧王)께서 참소를 들으시어 실로 우리의 대가 끊기게 됐습니다

우리의 대가 끊긴 뒤에 정치가 어지러워졌고

상벌(賞罰)의 시행은 왕실(王室)에서 비롯되지 않게 됐으니

여러 관리들의 우두머리와 제후들이 보좌하지 않아

오복(五服)의 국가들은 무너져 흩어지고

종실인 주왕조는 무너졌습니다

우리 선조는 미약해져서 팽성(彭城)으로 옮기게 됐으니

나 소자(小子)에 이르러 살아가는 일을 근심하게 됐지요

오만한 진(秦)의 악정(惡政)을 만나서 쟁기질하며 밭을 갈았습니다

아아, 오만한 진나라를 하늘이 가만 두지 않아

마침내 남쪽을 돌아보고 한(漢)왕조에게 경사(京師)를 내려주셨습니다

아! 위대한 한왕조는 사방을 정벌했습니다

가는 곳마다 품어주지 않음이 없으니 만국이 평안해져서

아우에게 명해 초(楚)나라의 후(侯)로 세워주었고
나 소신(小臣)으로 하여금 사부가 되어 보좌하게 했습니다

신중하신 원왕(元王)께서는 공손하고 검소하게 묵묵히 도를 지키시며
이 백성들에게 은혜를 베풀고 저들의 보필을 받아들였습니다
재위(在位)에 있으며 세상을 마치니 공업을 후세에 드리웠습니다
이왕(夷王)에 이르러서도 이 단서를 이을 수 있었습니다

아, 천명(天命)은 영원하지 않아 왕께서 제사를 이어받으셨습니다
좌우의 배신(陪臣)들은 모두 훌륭한 선비인데
어찌하여 우리 왕께서는 지킬 것을 생각하지 않고
삼가고 공경하며 조부와 부친을 계승할 것을 생각하지 않으십니까?
나라의 일을 버려두고 편안함을 즐기며
개와 말을 수없이 모아놓고 풀어서 달리게 하셨습니다
날짐승과 들짐승 잡기에 힘을 쓰고 농사일을 소홀히 하니
백성들은 피폐해지는데 왕께서는 이를 즐겼습니다
넓히는 것은 덕(德)이 아니고 친히 삼는 사람들은 준걸이 아니며
정원을 넓히고 아첨을 믿었습니다
말 잘하는 아첨꾼들이 있고 강직한 노신(老臣)들이 있는데
어찌하여 우리 왕께서는 이를 살피지 않으시는지
신하들을 멀리한 뒤에 편안함을 쫓으며
훌륭한 조상들을 업신여기고 쫓겨나는 일을 가벼이 여기셨습니다

아아, 우리 왕은 한(漢)왕조의 근친(近親)이시나

일찍이 밤낮으로 힘써 훌륭한 명성을 빛낸 적이 없습니다

훌륭하신 천자(天子)께서는 이 땅을 밝게 비추시고

훌륭한 여러 관리들은 법을 집행하며 사사로움을 돌보지 않습니다

멀리 있는 자를 바로잡을 때는 가까이 있는 사람들로부터 시작하니

가까운 자를 맹신함은 위태로운 일이거늘

아, 우리 왕은 어찌 이를 생각하지 않으시는지

생각하지 않고 거울삼지 않으니 후손이 본보기가 없을 것입니다

점차 편안함에 빠져 이 나라가 위태롭게 됐습니다

얼음이 서리에서 시작하지 않습니까?

몰락이 교만함에서 시작하지 않습니까?

우리 왕을 살펴보면 알지 못하는 것이 아닙니다

나라를 일으키고 어려움에서 구하는 일에

누가 잘못을 뉘우치지 않을 수 있겠습니까?

건숙(蹇叔)을 돌이켜 생각해보니 목공(穆公)은

그 덕분에 패자(覇者)가 됐습니다

세월은 흘러 이미 노년을 앞두고 있으신데

아, 훌륭한 군자는 후세에 이름을 드러낼 것입니다

우리 왕은 어찌하여 이를 살피지 않으십니까!

노신(老臣)들을 가까이하지 않으시는데

---

3 이 시는 이미 『문선역주』(소명출판)에 번역문이 실려 있어 그대로 옮겨 실었다.

어찌 이들을 거울삼지 않으십니까!'³

그가 추(鄒)에 있을 때 지은 시는 다음과 같다.⁴

'별 별일 없는 소자(小子) 이미 늙고 비루한데
어찌 작위에 미련을 품어 우리 왕조를 더럽히겠습니까?
왕조는 맑고 깨끗해야 저 준재들의 마당이 되는 법입니다
내가 몸을 살펴보니 더럽힐까 두려워 여기로 떠나왔습니다

내가 물러날 것을 천자께 청했더니
천자께서는 나를 불쌍히 여기시어
내 머리와 치아가 쇠한 것을 안타까워하셨습니다
빛나는 천자께서는 명철하시고 어지시니
수레를 내거는 의로움을 소신에게도 거행해주셨습니다
아, 이 소자가 어찌 고향땅을 그리워하지 않겠습니까?
내가 왕의 배려에 힘입어 이곳 노(魯)로 옮겨올 수 있었습니다
이미 조상의 사당은 없어져 오직 마음속으로만 사모하고 그리워할 뿐
수많은 나의 학도들 등짐을 진 채 길을 가득 메웠습니다
드디어 추(鄒)에 이르러 띠풀을 베어 집을 지으니
내가 그리고 나의 무리가 집을 둘러싸 그 집의 담장을 쌓아올립니다

---

4 흔히 이를 재추시(在鄒詩)라고 한다.

나는 이미 옮겨왔어도 마음은 그대로 옛 땅에 남아 있고
꿈에 내가 위를 더럽혀 감히 왕의 조정에 서 있는 것을 보게 됩니다
그 꿈이 어떻건 꿈에서도 왕실을 위해 간쟁을 올립니다
그 간쟁이 어떻건 꿈에서도 왕께서는 제 말씀을 따르지 않습니다
꿈에서 깨어나 현실로 돌아오니 탄식만 나옵니다
내가 조상들을 생각하니 눈물이 줄줄 흘러내립니다
보잘것없는 이 노인네 아, 이미 옛집을 떠나왔으나
성대한 중니(仲尼)의 아름다운 덕은 나에게 그 유업을 보여줍니다
위풍당당한 추(鄒)와 노(魯)는 예의를 공경해
현악기와 노래를 익히는 것도 다른 나라 지방과는 다릅니다
내 비록 비루하고 늙었지만 마음만은 그것을 좋아해
내 화락(和樂)에 젖어드니 즐거움 또한 여기에 있습니다.'

맹(孟)은 추(鄒)에서 졸(卒)했다. 어떤 사람이 말하기를 그의 자손 중에 호사가(好事家)가 있어 선인(先人-위맹)의 뜻을 조술해 이 시를 지었다고 했다.[5]

맹(孟)에서 현(賢)에 이르기까지 5세(世)다. 현(賢)은 사람됨이 질박하고 욕심이 적었으며 배움에 도타운 뜻을 두었고, 동시에 『예기(禮記)』와 『상서(尙書)』에 능통했으며 시(詩)를 가르쳤고, 추로(鄒魯)의 대유(大儒)라는 칭

---

5 위맹이 직접 지은 것이 아닐 수도 있다는 뜻이다.

호를 얻었다. (조정에) 불려가 박사, 급사중이 됐고 나아가 소제(昭帝)에게 시를 강의했으며, 점점 승진해 광록대부 첨사(詹事)를 거쳐 대홍려에 이르렀다. 소제가 훙(薨)하니 후사가 없어 대장군 곽광은 공경들과 함께 공동으로 효선제(孝宣帝)를 높여 세웠다. 제(帝)가 처음 자리에 나아왔을 때 현(賢)은 (선제를 세우자는) 모의에 참여해 종묘를 안정시켰다 해 관내후와 식읍을 내려주었다. 옮겨서 장신소부(長信少府)가 됐다. 선제(先帝-소제)의 스승이었다 해 심히 존중을 받았다. 본시(本始) 3년에 채의(蔡義)를 대신해 승상이 돼 부양후(扶陽侯)에 봉해졌는데 식읍은 700호였다. 이때 현의 나이는 70을 넘었고 승상으로 있으니 5년이 된 지절(地節) 3년에 늙고 병들었다 해 사직을 청하니, 황금 100근을 내려주고 파직해 집으로 돌아가게 해 주었는데 저택 1구(區)를 더 주었다. 승상이 (나이를 이유로) 관직에서 물러나는 것은 현에게서 시작됐다. 나이 82세에 훙하니 시호를 내려 절후(節侯)라 했다.

현(賢)의 네 아들 중에서 장남 방산(方山)은 고침(高寢)의 영(令)을 지냈는데 일찍 죽었고[早終], 차남 홍(弘)은 동해(東海)태수에 이르렀으며, 삼남 순(舜)은 노(魯)에 남아 분묘를 지켰고, 막내[少子] 현성(玄成)은 다시 경전에 밝다 해 여러 자리를 거쳐 승상에 이르렀다. 그래서 추로에는 이런 속담이 있다.

"자식에게 황금 만 광주리[籝]를 남겨주는 것보다는 경전 하나를 제대로 가르치는 것이 낫다[不如一經]."

현성(玄成)은 자(字)가 소옹(少翁)이고 아버지의 보증으로 낭(郞)이 됐으며 상시기(常侍騎)에 올랐다. 어려서부터 배우기를 좋아했고 아버지의 학업을 이어받아 더욱 겸손하게 아래 선비들을 대했다. 집 밖을 나서 아는 사람이 걸어서 길을 가는 것을 보면 즉시 하인을 내리게 하고서 그를 태워 동승해 목적지까지 함께 갔는데 늘 이와 같이했다. 사람을 대함에 있어서는 그 사람이 가난하거나 지위가 낮은 사람일수록 더욱 공경히 하니 이 때문에 이름이 날로 퍼져갔다. 경전에 밝다[明經] 해 간대부(諫大夫)에 발탁되고 승진해 대하도위(大河都尉)〔○ 복건(服虔)이 말했다. "(대하는) 지금의 동평군(東平郡)이다. 본래는 제동국(濟東國)이었는데 뒤에 나라가 없어져 대하군이 됐다."〕가 됐다.

애초에 현성의 형 홍(弘)은 태상 승(丞)이 됐는데, 그가 맡은 일은 종묘를 받들고 여러 능의 읍을 담당하는 것이었고 일이 번잡스러워 죄와 허물이 많았다. 아버지 현(賢)은 홍이 마땅히 자신의 뒤를 이어야 한다고 여겨, 그 때문에 홍으로 하여금 스스로 병이 있으니 면직시켜줄 것을 청하게 했다. 그런데 홍은 자신은 후사가 될 수 없다는 겸손한 생각에서 관직을 버리지 않았다. 현의 병이 심해지자 홍은 결국 종묘의 일에 연루돼 감옥에 갇혔는데 어떤 죄를 받을지는 아직 결정되지 않았다. 집안 식구들은 누가 마땅히 뒤를 이어야 하는지에 대해 현에게 물었지만 현은 화가 나서 기꺼이 말하려 하지 않았다. 이에 현의 문하생인 박사 의천(義倩) 등은 종친 사람들과 함께 토의한 끝에 공동으로 현의 명령을 고치기로 하고서 가승(家丞)을 시켜 글을 올려 대행(大行)에게 말하기를, 대하도위 현성(玄成)이 후사가 될 것이라고 했다. 현이 훙하자 현성은 임지에 있다가 부친상 소식을 들었고 또 사람들이 자신이 후사라고 말을 하니, 현성은 그것이 평소 아버지 현의 뜻이 아님을 깊이 알아차리고서 곧바로 짐짓[陽] 광기를 부려 누운 채로 대소변[便利=大小便]을 보고 헛소리와 웃기는 소리를 어지러이 해댔다. 불려와 장안에 이르러 장례를 치르고 나자 마땅히 작위를 이어야 했으나 병이 더 심해졌다며 부름에 응하지 않았다. 대홍려가 상황을 보고하자 그 보고서를 승상과 어사에게 내려 실상을 점검하게 했다. 현성은 평소에 명성이 있었기 때문에 사대부들 대부분은 그가 작위를 형에게 양보하려고 일부러 그런다고 의심했다. 일의 조사를 맡았던 승상 사(史)는 마침내 현성에게 편지를 보내 말했다.

'옛날에는 사양을 할 경우 반드시 글의 깊은 뜻이 있어 볼만했으니 그래서 후세에 영광으로 드리워졌소. (그런데) 지금 그대는 다만 용모를 망치고 치욕을 무릅쓰면서 미친 짓을 하고 있으니, 광채는 어두워서 드러나지 아니하고 그대가 은밀히 명성을 기탁하고자 하는 것은 미미한 것이오. 저는 평소 아둔하고 허물이 있는 승상부(宰相府)의 집사(執事)이지만 바라건대 풍문(風聞)을 조금 적게 듣고 싶소. 그렇지 않으면 아마도 그대의 높은 명성은 상하게 될 것이니 저는 소인이 될까 걱정입니다.'

현성의 친구이며 시랑인 장(章)이 또 소를 올려 말했다.

'성왕(聖王)께서는 예와 겸양으로 나라를 다스리는 것을 귀하게 생각을 하시니 마땅히 현성을 우대해 길러주시고, 그의 뜻을 굽히는 일이 없도록 하셔서 스스로 문 위에 가로나무를 덧대어 가난한 집을 의미하는 형문(衡門)의 아래에서 편안히 살도록 해주십시오.'

한편 승상과 어사는 마침내 현성이 실제로 병이 들지 않았으므로 그를 탄핵하기를 상주했지만, 조서를 내려서 탄핵하지 말라고 하고서 그를 끌어당겨 제배하니 현성은 어쩔 수 없이 작위를 받았다. 제는 그의 절의를 높이 평가해 현성을 하남(河南)태수로 삼았다. 그의 형 홍(弘) 태산(太山)도위는 (이 일로 인해) 승진해 동해태수가 됐다.

몇 년 후에 현성은 불려가 미앙(未央)위위가 됐고 또 승진해 태상(太常)이 됐다. 전 평통후(平通侯) 양운(楊惲)과 아주 친했던 사이라는 이유로 연좌돼 운(惲)은 복주됐고 당우(黨友)들은 모두 면직됐다. 뒤에 열후로서 효혜(孝惠)의 사당을 받들 때 (천자가) 아침 일찍 사당에 들어가는데, 비가 내려 진흙탕이 되는 바람에 네 마리 말이 끄는 수레가 들어갈 수 없어 기마로 사당 아래에서 내렸다. 유사에서 탄핵하는 보고를 올려 동료 여러 명과 함께 모두 작위가 깎여 관내후가 됐다. 현성은 자신의 잘못으로 아버지의 작위가 깎였다며 탄식해 말했다.
"나는 무슨 면목으로 앞으로 제사를 받들 수 있단 말인가!"
시를 지어 스스로의 잘못을 이렇게 꾸짖었다.

'빛나는 우리 조상 시위(豕韋)로서 제후가 되어
명을 받고 백(伯)으로 세워져 천하를 편안케 했다네
그 공적 이미 빛나고 그 거복(車服)은 표준이 되니
상읍(商邑)에서 천자를 배알했고
사빈(四牝)의 마차 훨훨 날아가는 듯하도다

다움은 아름답게 드러나 그 여경(餘慶)은 후대에까지 미치니
종주(宗周)에서 한(漢)나라에 이르기까지
여러 시대를 거치며 후의 작위를 이었다네

엄숙한 초(楚)의 사부 원왕(元王), 이왕(夷王) 보익(輔翼)했고
네 마리의 말이 끄는 마차 일정한 법도가 되니 삼가고 또 조심했도다
후사가 된 왕이 심하게[孔=甚] 법도를 잃어
그로 인해 추(鄒)로 옮기셨는데
5세(世) 동안 관직이 없다가[壙=空] 내가 절후(節侯)에 이르게 됐다네

생각건대 내가 절후가 되어 빛나는 다움이 멀리까지 들리니
소제(昭帝), 선제(宣帝) 좌우에서 도우며
다섯 덕목[五品=五敎]⁶으로 다스렸다네
이미 늙어[耈] 사직하니 이를 아름답고 성대하다 여기시어
그 하사하신 선물 참으로 많았고 백금(百金) 관사에 이르렀도다[洎=及]
저 부양(扶陽)에 봉국을 내려주셨는데 경사의 동쪽이라
제(帝)께서 여기에 머무시며 정사를 이곳에서 준비하셨다네
가지런히 조화를 이룬 6개의 고삐 나란히 정렬하고
위엄 당당히 갖춰 내조해 천자께 올리도다
천자께서는 온화한 풍모로 이를 높여[宗=尊] 스승으로 삼으니

---

6 친(親), 의(義), 별(別), 서(序), 신(信)의 오상을 가리킨다.

사방 멀고 가까운 곳 할 것 없이 나라의 휘광을 지켜보는구나

봉토[茅土]의 계승은 나의 빼어난 형님에게 있건만
　　　모토
아, 나의 빼어난 형님 그것을 사양하는 모습을 보이셨도다
아, 아름답도다 그 다움이여! 아, 빛나도다 그 음성이여!
나 소자(小子)에게 작위를 이르게 하시어 경사에 머물게 하셨네
이 소자 회동(會同-제후의 모임)을 삼가지 못하고
저 거복에 태만히 해 이 부용국(附庸國)에 내쫓겨났도다[7]

빛나는 현작(顯爵), 나에게서 땅에 떨어져버렸고
미미한 부용에 머무는 신세 내가 스스로 불러들였네
누가 능히 부끄러움을 참아낼 수 있으랴
거기에라도 내 얼굴 기대고 싶어라
누가 장차 멀리 정벌을 떠나는가
거기에라도 따라가 오랑캐와 싸우리라
아, 빛나는 삼공의 직무[三事]는 뛰어난 준재가 아니면 맡기지 않건만
　　　　　　　　　　　삼사
아, 소자 비록 비루하지만 끝내는 거기에 이르렀는데
누가 화산(華山)이 높다 했던가 오르고 오르면 못 오르리오
누가 다움을 쌓는 것이 어렵다 했던가
치열하게 노력하면 거의 이룰 수 있으리라

---

7 관내후가 된 것을 비유적으로 표현한 것이다.

아, 내 소자 그 허물을 두 배로 했으니

저 아름답던 명성 땅에 떨어뜨렸고

잘 고른 말로 사직의 뜻을 밝혔네

사방의 제후들은 나를 감시하고

위엄을 갖춘 거복(車服)을 삼가 밟아가도다!'[8]

애초에 선제(宣帝)가 총애하던 후궁[寵姬] 장첩여(張婕妤)가 낳은 아들 회양헌왕(淮陽憲王)이 정사(政事)를 잘하고 법률에 정통하니 상은 그의 재능을 뛰어나다 여겨 그에게 후사를 잇게 할 뜻이 있었지만, 그러나 태자가 미천한 데서[細微] 일어났고, 또 일찍 어머니를 잃었기 때문에 차마 그렇게 할 수가 없었다.[9] 오랜 시간이 흘러 상은 헌왕을 감화시키고 일깨워 주고 싶은 뜻이 있어 예와 겸양을 갖춘 신하로 하여금 보필하게 하고자 이에 현성을 불러 제배해 회양중위(淮陽中尉)로 삼았다. 이때 왕은 아직 봉국에 나아가지 않았기에 현성은 조서를 받고서 태자태부 소망지(蕭望之) 및 오경(五經) 유자들과 함께 석거각(石渠閣)에서 경문(經文)의 같고 다름[同異]을 토의해 그 결과물을 여러 개의 조문으로 만들어 아뢰었다. 원제(元帝)가 즉위하게 되자 현성을 소부(少府)로 삼고 승진시켜 태자태부로 삼았으며 어사대부에까지 이르렀다.

---

8 다른 사람을 경계한다는 뜻이다.

9 선제 자신이 반란을 일으켰다 죽은 폐태자 유거의 손자로서 어려서 궁궐에서 쫓겨나 외가 허씨의 신세를 지고 자라나 어려서부터 허씨에 의지했고, 태자의 어머니 허황후가 일찍 살해당했기에 태자를 불쌍히 여겨 차마 그러지 못했다.

영광(永光) 연간에 우정국(于定國)의 뒤를 이어 승상이 됐다. 쫓겨난 지 10년 만에 드디어 아버지가 맡았던 승상의 지위를 이어받고 제후로서 옛 봉국에 봉해져 당대에 큰 영예를 누렸다. 현성은 다시 시를 지어 좌절[玷缺]을 이겨낸 힘겨웠던 이야기를 스스로 드러냄으로써 자손들로 하여금 경계로 삼게 했다.

'아, 엄숙한 군자여 이미 그 다움은 아름다웠고
위엄이 담긴 의복은 이에 공손해
그 법도에 이미 익숙해 보였도다[棣棣=逮逮]
아, 나 소자는 이미 그 다움에 미치지 못했고
일찍이 거복의 일로 오만을 보였다가 추락한 바 있다네

밝디밝으신 천자께서는 빼어난 다움[俊德]을 정성스레 보이시어
끝내 나를 버리지 않으시고 나를 구제하시어
구경의 반열에 올려주셨네
내 이미 이런 은혜를 입었으니 낮이고 밤이고 경계해
두려워하며 스스로를 다잡아 일에 전념을 다하고
조금도 게으름을 피우지 않았다네
천자께서 나를 살피시어 나를 삼공의 자리에 올려주시니
내 옛날 추락했을 때의 상처를 돌아보아
나의 옛 지위를 되찾아주셨도다

내 이미 이곳(-승상)에 올라 내가 지나온 계단을 바라다보니

선후(先后-아버지)께서 계셨던 곳이라

사모하는 마음에 눈물이 줄줄 흐르네

(승상의) 사직(司直) 어사(御事) 나를 빛내주었고

나를 성대하게 해주었네

여러 공과 백료들 나를 아름다이 여겼고 나를 축하해주었네

이곳 경사(卿士)들은 나와 달라서 내 마음과 같지 않고[10]

삼공의 일은 힘겨워[囏=艱] 나는 여기에 기꺼이 온 힘을 다하지 못하네
_{간 간}

빛나는 삼공의 자리 온 힘을 여기에 다해보지만

내가 머물러야 할 자리 아니라 조마조마하기만 한데

물러날 날 기약이 없구나

예전에 내가 굴러떨어졌을 때 여기에 머물지 않으리라 다짐했건만

내 지금 이곳에 머물게 됐으니 덜덜 두렵기만 하도다

아 내 뒤에 오는 사람들이여, 천명에는 일정함이 없으니

깊이 생각해[靖=謀] 너의 자리에 임하고
_{정   모}

하늘을 우러러 조금도 태만해서는 안 될 것이라네

너의 회동을 삼가고 너의 거복을 경계할 것이며

너의 위험을 게을리하지 말아 너의 봉토를 지켜야 할 것이네

너는 나에게 삼가지 못하고 정제되지 못함을 보여서는 안 될 것이라오

---

10 매사 조심스러워하는 자신의 마음과 같지 않았다는 말이다.

내가 이 작록을 되찾은 것은 하늘이 내려준 행운일 뿐

아, 뒤에 오는 사람들이여 엄숙하고 두려워해야 할 것이오

뛰어나신 조상들을 욕되게[忝] 하지 말고
　　　　　　　　　　　　　첨

한나라 왕실[漢室=漢家]의 울타리가 되어야 하리라.'
　　　　　한실　한가

현성(玄成)이 승상으로 있는 7년 동안 바른 도리를 지키고 무거운 위엄을 잃지 않는 것[守正持重]은 아버지 현(賢)에 미치지 못한[不及] 반면, 겉
　　　　　　　　수정 지중　　　　　　　　　　　　　　　　　불급
으로 꾸며서 드러내는 바[文采=文彩]는 지나쳤다[過].[11] 건소(建昭) 3년에
　　　　　　　　　　문채　문채　　　　　　과
훙하니 시호를 공후(共侯)라 했다. 애초에 현이 소제(昭帝) 때 평릉(平陵)으로 옮겨갈 때 현성은 별도로 두릉(杜陵)으로 옮겨갔었는데 병으로 장차 죽게 되자 사자를 통해 건의해 말했다.

"부자(父子)의 은애(恩愛)를 감당할 수 없사오니 바라건대 해직해 향리로 돌아가 아버지의 묘 근처에 묻힐 수 있게 해주옵소서."

상은 이를 허락했다.

아들 경후(頃侯) 관(寬)이 이어받았다. 훙하니 아들 희후(僖侯) 육(育)이 이어받았다. 훙하니 아들 절후(節侯) 심(沈)이 이어받았다. 현(賢)으로부터 나라를 전해주기 시작해 현손에 이르러 마침내 끊어졌다. 현성의 형 고침(高寢) 령(令-현령) 방산(方山)의 아들 안세(安世)는 군수, 대홍려, 장락(長樂)위위를 지냈고 조정에서는 재상의 그릇이라는 칭송이 있었는데 마

11　아버지 현을 적중한 도리[中道]로 삼아 과유불급(過猶不及) 두 가지 문제점을 동시에 지적하는
　　　　　　　　　　　　중도
　　표현이다.

침 병이 들어 죽었다. 그리고 동해태수 홍(弘)의 아들 상(賞) 또한 『시경(詩經)』에 정통했다. 애제(哀帝)가 정도왕(定陶王)으로 있을 때 상은 태부였다. 애제가 즉위하니 상은 옛 스승이었다 해[舊恩] 대사마 거기장군으로 삼공의 반열에 올랐고, 관내후의 작위를 받았으며 식읍은 1,000호였는데 또한 80여 세의 천수를 누리고 세상을 떠났다[壽終]. 종족들 중에 2,000석 관리에 이른 사람이 10여 명이다.

애초에 고조(高祖) 때 제후왕의 도읍에 모두 태상황의 사당을 세우도록 했다. 혜제(惠帝) 때에 이르러 고제의 사당을 높여 태조묘(太祖廟)로 삼았고, 경제(景帝) 때 효문(孝文)의 사당을 높여 태종묘(太宗廟)로 삼았으며, 일찍이 행차하던 군국들에는 각각 태조와 태종묘를 세웠다. 선제(宣帝) 본시(本始) 2년에 이르러 다시 효무(孝武)의 사당을 높여 세종묘(世宗廟)로 삼고 순수(巡狩)하던 곳마다 역시 사당을 세웠다. 이렇게 해서 조종(祖宗)의 사당은 군국 68개에 모두 합치면 167곳이었다. 그리고 경사(京師)에 있는 것으로는 고조부터 선제에 이르기까지 7묘(廟)와 태상황과 도황고(悼皇考)〔○ 사고(師古)가 말했다. "도황고란 선제의 아버지, 즉 사(史)황손을 말한다."〕의 능 옆에 각각 사당을 세웠으니 모두 합해 176개였다. 또 원(園-릉) 안에는 이런저런 침전이나 편전이 있었다. 매일 침전에서 제사를 지냈고, 매달 사당에서 제사를 지냈으며, 사계절마다 편전에서 제사를 지냈다. 침전에는 하루에 네 번 음식을 올렸고[上食], 사당에는 해마다 25번 제사를 올렸으며, 편전에는 1년에 네 번 제사를 올렸다. 또 한 달에 한 번 돌아가신 황제의 의관을 밖에 내어 한 바퀴 돌렸다[游]. 그리고 소령후(昭靈

后), 무애왕(武哀王), 소애후(昭哀后), 효문태후(孝文太后), 효소태후(孝昭太后), 위사후(衛思后), 여태자(戾太子), 여후(戾后)에게는 이런저런 침원(寢園)이 있었으니 여러 황제들과 합해서 모두 30곳이다. 1년 동안 제사를 보면 음식을 올리는 것이 2만 4,455차례이고, 동원되는 위사(衛士)는 4만 5,129명이며, 제사를 주관하는 축재(祝宰)와 악인(樂人)은 1만 2,147명이고, 제사에 사용될 희생을 기르는 인원은 이 수에 포함되지 않았다.

원제(元帝) 때에 이르러 공우(貢禹)가 글을 올려 말했다.

'옛날에 천자 칠묘(七廟)라 했으니 지금의 효혜제묘 및 효경제묘는 다 혈친(血親)의 범위를 다했으므로[親盡]¹² 마땅히 철폐해야 합니다. 따라서 군국에 있는 사당도 고례에 맞지 않으니 마땅히 바로잡아야 합니다.'

천자가 그 의견을 옳다고 여겼으나 미처 시행하지도 않았는데 우가 졸했다. 영광(永光) 4년에 마침내 다음과 같은 조서를 내려 먼저 군국의 사당을 철폐하는 문제를 토의하도록 했다.

'대개 듣건대 눈 밝은 임금[明王]이 세상을 통치하게 되면 그 상황에 맞게 법을 만들고 일에 맞춰 그 법을 마땅히 제어했다.¹³ 예전에 천하가 자리 잡아가던 초창기에는 먼 나라에서 빈객이 오지 않았고 이로 인해 일찍이 몸소 멀리 나아가 종묘를 찾았다. 대개 반역이나 난리를 제거하자 마침내 한 백성의 지극한 권위가 됐다. 그리하여 지금은 하늘과 땅의 신과 종묘의 복록에 의지하니 사방의 나라들이 같은 제도로 통합되고, 오랑캐[蠻貊]들

---

12 사당(祠堂)에 모시고 제사 지내는 대수(代數)가 다했다는 뜻이다.
13 법과 현실이 반드시 일치하지 않아 지속적인 조정이 필요했다는 말이다.

도 조공을 바치며 오랫동안 순종해왔다. 하지만 (상황이 바뀌었는데도) 정해진 바가 없어 멀리 있는 비천한 자들이 (지금도) 공손하게 제사를 받드니, 이는 이미 황천과 조종의 뜻에서 벗어난 것과 같아 짐은 심히 두렵도다. 『논어(論語)』에서 말하지 않았던가?

"내가 제사에 참여하지 않으면 제사를 지내지 않은 것과 같다[吾不與祭如不祭]."[14]

이에 장군과 열후(列侯)와 중(中) 2,000석 관리와 여러 대부들, 박사 그리고 의랑(議郞)은 이 문제를 토의하도록 하라.'

승상 현성(玄成), 어사대부 정홍(鄭弘), 태자태부(嚴彭祖), 소부 구양지여(歐陽地餘), 간대부 윤경시(尹更始) 등 70명은 모두 이렇게 말했다.

"신들이 듣건대 제사란 밖으로부터 들어오는 것이 아니고 안에서 밖으로 나가는 것이기 때문에 마음 한가운데서 생겨나는 것이라 했습니다. 그래서 오직 빼어난 이들만이 능히 천제께 제사를 올릴 수 있고 효자만이 부모에게 제사를 지낼 수 있는 것입니다. 경사에 사당을 세워 몸소 제사를 올리는 것은 사해(四海) 안이 각각 그 직책에 맞게 와서 제사를 돕는 것이 혈친을 높이는 큰 의로움이며, 오제 삼왕과 함께 모시는 것으로서 바꿔서는 안 되는 도리입니다. 『시경(詩經)』에 이르기를 '오는 것이 화화(和和)롭구나. 이르러서는 엄숙하도다. 제사를 돕는 이가 제후들인데 천자는 위풍당당하게 계시는도다'[15]라고 했습니다. 『춘추(春秋)』의 마땅함[義]에 따르면 아버지

---

14 「팔일(八佾)」 편에 나온다.

15 「주송(周頌)」 '옹(雍)' 편의 구절이다.

는 방계의 집에서 제사를 지내지 않고, 임금은 신하의 집에서 제사를 지내지 않으며, 왕은 아래 외방 제후에게서 제사를 지내지 않는다고 했습니다. 신들의 어리석음으로 보건대 종묘가 군국에 있는 경우는 마땅히 보수를 하지 않도록 해야 하니 신들은 다시 보수하지 말 것을 청하옵니다.'

상주한 것을 재가했다. 이로 인해 소령후(昭靈后), 무애왕(武哀王), 소애후(昭哀后), 위사후(衛思后), 여태자(戾太子), 여후(戾后)의 침원(寢園)에서는 모두 제사를 폐지해 올리지 않았으며 다만 이졸(吏卒)을 두어 지키게만 했다. 군국(郡國)에 있는 사당들을 혁파한 후에 한 달여가 지나 다시 조서를 내렸다.

'대개 듣건대 밝은 임금[明王]이 예를 제정하고 네 분의 사당에 몸소 나아가[立=存] 조종(祖宗)을 모시는 것은 만세토록 훼손돼서는 안 되는 것이니, 그것은 조(祖)를 밝혀 높이고 종(宗)을 삼가 받들어 친족을 내 몸과 같이 여기는 것[親親]을 널리 드러내는 일[著=明]인 까닭이다. 짐이 조종(祖宗)의 중책을 얻어 이었으나 대체(大體)는 제대로 갖춰지지 않고 매사 떨리고 두려워 감히 내 마음대로 할 수가 없다. 그러니 장군과 열후와 중(中) 2,000석 관리와 여러 대부, 박사 그리고 의랑(議郎)들은 이 문제를 토의하도록 하라.'

이에 현성 등 44인이 토의한 내용을 아뢰어 말했다.

"예법에 이르기를 임금 된 자가 처음 명을 받았을 때나 제후가 처음 군(君)에 봉해졌을 때 이들을 모두 태조(太祖)라고 한다고 했습니다. 그 이하는 오묘(五廟)에서 친진(親盡)하니 사당을 철폐하고, 이렇게 철폐한 사당의 신주는 태조의 사당에 모시며 5년이 지나면 다시 은제(殷祭-큰 제사)

를 지낸다면 하나로 합치게 됩니다. 협제(祫祭)란 철폐한 사당과 아직 철폐하지 않은 사당의 신주를 모두 태조의 사당에 합쳐 제사 음식을 먹게 하는 것으로, 아버지는 소(昭)가 되고 자식은 목(穆)이 되며〔○ 사고(師古)가 말했다. "소(昭)는 밝다[明]는 것이고 목(穆)은 아름답다[美]는 것이다."〕손자는 다시 소(昭)가 되며, 이것이 옛날의 바른 예법입니다. (『예기(禮記)』의)「제의(祭義)」에 이르기를 '임금 된 자가 아니면 체제(禘祭)를 지낼 수 없다.) 임금 된 자라야 그 시조로부터 나온 바를 체로로 지내되 그 시조를 배향하고 나서 (고조, 증조, 조부, 아버지의) 사묘(四廟)를 세운다'라고 했으니, 이는 처음 명을 받고서 왕이 된 사람은 하늘에 제사를 지내 그 조상을 배향하되, 시조를 위한 사당을 세울 수 없는 것은 친진했기 때문이라는 뜻입니다. 친묘(親廟) 4개를 세우는 까닭은 혈친을 제 몸과 같이 여기기[親親] 때문이며, 친진하고서 사당을 철폐하는 것은 제 몸과 같이 여기는 것을 낮춰감으로써[殺] 그 끝마침이 있음을 보이기 위함입니다. 주나라가 칠묘(七廟)를 두었던 까닭은 후직(后稷)이 처음으로 봉해졌고, 문왕과 무왕이 천명을 받은 공로가 있기 때문에 그 삼묘(三廟)를 철폐하지 않아 친묘 4개와 합쳐 7개였던 것입니다. 만일 후직이 처음으로 봉을 받지 않았거나 문왕과 무왕이 명을 받은 공로가 없었다면 모두 마땅히 친진해 철폐했을 것입니다. 성왕은 문왕과 무왕 두 빼어난 이[二聖]의 공업을 완성했고, 예를 제정하고 음악을 지었으며[制禮作樂], 그 공덕은 성대했음에도 불구하고 사당은 오히려 끝까지 이어지지 않았고 그 행적만으로 시호를 올렸을 뿐입니다. 예법에 따르면 사당은 대문 안에 있어야 하니 이는 감히 혈친을 멀리해서는 안 되기 때문입니다. 신들의 어리석음으로 보건대 고제

(高帝-유방)께서는 천명을 받아 천하를 평정하셨으니 마땅히 황제 중의 황제로서 태조의 사당은 대대로 철폐해서는 안 되고, 태상황 효혜제와 효문제, 그리고 효경제는 모두 혈친이 다했으니[親盡] 마땅히 철폐해야 하고, 황고(皇考)의 사당은 혈친이 다하지 않았으니 예전대로 해야 할 것입니다."

대사마 거기장군 허가(許嘉) 등 29인은 효문제는 비방법을 없애고 육형(肉刑)을 폐지했으며, 몸소 절검하는 모범을 보였고 공물 헌상을 받지 않았으며, 죄가 처자에게 미치게 하지 않았고[不帑] 사사로이 이익을 취하지 않았으며, 후궁들을 내보내 집으로 돌아가게 했고 세대가 끊어지는 것을 중하게 여겼으며, 장로들에게 상을 내려주고 고아와 독거노인들을 거두어 구휼해주어 그 은택이 하늘과 땅에 두터웠고, 이로움이 사해에 널리 퍼졌으니 마땅히 황제 중의 황제로 삼아 태종의 사당을 세워야 한다고 했다. 정위 충(忠-윤충)은 효무제는 정삭을 고치고 복색을 바꿨으며, 사방의 오랑캐를 물리쳤으니 마땅히 세종의 사당을 세워야 한다고 했다. 간대부 윤경시(尹更始) 등은 황고(皇考)의 사당이 소목(昭穆)보다 위에 있는 것은 바른 예법이 아니니 철폐해야 한다고 주장했다. 이에 상은 이 문제를 어렵게 여겨[重=難] 제대로 결정을 내리지 못한 지[依違] 1년이 지나서 마침내 아래와 같은 조서를 내렸다.

'대개 듣건대 임금 된 자는 공업[功]이 있으면 조(祖)라 하고 다움[德]이 있으면 종(宗)이라 했으니, 이는 큰 의로움[大義]을 높이 받들기 위함이다. 그래서 네 분의 사당에 몸소 나아가는 것은 혈친의 지극한 은혜를 내 몸과 같이 여기는 예[親親]라 할 수 있다. 고황제(高皇帝-고제)께서는 천하를 위해 사나운 자들을 주살하고 어지러움을 제거해, 천명을 받고서 황제가 되셨으니 그 공은 누구보다 크다. 효문황제(孝文皇帝-문제)께서 일국의 대왕(代王)[16]으로 계실 때 여러 여씨(呂氏)들이 농간을 부려 온 나라 안이 어지럽게 요동을 쳤다. 그러나 여러 신하들과 백성들이 한뜻으로 받들려 했으나 오직 신하의 도리를 잃지 않으려 했고, 백성들의 마음이 자신에게로 돌아왔는데도 오히려 겸손한 말로 굳게 사양한 다음에야 황제의 자리에 올라 어지러웠던 진(秦)나라의 흔적을 말끔히 제거하고 삼대(三代)의 기풍을 불러일으키니, 이로 인해 백성들은 (마침내) 안정됐고 모두 다 [鹹=咸] 아름다운 복을 얻었으므로 그 다음이 누구보다 성대하다. 고황제께서 한나라 태조(太祖)가 되시고 효문황제께서 태종이 되시어 대대손손 제사를 이어가서 그것이 끝이 없으니 짐은 이를 참으로 기쁘게 여긴다. 효선황제(孝宣皇帝-선제)께서 효소황제(孝昭皇帝)의 뒤가 되는 것은 의리에 맞는 것이다. 효경황제(孝景皇帝)의 사당과 황고(皇考)의 사당은 둘 다 혈친이 다했으니 그에 맞춰 예의(禮儀)를 바로잡도록 하라.'

현성 등이 아뢰어 말했다.

"조종(祖宗)의 사당은 대대로 철폐하지 않았고 조상을 이었을 경우에는 오묘(五廟)가 되면 철폐했습니다. 지금 고황제를 태조로 삼고 효문황제를 태종, 효경황제를 소(昭), 효무황제를 목(穆), 효소황제와 효선황제를 함께 소(昭)로 삼았습니다. 황고의 사당은 아직 혈친이 다하지 않았습니다. 태상(太上)과 효혜제의 사당은 친진했으니 마땅히 철폐해야 합니다. 태상의 사당 신주는 마땅히 침원에 묻었고 효혜황제를 목(穆)으로 삼았으니, 신주는

---

16 대(代) 땅을 봉국으로 받아 왕으로 있었다.

태조의 사당으로 옮기시고 침원은 모두 보수해서는 안 될 것입니다."

상은 그렇게 하라고 했다. 의견을 내는 사람들[議者]은 또 '청묘(淸廟)'[17]라는 시에 따르면 조상의 신령과 소통하는 예는 청정(淸淨)하지 않은 바가 없었는데, 그러나 지금의 사당 안에서는 의관이 놀러 나온 것과 같고 거기(車騎)의 무리나 풍우의 기운에서 청정함이란 없다고 여겼다. 그리고 (『예기(禮記)』에) "제사란 자주 하려 해서는 안 된다. 자주 하게 되면 더럽히게 되고 더럽혀지면 불경스럽게 된다"라고 했듯이 마땅히 옛 제도를 회복해 사당에는 사계절마다 제사를 지내고, 여러 침원들에는 날과 달 사이에 제사를 지내도록 한 것 등은 모두 다시 회복해서는 안 된다고 여겼다. 상도 고치지 않았다.

이듬해 현성이 다시 말했다.

"옛날에 예를 제정해 존비(尊卑)와 귀천(貴賤)을 구별했고, 국군(國君)의 어머니는 적모(嫡母)가 아닐 경우에는 사당에서 음식을 올리지 못하고 사당 옆에 있는 건물에서 따로 올렸는데, 이는 그 몸이 죽을 때까지 마찬가지였습니다. 폐하께서는 몸소 지극한 효도를 행하시고 하늘의 마음을 받들어 조종을 세우시며, 사당의 철폐를 결정하시고 소목(昭睦)의 차례를 청해 큰 예는 이미 정해졌습니다. 효문태후(孝文太后)와 효소태후(孝昭太后)의 침사원(寢祠園)은 마땅히 예법대로 하시고 다시 회복해서는 안 될 것입니다."

상주를 재가했다.

---

17 『시경(詩經)』「주송(周頌)」편에 실려 있는 시다.

1년여 후에 현성이 훙하자 광형(匡衡)이 승상이 됐다. 상이 병이 들어 누웠는데 꿈에 조상들이 군국의 사당을 철폐한 것에 대해 꾸지람을 들었고, 상의 어린 동생 초(楚)의 효왕(孝王)도 같은 꿈을 꿨다. 상이 형(衡)에게 조서를 내려 물었고, 의견을 구해보니 많은 사람들이 다시 복구하는 것이 좋겠다고 했지만 형이 심히 안 된다고 했다. 상의 질병이 오래 가고 차도가 없으니 형은 황공해하며 고조, 효문, 효무의 사당에 들어가 기도하며 말했다.

"자리를 이으신 증손(曾孫) 황제께서는 대업[洪業]을 공손히 받드시어 아침부터 밤 늦게까지 감히 편안함에 젖지 않으시고, 아름다운 업적[休烈]을 남기시어 조종의 성대한 공업을 완성시키려 하고 계십니다. 그래서 동작 하나하나도 신령스럽게 하시어 반드시 옛 빼어난 경전에 의거하십니다. 예전에 유사(有司)에서 과거 행차하시는 곳마다 사당을 세워 그것을 통해 나라의 민심을 하나로 묶으려 했던 것이지만, 그러나 그것은 조상을 높이고 혈친을 엄격히 대하는 이치[尊祖嚴親]는 아니었습니다. 지금은 종묘의 혼령에 힘입어 육합(六合-온 천하) 안에 와서 귀부하고 친히 여기지 않는 자가 없으니, 사당은 마땅히 오직 경사 한 곳에만 두어 천자께서 몸소 받드시고 군국의 사당은 폐지해 보수하지 않도록 했습니다.

황제께서는 옛 예법을 삼가 높이시고 신명을 존중하시어 곧바로 조종에게 나아가 고하시고 예를 어기는 바가 없으셨습니다. 그런데 지금 황제께서 병을 얻으시어 편치 않으시니[不豫], 이에 꿈에서 조종께서 사당의 일로 경계하셨고, 초왕도 꿈에서 그 같은 징후를 보셨습니다. 이에 황제께서는 심히 두려워하시어 즉각 신 형에게 조서를 내려 사당을 다시 세우도록 하셨습니다.

삼가 살펴보건대 옛날의 제왕은 조녜(祖禰-조상)의 큰 예를 이어받았기에 모두 감히 친히 제사를 지내지 못했습니다. 또 군국의 관리들은 (제왕에 비해) 비천했기 때문에 그들 단독으로 제사를 지낼 수 없게 했습니다. 또한 제사의 의리는 백성을 근본으로 삼는 것인데, 근래에 흉년이 들어 백성들이 궁핍하니 군국의 사당들을 보수해 세울 수가 없었습니다. 예법에는 흉년이 들면 연례 행사라 해도 거행하지 못하게 했는데, 왜냐하면 조녜의 뜻이 그것을 즐거워하지 않을 것이기 때문입니다. 이래서 감히 복을 구하지 않았던 것입니다. 만약에 이것이 진실로 예와 마땅함[禮義]에 적중하지 않고 조종의 마음을 어긴 것이라면, 그 허물은 전적으로 신 형에게 있는 것이니 그 재앙을 이 몸이 받아 크게는 질병에 걸려 끝내 도랑에 굴러 떨어져 죽어 뒹굴어야 할 것입니다. 황제께서는 지극한 효심을 갖고서 늘 엄숙하고 삼가시니 마땅히 복록을 받으셔야 할 것입니다. 부디 고황제, 효문황제, 효무황제께서는 잘 살피시어 황제의 효도를 아름다이 받아들이셔서 황제의 만수무강의 길을 열어주시고, 질병을 낫게 하시어 평상시로 돌아오게 하심으로써 종묘를 영구히 보존해주신다면 천하는 참으로 다행이겠습니다!"

또 사당을 철폐하게 된 것에 대해 사죄하며 고했다.

"예전에 대신이 생각건대 옛날에 제왕은 조종의 아름다운 법전을 이어받으면 하늘에 그 형상이 나타나고, 하늘이 오행(五行)의 차례를 만드니 사람은 오속(五屬)〔○ 사고(師古)가 말했다. "오속이란 동족의 오복(五服)인 참최(斬衰), 자최(齊衰), 대공(大功), 소공(小功), 시마(緦麻)를 말한다."〕을 제 몸과 같이 여기듯이 천자는 하늘을 받들어 그 뜻을 따라서 제도를 삼가 제정했습니다. 이 때문에 체상(禘嘗)의 차례는 오(五)를 뛰어넘지 않았습니다. 천명을 받은 군왕은 몸소 하늘과 접했기에 만세토록 게을리해서는 안 됩니다. 뒤를 이은 군왕들은 오묘(五廟)가 되면 옮겨가고, 위에는 태조를 진열하며, 해마다 협제(祫祭)하지만 그 도리는 하늘에 부응했기 때문에 복록이 영원토록 이어져 그 끝을 온전히 할 수 있었습니다.

  태상황은 천명을 받지 않았고, 혈친이 다했기에[屬盡] 의리상으로 마땅히 옮겨야 합니다. 또 효(孝)란 아버지를 엄하게 대하는 것 이상은 없으니 따라서 아버지가 존중했던 것을 자식이 감히 계승하지 않을 수 없고, 아버지가 다르게 여겼던 것을 자식이 감히 같다고 여길 수 없습니다. 예법에서는 공자(公子-천자나 제후의 서자)는 어머니를 위해 그 아버지를 높일 수 없고, 태종(太宗)의 후사가 된 경우에는 아들로서 어머니에게 사사로이 제사를 지낼 수는 있지만 손자로서는 그것을 그쳐야 하니, 이는 조상을 높이고 혈친을 엄격히 대하는 이치[尊祖嚴親]입니다. 침(寢)에서는 하루에 네 차례 상식(上食)하고, 원묘(園廟)에서의 제사는 모두 해서는 안 됩니다. (그러나) 황제께서는 사모하시고 애도하시고 두려워하시면서도, 아직 감히 이를 다 따라서 하지 못하고 계십니다. 생각건대 고황제께서는 빼어난 다움이 성대하시고, 천명을 받으신 것이 광대하시고, 삼가 저 고대의 도리를 상고해보니 하늘의 마음을 고분고분 이으셨고, 자손은 본종(本宗)과 지서(支庶) 모두 번창했습니다. 진실로 사당을 옮겨 합치는 제사를 올리고, 장구한 계책을 세우는 것이 고황제의 뜻이셨을 터이니, 마침내 감히 따르지 않을 수 있겠습니까? 곧바로 길일[令日=吉日]을 골라 태상, 효혜의 사당과 효문태후, 효소태후의 능침을 옮겨서 이를 통해 장차 조종의 다움을 밝히고, 하늘과 인간의 차례에 고분고분해 무궁한 대업을 정하도록 하겠습니다.

(그런데) 지금 황제께서는 아직 이런 복을 받지 못하시어 마침내 직무를 다 받들지 못하고서 병에 걸리셨습니다. 황제께서는 사당을 복구해 제사를 받들고자 하셨건만 신 형 등이 모두 예를 이유로 반대했습니다. 혹시라도 고황제, 효혜황제, 효문황제, 효무황제, 효소황제, 효선황제, 태상황, 효문태후, 효소태후의 뜻에 부합되지 않는 바가 있었다면 그 죄는 모두 신 형 등에게 있사오니 마땅히 그 벌을 받도록 하겠습니다.

지금 황제께서는 아직도 평안하지 못하신데 중조(中朝)[18]의 신하들에게 조서를 내리시어 훼철한 사당을 복구하도록 하라는 글을 갖추어주셨습니다. 신 형, 중조의 신하들은 모두 다시 천자의 제사는 의리에 있어 단절되는 바가 있고, 예에 있어서는 이어지는 바가 있다고 여겨 그 계통을 어기고 제도를 어겨, 선조를 받들지 못하게 함으로써 황천께서는 돕지 않으셨고, 귀신은 제사를 받아들이지 않았습니다. 육경(六經)에 실려 있는 바에 따르면 모두 부당하다고 말하고 있고 의거할 바가 없었기에 그런 글을 지었다고 여겼습니다. 그러나 일이 신령스러움의 뜻을 놓쳤으니 죄는 결국 신 형에게 있으므로 마땅히 그 재앙은 고스란히 받도록 하겠습니다.

황제께서는 마땅히 지복(祉福)을 넉넉히 받으시어 좋은 기운이 날로 일어나 질병으로부터 회복하시어 종묘를 영구히 보존해주신다면 하늘과 함

---

18 승상 이하 600석까지의 외조(外朝)에 대비해서 대사마, 장군, 시중, 상기, 산기, 제리가 거처하는 내조(內朝)를 가리킨다.

께 망극할 것이며, 뭇 생명들과 온갖 귀신들도 마침내 돌아가 쉴 곳이 있을 것입니다."

여러 사당에 올린 글은 다 똑같았다.

그후에 오래 지나서 상의 질병이 여러 해 동안 계속되자 드디어 훼철했던 침묘원(寢廟園)을 모두 복구하고서 다 예전대로 제사를 지냈다. 애초에 상이 훼철하는 예를 정하면서도 오직 효문묘를 높여 태종(太宗)이라 하고 효무묘는 혈친이 다하지 않았다 해 아직 훼철하지 않았다. 상은 이에 마침내 다시 거듭 밝혀서 말했다.

"효선황제는 효무의 사당을 높여 세종(世宗)이라 했으니, 덜고 더하는 예는 이와 연관 짓지 말라. 다른 것들은 모두 옛 제도대로 하라."

다만 군국에 있는 사당들만 결국 폐기하기로 했다. 원제(元帝)가 붕(崩)하자 형(衡)이 아뢰어 말했다.

"예전에 상께서 옥체가 평안치 못하셨기 때문에 철폐했던 제사들을 다시 복구했으나 끝내 복을 입지 못했습니다. 생각건대 위사후(衛思后), 여태자(戾太子), 여후(戾后)의 원(園)은 아직 친진하지 않았습니다. 효혜, 효경의 사당은 친진했으니 마땅히 헐어야 합니다. 태상황, 효문, 효소태후, 소령후(昭靈后), 소애후(昭哀后), 무애왕(武哀王)의 제사는 청컨대 모두 철폐해 더 이상 받들지 말아야 할 것입니다."

상주(上奏)를 재가했다. 애초에 고후(高后) 때 신하들이 망령되이 선제(先帝)의 종묘 침원(寢園)의 관(官)을 토의해 비난하는 일이 있으니 이를 걱정해 명시적인 법령을 정해 감히 이에 대해 마음대로 의견을 내는 자는 기시(棄市)하기로 했다. 원제(元帝)가 제도를 고치게 되자 이 법령은 삭제됐다. 성제(成帝) 때 뒤를 이을 후사가 없었기 때문에 하평(河平) 연간에 다시 태상황의 침묘원을 부활시키고 대대로 제사를 받들게 했다. 소령후, 무애왕, 소애후(昭哀后)는 합쳐서 태상의 침묘에서 제사 지내기를 예전과 같이 하도록 했고, 다시 또 종묘의 명수(命數)에 관해 토의해 의견을 낼 수 있도록 했다.

성제(成帝)가 붕하고 애제(哀帝)가 즉위했다. 승상 공광(孔光)과 대사공(大司空) 하무(何武)가 말씀을 아뢰었다.

"(원제) 영광(永光) 5년(기원전 39년)의 제서(制書)에서 고황제는 한나라의 태조(太祖)가 되고 효문황제는 태종(太宗)이 된다고 했습니다. (원제) 건소(建昭) 5년(기원전 34년)의 제서에서는 효무황제가 세종(世宗)이 된다고 했습니다. 예(禮)를 덜어내거나 더하는 것[損益]은 감히 이것과 관련이 있는 것이 아닙니다. 신의 어리석음으로 보건대 종묘를 번갈아가며 훼철하는[迭毁] 차례는 때에 맞춰 정하는 것이니 법령으로 결정해서 종묘를 논의한다는 뜻은 아닙니다. 신은 여러 신하들과 함께 다양하게 의논해볼 것을 청합니다."

마침내 애제는 그렇게 하라고 했다. 이에 광록훈 팽선(彭宣), 첨사(詹事) 만창(滿昌), 박사 좌함(左咸) 등 53명 모두 다 조종(祖宗)을 계승하는 자 이외에는 다섯 사당[五廟]에서 번갈아가며 훼철하고 훗날 비록 뛰어난 임금이 나오더라도 오히려 조종과 같은 반열에 설 수가 없다고 했다. 자손들이 이것을 크게 높여 올려[顯揚] 세우고 싶어 하더라도 귀신이 그것을 흠향하지 않는다는 것이다. 효무황제가 비록 그 공적은 크지만 이미 혈육의 끈이 다했으니[親盡] 마땅히 사당을 철거하고 종묘에 배향해야 한다는 것이었다.

이에 태복(太僕) 왕순(王舜)과 중루교위(中壘校尉) 유흠(劉歆)이 토의해 다음과 같이 말했다.

"신이 듣건대 주(周)나라 황실이 이미 쇠퇴하자 사방의 오랑캐들[四夷]이 앞다투어 침입했는데 그중에서도 험(獫)족과 윤(狁)족이 가장 강해 지금의 흉노가 바로 이들입니다. (주나라) 선왕(宣王)에 이르러 그들을 치자 시인은 이를 아름답게 여겨 찬미하기를 '잠깐 험족과 윤족을 정벌해 태원(太原)에 이르니[薄伐獫狁至于太原]'[19]라고 했고 또 이르기를 '엄청나게 많으니[推推] 천둥 같고 우레 같아라. 밝고 진실한 방숙(方叔-주나라 경사(卿士)다)이여! 험족과 윤족을 정벌하니 남형의 오랑캐가 와서 굴복하도다[嘽嘽推推 如霆如雷 顯允方叔 征伐獫狁 荊蠻來威]'[20]라고 했으니 그랬기 때문에 중흥(中興)을 이뤘다고 칭송하는 것입니다. 유왕(幽王) 때에 이르러서는 견융(犬戎)이 침입해 들어와 유왕을 죽이고 종묘의 기물[宗器]들을 빼앗아갔습니다. 이때부터 남쪽의 오랑캐와 북쪽의 오랑캐가 교대로 침략해 오니 중국은 가는 실처럼 겨우 안 끊어지고 이어왔습니다. 『춘추(春秋)』에는 제(齊)나라 환공(桓公)이 남쪽으로 초(楚)나라를 치고 북쪽으로 산융(山戎)을 친 것을 기록하고서 공자는 이렇게 말했습니다.

'관중이 없었다면[微=無] 나(-우리)는 머리를 헤쳐 풀고 옷깃을 왼편으

---

19 『시경(詩經)』「소아(小雅)」'유월(六月)' 편에 나오는 구절이다.

20 『시경(詩經)』「소아(小雅)」'채기(采芑)' 편에 나오는 구절이다. 선왕이 남쪽을 정벌한 것을 노래한 것이다.

로 하는[左袵] 오랑캐가 됐을 것이다.'[21]

이 때문에 환공의 허물은 버리고 그 공은 취함으로써 제후들의 우두머리[伯首=覇者]가 될 수 있었다는 것을 말했습니다.

한나라가 일어날 무렵 (오랑캐들 중에서) 묵돌선우(冒頓單于)가 비로소 강력해져서 동쪽 오랑캐[東胡]를 쳐부수고 월지(月氏)(혹은 월지(月支))의 족장을 사로잡고[禽=擒] 그 땅을 집어삼키니, 그의 토지는 넓어지고 군사는 강대해져 중국에게 위협 세력이 됐습니다. 남월(南越)의 위타(尉佗)는 백월(百粵)을 집어삼키고[緫=總] 스스로를 황제라고 칭했습니다. 그래서 중국은 비록 (한나라에 의해) 평정됐지만 오히려 사방의 오랑캐로부터 시달리고 있었기 때문에 어느 한 해도 평안했던 적이 없습니다. 한쪽이 위급하면 나머지 세 방면에서 달려와 그것을 구원해야 하니, 이로 인해 천하는 모두 동요하게 돼 그 피해를 고스란히 당해야 했습니다. 효문황제(-문제)께서는 두터이 뇌물을 주어 그들과 화친을 맺었지만 오히려 침략하고 노략질하는 것이 그칠 줄을 몰랐습니다. 심지어는 10여만의 군사를 일으켜 가깝게는 경사(京師-수도)에 이르고, 사방의 국경에 주둔하는 바람에 해마다 둔병(屯兵)을 뽑아 오랑캐에 대비하느라 흉노가 한나라의 근심거리가 된 지 오래됐으니 단지 한 세대에만 진행된 것이 아닙니다. 제후나 군수 중에서 흉노나 백월과 연계를 맺고서 반역을 일으킨 자가 한 명에 그치지 않습니다. 또 흉노가 군수나 도위(都尉)를 죽이고 백성들을 약탈한 것은 이루 다 헤아릴 수가 없습니다. 효무황제께서는 중국이 피로해 편안한

---

21 논어(論語)』「헌문(憲問)」편에 나온다.

날이 없는 것을 가슴 아프게 여기시어[愍] 마침내 대장군(大將軍), 표기(驃騎), 복파(伏波), 누선(樓船)장군 등을 (사방으로) 보내 남쪽으로는 백월을 멸망시켜 7군(七郡)을 세웠고, 북쪽으로는 흉노를 깨뜨려 곤야왕(昆邪王) 10만 대군을 내려보내 다섯 개의 속국을 두고 삭방군(朔方郡)을 세움으로써 그곳의 비옥한 토지를 확보했으며, 동쪽으로는 조선을 정벌해 현토(玄菟)와 낙랑(樂浪)의 두 개 군을 세움으로써 흉노의 왼쪽 팔[左臂]을 잘라냈고, 서쪽으로는 대완(大宛)을 쳐서 36개 나라를 삼키고 오손(烏孫)과 손잡아 돈황(敦煌), 주천(酒泉), 장액(張掖)의 세 개 군을 세워 야강(婼羌)을 고립시킴으로써 흉노의 오른쪽 어깨[右肩]를 찢어놓았습니다. 결국 선우는 홀로 고립돼 멀리 사막 북쪽으로 달아나버렸습니다.

(이리하여) 사방이 다 아무 일도 없게 되자 땅은 넓어지고[斥=開] 국경은 멀리까지 뻗어가니 10여 개의 군(郡)이 세워졌습니다. 이미 공업(功業)이 정해지니 승상(-차천추(車千秋)를 가리킨다)을 봉해 부민후(富民侯)로 삼아 천하를 크게 안정시키고 백성들을 부유하고 내실 있게 해주었으니 그 규모를 가히 상상하실 수 있을 것입니다. 또한 천하의 뛰어난 인재들을 불러 모이게 해[招集] 함께 마음을 합쳐 계책을 같이하고, 제도를 일으키고, 정삭(正朔)을 개정하고, 복색을 바꾸고, 하늘과 땅에 제사 지낼 사당을 세우고, 봉선(封禪)을 건립하고, 관호(官號)를 차례에 맞게 정하고[殊], 주나라 황실의 후예를 보존하고, 제후의 제도를 정하고, 영원토록 반역하거나 다투는 마음을 없게 하니, 지금에 이르도록 여러 세대들이 거기에 힘입고 있습니다. 선우가 나라의 울타리[藩]를 지켜주고, 온갖 오랑캐[百蠻]들이 굴복해 따르게 한 것은 만세의 터전이자 중흥의 공업으로 이보다 높은 것

은 없었습니다.

고제께서는 대업을 세워 태조가 되셨고, 효문황제께서는 (황제)다움[德]이 지극히 두터워 문태종(文太宗)이 되셨으며, 효무황제께서는 공훈[功]이 지극히 드러나 무세종(武世宗)이 되셨으니, 이는 다 효선제(孝宣帝)께서 그렇게 말씀하신[德音]²² 덕분입니다. 『예기(禮記)』「왕제(王制)」편과 『춘추곡량전(春秋穀梁傳)』에 따르면 천자는 사당에 7대의 신주를 모시는데[七廟], 제후는 5대, 대부는 3대, 선비는 2대입니다. 천하는 7일 동안 대렴[殯]하고 7개월이 되면 장례를 지내며, 제후는 5일 동안 대렴하고 5개월이 되면 장례를 지냅니다. 이는 상사(喪事)를 행함에 있어 높고 낮음[尊卑]의 차례이며 각각 신주의 수와 상응합니다. 그 글에 이르기를 '천자는 3소(昭)와 3목(穆)이며 태조의 신주와 합해 7대 신주가 되고, 제후는 2소(昭)와 2목(穆)이며 태조의 신주와 합해 5대 신주가 된다'라고 했습니다. 그래서 다움이 두터운 자는 그 남긴 풍속과 큰 복[流=流風餘福]이 멀리까지 내려가지만 다움이 엷은 자는 그것이 얼마 가지 않습니다. 『춘추좌씨전(春秋左氏傳)』에 이르기를 '명위(名位)가 같지 않으면 예 또한 그 수가 다르다'라고 했습니다. 위로부터 아래로 내려가면서[降殺]²³ 둘씩 깎는 것이 예라는 말입니다. 7이란 수는 정법(正法)²⁴의 수이니 일정한 수[常數]가 될 수 있습니

---

22 황제나 임금의 말을 덕음(德音)이라 한다.

23 원래 이 말은 『춘추좌씨전(春秋左氏傳)』 양공(襄公) 26년에 나오는 자산(子産)의 말로 '높이고 낮추면서[隆殺]'라고 돼 있는데 여기서는 그냥 '아래로 내려가면서[降殺]'로 돼 있다. 문맥에는 문제가 없다.

24 정당한 방법이나 바른 법령이라는 뜻이다.

다.²⁵ 종(宗)²⁶은 이 수 중에 포함되지 않습니다. 종은 일정한 수가 아니라 변하는 수[變]이니 만약에 공훈이나 다움이 있다면 그것을 종이라고는 하겠지만 그렇다고 해도 별도로 수를 설치할 수는 없습니다. 그 때문에 은나라에서는 태갑(太甲)이 태종(太宗)이 되고, 태무(太戊)가 중종(中宗)으로 불리고 무정(武丁)이 고종(高宗)으로 불렸던 것입니다〔○ 사고(師古)가 말했다. "태갑은 탕왕의 손자이자 태정(太丁)의 아들이다. 태무는 태강(太康)의 아들이자 옹기(雍己)의 아우다. 무정은 소을(小乙)의 아들이다."〕. 주공(周公)은 무일(無逸)의 경계를 지으면서 은나라의 삼종(三宗-태종, 중종, 고종)을 들어 성왕(成王)을 권면시켰습니다. 이로 말미암아 말씀드리건대 종(宗)에는 수가 없기 때문에 제왕의 공훈과 다움을 권면하는 까닭이 넓습니다[博]. 7대의 신주로써 이를 말씀드리자면 효무황제는 아직 훼철해서는 안 되고, 종(宗)을 기준으로 말씀드리자면 효무황제께 공훈과 다움이 없었다고 할 수가 없습니다. 『예기(禮記)』「사전(祀典)」에 이르기를 '무릇 빼어난 임금[聖王]의 제사를 제정하는 일에 있어서 (생전에) 백성들에게 공훈을 베풀었으면 제사를 지내고, 노고를 다해 나라를 안정시켰으면 제사를 지내고, 능히 큰 재이나 재난을 구원했으면 제사를 지낸다'라고 했습니다. 신이 남몰래 효무황제를 살펴보건대 공훈과 다움[功德] 둘 다 겸해서 갖추고 계셨습니다. 대개 다른 성씨에게 (이런 공훈과 다움들이) 있어도 오히려 장차 특별히 제사를 지낼 터인데 하물며 선조이신데 말해서 무엇하겠습니까? 어떤 사

---

25 표준을 삼을 수 있다는 말이다.

26 선조 중에서 다움이 있는 사람을 말한다.

람은 말하기를 천자가 5대의 신주를 쓴다는 것에는 전거가 될 만한 글이 없다고 하고, 또 중종이나 고종은 종이라 해 그 신주를 훼철했다고 합니다. 그러나 이렇게 되면 이름과 실상이 서로 다르게 돼 다움을 높이고 공훈을 귀하게 여기는[尊德貴功] 뜻이 사라지게 됩니다. 『시경(詩經)』에 이르기를 '무성한 팥배나무를 자르지도 말고 베지도 말라. 소백(召伯)이 초막으로 삼으셨던 곳이도다[蔽芾甘棠 勿翦勿伐 召伯所茇]'[27]라고 했으니 오히려 그 나무도 아끼는데 하물며 종이라 해 그 신주를 훼철한다면 어찌 되겠습니까? (신주를) 번갈아가며 훼철하는 예에는 그 자체로 일정한 법도가 있어 특별한 공훈과 뛰어난 다움[殊功異德]이 없으면 진실로 혈육상의 가깝고 멂[親疎]으로 미루어 헤아려 판단해야 합니다. 조종(祖宗)의 차례와 예수(禮數)의 많고 적음에 이르러서는 경전(經傳)에 명확한 글이 없더라도 지극히 높고 중한 사안이니 의문 나는 글이나 허황한 설에 따라 정하는 것은 어렵다고 하겠습니다. 효선황제께서는 공경(公卿)들의 의논을 채택하시고, 여러 유자(儒者)들의 논의를 쓰시어 이미 세종(世宗)의 묘(廟-신주)로 삼으셨으니 이를 만세에 세워 천하에 선포하셔야 합니다. 신들의 어리석음으로 보건대 효무황제의 공열(功烈)은 그와 같았고, 효선황제께서 무제를 높이 세우심은 이와 같았으니 마땅히 훼철해서는 아니 될 것입니다."

상은 이 논의를 친람한 다음 그것을 따랐다. (상은) 제(制)하기를 "태복 순과 중루교위 흠의 의견을 재가한다"라고 했다.

흠(歆)은 또 말했다.

---

27 「소남(召南)」 '감당(甘棠)' 편에 나오는 구절이다.

"예(禮)에서 일을 제거할 때에는 단계적으로 줄여감[殺=漸]이 있어야 합니다. 그래서 『춘추외전(春秋外傳)』[28]에 이르기를 '날마다 제(祭)하고 달마다 사(祀)하며, 계절마다 향(享)하고 해마다 공(貢)하며 끝까지 왕조를 받들어야 한다'라고 했으니 (사당에 모신) 할아버지와 아버지[祖禰](의 신주)는 날마다 제하고, 증조부와 고조부(의 신주)는 달마다 사하며, 이조(二祧)[29]는 계절마다 향하고, 단선(壇墠)[30]에는 해마다 공하며, 대체(大禘-체제사)는 끝까지 왕조를 받는다는 것입니다. 다움이 번성하고 유풍(流風)[游=流]이 넓은 것은 혈육을 내 몸과 같이 여기기[親親]를 점점 줄여가는 것[殺]이어서 그것이 멀어질수록 그만큼 높이기[尊] 때문에 체(禘)제사를 중하게 여기는 것입니다. 손자가 임금인 아버지의 자리에 있게 됐을 때 소목(昭穆)을 바르게 하지 않으면 손자는 항상 할아버지와 서로 교체하지[代] 않을 수 없고, 이는 사당을 옮기는 것[遷廟]의 줄임[殺]입니다. 빼어난 이가 그 조상을 대함에 있어서도 인정에서 나오는 바가 있기는 하지만 예에 맞지 않는 것은 없기 때문에 신주를 훼철하지 않는 것입니다. 공우(貢禹)가 번갈아가며 훼철하자는 건의를 한 이후로 혜제(惠帝)와 경제(景帝)의 두 신주와 태상황의 침원(寢園)은 중단돼 폐허가 됐으니, 이는 예의 본뜻[禮意]을 잃은 것입니다."

평제(平帝) 원시(元始) 연간에 대사마 왕망(王莽)이 아뢰어 말했다.

---

28 『국어(國語)』를 가리킨다.

29 조(祧)는 먼 조상의 신주다. 이조는 소와 목을 모신 사당의 밖에 따로 있다.

30 단은 흙을 쌓아 높인 것이고, 선은 흙을 치워 깨끗이 한 것이다.

"본시(本始) 원년에 승상 의(義-채의) 등이 의견을 내어 효선제의 아버지에게 시호를 내려 도원(悼園)이라 하고 읍 300집을 두었으며, 원강(元康) 원년에 이르러서는 승상 상(相-위상) 등이 아뢰어 아버지가 사(士)이고 아들이 천자이면 제사는 천자에 따른다 해 도원의 칭호를 마땅히 높여 황고(皇考)라 부르고 사당을 세워야 하며, 예전에 원(園)을 받들던 백성을 늘여 1,600집으로 채우고서 현(縣)으로 삼아야 한다고 했습니다. 신의 어리석음으로 볼 때 황고의 사당은 본래 세워서는 안 되고, 여러 대에 걸쳐 그것을 받드는 일은 잘못된 것입니다. 또 효문태후의 남릉(南陵)과 효소태후의 운릉(雲陵)의 원(園)은 비록 예법에 따라 복구하지 않았다고는 하지만 능의 이름이 아직도 바르지 못합니다.

　삼가 대사도 평안(平晏) 등 147명과 함께 토의해본 결과 모두 말하기를 효선황제께서는 형의 손자로서 황통을 이어 효소황제의 후사가 된 것이니, 예수(禮數)대로 하자면 효원(孝元)의 시대 때에는 효경황 및 황고의 사당은 아직 친진을 하지 않았으니 훼철해서는 안 됩니다. 이는 황통을 둘로 해 아버지를 두 명으로 하는 것이니 예제에 어긋납니다. 가만히 살펴보건대 의(義)의 의견대로 하자면 아버지의 시호를 도(悼)라 하고 봉읍을 둔 것은 모두 경서의 이치와 합치됩니다. 상(相)의 의견대로 하자면 도원을 황고라 하고 사당을 세우며 백성들을 늘려 현(縣)으로 삼자고 했으니, 이는 선조의 유업을 따라 분리시키는 것이고 (예법상) 본래의 마땅함에서 크게 어긋납니다. 아버지가 사(士)이고 아들이 천자이면 제사는 천자에 따른다고 한 것은 곧 우순(虞舜), 하우(夏禹), 은탕(殷湯), 주문(周文), 한나라의 고조처럼 천명을 받고서 왕이 된 사람에 해당하는 것이지 뒤를 이어 왕위에 오른 사람에게는 해당되는 것이 아닙니다. 신이 청컨대 황고조고(皇高祖考)의 사당과 봉명원(奉明園-도황고의 원릉)은 훼철해 보수하지 마시고, 남릉과 운릉은 폐지해 현(縣)으로 삼아야 할 것입니다."

상주를 재가했다.

사도(司徒) 연(掾) 반표(班彪)가 말했다〔○ 사고(師古)가 말했다. "『한서(漢書)』의 여러 찬(贊)들은 다 반고(班固)가 지은 것이다. 다만 그에 앞서 반표가 논한 것이 있을 경우에는 고(固)는 그것을 반드시 이런 식으로 후세 사람들에게 보여주고 있다. 어떤 이는 고가 그 아버지의 이름을 훔쳤다고 하는데 이것을 보면 그렇지 않다는 것을 알 수 있다."〕.

"한(漢)나라는 망한 진나라[亡秦]가 학문을 끊어버린 뒤를 이어받았기에 조종(祖宗)을 받드는 제도는 그때그때의 사정에 맞게 시행했다. 원제(元帝)와 성제(成帝) 이후부터 배우는 자(-유학자)들이 점점 늘어나 공우(貢禹)는 종묘를 훼철했고, 광형(匡衡)은 교조(郊兆-먼 조상을 섬기는 사당)를 고쳤으며, 하무(何武)는 삼공(三公)을 정했고, 뒤에 많은 것들을 예전대로 복구하느라 의견이 분분해 제대로 정해지지 못했다. 어째서인가? 예문(禮文)이 누락되거나 미미해졌고, 옛날과 지금의 제도가 달랐으며, 각각이 다 학파들이 있어 쉽게 편정(偏定)할 수가 없었다. 여러 유자들의 의견을 깊이 살펴보니 유흠(劉歆)이 해박하면서도 독실하다[博而篤]."

권
◆
74

위상·병길전
魏相丙吉傳

위상(魏相)은 자(字)가 약옹(弱翁)으로 제음(濟陰) 정도(定陶) 사람인데 평릉(平陵)으로 옮겨가 살았다. 젊었을 때 『주역(周易)』을 배워 군의 졸사(卒史-하급 관리)가 됐고, 현량(賢良)에 천거돼 대책(對策-정치와 경서의 뜻을 묻는 질문에 답하는 관리 선발 시험의 과목)에서 우수한 성적을 받아 무릉현령(茂陵縣令)이 됐다. 얼마 뒤에 어사대부 상홍양(桑弘羊)의 문객이 어사를 사칭해 역사(驛舍)에 머물고 있었는데, 그가 역승(驛丞-역사의 책임자)이 자주 찾아뵙지 않는다고 화를 내어 역승을 포박했다. 상(相)은 그의 간사함을 의심스럽게 여겨 잡아들이고, 그 죄를 조사하고 법리를 논해 저잣거리에서 목을 베니 무릉은 크게 다스려졌다.

나중에 하남(河南)태수로 자리를 옮겨 간사한 짓을 금하자 토호와 세력가들이 두려워해 복종했다. 마침 승상 차천추(車千秋-전천추)가 죽었는데, 그에 앞서 천추의 아들이 낙양 무고령(武庫令-무기고의 감독 책임자)으로 재직하고 있었고, 무고령은 아버지를 잃은 데다가 상(相)이 군을 엄격히 다스리므로 오래 있다가는 죄를 얻을 것이라고 지레짐작하고 두려워해 마침내 스스로 벼슬을 버리고 떠났다. 상이 속관을 시켜 쫓아가 불렀으나 끝내 돌아오려고 하지 않았다. 상은 홀로 안타까워하며 말했다.

"이 사람이 관직을 떠난 것을 대장군께서 들으신다면 분명 승상이 죽었기 때문에 내가 그 아들을 잘 대우하지 않았다고 생각하실 것이다. 당대의 귀인들이 나를 비난할 것이므로 위태롭다."

무고령이 서쪽으로 가서 장안에 이르자 대장군 곽광은 과연 상의 허물을 꾸짖어 이렇게 말했다.

"어린 임금께서 새로 등극하셔서 함곡관은 경사의 견고한 요새이고, 무고는 가장 좋은 무기를 모아놓은 곳이라고 하셨다. 그래서 승상의 아우를 함곡관 도위로 삼고, 아들을 무고령으로 삼았다. (그런데) 지금 하남태수는 국가의 큰 계책은 고려하지 않고, 승상이 계시지 않는다는 이유로 그 아들을 배척해 쫓아버리니 왜 그리 야박한가!"

뒤에 어떤 사람이 위상이 무고한 사람을 죽였다고 고발하자 일이 유사에 내려졌다. 중도관(中都官-경사의 수많은 관아)을 위수하던 하남의 병졸 2,000~3,000명이 대장군을 가로막고서 자신들이 1년 더 근무를 할 테니 그 대신 태수의 죄를 용서해달라고 청했다. 또 하남군에 거주하는 노약자 1만여 명도 함곡관을 지키면서 상서를 올리고자 하니 관문의 관리가 이를 조정에 보고했다. 대장군은 무고령에 관한 사건 때문에 드디어 상을 정위의 옥에 가두어 조사시켰다. 상은 오래 붙잡혀 있다가 겨울을 난 다음에야 마침 사면령이 내려져 옥을 나올 수 있었다. 다시 조서가 내려져 상은 임시 무릉현령이 됐다가 승진해 양주(楊州)자사로 옮겼다. 상은 군국(郡國)의 태수와 재상을 조사해 좌천시키고 물러나게 한 일이 많았다. 상은 병길(丙吉)과 사이가 좋았는데 이때 광록대부로 재직하던 길(吉)이 상에게 편지를 보내 말했다.

'조정에서는 벌써 약옹(弱翁)의 치적을 잘 알고 있어 앞으로 크게 기용할 것입니다. 바라건대 일을 신중히 처리하고 자중해 큰 그릇을 몸 속에 잘 감춰두시오.'

상은 마음속으로 그 말을 옳게 여겨 위엄을 세우는 일을 그만두었다[霽=止]. 그곳에 근무한 지 2년이 지나 (중앙에) 불려가 간대부(諫大夫)가 됐다가 다시 하남태수가 됐다.

그로부터 몇 년이 지나 선제(宣帝)가 즉위하자 상을 조정에 불러들여 대사농(大司農)으로 삼았다가 다시 어사대부로 승진시켰다. 4년이 지나 대장군 곽광이 훙(薨)하자 상은 그의 공덕을 생각해 그 아들 우(禹-곽우)를 우장군으로 삼고, 형의 아들 낙평후(樂平侯) 산(山)에게 다시 상서(尙書)의 업무를 맡겼다. 바로 그때 상은 평은후(平恩侯) 허백(許伯-허광한)을 통해 다음과 같은 봉사를 올렸다.

'『춘추(春秋)』에 이르기를 대를 이어 공경(公卿)이 되는 것을 기롱해 삼대를 연달아 대부로 삼은 송(宋)나라와 계손씨(季孫氏)가 전권을 행사한 노(魯)나라를 미워했는데, 이는 그들이 모두 나라를 위기에 빠뜨리고 어지럽혔기 때문입니다. 후원(後元) 이래로 관리에게 녹봉을 주는 권한이 왕실을 떠나갔고, 정사는 총재(冢宰)로부터 비롯됐습니다. 이제 광(光)이 죽자 아들이 다시 대장군이 되고, 그 형의 아들이 국가의 중추[樞機]를 장악했으며, 형제들과 여러 사위들이 권세를 차지해 군사의 요직에 있습니다. 광의 부인 현(顯)과 여러 딸들은 모두 장신궁(長信宮) (출입) 명부에 이름을 올려 자유로이 출입하며, 때로는 밤에도 대궐 문의 수비병을 불러 출입하니 교만과 사치와 방종이 넘쳐 점점 제어하지 못하게 될까 두렵습니다. 마땅히 그들의 권한을 덜거나 빼앗아 음모를 깨뜨리고, 만세에 이어질 나라의 기틀을 공고히 함으로써 공신의 대(代)를 온전히 해야 할 것입니다.'

관례에 따르면 모든 상서는 두 통을 만들어 하나에는 부(副)라고 써서 상서 업무를 맡은 관리가 먼저 부본(副本) 봉투를 떼어 읽어보고, 내용이 좋지 않으면 물리치고 아뢰지 않았다. 상은 다시 허백을 통해 부본 제도를 없애 언로가 막히는 일[雍蔽=擁蔽]이 없도록 요청했다. 선제(宣帝)는 그
　　　　　　　　　　　　　　　　　　　　　 옹폐 옹폐
것을 좋다고 여겨 조서로 상을 급사중에 임명해 그의 의견을 모두 따랐다. 그 때문에 곽씨가 허황후를 살해한 음모가 비로소 상에게 보고될 수 있었다. 이에 마침내 상은 (곽우를 비롯한) 제후 세 명을 파면해 집으로 돌아가도록 했고, 그 친척들을 전부 외직으로 내보냈다. 이때 위현(韋賢)이 늙고 병들어 벼슬을 그만두자 상(相)이 드디어 그의 뒤를 이어 승상이 돼 고평후(高平侯)에 봉해졌고 식읍은 800호였다. 곽씨들은 상(相)에게 원한을 품고 또 그를 꺼려서 태후의 조서를 조작해[矯], 먼저 승상을 목 베어 죽
　　　　　　　　　　　　　　　　　　　　　　　　　　교
인 뒤에 천자를 폐위할 음모를 꾸몄다. (그러나 사전에) 일이 발각돼 죄에 엎어져 죽임을 당했다. 선제(宣帝)는 비로소 만기(萬機)를 직접 관장하고 정력을 다해[厲政=勵精] 정치에 힘썼다. 여러 신하들을 잘 뽑아서 이름과
　　　　　　여정 여정
실상이 부합되도록 노력했고, 다른 한편으로 상은 많은 벼슬아치들을 총괄하면서 상의 마음에 쏙 들었다.

원강(元康) 연간(-선제의 세 번째 연호)에 흉노가 군대를 보내 차사국(車師國)[1]에 있던 한나라 군대[屯田]를 공격했으나 이기지 못했다. 황제는 후(後)장군 조충국(趙充國) 등과 상의해 흉노가 쇠약해진 틈을 타서 군대를 보내 그 오른쪽 땅을 공격함으로써 감히 다시는 서역(西域)에서 소동을 일으키지 못하도록 하고자 했다. 그러나 상은 글을 올려 다음과 같이 간언했다.

'신이 듣건대 어지러운 나라를 구원하고 포악한 임금을 죽이는 전쟁을 의병(義兵)이라 하는데 전쟁을 의롭게 일으키면 제왕이 되고, 적이 나에게 공격을 가해 부득이 군사를 일으키는 전쟁을 응병(應兵)이라 하는데, (이처럼) 적에 대응해 전쟁을 일으키면 승리를 얻는다고 했습니다. 또 사소한 일로 다투고 한을 품어 분노를 참지 못해 일으킨 전쟁을 분병(忿兵)이라 하는데 분노로 전쟁을 일으키면 패한다고 했고, 남의 토지와 재물을 탐내 일으킨 전쟁을 탐병(貪兵)이라 하는데 탐욕으로 전쟁을 일으키면 격파당한다고 했으며, 나라가 크다는 것을 믿고 백성의 숫자가 많은 것을 뽐내어 적에게 위엄을 보이려는 전쟁을 교병(驕兵)이라 하는데 교만 때문에 전쟁을 일으키면 멸망한다고 했습니다.

이 다섯 가지는 단지 인간사[人事]가 그럴 뿐만 아니라 하늘과도 같은

---

1 고대 중앙아시아 동부, 서역에 있었던 여러 나라 중 하나다. 수도는 교하(현재의 신장 투루판 서북쪽)였다. 한나라 무제 때 군대를 보내 서역을 정벌하면서 서역의 동쪽에 있는 차사도 한나라의 압력을 받게 되자 흉노와 연합해 그 이목이 돼 한나라 사신을 공격했다. 정화(征和) 4년(기원전 89년) 한나라가 누란 등의 나라와 연합해 교하를 공격하자 차사는 항복을 했다. 한나라 선제 때 시랑 정길을 파견해 차사의 국경 내 거리(渠犁)에 군사를 주둔하고 둔전을 시행했다.

도리[天道]이기도 합니다. 그동안 흉노는 선의를 가지고 그들이 사로잡은 한나라 백성을 그대로 돌려보낸 일도 있고 변경을 범한 일도 없습니다. 차사국(車師國)의 둔전(屯田)을 가지고 다투는 일은 의중에 둘 만한 일이 못됩니다. (그런데) 지금 장군들로부터 군사를 일으켜 그 땅에 들어가려 한다는 말을 들었습니다.

어리석은 신은 이번 전쟁을 무엇이라고 이름 지어 불러야 할지를 모르겠습니다. 현재 변방에 주둔하는 병사들은 곤핍해 아버지와 아들이 개와 양의 가죽으로 만든 옷 한 벌을 번갈아 입고, 잡초 열매를 따 먹으면서 살아남지 못할까 늘 두려워하는 실정입니다. 따라서 군사를 동원하기가 어렵습니다. '전쟁 뒤에는 반드시 흉년이 든다'[2]라고 했는데 이 말은 근심하고 고통스러워하는 백성의 기운이 음과 양의 조화를 손상시킨다는 것을 가리킵니다. 군사를 보내서 이긴다고 해도 후환이 남습니다. 다름 아니라 재해의 변고가 전쟁 때문에 생길까 염려되는 것입니다. 지금 군국(郡國)의 태수나 재상들은 제대로 선발되지 않은 경우가 많고, 풍속이 특히 각박할 뿐만 아니라 홍수와 가뭄이 때를 가리지 않고 일어나고 있습니다. 금년에 군국에서 보고한 통계만 놓고 보아도 자식과 동생이 부모와 형을 죽이고 아내가 남편을 죽인 사건에 연루된 자가 무려 222명입니다. 어리석은 신의 생각으로는 이는 결코 작은 일이 아닙니다. 그런데도 폐하를 좌우에서 보필하는 신하들은 이러한 실정을 걱정하지 않은 채 거꾸로 군사를 일으켜 먼 곳의 오랑캐에게 사소한 분을 풀고자 합니다. 공자가 "나는 계손씨(季

---

2 『노자(老子)』에 나오는 말이다.

孫氏)의 진짜 근심은 전유(顓臾)에 있지 않고, 담장(나라) 안에 있을까 봐 두렵다"[3]라고 말한 것과 거의 비슷합니다. 폐하께서는 평창후(平昌侯), 악창후(樂昌侯), 평은후(平恩侯)를 비롯한 식견을 갖춘 신료들과 상세히 토의하신 뒤에 재가하시기 바랍니다.'

상(上)은 상(相)의 말에 따라 마침내 전쟁 추진을 그만두었다. 상(相)은 『주역(周易)』에 밝았고 정통 학설을 바르게 계승했으며, 한나라의 고사와 각종 정책들을 살피고 읽는 것을 즐겨 "옛날과 지금은 그 제도가 다르니 바야흐로 현재 힘써야 할 일은 고사를 삼가 지키는 데 있을 뿐이다"라고 생각했다. 그래서 수차례에 걸쳐 한나라가 들어선 이래 나라의 정책과 가의(賈誼), 조조(晁錯), 동중서(董仲舒) 등 뛰어난 신하들의 의견을 조목별로 써서 이를 시행하기를 바란다고 글을 올려 이렇게 말했다.

'신이 듣건대 밝은 임금이 위에 계시고 뛰어난 재상이 아래에 있으면, 임금은 걱정할 것이 없고 백성들은 화목하다고 했습니다. 신 위상이 요행히 재상의 자리에 있기는 하나 법을 받들어 밝히지 못하고, 교화를 넓히고 사방을 잘 다스림으로써 빼어나신 황제다움을 널리 펴지 못했습니다. 많은 백성들이 농사[本]를 버리고 상공업[末]으로 달려드느라, 어떤 사람들은 굶주리고 추운 기색을 보여 폐하께 근심을 드리고 있으니, 신 위상의 죄는 만 번이라도 죽어 마땅합니다. 신 위상은 지혜와 능력[知能]이 얕

---

3 『논어(論語)』「계씨(季氏)」편에 나오는 말이다. 이 말은 공자가 염유(冉有)와 자로(子路) 두 제자가 계씨(季氏)의 가신이 돼 그를 모시면서, 그로 하여금 문덕(文德)을 갖추도록 제대로 보필하지 못했음을 지적하고 있는 것이다. 따라서 신하들이 황제를 잘못 보필해 전쟁의 길로 이끌고 있음을 간접적으로 비판한 것이다.

고 엷어[淺薄] 나라의 큰 요체나 때에 맞게 정책을 쓸 줄 아는 것에 어두워 줄곧[終始] 백성들을 걱정하면서도 어떻게 해야 할지를 알지 못하고 있습니다.

삼가 엎드려 살펴보건대 선제(先帝)께서는 빼어난 다움과 어진 은택의 두터움으로 천하를 위해 부지런히 노고를 다하셨고, 백성들에게 온 마음을 다하셨으며, 홍수와 가뭄의 재해를 걱정하시고, 가난한 백성들을 위해 창고를 열어 굶주린 자들을 진휼하셨습니다. (또) 간대부와 박사들을 보내 천하를 순행케 하시어 그들의 풍속을 살피고, 뛰어나거나 훌륭한 인재들을 천거하고, 억울한 옥사를 공평하게 처리하게 하시니 (간대부와 박사들의) 갓이 길에서 서로 마주칠 정도였습니다. (또) 여러 가지 재용을 줄이시고 조세를 너그럽게 하시며, (생계를 위해) 산이나 연못에 드나드는 것을 금지하지 않으셨고, 말에게 곡물을 먹이거나 술을 파는 행위, 그리고 쌀을 매점하는 행위 등은 금지했습니다. 위급한 자들을 주선해주고, 빈곤한 자들에게 양식을 주어 백성들을 위로하고 편안하게 해주셨으며, 백성을 편리하게 해주는 길들이 매우 잘 정비됐습니다. 신 위상은 이루 다 말씀을 올릴 수가 없습니다. 이에 죽음을 무릅쓰고[昧死] 옛일과 관련된 조서(詔書) 총 23건을 올립니다.

신이 삼가 생각해보건대 임금다운 법[王法]은 반드시 농업에 근본을 두고서 비축에 힘써, 들어오는 것을 늘리고 나가는 것을 제한함으로써 흉년에 대비해야 합니다. 나라에 6년분의 비축이 없으면 이미 위급하다고 했습니다. 원정(元鼎) 2년(기원전 15년)에 평원(平原-산동성), 발해(渤海-하북성), 태산(太山-산동성), 동군(東郡-하북성) 등이 모두 재해를 입어 백성들이 길 위에서 굶어죽었습니다. 2,000석 관리(-군수)들이 어려움을 미리 고려치 않았기 때문에 이런 지경에 이른 것인데, 밝은 조서에 힘입어 진휼과 구제책을 펼쳐 마침내 가까스로 다시 소생할 수 있었습니다. 금년에도 흉년이 들어 곡물값이 폭등했으니, 가을에 수확이 이뤄지더라도 오히려 양식을 제대로 댈 수 없는 자들이 생겨나, 봄이 되면 두려울 만큼 심해져서 서로 구제할 수가 없는 지경이 될 것입니다. 서강(西羌-서쪽 오랑캐)이 아직 평정되지 못해 군대가 나라 밖에 나가 있는데 전쟁이 또 일어난다면, 신은 남몰래 마음이 오그라들 지경이니 서둘러 그 대비책을 도모함이 마땅합니다. 부디 폐하께서는 백성들에게 온 마음을 쏟으시어[留神=留念] 선제의 성대한 다음을 본받아 나라 안 백성들을 쓰다듬어주셔야 할 것입니다.'

상은 이 계책을 시행했다. 상(相)은 또 자주 『주역(周易)』의 음양(陰陽)과 (『예기(禮記)』의) 「명당(明堂)」 편과 「월령(月令)」 편에 관해 아뢰었다.

"신 상(相)은 요행히 (승상의) 한 자리[員]를 차지할 수 있었으나 직무를 받들어 제대로 수행하지 못하고, 교화도 제대로 널리 펴지 못하고 있습니다. 음과 양이 조화를 이루지 못하고 재해가 끊이질 않는 것은 그 허물이 신 등에게 있습니다. 신이 듣건대 『주역(周易)』에 이르기를 '하늘과 땅은 순리에 따라 움직인다. 그래서 해와 달은 지나침이 없고[不過], 사시(四時)는 어긋나지 않는다. 빼어난 임금은 순리에 따라 움직인다. 그래서 '형벌이 맑고 깨끗해 백성들이 복종한다'[4]라고 했습니다. 하늘과 땅의 변화는 반드시 음과 양에서 비롯되며[繇=由], 음과 양이 나뉘어 하루가 날짜

---

4 예(豫)괘(䷏)에 대한 풀이다.

의 기준[紀]이 됩니다. 해가 동지와 하지에 이르면 팔풍(八風-팔방의 바람)의 순서가 서게 되고, 만물의 본성이 이루어져 각각은 자신의 일정한 직분[常職]을 갖게 되니 서로 간섭을 하지 못하게 됩니다. 동방의 신(神) 태호(太昊)[5]는 팔괘(八卦) 가운데 진(震)괘(☳)에 따라 그림쇠[規-원형을 그리는 자]를 잡아 봄[春]을 관장하고〔○ 장안(張晏)이 말했다. "목(木)은 인(仁)이요 인은 생(生)이요 생은 환(圜)이다. 그래서 그림쇠가 된다."〕, 남방의 신 염제(炎帝)[6]는 이(離)괘(☲)에 따라 저울대[衡]를 잡아 여름[夏]을 관장하

---

5 태호(太皞)라고도 쓰는데 복희씨를 가리킨다. 한나라 때 만들어진 잡가류의 서적 『회남자(淮南子)』 「천문훈(天文訓)」에 따르면 태호 복희씨는 훗날 동방의 천제가 됐으며, 목신(木神), 구망(句芒)이 그를 보좌했다고 한다. 복희씨는 손에 그림쇠(-컴퍼스)를 들고 있으며, 봄과 생명을 관장했다. 그가 나타날 때는 대지가 소생하고 만물이 자라나는 봄날이 오는 것으로 여겼다. 고대 중국의 학자들은 물, 불, 나무, 쇠, 흙의 다섯 가지 물질로 사물의 기원과 변화를 해석했는데(이를 오행(五行)이라 한다), 역대 제왕들은 그중 하나를 골라 숭배의 대상으로 삼았다. 『여씨춘추(呂氏春秋)』 「맹춘기(孟春紀)」에 고유(高誘)라는 학자가 단 주석을 보면 복희씨는 살아 있을 때 목덕(木德)으로 천하의 왕으로 행세했고, 죽어서는 동방에 제사를 지냈기 때문에 목덕의 천제가 됐다고 한다.

6 전설에 나오는 고대의 제왕(帝王)이다. 중국 고대의 불의 신인데 화덕(火德)으로 나라를 세웠다고 한다. 성은 강(姜)씨이고 호는 열산씨(烈山氏) 또는 여산씨(厲山氏)다. 황제(黃帝)와 함께 소전(少典)의 아들인데, 유교씨(有嬌氏)에게 장가들어 낳았다고 한다. 원래 강수(姜水)에 살다가 동쪽 중원(中原)으로 이동해 일찍이 황제와 판천(阪泉)에서 싸워 패했다. 좌구명(左仇明)의 『국어(國語)』에서는 강씨(姜氏)의 시조신(始祖神)으로 나온다. 때로는 태양신으로 받들기도 했고, 신농씨(神農氏)와 동일시되는 경우도 있다. 판천에서 패한 뒤 강성부락(姜姓部落)과 희성부락(姬姓部落)이 연합해 중원 각 민족의 공동 조상이 됐다고 한다. 고대 중국에는 각지에 불의 신으로 여겨지는 것들이 많이 있었던 것 같은데 전국시대 말 오행설(五行說)이 유행함에 따라 신들을 통합하려는 기운이 나타났다. 그때 화신(火神)들이 염제(炎帝)라는 이름으로 통합된 흔적이 엿보인다.

며,⁷ 서방의 신 소호(少昊)⁸는 태(兌)괘(☱)에 따라 곱자[矩-방형을 그리는 자]를 잡아 가을[秋]을 관장하고,⁹ 북방의 신 전욱(顓頊)¹⁰은 감(坎)괘(☵)에 따라 저울추[權]를 잡아 겨울[冬]을 관장합니다.¹¹ 또 중앙의 신 황제(黃帝)¹²는 곤(坤)괘(☷)와 간(艮)괘(☶)에 따라 먹줄[繩]을 잡고 아래의 땅

---

7   화(火)는 예(禮)요, 예는 제(齊)요, 제는 평(平)이다. 그래서 저울대가 된다.

8   소호(少皞), 소호(少皓), 소호(少顥)라고도 불린다. 역사책에서는 청양씨(青陽氏), 금천씨(金天氏), 궁상씨(窮桑氏), 운양씨(雲陽氏) 혹은 주선(朱宣), 현효(玄囂)로 일컬어진다. 황제(黃帝)의 장자(長子)다. 상고시대 화하부락연맹(華夏部落聯盟)의 수령이자 동시에 동이족(東夷族)의 수령이기도 하다. 비록 고대 사람들은 그를 오제(五帝)의 한 사람으로 열거했지만 실제로 제왕(帝王)은 아니고, 단지 중국인의 공동 조상(祖上) 중 한 사람이다. 고대 중국의 신화 중에서는 서방대제(西方大帝)로 존숭된다. 기록에 따르면 그의 부족은 새를 토템으로 삼았는데, 원시 봉문화(鳳文化)를 탄생시켰다고 한다.

9   금(金)은 의(義)요, 의는 성(成)이요, 성은 방(方)이다. 그래서 곱자가 된다.

10 전설에 나오는 중국의 다섯 성군인 오제(五帝) 가운데 한 사람. 황제(黃帝)의 손자이고 창의(昌意)의 아들이며 우왕(禹王)의 할아버지라고도 하는데 천하를 잘 다스려 명군(明君)으로 이름이 높다. 10세 때 소호(少昊)를 보좌했고 20세 때 제위에 올라 고양씨(高陽氏)로 불렸다. 제구(帝丘)에 살았다. 소호 때 구려(九黎)가 덕을 어지럽혀 민간의 신들이 뒤섞이게 됐다. 그가 제위를 이어 중(重)을 남정(南正)에 임명해 하늘을 맡아 신을 속하게 하고, 여(黎)에게 화정(火正)을 맡겨 땅을 다스려 백성들이 속하게 해 신과 사람이 서로 침해하지 못하게 하니 이를 '절지천통(絶地天通)'이라고 불렀다. 또 별이나 별자리의 위치 모두 북유(北維)에 있게 했는데 그가 세운 것이다. 78년 동안 재위했다고 한다. 『회남자(淮南子)』의 「천문훈(天文訓)」에 보면 그가 공공(共工)이라는 자와 제위를 놓고 다투었는데, 공공의 힘이 넘쳐 불주산(不周山)에 서 있던 천주(天柱)를 부러뜨렸다고 한다. 이 때문에 하늘은 북서로 기울고 일월성신은 북서를 향해 운행하게 됐다는 것이다. 『사기(史記)』에 따르면 진(秦)나라나 초(楚)나라에서 자신들의 원조(遠祖)로 섬기고 있다고 했다.

11 수(水)는 지(智)요, 지는 모(謀)요, 모는 중(重)이다. 그래서 저울추가 된다.

12 황제는 염제 신농씨와 더불어 '염황'이란 용어로 중국인의 조상으로 인식되고 있는 중국 상고

[下土]을 관장합니다.[13] 그리고 이 다섯 제왕이 담당하는 것은 각각 때가
있습니다. (그래서) 동방의 괘로는 서방을 다스릴 수 없고, 남방의 괘로는
북방을 다스릴 수 없습니다. 봄이 됐는데 태괘가 다스리면 기근이 들고,
가을이 됐는데 진괘가 다스리면 꽃이 피고, 겨울이 됐는데 이괘가 다스리
면 기운이 새어나오고[泄][○ 사고(師古)가 말했다. "천지의 기운이 제대로
닫혀 가만히 있지[閉密] 못한 것이다."], 여름이 됐는데 감괘가 다스리면
우박이 내립니다.

사람과 일에 밝은 임금[明王]은 하늘을 높이는 일에 부지런하고 사람을
기르는 일에 신중합니다. 그래서 (요임금은) 희씨(羲氏)와 화씨(和氏)와 같
은 관리로 하여금 사계절을 다스리게 하면서[乘=治] 각각의 계절에 맞는
일로 백성들을 인도하게 했습니다.

임금이 움직임 하나하나[動靜]를 법도에 따라서 하고, 음과 양을 받들
어 따르면 해와 달은 밝게 빛나고, 바람과 비는 때에 맞춰 절도 있게 불
고 내리며, 추위와 더위는 조화를 이루게 됩니다. 이 세 가지가 질서를 잃
지 않으면 재해가 일어나지 않고, 백성들은 일찍 죽거나 질병에 걸리지 않
으며, 입고 먹는 것이 여유 있게 됩니다. 이렇게 되면 임금은 높아지고, 백
성들은 기뻐해 위아래가 원망이 없게 되고, 예와 겸양이 행해지게 됩니다.
(반면에) 바람과 비가 때에 맞지 않으면 농사와 누에치기가 해를 입고, 농

사 전설 시기의 가장 이른 조종신(祖宗神)이다. 황하 유역 일대에서 비교적 세력이 강했던 황제
와 염제부락을 중심으로 화하족(華夏族)이 형성된 뒤로는 전 부족의 시조로 인식되고 있다. 본
래 성은 공손(公孫), 호는 헌원씨이다.

13 토(土)는 신(信)이요, 신은 성(誠)이요, 성은 직(直)이다. 그래서 먹줄이 된다.

사와 누에치기가 해를 입으면 백성들이 굶주림에 시달리고 추위에 떨게 됩니다. 백성들이 굶주리고 추위에 떨면 염치가 없어져 도적질과 간사스러운 짓이 이로부터 생겨납니다.

 어리석은 신이 생각할 때 음과 양이라는 것은 임금이 해야 할 일[王事]왕사 중에서 근본이며, 뭇 살아 있는 것들의 생명과도 같은 것입니다. 예로부터 뛰어나고 빼어난 임금들 가운데 이를 바탕으로 삼아 행동하지 않은 분들이 없습니다. 천자가 따라야 할 의리란 반드시 순전하게 하늘과 땅을 본받아야 하며, 옛날의 빼어난 임금(의 행실)을 살펴서 따르는 것입니다. 고황제(高皇帝-유방)께서 찬술하신 '천자소복제팔(天子所服第八)'[○ 여순(如淳)이 말했다. "제팔이란 천자가 입는 의복의 제도인데, 그 시행 조서에서 여덟 번째 것이다."]에서 이렇게 말하고 있습니다.

 '대알자(大謁者) 양장(襄章)은 장락궁에서 조서를 받았다. 조서는 "신료들에게 천자의 복식을 토의해 천하를 편안하게 다스릴 수 있도록 하라"라는 내용이었다. 상국(相國) 신 소하(蕭何)와 어사대부 신 주창(周昌)은 삼가 장군 신 왕릉(王陵), 태자태부 신 숙손통(叔孫通) 등과 함께 다음과 같이 토의했다.

 "춘하추동에 따른 천자의 의복은 마땅히 위아래로는 하늘과 대지의 법도를 본받고, 가운데로는 인화(人和)를 얻어야 한다. 따라서 천자나 왕, 제후와 같이 나라를 소유한 군주로부터 아래로는 만백성에 이르기까지, 천지를 본받고 네 계절에 순종해 국가를 다스리면 몸에는 재앙이 없고 수명은 영원하게 된다. 이것이 종묘를 받들고 천하를 편안하게 하는 큰 예법이다. 신 등이 이를 법으로 삼아 행하기를 청했다. 중알자(中謁者) 조요(趙堯)

는 봄의 일을 맡고〔○ 응소(應劭)가 말했다. "사계절에 시행할 정사를 제각각 맡는 것을 가리킨다." 복건(服虔)이 말했다. "각 계절의 의복, 예물, 조정 제사와 같은 온갖 일을 맡는 것을 가리킨다." 사고(師古)가 말했다. "복건의 설이 맞다."〕, 이순(李舜)은 여름의 일을 맡으며, 예탕(兒湯)은 가을의 일을 맡고, 공우(貢禹)는 겨울의 일을 맡게 해, 네 사람이 각기 한 계절을 관장하도록 한다."

대알자 양장이 이러한 내용을 아뢰자 황제께서 "좋다"라고 재가하셨다.'

그리고 효문황제 시절의 어느 2월 천하에 은혜를 베풀어 어른을 공경하고 농사에 힘쓴 사람과 전쟁에 지친 군졸에게 상을 내려주고, 나라를 위해서 목숨을 바친 사람에게 제사를 지내주었습니다. 하지만 이 은혜는 시기가 적절하지 않았습니다. 어사대부를 지낸 조조(晁錯)가 그때 태자가령(太子家令)으로 재직했는데 그 실상을 아뢴 적이 있습니다.

신 상이 엎드려 생각건대 폐하께서 천하에 베푸신 은덕이 아주 두텁습니다. 그럼에도 불구하고 재앙의 기운이 그치지 않는 것은 때에 맞지 않은 조칙과 명령을 내렸기 때문이라고 판단됩니다. 폐하께서 경전에 밝고 음양(의 이치)을 잘 아는 네 명을 선정해 각기 한 계절을 주관하게 하시고, 계절마다 폐하께서 하셔야 할 일을 분명하게 아뢰어 음양을 순조롭게 하도록 하소서. 그렇게 하신다면 천하가 크게 다행일 것입니다."

상(相)은 나라에 유익하고 시의적절한 일[便宜]을 자주 진언했는데, 황제는 그것을 아름답게 여겨 채택했다. 상은 군국(郡國)에서 발생한 사건을 조사하는 자와 휴가를 얻어 고향에 갔다가 승상부로 돌아온 자들로부터 사방에서 발생한 특별한 사건의 정보를 수집해 그때그때 보고하도록 했다.

그들이 보고한 것에는 역모 사건을 비롯한 자연재해가 포함됐는데, 군국에서 조정에 보고하지 않은 내용도 끼어 있었다. 그는 사건이 발생할 때마다 곧바로 그 내용을 황제에게 아뢰었다. 이때 병길(丙吉)이 어사대부로 있었는데 두 사람은 한마음으로 정사를 보좌해 상은 이 둘을 소중히 여겼다. 상(相)은 사람됨이 엄격하고 강인해 관대한 길(吉)과는 달랐다. 국사를 담당한 지 9년째인 신작(神爵) 3년에 훙(薨)하니 시호는 헌후(憲侯)라 했다. 아들 홍(弘)이 이어받았으나 감로(甘露) 연간에 죄를 지어 관작이 깎여 관내후가 됐다.

병길(丙吉)은 자(字)가 소경(少卿)으로 노(魯)나라 사람이다. 율령을 공부해 노나라 옥사(獄史)가 됐다. 공적을 쌓아 점차 승진해 정위우감(廷尉右監)이 됐다. 법에 걸려 관직을 잃고 노나라로 돌아가 주(州)의 종사(從事)가 됐다. 무제(武帝) 말년에 무고(巫蠱)의 일이 일어나자 병길은 전에 정위감을 지냈다 해 불려가 무고와 관련한 군저(郡邸)의 옥사를 처리하라는 조서를 받았다. 이때 선제(宣帝)는 생후 몇 개월밖에 되지 않았으나 황제의 증손으로서 위태자(衛太子) 사건에 연루돼 옥에 갇혔는데, 길(吉)은 갓난아기를 보고 가여운 생각이 들었다. 또 태자가 황제를 무고했다는 말이 사실무근이라고 내심 알고 있었기 때문에 아무런 죄도 없는 증손을 더욱 불쌍히 여겨, 그는 도형(徒刑)을 받은 착실한 여자 죄수 한 사람을 골라 증손을 잘 기르도록 주선했고, 조용하고 깨끗한 곳에 머물도록 조치했다.

길이 무고의 사건을 다스렸으나 해를 거듭해도 판결이 나지 않았다. 후원(後元) 2년에 병이 든 무제가 신병 치료차 장양궁(長楊宮)과 오작궁(五柞

宮)을 왕래할 때 천지의 기운을 보고서 점을 치는 자[望氣者]가 장안의 감옥에 천자의 기운이 서려 있다고 말하니, 이에 상은 사자를 보내 도성 내 모든 관청의 조옥(詔獄)에 구금된 죄수의 명단을 낱낱이 조사해 죄의 경중을 가리지 말고 모두 죽이라고 명령했다. 내알자령(內謁者令) 곽양(郭穰)이 밤중에 군저의 감옥에 도착했다. 길은 문을 닫은 채 사자를 막아 들여보내지 않고서 "황제의 증손께서 여기에 계신다. 다른 사람도 무고했다고 죽이는 것이 불가하거늘 하물며 황제의 친증손임에야!"라고 말했다. 서로 대치해 날이 샐 무렵이 돼서도 감옥 안으로 들어가지 못했다. 양(穰)이 돌아가 사유를 보고하고 길(吉)을 탄핵했다. 무제도 사정을 깨닫고 "하늘이 시키는 일이다"라고 말하고서 천하를 사면했다. 군저의 감옥에 있던 사람들만이 길 덕에 목숨을 건졌고, 그 은혜는 온 나라에까지 미쳤다. 증손은 병이 들어 거의 가망이 없던 순간이 여러 번이었는데, 길은 자주 양육을 맡은 유모에게 명해 의원을 보내고 약을 드리게 하는 등 증손을 아주 정성스럽게 보살폈다. 자신의 개인 재물로 증손의 의복과 음식을 대주었다.

뒤에 길은 거기장군 군시령(軍市令)으로 있다가 승진해 대장군의 장사(長史)가 됐는데, (대장군) 곽광이 그를 매우 소중하게 여겨 그는 조정에 들어가 광록대부 급사중이 됐다. 소제(昭帝)가 붕(崩)했을 때 후사가 없자 대장군 광이 길을 보내 창읍왕 하(賀)를 맞아들이게 했다. 창읍왕은 즉위했으나 행실이 음란해 폐위됐다. 광은 거기장군 장안세를 비롯한 여러 대신들과 누구를 옹립할지 토의했으나 결정을 내리지 못했다. 그때 길은 곽광에게 다음과 같은 글을 올렸다.

'장군께서는 효무(孝武)황제를 섬겨 황제로부터 강보에 있는 어린 황제를 보필하고, 천하를 잘 맡아 다스려달라는 부탁을 받았습니다. 그러나 효소(孝昭)황제께서 일찍 붕하시고 후사가 없는지라, 천하가 근심하고 두려워하므로 서둘러 뒤를 이을 군주를 알리고자 장례일에 올바른 법대로 후사를 세웠습니다. 그러나 옹립한 분이 적당하지 않아 다시 올바른 법대로 폐위시키자 천하에 복종하지 않는 자가 없습니다. 이제 사직과 종묘, 뭇 생령의 운명이 장군의 행동 하나에 달려 있습니다. 삼가 엎드려 뭇 백성의 말을 듣고 그들이 한 말을 헤아려보건대, 제후와 종실의 반열에 오른 분 가운데 백성들로부터 평판이 그리 좋은 분이 없습니다. 무제께서 잘 양육하라고 유언을 남기신 증손 병이(病已)라는 분이 외가에서 자라다가 현재 액정(掖庭)에 들어와 계십니다. 신이 과거에 군저(郡邸)에 사자로 파견돼 있을 때 어린 그분을 뵈었으니 지금은 열여덟에서 열아홉 살이 되셨을 것입니다. 그분은 경술에 통달하고 훌륭한 자질을 소유했으며, 처신이 점잖고 행동거지에 절도가 있습니다. 바라건대 장군께서 상세히 의논하시고 점괘를 참조하셔서 그분을 높이고 현창해, 먼저 궁궐에 들어가 태후를 모시게 한 다음 천하에 분명하게 알리는 것이 옳지 않겠습니까? 그렇게 한 뒤에 중대한 계획을 결정하신다면 천하가 몹시 다행스러워할 것입니다.'

광은 그의 의견을 받아들여 마침내 무제의 증손을 옹립하고자 종정(宗正)인 유덕(劉德)과 길을 액정에 보내 증손을 맞아들이게 했다. 선제(宣帝)가 처음 즉위했을 때 길에게 관내후(關內侯)의 작위를 내려주었다.

길(吉)은 사람됨이 깊고 두터웠으며[深厚], 자신의 잘남이나 공로를 자랑하지 않았다[不伐]. 황증손(-선제)을 만나면서부터 입을 굳게 닫고[絶口] 예전에 베풀었던 은혜를 말하지 않으니 조정에서는 그의 공로를 알

수가 없었다. 지절(地節) 3년에 황태자를 세우니 길은 태자태부가 됐고, 여러 달 후에 승진해 어사대부가 됐다. 그리고 곽씨(霍氏-곽광 일가)가 주살되고 상이 친정을 하게 돼 상서(尙書)의 업무를 축소했다. 이때 액정(掖庭)의 궁비(宮婢)인 칙(則)이 민간인 지아비[民夫]를 시켜 글을 올리게 해 어렸을 때의 황제를 잘 키운[阿保] 공로가 자신에게 있다고 진술했다. 그 상주문을 액정령에게 내려보내 조사를 시키자 칙은 당시에 옥사를 다스린 사자(使者) 길이 당시 상황을 잘 알 것이라고 길을 끌어들였다. 액정령은 칙을 데리고 어사부로 가서 길과 대면시켰다. 길은 칙을 알아보고 그녀에게 "너는 과거에 황제의 증손을 양육할 때 정성껏 보살피지 못해 매질을 당하는 벌을 받았거늘 무슨 공이 있다고 하느냐? 위성(渭城)의 호조(胡組)와 회양(淮陽)의 곽징경(郭徵卿)만이 은혜를 베풀었다"라고 말했다. 그런 뒤에 길은 호조 등이 황제를 보살핀 실상을 분간해서 상주했다. 상은 길에게 호조와 곽징경을 찾도록 조칙을 내렸으나 이미 죽은 후였다. 그 자손이 있어 모두들 두터운 상을 받았다. 또 칙을 노비에서 풀어주어 서인으로 삼고 10만 전을 하사했다.

상은 친히 병길을 불러 만나본 후에야 길이 옛날에 (자신에게) 은혜를 베풀고서도 끝내 말하지 않았다는 것을 알고서 그가 크게 뛰어난 인물[大賢]이라 말하고 (선제 원강 3년(기원전 63년) 3월) 승상에게 조서를 내렸다.

"짐이 미천했던[微眇] 시절 어사대부 길(吉)은 짐에게 오랜 은혜를 주었으니 그 은덕이 아주 크다. 전해오는 시에 이르지 않았던가?

'다움은 보답하지 않으면 안 된다[無德不報].'¹⁴
이에 길을 박양후(博陽侯)에 봉하고 봉읍 1300호를 내려주도록 하라."

길을 후로 봉하려던 때에 공교롭게 그가 병이 들어 일어나지 못했다. 상은 사람을 보내 제후의 인장을 띠에 달아 몸에 걸어주었다. 그가 죽기 전에 봉작을 받게 하려는 심산이었다. 상이 길이 병에서 일어나지 못할까 염려하자 태자태부 하후승(夏侯勝)이 말했다.

"이 사람은 죽지 않을 것입니다. 음덕이 있는 사람은 반드시 그 즐거움을 누리고, 복록이 자손에까지 미친다고 신은 들었습니다. 길이 아직 보답을 받지 못한 상태에서 병이 깊으므로 죽을병은 아닐 것입니다."

뒤에 정말 병이 나았다. 병길이 글을 올려 고사하고 헛된 명목으로 상을 받을 수 없다고 사양했다. 그러자 상은 이렇게 말했다.

"짐이 그대를 봉하는 것은 헛된 명목이 아니다. 그대가 글을 올려 제후의 인끈을 돌려보낸다면 짐의 임금답지 못함[否德]을 드러내는 것이다. 지금 천하에는 큰일이 많지 않다. 그대는 정신을 가다듬고 걱정을 줄여서 의원과 약을 가까이해 자신을 잘 지켜라!"

그로부터 5년 뒤 길은 위상의 뒤를 이어 승상이 됐다.

길은 본래 감옥의 법을 관장하는 하급 관리에서 일어났으나 뒤에 『시경(詩經)』과 『예기(禮記)』를 배워 큰뜻[大義]에 모두 통달했다. 승상의 지위에 오른 후에는 관대한 처리를 숭상하고 예의와 겸양을 좋아했다. 속관에게 죄가 있거나 뇌물을 받은 자가 있어 직무를 수행하기 어려우면 문득 장기

---

14 이는 『순자(荀子)』에 실려 전하는 시의 한 구절이다.

간의 휴가를 주고 끝내 조사하지 않았다. 어떤 사람이 길에게 말했다.

"그대는 한나라 승상으로서 간사한 관리가 사사로운 이익을 취함에도 불구하고 징벌하지 않습니다."

길이 말했다.

"무릇 삼공(三公)의 관부에서 하급 관리를 조사한다는 소리가 나오는 것을 나는 체통을 모르는 짓이라고 생각하오."

그의 뒤를 이어 정승이 된 사람들은 그것을 관례로 삼았는데, 삼공의 관부에서 관리를 조사하지 않는 것은 길(吉)로부터 비롯됐다.

길은 속관의 허물은 덮어주고 잘한 일은 드러내는 데 힘썼다. 그의 마부는 술을 좋아해 자주 할 일을 잊고 제멋대로 놀았는데, 일찍이 한번은 길을 따라 나갔다가 술에 취해 승상의 수레 위에 먹은 것을 토했다. 승상부의 서조(西曹-승상부 소속 관리의 인사를 담당하는 관청)를 관장하는 우두머리가 그를 쫓아내려고 하자 길이 말했다.

"술에 취해 실수를 했다고 그 사람을 버린다면 이 사람은 앞으로 어디에서 받아들여지겠는가? 서조가 그저 참아주기를 바란다. 이건 그저 승상의 수레 깔개를 더럽힌 데 그칠 뿐이다."

결국 쫓아내지 않았다. 이 마부는 변방 출신으로 변방 요새에서 분명(犇命-다급한 상황에 대처하기 위해서 선발한 정예부대)을 발동해 경비하는 일을 훤하게 잘 알았다. 마부가 언젠가 밖에 나갔다가 역의 기마병이 붉고 흰 자루에다 변방군의 분명서(犇命書)를 가지고 달려오는 것을 보았다. 이 마부가 기마병의 뒤를 따라 공거(公車)에 이르러 사정을 탐문하고서 오랑캐가 운중(雲中)과 대군(代郡)에 침입했음을 알았다. 그는 급히 승상부에 돌아와 병길을 뵙고 상황을 보고한 다음에 이렇게 말했다.

"오랑캐가 침입한 변방 군의 2,000석 지방장관들 가운데 늙고 병들어 군무를 잘 맡지 못하는 자가 간혹 있으니 미리 자세하게 살펴두시는 것이 좋겠습니다."

그의 말이 옳다고 여긴 길은 동조(東曹-지방장관의 인사 및 군리(軍吏)를 담당한 승상부 소속 관원)를 불러 변방 지역의 지방장관을 조사하고 한 사람 한 사람 자세하게 검토하도록 했다. 그 일을 다 마치기도 전에 상이 승상과 어사대부를 불러 오랑캐가 침입한 군의 관리에 대해서 물었다. 길은 자세히 대답한 반면에 어사대부는 창졸간이라 자세히 알지 못해 책망을 당했다. 길은 상으로부터 변방을 늘 염려하고 자신이 맡은 업무에 신경을 쓴다는 칭찬을 들었다. 마부가 애쓴 덕분이었다. 길은 탄복해 말했다.

"용납하지 못할 사람은 없다. 각자가 자신만의 장점을 가지고 있기 때문이다. 저번에 내가 마부의 말을 먼저 듣지 않았다면 노고를 치하하는 말씀을 어떻게 들었겠는가?"

이 일로 말미암아 부하 관리들은 길을 더욱더 뛰어난 사람으로 여겼다. 또 한번은 길이 외출하다가 승상의 행차를 위해 깨끗하게 치운 길에서 떼를 지어 싸우는 사람들과 맞닥뜨렸다. 사상자들이 길에 마구잡이로 쓰러져 있었다. 그가 그곳을 그냥 지나칠 뿐 어찌된 일이냐고 묻지도 않자 소속 관리는 의아하게 여겼다. 그가 앞서 가다가 어떤 사람이 잃어버린 소를 쫓아가는 장면과 마주쳤는데, 그 소가 헐떡이며 혀를 내밀고 있었다. 그는 수레를 멈추게 하고 말을 탄 관리를 시켜 "소를 몰고 몇 리를 왔느냐"라고 묻게 했다. 소속 관리는 속으로 승상의 질문이 앞뒤가 잘못됐다고 생각했다. 심지어 그를 비꼬는 자도 있었다. 그러자 그는 이렇게 말했다.

"백성들이 싸우다가 서로 살상한 것은 장안령과 경조윤이 금지하고 경비하며 체포하는 임무를 맡고 있으므로, 승상은 연말에 그들을 고과해 상벌을 시행하면 그만이다. 승상은 직접 자질구레한 일에 관여하지 않기 때문에 그런 일을 길에서 묻는 것은 옳지 않다. 봄에는 소양(少陽)이 용사(用事)할 때이므로 심하게 덥지 않다. 가까운 거리를 가는 소가 더워서 헐떡이는 것은 계절의 기운이 절도를 잃은 징표이므로 해(害)가 닥칠까 두렵다. 삼공(三公)은 음양의 조화를 담당하므로 직분상 마땅히 염려해야 할 일이다. 이 때문에 물은 것이다."

소속 관리는 그 말을 듣고 감복하고 그가 정치의 큰 요체[大體]를 잘 안다고 인정했다.

오봉(五鳳) 3년 봄에 길은 병으로 위독했다. 상이 친히 와서 그를 위문하고 "승상이 죽는다면 누가 승상을 대신할 만한가?"라고 물었다. 길은 답변을 사양하면서 말했다.

"뭇 신하들의 행실과 능력은 밝으신 군주께서 아시는 바이지 어리석은 신이 알 수 있는 것이 아닙니다."

상이 굳이 묻자 길은 머리를 조아리며 답했다.

"서하군(西河郡)태수 두연년(杜延年)은 법률제도에 밝고 국가의 고사를 잘 아는 데다가 예전에 10여 년이나 구경을 지내고, 이제 군을 다스리는 능력이 뛰어나다는 평판이 나 있습니다. 정위 우정국(于定國)은 법을 집행하되 치밀하면서도 공평해[詳平] 천하에 원통하게 생각하는 자가 없습니다. 태복 진만년(陳萬年)은 계모를 효성스럽게 섬기고 돈후한 성품이 행동거지에 잘 나타나 있습니다. 이 세 사람은 능력이 모두 저보다 나으니 상께서 잘 살펴보소서."

상은 그의 말이 다 옳다고 여겨 그렇게 하겠노라고 했다. 그가 죽자 어사대부 황패(黃霸)를 승상으로 삼고, 서하 태수 두연년을 불러 어사대부로 삼았는데, 마침 연년이 연로해 사퇴를 원하므로 병이 들었을 때 면직시켰다. 그의 뒤를 이어 정위 우정국을 어사대부로 삼았다. 황패가 죽자 우정국이 승상이 되고, 태복 진만년이 그 뒤를 이어 어사대부가 됐다. 이들은 자리에 올라 하나같이 직책을 잘 수행했으므로 상은 길이 사람을 잘 알아본다[知人]고 칭찬했다.

길(吉)이 훙하니 시호를 내려 정후(定侯)라 했다. 아들 현(顯)이 이어받았는데 감로(甘露) 연간에 죄를 지어 작위가 깎여 관내후가 됐다가 관직은 위위 태복에 이르렀다. 애초에 현(顯)이 젊은 나이로 제조(諸曹)가 돼 일찍이 상을 따라 고조 사당의 제사에 참여했는데, 석생(夕牲-제사를 봉행하기 전날 저녁에 희생(犧牲)을 관찰하는 것)하는 날 사람을 시켜 제사에 입을 옷을 가져오라고 내보냈다. 승상 길이 크게 노해 자신의 부인에게 "종묘는 지극히 엄중한 곳인데 현이 놈이 공경하고 삼가지 않으니 내 관작을 잃을 놈은 틀림없이 현이 놈일 거요"라고 말했다. 부인이 현을 변호해 결국 화를 풀고 죄를 주지는 않았다. 길의 다른 아들 우(禹)는 수형도위가 됐다. 막내아들 고(高)는 중루교위가 됐다.

원제(元帝) 때 장안의 퇴직 관료 존(尊)이 글을 올려 말했다.

'신이 젊은 시절 군저의 하급 관료로 재직할 때 효선(孝宣)황제께서 무제(武帝)의 증손으로서 감옥에 계신 것을 곁에서 보았습니다. 이때 옥사를 다스리는 사자였던 병길이 황제의 증손께서 무고하게 곤경에 처한 것을 보고서 길은 어진 마음에 동정심이 우러나와 눈물을 흘리면서 측은하게 여기고, 징역형 여자 죄수 호조(胡組)를 뽑아서 황손을 양육시켰는데 길이 항상 그 뒤를 쫓아다녔습니다. 신 존은 하루에 두 차례씩 강보에 싸인 증손을 보살피러 가곤 했습니다. 뒤에 옥에 갇힌 죄수들을 샅샅이 조사해 죽이라는 조칙이 내려지자 길은 큰 난관에 봉착해 완강히 저항해 가혹한 형벌과 준엄한 법도 피하지 않았습니다. 대사면을 받은 뒤에 길은 수승(守丞-지방 군에서 장안에 설치한 군저(郡邸)를 관장하는 관리) 수여(誰如)에게 "황제의 증손이 군저에 머무는 것은 옳지 않다"라고 말하고 수여를 시켜 경조윤에게 공문을 보내 황손을 호조와 함께 경조윤에게 보내도록 했습니다. (그러나) 경조윤이 받아들이지 않는 바람에 다시 돌아왔습니다. 호조의 형기가 차서 떠날 때가 됐으나 증손께서 그녀에게 정이 들어 곁을 떠나려고 하지 않자 길은 자신의 돈으로 호조를 고용해 곽징경(郭徵卿)과 함께 몇 달 동안 돌보게 하고 그 뒤에 호조를 보냈습니다. 뒤에 황궁의 창고지기가 "황손을 양육하라는 문서로 된 조서가 없다"라고 난색을 표하자 길은 다시 쌀과 고기를 얻어 와서 매달 황손께 드렸습니다. 길은 황손이 병이 날 때마다 신 존을 시켜 조석으로 문안해 이부자리가 깨끗한지 살피도록 시켰습니다. 호조와 곽징경을 감독해 새벽부터 한밤까지 성심껏 황손의 곁을 떠나 놀지 못하도록 하고, 자주 달고 부드러운 먹을거리를 바쳤습니다. 이리하여 황손께서 정신을 보전하고 신성한 옥체를 길렀으니 그 공덕은 한량이 없습니다. 그때 길이 황손께서 천자의 복을 누릴 줄을 미리 알고 보답을 바랐겠습니까? 참으로 어질고 은혜로움이 마음속에 맺혀 있어서 그리했던 것입니다. 개자추(介子推)¹⁵가 살을 베어 임금을 구한 행위도 여기에 비하기에는 부족합니다. 효선황제 시절 신이 글을 올려 그 사실을 아뢰었을 때 용케도 길에게 상서한 글의 처리가 내려갔습니다. 길은 제 자랑을 하지 않는 겸손한 사람인지라 제 상서를 깎아버리고 훌륭한 미덕을 오로지 호조와 곽징경에게만 돌렸습니다. 그녀들은 그 일로 전답과 집과 하사금을 받았으며 길은 박양후에 봉해졌습니다. 신 존이 한 일을 호조와 곽징경에 비교할 수는 없습니다. 신은 연로하고 가난한 처지에 목숨이 오늘내일합니다. 끝까지 말씀드리려고 하지 않았으나 세운 공로를 세상에 드러내지 못할까 염려됐습니다. 길의 아들 현은 사소한 법규에 걸려서 작위가 삭탈돼 관내후가 됐습니다. 어리석은 신이 생각건대 그 작위와 식읍을 회복시켜 선인의 공덕에 보답해야 할 것입니다.'

이에 앞서 현이 태복이 된 지 10여 년 만에 관속과 더불어 크게 간사한 이익을 취해 1,000여만 전을 착복했다. 사예교위 창(昌)이 조사하고 탄핵했는데 죄가 부도죄(不道罪-죄가 없는 사람을 죽인 죄)에 해당해 체포하라고 주청했다. 상은 "옛 승상 병길의 오랜 은덕이 있으므로 짐은 차마 끊어버리지 못하겠다"고 하고 현을 면직시키고 식읍 400호만 빼앗았다. 현은 뒤에 다시 성문교위(城門校尉)가 됐다. 현이 죽자 아들 창(昌)이 작위를 이어 관내후가 됐다.

---

15 『한시외전(韓詩外傳)』에 "진(晉) 공자(公子) 중이(重耳-후에 문공(文公)이 됨)가 망명할 때 조(曹)나라 땅을 지나가는데 이부수(里鳧須)가 그 뒤를 따라가다가 재물을 도둑질해 도망갔다. 양식이 없는 중이는 배를 곯아 길을 갈 수가 없었다. 그러자 개자추가 자신의 정강이 살을 베어 중이에게 먹였다. 그런 뒤에야 길을 갈 수 있었다"는 내용이 나온다.

성제 때 직위가 몰수된 공신을 다시 높이는 조치를 시행했는데 (그중에서도) 길(吉)의 구은(舊恩)이 깊고 중하다 해 다시 회복되고 홍가(鴻嘉) 원년(元年)(기원전 20년)에 승상과 어사 등에게 다음과 같은 조서를 내렸다.

'대개 듣건대 공적과 다움[功德]을 널리 기리고 끊어진 계통을 이어주는 것을 중하게 여기는 까닭은 종묘(宗廟-나라)가 뛰어난 이와 빼어난 이[賢聖]의 길을 넓힐 수 있는 방도이기 때문이다. 그래서 박양후(博陽侯) 길(吉)은 예전에 베풀었던 은혜[舊恩]가 있다 해 봉작을 내렸던 것인데, 지금은 그 제사가 끊어졌으니 짐은 이를 심히 가슴 아프게 여긴다. 무릇 잘한 이를 잘했다고 포상하는 일[善善]은 자손에게까지 미치는 것은 예나 지금의 두루 통하는 의리[通誼]이니, 이에 길의 손자 중랑장 관내후 창(昌)을 봉해 박양후(라는 작위)로 삼아 길의 제사를 받들게 하라!'

봉국은 끊어진 지 32년 만에 다시 이어지게 됐다. 창(昌)은 봉국을 아들에게 전했고 손자에게 이어졌으나 왕망(王莽) 때 마침내 끊어졌다.

찬(贊)하여 말했다.

"옛날 이름을 지을 때는 반드시 비슷한 형상을 따랐는데 멀리는 물건에서 취하고 가까이는 사람의 몸에서 취했다. 따라서 경서에서 임금을 우두머리[元首]라고 하고 신하를 팔다리[股肱]라고 해,[16] 임금과 신하가 한 몸이 돼 서로 의지해 일을 이루어가야 한다는 것을 밝혀놓았다. 이런 까닭에 임금과 신하가 서로 짝이 되는 것은 고금의 항구적인 도리이며 자연스

---

16 『서경(書經)』「우서(虞書)」'익직(益稷)' 편에 나오는 말이다.

러운 형세이다. 근래 한나라의 정승들을 살펴보면 고조(高祖)가 왕업의 기틀을 세울 때는 소하(蕭何)와 조참(曹參)이 으뜸이었고, 효선(孝宣)황제가 중흥을 이룰 때는 병길과 위상[丙魏]이 명성이 있었다. 이때에는 관리의 좌천과 승진[黜陟]에 질서가 있었고, 수많은 관료들을 제대로 다스려 공경대신이 적합한 자리에 앉았으며, 천하에 예의와 겸양이 있었다. 그들이 한 일들을 보니 어찌 그런 결과가 헛되이[虛=徒然] 만들어졌겠는가?"

권
◆
75

수홍·양하후·
경방·익봉·이심전

眭兩夏侯京翼李傳

수홍(眭弘)은 자(字)가 맹(孟)이고 노(魯)나라 번현(蕃縣) 사람이다. 젊어서 유협(游俠)을 좋아했고 닭싸움과 경마에 빠졌으며, 장성해서는 마침내 방향을 꺾어 영공(嬴公)에게 『춘추(春秋)』를 배웠다. 경학(經學)에 밝아 의랑(議郎)이 됐고 부절령(符節令)에 이르렀다.

효소(孝昭) 원봉(元鳳) 3년 정월에 태산현(泰山縣) 내무산(萊蕪山) 남쪽에서 어수선하게[匈匈] 수천 명의 사람 목소리가 들리니 백성들이 그것을 보러 갔다. 거기에는 큰 돌이 저절로 일어섰는데 높이가 한 길 5척이고 크기가 48아름이었으며, 땅속으로는 깊이가 8척이고 돌 3개가 발처럼 돼 있었다. 돌이 선 이후에는 흰 까마귀 수천 마리가 그 주변에 몰려들었다. 이 때 창읍(昌邑)에서도 말라서 스스로 넘어지는 사당의 나무가 있었고, 누웠다가 다시 살아나는 나무가 있었으며, 또한 상림원(上林苑)에서는 쓰러져 있던 버드나무가 스스로 일어나 살아났으며, 벌레가 버들잎을 갉아먹었는데 그 모양이 '공손병이립(公孫病已立-공손인 병이가 즉위한다)'이라고 돼 있었다. 이에 맹(孟)은 『춘추(春秋)』의 뜻을 미루어 헤아려 그 뜻을 살펴보니 돌과 버드나무는 모두 음(陰)의 부류로 아래 백성의 상징이고, 태산(泰山)은 태종(岱宗)의 악(嶽)으로 임금다운 임금이 성을 바꿔[易姓=역성] 대를 이어 세워진 것을 하늘에 고하는 것이었다. 그런데 지금 큰 돌이 스스로 서고 쓰러졌던 버드나무가 다시 일어섰으니 사람의 힘이 이뤄낸 바가 아니고 이는 마땅히 필부(匹夫)가 천자(天子)가 될 징조이며, 말라죽어 쓰러졌던 나무가 다시 일어났다는 것은 곧 오랫동안 끊어졌던 집안의 공손씨(公孫氏)가 마땅히 다시 일어나게 된다는 것이었다.

(그러나) 맹 또한 공손씨가 어디에 있는지를 알 수가 없어 그것을 이렇게 설명했다.

"선사(先師) 동중서(董仲舒)가 했던 말 중에 '설사 천자의 법통을 이어 자리를 지키는[繼體守文=계체수문] 임금이 있다고 해도 빼어난 이가 천명을 받는 것을 해치지 않는다'라는 게 있습니다. 한나라 왕실은 요(堯)임금의 후예로 나라를 전해오는 운명을 갖고 있습니다. 한나라 황제는 마땅히 천하에 물어 뛰어난 이를 구하고 찾아서 그 사람에게 황제의 자리를 선양하고[禪=단禪=선], 자신은 물러나 사방 100리 땅에 봉후가 돼 은나라와 주나라의 두 임금(-걸왕과 주왕)의 후예처럼 천명을 고분고분 이어받아야 할 것입니다."

맹은 친구인 내관(內官)[○ 사고(師古)가 말했다. "부서의 이름이다. 「백관표(百官表)」에 따르면 내관 장승(長丞)은 처음에는 소부(少府)에 속했다가 중간에는 주작(主爵)에 속했으며, 뒤에는 종정(宗正)에 속했다."]의 책임자 사(賜)를 시켜 이 글을 위에 올리게 했다. 이때 소제(昭帝)는 어려서 대장군 곽광이 정권을 쥐고 있었는데, 그를 미워해 그 글을 정위에 내려보냈다. 정위에서는 사와 맹이 요망한 말로 사람들을 미혹시킨 죄를 지었다 해 대역부도(大逆不道)로 다스려 둘 다 죄에 엎어져 주살됐다. 5년 후에 효선제(孝宣帝)가 민간에서 일어나 즉위까지 하게 되자 맹의 아들을 불러 낭(郞)으로 삼았다.

하후시창(夏侯始昌)은 노(魯) 사람이다. 오경(五經)에 정통했으며 '제시(齊詩)'[1]와 『상서(尙書)』로 가르쳤다. 동중서와 한영(韓嬰)이 죽고 나서 무제(武帝)는 시창(始昌)을 얻었는데 그를 매우 중하게 여겼다. 시창은 음양(陰陽)(의 술수)에 밝았고, 백량대(柏梁臺)에 재해가 있게 될 날을 미리 말한 적이 있는데, 그날이 되자 과연 재해가 있었다. 이때 창읍왕(昌邑王)은 막내아들로 사랑을 받아 상이 그를 위해 스승을 골라주었는데 시창이 태부가 됐다. 나이가 들어 천수를 누리고 삶을 마쳤다. 집안의 아들 승(勝) 또한 유술(儒術)로 이름을 날렸다.

하후승(夏侯勝)은 자(字)가 장공(長公)이다. 애초에 노(魯)나라 공왕(共王)이 노나라 서쪽의 영향(寧鄕)을 나눠 거기에 아들 절후(節侯)를 봉해주고 또 별도로 대하군(大河郡)에 소속시켰는데, 대하군은 뒤에 이름을 동평(東平)으로 개칭했기 때문에 승(勝)은 동평 사람이다. 승은 어려서 고아가 됐고 배우기를 좋아했으며, 시창(始昌)에게『상서(尙書)』와『홍범오행전(洪

---

[1] 원고생(轅固生)이 창시했고, 시창은 그의 제자다.

範五行傳)』을 전수받아 천재지변을 설명할 줄 알았다. 뒤에 (예관(倪寬)의 제자인) 간경(簡卿)을 (스승으로) 모셨고, 또 구양씨(歐陽氏)에게 찾아가 학문을 물었다. 학문이 매우 정밀하고 성숙했으며 그 묻는 바가 일정한 스승만을 따르지는 않았다. 예(禮) 중에서도 상복에 관해 설명을 잘했다. (소제(昭帝) 때 조정에) 불려가 박사(博士)를 거쳐 광록대부(光祿大夫)를 지냈다. 마침 소제(昭帝)가 붕(崩)하고 창읍왕이 자리를 이어받아 자주 궐 밖으로 나가 놀았다. 승(勝)은 승여(乘輿)의 앞에 나아가 간언해 말했다.

"하늘이 오랫동안 흐리면서도 비가 내리지 않으니 이는 신하 중에 위를 도모하려는 자가 있는 것이온데 폐하께서는 밖으로 나가서 무엇을 하시려는 것입니까?"

왕은 화가 나서 승이 요언(祅言)을 했다는 이유로 붙잡아 관리로 하여금 다스리게 했다. 관리가 대장군 곽광(霍光)에게 아뢰자 광은 법을 적용하지 않았다. 이때 광은 거기장군 장안세(張安世)와 모의해 창읍왕을 폐위하려 했다. 광은 안세가 말을 흘렸다고 여겨 그를 꾸짖었는데, 안세는 실은 아무런 말도 누설하지 않았다. 이에 승을 불러 물어보니 승은 이렇게 대답했다.

"『홍범전(洪範傳)』에 이르기를 '황제가 그 표준을 세우지 못하면[不極] 불극 그에 해당하는 벌은 늘 흐린 것[常陰]이고, 이런 때에는 아랫사람이 위를 상음 벌(伐)하는 일이 있게 된다'라고 했으니 자세하게 말은 하지 못했지만 이는 곧 신하가 도모하는 바가 있다는 뜻입니다."

광과 안세는 크게 놀라 이로 인해 경술(經術)의 선비를 더욱 중하게 여겼다. 10여 일 후에 광은 드디어 안세와 함께 태후에게 사뢰어[白] 창읍왕 백을 폐하고 선제(宣帝)를 높여 (천자로) 세웠다. 광은 여러 신하들이 일을 동궁(東宮-태후궁)에 아뢰게 하고, 태후가 정사를 살피게 하고서 마땅히 경술을 알지 않으면 안 된다고 생각해 승을 써서 태후에게 『상서(尙書)』를 전수할 것을 건의했다. 이에 (하후승은) 승진해 장신소부(長信少府)가 돼 관내후의 작위를 받았고, 또 폐하고 세우는 모의에 참여해 계책을 정하고 종묘를 안정시켰다 해 봉읍 1,000호를 더 받았다.

선제(宣帝)는 즉위한 초기에 선제(先帝)를 기리고 싶어 승상과 어사에게 조(詔)하여 말했다.

'짐은 미미한 몸[眇身]으로 남기신 다움을 입어 빼어나신 대업을 잇고 종묘를 받들어 아침저녁으로 생각을 거듭하고 있다. 효무황제(孝武皇帝)께서는 몸소 어짊과 마땅함을 체득하시어 무위(武威)를 닦아 북쪽으로 흉노를 정벌하시어 선우를 멀리 내쫓았고, 남쪽으로 저(氐), 강(羌), 곤명(昆明), 구락(甌駱), 양월(兩越)을 평정하셨으며, 동쪽으로 예(薉), 맥(貊)〔○ 장안(張晏)이 말했다. "예와 맥은 요동의 동쪽이다."〕, 조선(朝鮮)을 평정하셨고, 땅을 넓히고 경계를 개척하시어 군현을 세우고, 온갖 오랑캐[百蠻]들을 복종시켜 변경 요새의 문을 두드리며[款] 스스로 찾아와 진귀한 공물들을 바치게 함으로써 종묘에 진열해놓으셨다. 또 음율을 조화시키고 악가(樂歌)를 지어 상제에게 올리고 태산(太山)에 봉제사를 지내셨으며, 명상(明堂)을 세우고 정삭(正朔)을 고쳤으며 복색을 바꾸셨다. 또한 빼어난 대업을 밝게 여기시고, 뛰어난 이를 높이고 공로가 있는 자를 드러내셨으며, 망한 나라를 되살려주고 끊어진 가문을 이어주셨고 주나라의 후예를 기려주셨다. 또한 천지의 예를 갖추시고 도술(道術-유학)의 길을 넓히셨다. 상천은 이에 보응해 상서로운 조짐들을 내려주셨고, 보배로운 쇠솥이 출토됐으며, 흰 기린이 붙잡혔고, 바다에서는 큰 물고기가 잡혔으며, 신인(神人)이 여러 차례 나타나고, 산에서는 만세 소리가 크게 울렸다. 이처럼 공로와 다움이 성대함에도 그것을 다 널리 펴지 못했고, 사당의 음악[廟樂] 또한 그에 걸맞지
묘악
않아[不稱] 짐은 심히 슬프게 생각하노라. 그러니 열후, 2,000석, 박사들과
불칭
함께 의견을 모아보도록 하라.'

이에 여러 신하들이 조정에서 크게 토의한 결과 모두 말했다.

"마땅히 조서에서 말씀하신 대로 해야 할 것입니다."

장신소부 승(勝) 홀로 이렇게 말했다.

"무제(武帝)께서 비록 사방의 오랑캐를 물리치시고 영토를 넓히고 변경을 개척한 공로가 있지만, 그러나 전사들을 많이 죽게 했고 백성들의 재력을 고갈시켰으며, 사치스러움이 커서 절도가 없었으며 천하의 재용을 허비하고, 백성들을 유리하게 하다가 죽게 만든 것이 절반 이상입니다. 황충이 크게 일어나 붉은 땅[赤地-흉년으로 농작물이 아예 없는 땅]이 사방 수천
적지
리라 혹 인민들이 서로 잡아먹고, 쌓아두어야 할 곡식은 아직도 회복되지 않고 있습니다. 백성들에게 덕택을 베푼 것이 없으니 마땅히 사당의 음악을 세우는 일이 있어서는 안 됩니다."

공경들은 함께 승을 비난해 말했다.

"이것은 조서(詔書)요."

승이 말했다.

"조서라 해도 쓸 수 없는 것입니다. 다른 사람의 신하 된 자가 마땅히 해야 할 일은 곧은 말과 바른 논리를 펴야 하는 것이지 구차스럽게 상의

뜻에 맞춰 아부하거나 상의 뜻을 맹목적으로 따르는 것은 아닙니다. 내 의견은 이미 내 입에서 나왔으니 죽더라도 아무런 후회가 없습니다."

이에 승상 의(義-채의)와 어사대부 광명(廣明-전광명)은, 승(勝)이 조서를 비난하는 의견을 내고 돌아가신 황제를 헐뜯었으니 부도(不道)하다 해 탄핵할 것을 아뢰었고, 승상 장사(長史) 황패(黃霸)는 승에게 아부해 탄핵을 거론하지 않았다가 둘 다 감옥에 내려졌다. 유사에서 드디어 효무제의 사당을 높여 세종묘(世宗廟)라 하고, 성덕(盛德)과 문시(文始)와 오행(五行)의 무악(舞樂)[2]을 연주하게 하고, 천하는 대대로 헌납해 무제의 성대한 다움을 밝히게 했다. 무제가 순수하며 행차했던 군국 49개 모두에 고조(高祖) 및 태종(太宗)처럼 사당을 세웠다.

승(勝)과 패(霸)가 오래 갇혀 있게 되자 패는 승에게 경(經)을 배우고 싶어 했는데, 승은 죄가 사형에 해당한다는 이유로 사양했다. 패가 말하기를 "아침에 도리에 관한 이야기를 들으면 저녁에 죽어도 좋다[3]라고 했습니다"라고 하자 승은 그 말이 뛰어나다고 여겨 드디어 그에게 경을 가르쳤다. 갇힌 채로 옥에서 두 번 겨울을 보냈는데도[更=歷] 강론하는 것이 조금도 게으르지 않았다.

본시(本始) 4년 여름에 이르러 관동(關東) 49개 군에서 같은 날에 지진이 일어나[地動] 혹 산이 무너지고 성곽과 가옥들이 파괴돼 6,000여 명이

---

2 경제(景帝) 때 정한 의례에 따르면 고조(高祖)의 사당에서는 무덕(武德)과 문시(文始)와 오행(五行)의 춤을 연주했다.

3 『논어(論語)』「이인(里仁)」편에 나오는 공자의 말이다.

죽었다. 상은 이에 소복(素服)을 입고 정전(正殿)을 피해 거처하면서 사자를 보내 관리와 백성들을 위문하고 죽은 자들에게는 관과 장례비용을 내려주었다. 조(詔)하여 말했다.

"대개 재이(災異)란 하늘과 땅이 경고하는 것이다. 짐이 대업을 이어받아 사민의 위에 의탁하고 있으면서 아직 여러 생명들을 조화시키지 못했다. 얼마 전에 북해(北海)와 낭야(琅邪)에서는 조종의 사당이 파괴돼 짐은 심히 두려워하고 있다. 이에 열후, 중(中) 2,000석 관리들과 함께 술사(術士)들에게 널리 물어 변고에 응하고 짐이 모자란 바를 채우게 하라. 아무런 꺼리는 바가 있어서는 안 될 것이다."

그러고는 대사면령을 내려 승을 감옥에서 내보내 간대부 급사중으로 삼고 패를 양주(揚州)자사로 삼았다.

승(勝)은 사람됨이 질박하고 바른 도리를 지키며, 털털하고 편안해 [簡易] 위엄을 내세우지 않았다. 천자를 알현할 때에 상은 그를 군(君-그대)이라 불렀고, 어전에서 잘못해 서로 자(字)를 불렀으나[4] 상 또한 이 때문에 (오히려) 그를 가까이하고 신뢰했다. 일찍이 알현을 하고서 밖에 나와 상이 했던 말을 하니 상이 그것을 듣고서 승을 꾸짖은 적이 있는데 이에 승은 이렇게 말했다.

"폐하의 말씀이 좋아서 신은 그 때문에 찬양한 것입니다. 요(堯)임금의 말씀은 천하에 선포돼 지금까지도 외워지고 있습니다. 신이 전할 만하다

---

4   원래 황제 앞에서는 황제를 부를 때는 폐하라고 해야 하고, 자신을 칭할 때는 승(勝)이라고 자기 이름을 불러야지 자를 불러서는 안 된다.

고 여겼기에 전파한 것뿐입니다."

조정에서 큰 토의가 있을 때마다 상은 승이 평소 곧다[直]는 것을 알고서 이렇게 말했다.

"선생은 바른 말을 하는 데 정통하니 예전에 있었던 일[5]일랑 염두에 두지 마시오."

승은 다시 장신소부가 됐다가 승진해 태자태부가 됐다. 조서를 받아 『상서설(尚書說)』과 『논어설(論語說)』을 찬술하니 황금 100근을 내려주었다. 나이 90세에 관직에 있으면서 졸(卒)하니 선영[冢塋]을 내려주었고 평릉(平陵)에 묻혔다. 태후가 200만 전을 내려주고 승을 위해 5일 동안 소복을 입어 스승의 은혜에 보답하니 유자들은 이를 영광으로 여겼다.

애초에 승은 강의를 할 때마다 항상 유생들에게 말했다.

"선비는 경술(經術)에 밝지 못한 것이 병통이니 만약 경술에 밝다면 경대부(卿大夫)의 청자색 복[青紫]을 얻는 것은 마치 몸을 구부려 땅의 지푸라기를 줍는 것과 같을 뿐이다.[6] 경술을 배웠는데도 그것에 밝지 못하면 차라리 고향에 돌아가 농사나 짓는 것이 낫다."

승의 사촌 건(建)[7]은 자(字)가 장경(長卿)으로 승과 구양고(歐陽高)에게

---

5 사당의 음악에 관한 일을 가리킨다.

6 그만큼 쉽다는 말이다.

7 금문상서소하후학(今文尚書小夏侯學)의 개창자로, '소하후(小夏侯)'로 불린다. 하후승(夏侯勝)과 구양고(歐陽高)를 사사해 『상서(尚書)』를 배웠다. 감로(甘露) 3년(기원전 51년) 석거각회의(石渠閣會議)에서 그의 상서학(尚書學)을 학관(學官)에 세우기도 했다. 또한 석거각회의에 참가해 경전을 토론했다. 장구(章句)를 중시해서 하후승에게 장구소유(章句小儒)란 비난을 들었다. 그 역

서 배워 두 사람으로부터 묻고 얻었으며, 또한 오경(五經)의 유학자들과
『상서(尙書)』의 전문가들과 의견을 주고받아 필요한 문구들을 잘 끌어들여
글을 잘 꾸며댔다. 승이 그를 비판해 말했다.

"건이 말하는 장구(章句)란 소유(小儒)나 하는 짓으로 큰 도리를 무너뜨
린다."

건도 승의 학문은 너무 소략해 상대와 싸우기가 어렵다고 비판했다. 건
은 결국 자기 마음대로 하나의 학파를 세워 이름을 날렸는데, 의랑박사가
됐다가 태자소부에 이르렀다. 승의 아들 겸(兼)은 좌조(左曹) 태중대부가
됐고 손자 요(堯)는 장신소부, 사농, 홍려에 이르렀으며, 증손자 번(蕃)은
군수, 주목(州牧), 장락(長樂)소부를 지냈다. 승의 동복 동생의 아들 상(賞)
은 양(梁)나라 내사(內史)가 됐고, 양나라 내사의 아들 정국(定國)은 예장
(豫章)태수가 됐다. 한편 건(建)의 아들 천추(千秋) 또한 소부를 거쳐 태자
소부가 됐다.

경방(京房)은 자(字)가 군명(君明)이고 동군(東郡) 돈구(頓丘) 사람이다.
『역(易)』을 배웠고 양(梁)나라 사람 초연수(焦延壽)를 섬겼다. 연수(延壽)는
자(字)가 공(贛)이다. 공(贛)은 빈천했는데 학문을 좋아해 양왕(梁王)의 총
애를 얻었고, 왕은 그의 자질을 공경해 배움에 전념할 수 있도록 지원을

시 하후승의 학문이 소략하다고 평가했다. 이 때문에 『상서』에 대소하후(大小夏侯)의 학문이
나눠지게 됐다. 이름난 재전제자(再傳弟子)로 정관중(鄭寬中)과 장무고(張無故), 이심(李尋), 진
공(秦恭) 등이 있다.

아끼지 않았다. 이미 학문이 이뤄지자 군사(郡史)가 됐고 불려가서 소황령(小黃令)에 보임됐다. 이미 간사한 움직임들을 간파해 도적들이 일어날 수 없게 만들었다. 관리와 백성들을 아끼고 길러주어 현(縣) 안에 교화가 행해졌다. 고과 성적이 최고를 기록해 승진을 앞두고 있었는데, 고을의 삼로와 관속들이 글을 올려 공이 계속 머물러주기를 원하니 조서를 내려 작질을 높여주고 유임시켰는데 마침내 소황(小黃)에 이르렀다. 공은 평소에 늘 이렇게 말했다.

"나의 도리를 배워서 그 때문에 자기 몸을 망칠 자는 분명 경생(京生-경방)이다."

공의 학설은 특히 재변에서 뛰어났는데 이는 『주역(周易)』의 64괘(卦)를 배분해 다시 하나의 효(爻)를 하루에 해당시켜 바람, 비, 추위, 더위를 짚어보는 것으로〔○ 맹강(孟康)이 말했다. "이는 분괘직일(分卦直日)의 점법(占法)으로 하나의 효는 1일에 해당하고, 60괘는 (6을 곱하면) 360일이 되고, 나머지 4괘인 진(震)괘, 이(離)괘, 태(兌)괘, 감(坎)괘는 방백과 감사의 관직이 돼 각각 하지, 동지, 춘분, 추분의 날에 해당이 된다."〕 각각에는 점의 징험이 있었다. 방(房)은 그 방법을 쓰는 것이 훨씬 더 정교했다. 종률(鍾律)을 좋아했고 음악 소리를 잘 들었다. 초원(初元) 4년에 효렴(孝廉)으로 천거돼 낭(郞)이 됐다.

영광(永光), 건소(建昭) 연간에 서강(西羌)이 반란을 일으키고, 일식이 일어났으며, 또 태양이 오랫동안 푸른색이면서도 빛이 나지 않았고, 흐리고 안개가 끼어 날씨가 맑지 않았다. 방이 여러 차례 소를 올려 장차 이런 일이 일어날 것임을 미리 앞서서 말한 바가 있었는데, 가깝게는 수개월, 멀게는 1년 정도면 그의 말이 여러 차례 적중하니 천자는 이에 감복했다. 여러 차례 불러서 만나보며 물었는데 이에 방은 다음과 같이 대답했다.

"옛날의 제왕들은 공로가 뛰어난 이를 들어 쓰니 만 가지 일들이 다 성취되고 상서로운 호응이 나타났는데, 말세에는 비방을 받는지 칭찬을 받는지를 가지고 사람을 쓰니 공로와 업적은 폐기돼 재이가 나타나게 되는 것입니다. 마땅히 백관들로 하여금 각자 그 공로를 시험해보게 한다면 재이는 멈출 수 있을 것입니다."

조서를 내려 방으로 하여금 이 일을 해보도록 하니 방은 고공과리법(考功課吏法)[8]을 아뢰었다. 상이 공경과 조정 신하들로 하여금 방과 함께 (미앙궁에 있는) 온실(溫室)에서 회의를 하게 했는데 모두 방의 말은 번잡스럽고 자잘해 위아래가 서로 감시를 하게 하는 것이므로 허락해서는 안 된다고 보았다. (그러나) 상의 뜻은 경방 쪽으로 기울었다[鄕=嚮]. 이때 부자사(部刺史)[9]들이 경사(京師)에 올라와 업무를 아뢰었는데, 상이 여러 자사들을 불러 만나보고서 방으로 하여금 과사(課事)를 설명하게 하니 자사들도 그것은 시행할 수 없다고 했다. 다만 어사대부 정홍(鄭弘)과 광록대부 주감(周堪)만이 처음에는 안 된다고 했다가 뒤에는 좋다고 했다.

이때 중서령(中書令) 석현(石顯)이 권세를 제 마음대로 하고 있고[顓權=用事], 현의 친구 오록충종(五鹿充宗)[10]이 상서령(尙書令)이었는데 방(房)과

---

8 상하가 서로 일을 감독해 평가하는 방법이다.

9 관직명이다. 조서에 따라 군국을 감독하는 일을 맡았다. 부(部)란 주군현의 총칭이다.

10 자(字)는 군맹(君孟)이다. 『양구역(梁丘易)』에 정통했다. 원제(元帝) 건소(建昭) 원년(기원전 38

같이 『주역(周易)』을 공부한 사람으로 이를 논의하면서 서로를 비난했다. 두 사람이 일을 주도하고 있었는데 방이 일찍이 한가할 때 상을 알현하고서 물었다.

"유왕(幽王)이나 여왕(厲王) 같은 임금은 어찌하여 위태로워졌습니까? 일을 맡은 자가 어떤 사람입니까?"

상이 말했다.

"임금이 밝지 못해서 일을 맡은 자가 간사해졌다[巧佞]."
　　　　　　　　　　　　　　　　　　　　　교녕

방이 말했다.

"그들이 간사하다는 것을 알고서도 그들을 쓴 것입니까? 아니면 뛰어나다[賢]고 본 것입니까?"
　　현

상이 말했다.

"뛰어나다고 본 것이다."

방이 말했다.

"그렇다면 지금은 무엇으로 그들이 뛰어나지 못했다는 것을 압니까?"

상이 말했다.

"그 시대가 어지러웠고 임금이 위태로워졌으니 그렇다는 것을 아는 것이다."

방이 말했다.

년) 상서령(尙書令)으로 소부(少府)에서 관직 생활을 했다. 원제가 '역(易)' 학자들과 토론을 벌이라고 명령했는데, 어떤 학자도 상대하지 못했지만 오직 주운(朱雲)만이 대적했다. 나중에 환관 석현(石顯)과 결당(結黨)해 사귀니 권세와 총애가 한때 대단했다. 성제(成帝) 초년에 석현이 면관(免官)되자 그도 현도태수(玄菟太守)로 쫓겨났다.

"만일 그렇다면 뛰어난 이에게 맡기면 반드시 다스려지고, 그렇지 못한 자에게 맡기면 반드시 어지러워지는 것은 반드시 그럴 수밖에 없는 도리 [必然之道]입니다. 유왕과 여왕은 어째서 그것을 깨달아 다시 뛰어난 사람을 찾지 않고, 어째서 끝내 그렇지 못한 사람에게 맡겼다가 이 지경에 이르렀습니까?"

상이 말했다.

"난세를 만난 임금은 자신의 신하들이 각각 현명하다고 할 것이다. 모두로 하여금 깨닫게 했다면 천하가 어찌 위태로워지고 패망하는 군주가 있을 수 있겠는가?"

방이 말했다.

"제(齊)나라 환공(桓公)과 진(秦)나라 2세황제도 이런 임금들에 대한 이야기를 듣고서는 그들을 비웃었는데, 그렇다면 (환공과 2세황제는 각각) 수조(豎刁)와 조고(趙高)에게 일을 맡겨 정치가 날로 어지러워지고 도적 떼는 산을 가득 채웠으니, 어찌하여 유왕과 여왕의 일을 통해 이를 점쳐 깨닫지 못했던 것입니까?"

상이 말했다.

"오직 도리를 가진 사람만이 지난 일을 갖고서 앞으로 올 일을 알 수 있을 뿐이다."

방이 관을 벗고 머리를 조아리며 말했다.

"『춘추(春秋)』는 242년간의 재앙과 이변[災異]을 기록해 난세의 임금들에게 보여주었습니다. 지금 폐하께서 즉위하신 이래 해와 달이 밝은 빛을 잃고 별들이 거꾸로 운행하며, 산이 무너지고 샘이 용솟음치고, 지진이 일어나고 운석이 떨어지며, 여름에 서리가 내리고 겨울에 천둥이 치고, 봄에 꽃잎이 떨어지고 가을에 잎이 활짝 피며, 떨어진 서리가 (벌레들을) 죽이지 못하고 홍수와 가뭄과 병충해가 있고, 백성들은 굶주려 역병에 걸리고 도적들은 제대로 단속이 안 되고 형벌을 받은 사람들이 시장을 가득 채웠으니, 『춘추(春秋)』가 기록했던 재앙과 이변은 다 갖춰져 있습니다. 폐하께서는 지금이 잘 다스려지고 있다고 보십니까, 아니면 어지럽다고 보십니까?"

상이 말했다.

"진실로 지극히 어지러울 뿐인데 오히려 무슨 말인가!"

방이 말했다.

"지금 일을 맡겨 쓰고 있는 자가 누구인지요?"

상이 말했다.

"그러나 다행히 그들은 (과거의) 저들보다는 낫고 게다가 (어지러움의 이유가) 그들에게 있는 것은 아니라고 생각한다."

방이 말했다.

"무릇 전 시대의 임금들도 역시 다 그렇게 생각했습니다. 신은 후세 사람들이 지금을 보는 것이 마치 지금 우리가 전 시대를 보는 것과 같을까 봐 두렵습니다."

상은 한참을 가만있다가 마침내 말했다.

"지금 어지러움을 일으키는 자가 누구인가?"

방이 말했다.

"밝은 임금이시니 마땅히 스스로 그가 누구인지 알고 계십니다."

상이 말했다.

"모르겠다. 만일 안다면 어찌 그를 쓰겠는가?"

방이 말했다.

"상께서 가장 믿고서 일을 맡기시고, 더불어 (폐하의) 휘장 안에서[帷幄之中] 일을 도모하며, 천하의 선비들을 나아오게 하고 물러나게 하는 자가 그 사람입니다."

방은 석현을 가리켜 말한 것이었고, 상도 그것을 알았기에 방에게 이렇게 말했다.

"이미 알겠다."

방(房)이 대화를 마치고 나온 뒤에 상은 방의 제자 중에서 고공과리(考功課吏)의 일에 정통한 자를 올리게 해 그로 하여금 다시 그것을 시험해서 쓰고 싶어 했다. 방은 중랑 임량(任良)과 요평(姚平)을 올리고서 말했다.

"바라건대 이들을 자사로 삼아 고공법을 시험해보게 하시고, 신은 전중(殿中)에서 전적들이 잘 소통되게 함으로써 상주하는 일들이 막히는 것을 막겠습니다."

석현과 오록충종은 모두 방을 미워해 그를 멀리 내쫓고자 마땅히 방을 군수로 삼아 시험해보게 해야 한다고 말했다. 원제(元帝)는 이에 방을 작질 800석의 위군(魏郡)태수로 삼고 거기에 가서 고공법으로 군을 다스리게 했다. 방은 자청하기를 자신은 자사의 감독을 받지 않게 하고, 또한 다른 군의 사람을 쓸 수 있게 하며, 1,000석 이하의 관리에 대해서만 평가할 수 있도록 해주고, 연말에는 전거(傳車)를 타고 가서 일을 아뢸 수 있게 해달라[11]고 했다. 천자는 허락했다.

방은 자신의 논의로 인해 대신들에게 비방을 받아 안으로 석현, 오록충종과 틈이 생겼다는 것을 스스로 알고서 상의 좌우에서 멀리 떠나고 싶지 않았는데, (외방의)태수가 되자 걱정스럽고 두려웠다. 방은 건소(建昭) 2년 2월 초하루에 제배되자 봉사(封事)를 올려 말했다.

'신유일 이래로 몽기(蒙氣)가 사라지고 태양이 청명해지니 신은 홀로 기분이 좋아 폐하께서 마음을 제대로 정하시게 됐다고 생각했습니다. 그러나 소음(少陰)이 힘을 더해 소식(消息)의 괘에 올라탔습니다〔○ 맹강(孟康)이 말했다. "방은 소식(消息)의 괘를 벽(辟)으로 보았다. 벽은 임금이다. 식(息)괘는 태음(太陰)이고, 소(消)괘는 태양(太陽)이며, 그나머지 괘는 소음(少陰), 소양(少陽)인데 신하를 일컫는다. 이들이 힘을 합쳐 소식을 범한다는 것이다."〕. 신은 폐하께서 이런 도리를 시행하시더라도 오히려 뜻대로 될 수 없으리라 의심해 남몰래 슬퍼하고 두려워하고 있습니다. 양평후(陽平侯) 봉(鳳-왕봉)에게 청해 알현코자 했으나 뜻을 이루지 못했고, 기묘일에 이르러 신은 제배받아 태수가 됐으니 이는 상께서 눈 밝으시다 해도 아래에서 오히려 올라타는 형상입니다. 신이 군으로 떠나고 난 후에는 일을 좌우하는 자들에게 반드시 가려져 몸은 죽게 되고 공로는 이루지 못하게 될까 두렵습니다. 그래서 바라건대 전거를 타고 올라와서 일을 아뢰고자

---

11 전거는 공무로 여행하는 사람이 이용하게 만든 역에 있는 말과 수레를 말한다. 그런데 전거로 와서 황제에게 보고하는 것은 자사만이 갖는 권한이다. 그런데 경방은 태수이므로 황제의 별도 허락을 받지 않으면 수도에 올 수가 없다. 경방은 태수로 내려가면서 석현 등이 자기와 황제 사이를 갈라놓을 것을 두려워해 이 같은 청을 한 것이다.

하니 애달프게 여기시어 허락해주소서. 마침내 신사일에 몽기가 다시 괘(卦)를 타게 돼 태양이 빛을 침범당하게 될 것이니 이는 상대부가 태양을 덮어 윗사람이 마음속으로 의심을 품게 된다는 뜻입니다. 기묘일과 경진일 사이에 반드시 신을 떼어놓고 끊어놓으려고 해 전거를 타고 일을 아뢰지 못하게 할 것입니다.'

방이 아직 출발하지 않았는데 상은 양평후 봉으로 하여금 제(制)를 받아서 방에게 조서를 내려 전거를 타고 와서 일을 아뢰는 것을 없앴던 일로 했다. 방은 속으로 더욱 두려워 길을 떠나 신풍(新豊)에 이르렀을 때 우전(郵傳-문서 전달 체계)을 통해 봉사를 올려 말했다.

'신이 전에 6월에 둔(遯)괘[12]의 현상이 나타나지 않을 것이라고 말씀드린 바 있습니다. 점법에 이르기를 "도인(道人)이 처음 떠나가면 날씨가 춥고 물이 넘쳐흘러 나와서 재앙이 된다"라고 했는데 그 7월에 이르자 물이 넘쳐흘러 나왔습니다.

신의 제자 요평이 신에게 말했습니다.

"경방은 도를 한다고 할 수 있지만 아직 도를 믿는다고 할 수는 없습니다. 경방이 재이를 말한 것 가운데 아직 적중하지 않는 것이 일찍이 없었습니다. 그런데 지금 물이 이미 넘쳐흘러 나왔으니 도인이 마땅히 쫓겨나서 죽을 것인데 오히려 다시 무슨 말씀을 하십니까?"

그래서 신이 말했습니다.

---

12 64괘 가운데 33번째 괘로 하늘 아래 산이 있는 모양이다. 하늘은 넓고 무한하며 산은 높으나 유한하므로, 소인을 멀리하되 미워하지 않고 엄격한 태도를 취한다는 뜻이 있다.

"폐하께서는 지극히 어지시고 신에게 특별히 두텁게 대하시니 비록 말을 하고 죽는 한이 있더라도 신은 오히려 말을 할 것입니다."

평이 또 말했습니다.

"방은 작은 충신이라고 할 수 있을지 모르지만 큰 충신이라고는 할 수 없습니다. 옛날에 진나라 때 조고(趙高)가 정권을 좌우할 때 정선(正先)이라는 자가 있었는데 조고를 비판하고 칼로 찌르려 하다가 죽었고, 조고의 위세는 이때부터 이루어졌으니 그래서 진나라의 혼란은 실은 정선이 재촉한 것입니다."

지금 신이 나아가 군의 태수인데 스스로를 채찍질해 공로를 세우고자 하나 아마도 효과는 보지도 못한 채 죽을까 두렵습니다. 바라건대 폐하께서는 신으로 하여금 물이 넘쳐나는 재이가 나타난다고 한 것이 정선의 죽음에 해당되게 만들어 요평에게 웃음거리가 되게 하지 말아주십시오.'

방이 (하남성) 섬현(陝縣)에 이르러 다시 봉사를 올려 말했다.

'드디어 병술일에 비가 조금 내리고 정해일에는 몽기(蒙氣)가 사라지겠지만 그러나 소음(少陰)들이 힘을 합쳐 소식(消息)을 올라타고, 오는 무자일에는 그것이 더욱 심해져 (하루를 80분으로 나눴을 때 저녁 무렵에 해당하는) 50분에 이르러서는 몽기가 다시 일어날 것입니다. 이는 폐하께서 소식을 바로잡으려 하셔도 잡괘의 당여들이 힘을 합쳐 싸울 것이고, (그렇게 되면) 소식의 기운은 이기지 못할 것입니다. 강약(强弱)과 안위(安危)가 갈리는 기미를 잘 살피시지 않으면 안 될 것입니다. 기축일 밤에는 회오리바람[還風=旋風]이 있을 것이고 신묘일에나 그칠 것이며, 태양은 다시 빛을 침범당하게 돼 계사일이 되면 해와 달이 서로 근접하게 될 것이니 이는 간사한 음이 힘을 합치게 되고, 태양은 그로 인해 의구심을 품게 되는 징후입니다. 신은 전에 9년(양수의 극)에 이런 것들을 고치지 않으시면 별들이 하나도 보이지 않는 이변이 있을 것이라고 말씀드린 바 있습니다. 신은 전에 임량을 내보내 고공을 시험하게 하고 중앙에 있기를 바란다고 했었는데, 이는 별들이 보이지 않는 이변을 없앨 수 있었기 때문입니다. 그런데 정사에 의견을 내는 자들은 이와 같이 하는 것이 자신들에게 불리하다는 것을 알고서 신을 가릴 수 없으니, 그래서 "제자를 시키는 것이 스승을 시험하는 것만 못하다"라고 했던 것입니다. (그리고) 신이 자사가 되면 또 마땅히 일을 상주했을 터이니 그들은 다시 "자사로 삼는다면 아마도 태수가 더불어 한마음이 되지 않을까 걱정이 되니 태수로 삼는 것이 낫다"라고 했습니다. 이는 신을 (상으로부터) 떼어놓기 위한 것입니다. (그런데도) 폐하께서는 그 말을 어기지 않고 들으셨으니 이것이 바로 몽기(蒙氣)가 흩어지지 않고 태양은 빛을 침범당하게 된 까닭입니다. 신은 떠나서 점점 멀리 가는데 태양이 빛을 침범당하는 것은 더욱 심하니, 부디 바라건대 폐하께서 신을 돌아가게 하는 것을 어려워하시고 하늘의 뜻을 가벼이 거역하지 마시옵소서. 간사한 말은 사람들에게 비록 편안하게 들릴지 모르지만 하늘의 기운은 반드시 변하는 것이오니, 그 때문에 사람은 속일 수 있으나 하늘은 속일 수 없는 것입니다. 바라건대 폐하께서 잘 살펴주시옵소서.'

방이 떠나고서 한 달여쯤 지나 결국 불러다가 감옥에 내려보냈다.

애초에 회양헌왕(淮陽憲王)의 외숙인 장박(張博)이 방에게 수학하고는 딸을 방에게 시집보냈다. 방이 매번 조회에서 상을 뵙고 물러나오면 번번이 박(博)에게 그 말을 전했다. 박은 그래서 상의 뜻은 방의 의견을 쓰려고 하는 것인데 여러 신하들은 그것이 자신들에게 해롭다고 여겨 그것을 싫어했기 때문에 많은 사람들에게 배척을 당하고 있다고 생각했다. 박이 말했다.

"회양왕은 상의 친동생이고 사람됨이 민첩하고 통달해 정치를 좋아해 나라를 위해 충성을 하고 싶어 하네. 그런데 지금 왕에게 글을 올리게 해 입조할 것을 요구하게 한다면 자네에게 도움이 될 것이야."

방이 말했다.

"불가능하지 않을까요?"

박이 말했다.

"전에 초왕(楚王)은 입조해 선비를 추천했는데 뭘 못하겠는가?"

방이 말했다.

"중서령 석현과 상서령 오록군은 서로 결탁하고 있고 교묘한 말재주가 있는 사람들인 데다가 현관(縣官)을 맡아온 지 10여 년입니다. 게다가 승상 위후(韋侯-위현성)까지 하면 모두 오랫동안 백성들에게는 아무런 도움도 주지 못했고, 공로라고는 없는 사람들입니다. 이들은 또한 고공법을 행하려고 하지 않는 자들입니다. 회양왕께서 만일 입조하시어 알현하고서 상께 고공을 시행하도록 권하신다면 일은 잘될 것입니다. 또 그렇지 않더라도 다만 승상과 중서령은 일을 맡은 지 오래됐는데도 이렇다 할 치적이 없으니, 승상을 쉬게 하고 그 자리에 어사대부 정홍(鄭弘)을 앉히도록 하고, 중서령은 승진시켜 다른 자리에 두고 그 자리에는 구순령(鉤盾令) 서립(徐立)을 앉히도록 하고서, 이렇게 된다면 저의 고공법은 시행될 수 있을 것입니다."

박은 방으로부터 그의 다양한 재이의 학설을 적고서 방으로 하여금 회
양왕이 올릴 상주문의 초안을 짓게 해 그것을 갖고서 회양왕에게 주었다.
석현은 몰래 이 모든 것들을 알아차리고서도 방이 주상과 가까웠기 때문
에 감히 아직은 발설하지 않고 있었다. 방이 도성을 떠나 군의 태수로 나
가게 되자 현은 방과 장박이 서로 통모(通謀)해 정치를 비방하고 나쁜 일
을 천자의 탓으로 돌리며 제후왕을 속여 오도했다고 고발했다. 상세한 이
야기는 「헌왕전(憲王傳)」에 실려 있다.

애초에 방은 천자를 알현하고서 유왕(幽王)과 여왕(厲王)의 일을 말씀
드린 다음에 밖으로 나와 어사대부 정홍(鄭弘)에게 그것을 말했던 적이
있었다. 방과 박은 모두 기시됐고 홍(弘)은 연좌돼 면직당하고 서인(庶人)
이 됐다. 방은 본래 성이 이씨(李氏)였는데 피리의 음률 소리를 통해 추보
해[推律] 스스로 경씨(京氏)라고 정했다. 죽었을 때 나이 41세였다.
_{추율}

익봉(翼奉)은 자(字)가 소군(少君)이고 동해(東海) 하비(下邳) 사람이다.
'제시(齊詩)'를 배웠고 소망지(蕭望之), 광형(匡衡)과 함께 같은 스승[13]을 모
셨다. 세 사람 모두 경술에 밝았고 형(衡)은 후배였으며 망지(望之)는 정사
에 그것을 베풀었는데, 봉(奉)은 학문이 두터웠지만[惇學] 벼슬에 나아가
_{돈학}
지 않았고 율력과 음양의 점을 좋아했다. 원제(元帝)가 처음 즉위했을 때
여러 유학자들이 익봉을 천거하자 그를 불러들여 대조(待詔)와 환자서(宦
者署)로 삼았는데, 그가 시사에 관한 여러 가지 언급을 펼쳐 보이자 천자

---

13 후창(后蒼)이다. 하후시창(夏侯始昌)을 사사했으며, 또 맹경(孟卿)의 문하에서 예(禮)를 익혔다.

는 그를 공경했다.

이때 평창후(平昌侯) 왕림(王臨)이 선제(宣帝)의 외척으로 궐내에서 모시고 있었는데 조서를 받아내 봉(奉)에게 가서 그의 학술을 배우고자 했다. 봉은 함께 이야기하기도 꺼리면서 봉사를 올려 말했다.

'신이 스승님에게 듣건대 다스리는 도리의 요체는 아랫사람이 간사한지 바른지[邪正]를 아는 데 있다고 했습니다. 사람이 진실로 바른쪽으로 향하려고 하면 설사 그 사람이 모자라도 써야 할 것이고, 만일 간사한 마음을 품고 있다면 지식이 많을수록 해악을 끼친다고 했습니다. 아랫사람을 아는 방법[知下之術]은 6정(情)과 12율(律)[14]에 있을 뿐입니다. 북방의 정은 좋아함[好]인데 좋아하는 행동은 욕심 많은 이리[貪狼]와 같고 갑(甲)과 자(子)가 그것을 주관합니다〔○ 맹강(孟康)이 말했다. "북방은 물이고, 물은 신(申)에서 생겨나고 자(子)에서 가장 왕성하다. 물의 본성은 땅에 닿아 흘러가고 사물에 닿아 적셔준다. 좋아하는 것이 많기 때문에 탐해 싫증을 내지 않아 욕심 많은 이리와 같다고 했다."〕. 동방의 정은 노여움[怒]인데 노여워하는 행동은 마음속에 해치려는 뜻을 품는 것[陰賊]이고, 해(亥)와 묘(卯)가 그것을 주관합니다〔○ 맹강(孟康)이 말했다. "동방은 나무이고, 나무는 해(亥)에서 생겨나고 묘(卯)에서 가장 왕성하다. 나무의 본성은 물의 기운을 받아 자라고 땅을 뚫고 나오기 때문에 노여움이 된다. 음의 기운으로 땅 혹은 흙을 해치기 때문에 음적(陰賊)이라고 했다."〕. 욕심 많은 이리는 반드시 음적(陰賊)을 기다려 행동하고, 음적은 반드시 욕심 많은

---

14 음악의 6율과 12려(呂)다.

이리를 기다려 쓰니, 두 음(陰)은 나란히 가기 때문에 임금다운 임금은 그래서 자(子)와 묘(卯)를 꺼리는 것입니다. 『예경(禮經)』[15]에서는 이것을 피했고[避]『춘추(春秋)』에서는 그것을 피했습니다[諱]. 남방의 정은 미워함[惡]인데 미워하는 행동은 청렴하고 곧은 것[廉貞]이고 인(寅)과 오(午)가 그것을 주관합니다〔○ 맹강(孟康)이 말했다. "남방은 불이고 불은 인(寅)에서 생겨나고 오(午)에서 가장 왕성하다. 불의 본성은 불길처럼 맹렬해 수용해 받아들인 바가 없기 때문에 미워함이 된다. 그 기운이 오로지 한결같고[精專] 엄정(嚴整)하기 때문에 청렴하고 곧은 것이라고 했다."〕. 서방의 정은 기뻐하는 것[喜]인데 기뻐하는 행동은 관대함이고 사(巳)와 유(酉)가 그것을 주관합니다〔○ 맹강(孟康)이 말했다. "서방은 쇠이고 쇠는 사(巳)에서 생겨나고 유(酉)에서 가장 왕성하다. 쇠가 녹아서 물건이 되듯이 기쁨은 만물에 예리한 칼날처럼 가해지기 때문에 기뻐하는 것이 된다. 예리한 칼날이 가해지는 것은 관대하지 않음이 없는 것이기 때문에 관대함이라고 했다."〕. 두 양(陽)이 나란히 가기 때문에 임금다운 임금은 그래서 오(午)와 유(酉)를 좋아하는 것입니다. 『시경(詩經)』에 이르기를 "길일 경오(庚午)"[16]라고 했습니다.

상방(上方)〔○ 맹강(孟康)이 말했다. "북과 동이다. 양기가 싹터 오르기 때문에 상(上)이라고 한 것이다."〕의 정은 즐거움[樂]인데 즐거워하는 행동은 간사함이고 진(辰)과 미(未)가 그것을 주관합니다. 하방(下方)〔○ 맹강

---

15 『예의(禮儀)』를 가리킨다.

16 「소아(小雅)」 '길일(吉日)' 편에 나오는 구절이다.

(孟康)이 말했다. "남과 서다. 음기가 싹터 오르기 때문에 하(下)라고 한 것이다."]의 정은 슬픔[哀]인데 슬퍼하는 행동은 공정함이고 술(戌)과 축(丑)이 그것을 주관합니다. 진(辰)과 미(未)는 음에 속하고 술(戌)과 축(丑) 양에 속해 만물이 각자 그 유형에 따라 상응하게 됩니다.

지금 폐하께서는 눈 밝고 빼어나시며[明聖] 텅 빈 고요한 마음으로 만물에 나아가기를 기다리시니 만물이 제아무리 많다고 해도 어찌 들어서 훤히 깨닫지 못하시겠습니까? 그런데 어찌 하물며 12율을 잡아 쥐고 6정을 제어함에 있어서이겠습니까! 이런 식으로 아랫사람을 알아가고 실정을 참조하신다면 진실로 믿을 만한 방법이 될 것이니, 만의 하나도 잃는 바가 없는 자연의 도리라 할 것입니다.

이에 정월 계미일(癸未日)에 신(申)을 더하면[17] 폭풍이 서남쪽에서 불어올 것입니다. 미(未)는 간사함을 주관하고 신(申)은 욕심 많은 이리를 주관하니, 바람은 태음의 하방(下方)에서 건(建)[18]의 앞에 이르게 될 것이니 이는 임금의 좌우에 간사한 신하의 기운이 있다는 것입니다. 평창후는 최근에 세 번이나 신을 만나러 왔는데 모두 그 시각이 정진(正辰)에 사시(邪時)를 더한 때였습니다. 진(辰)은 객(客)이고 시(時)는 주인입니다. 음률로 사람의 정(情)을 알아내는 것은 임금 된 자의 비법이니 어리석은 신은 진실로 감히 간사한 자(-평창후)에 대해서는 말씀드리지 않겠습니다.'

---

17 그날의 진(辰)은 미(未-방위는 남남서)다. 미일(未日)이 신(申-오후 3~5시로 방위는 서남서)의 시각이 된다는 뜻이다.

18 일몰 직후 북두칠성의 자루가 가리키는 12지의 방향을 말한다. 건은 임금의 기운을, 태음은 신하의 기운을 말한다.

상은 봉(奉)을 중랑(中郞)으로 삼은 다음에 불러서 봉에게 물었다.

"방문자의 경우에 좋은 날 나쁜 시[善日邪時]에 오는 것과 나쁜 날 좋은 시[邪日善時]에 오는 것 중에 어느 것이 좋은가?"

봉이 대답해 말했다.

"스승의 비법에 따르면 진(辰)을 쓰는 것이지 날[日]을 쓰는 것이 아닙니다〔○ 맹강(孟康)이 말했다. "예를 들면 갑자일(甲子日)의 경우 자(子)는 진(辰)이 되고 갑(甲)은 날이 되니 자(子)를 써야지 갑(甲)을 써서는 안 된다는 말이다."〕. 진(辰)은 객이 되고 시(時)는 주인이 됩니다. 밝은 군주를 만나볼 경우에 모시는 신하가 주인이 됩니다〔○ 장안(張晏)이 말했다. "예법에 임금이 편안한 장소에서 신하를 만나볼 때는 곁에서 모시는 신하가 주인이 된다."〕. 진(辰)이 바르고[正] 시(時)가 그릇됐다면[邪] 인견하는 자가 바르고 모시는 자가 그릇된 것이고, 진이 그릇되고 시가 바르다면 인견하는 자가 그릇된 것이고 모시는 자가 바른 것입니다. 충성스럽고 바른 알현의 경우에는 모시는 자가 설사 그릇됐다고 해도 진과 시는 모두 바른 것입니다. 크게 그릇된 알현의 경우에는 모시는 자가 설사 바르다고 해도 진과 시는 모두 그릇된 것입니다. 나아가 모시는 자가 그릇되다는 것을 스스로 알고 있으면서 시가 그릇되면 진이 바르다고 해도 알현하는 자는 도리어 그릇되고, 또 만일 모시는 자가 바르다는 것을 스스로 알고 있으면서 시가 다르면 진이 그릇되다고 해도 알현하는 자는 도리어 바른 것입니다. 진은 일정한 일[常事]이고 시는 하루에 한 번 통과하는 것[一行]입니다〔○ 맹강(孟康)이 말했다. "예를 들면 갑자일(甲子日)의 경우 낮과 밤이 자(子)가 되고 시는 12시다."〕. 진은 성기고[疏] 시는 촘촘하며[精] 그 효과는 동일하기 때문에 반드시 다섯 가지를 잘 조합해서 살핀 연후에야 제대로 알 수가 있습니다. 그렇기 때문에 그 말미암은 바[所由]는 깊이 살피고 그 진퇴를 잘 살피며 육합(六合)과 오행(五行)을 참조해볼 때면 사람의 본성을 볼 수가 있고 사람의 정을 알 수가 있는 것입니다. 외부에서 보는 것은 어렵고 내면에서부터 봐야 훨씬 밝게 보이기 때문이며, 그래서 시가 배움이 되는 까닭도 성정(情性) 때문일 뿐입니다. 다섯 가지 본성[五性][19]은 서로 해치지 않고 여섯 가지 정[六情][20]은 번갈아가며 생겨났다 없어집니다. 본성은 역(曆-역법)으로 하고 정은 12율로 하는 것은 밝은 군주가 마땅히 혼자서 해야 하는 것이며 두 사람이 함께할 수 있는 것은 아닙니다. 그래서 말하기를 "어젊에서 드러나며 쓰임에 감추어져 있다"[21]라고 했으니, 드러나면 신비롭지가 않고 홀로 행하면 자연스러우며 오직 받들어 능히 쓰는 것일 뿐이라 배우는 자는 능히 행할 수가 없는 것입니다.'

이 해에 관동(關東)에 큰 홍수가 나서 군국 11곳이 굶주렸고 역병은 더욱 심했다. 상은 이에 조서를 내려 소부(少府)에 속해 있는 강, 바다, 제방, 호수, 정원, 연못 등을 빈민들에게 빌려주고 조세를 거두지 말도록 했다. 또한 태관의 어선(御膳)을 절약하고 악부(樂府)의 정원을 줄이며, 동산의 말들도 감축하고 여러 궁관들 중에서 자주 행차하지 않는 곳들은 수리를

---

19 오장(五臟)의 성질을 말한다. 간은 정(靜)하고, 심장은 조(躁)하고, 비장(脾臟)은 힘차고[力], 폐는 견고하고[堅], 신장은 지혜롭다[智]고 한다.

20 염정(廉貞), 관대(寬大), 공정(公正), 간사(姦邪), 음적(陰賊), 탐랑(貪狼)을 가리킨다.

21 『주역(周易)』「계사전(繫辭傳)」에 나오는 말이다.

못하게 했다. 그리고 태복과 소부에서는 곡물로 사육하고 있는 말의 수를 감축하고 수형(水衡)에서는 식육에 쓰이는 짐승을 줄이도록 했다. 이듬해 2월 무오일에 지진이 있었다. 그 해 여름에 제(齊) 땅 사람들이 서로 잡아먹었다. 7월 기유일에 다시 지진이 있었다. 상이 말했다.

"대개 듣건대 빼어나거나 뛰어난 임금[聖賢]이 자리에 있으면 음양이 조화를 이루고 비바람이 때를 어기지 않으며, 해와 달이 빛나고 별들은 제자리를 지키며 고요해 만백성들은 평안해 끝까지 천수를 누릴 수 있다고 한다. 지금 짐은 공손한 마음으로 하늘과 땅을 이어받아 공후(公侯)들의 윗자리에 몸을 맡기고 있지만, 눈 밝음[明]이 제대로 되지 않고 다움[德]을 제대로 펴지 못해 재이(災異-자연재해나 기상이변)가 한꺼번에 들이닥치는 일이 해를 이어 계속되니 마음이 편치 못하다. 마침내 2월 무오일(戊吾日)에는 농서군(隴西郡)에서 지진이 일어나 태상황(太上皇) 사당의 전각과 벽과 나무 장식이 허물어져 떨어졌고, 완도현(瀆道縣)에서는 성곽과 궁실 및 백성들의 가옥이 무너지는 바람에 깔려 죽은 사람들이 아주 많았다.

산이 무너지고 땅이 갈라지며 물의 원천은 치솟아 올랐다. 하늘이 재이와 지진을 내려주는 것은 짐의 무리들을 경계하려는 것이다. 그러니 (짐의) 다스림에 큰 이지러짐이 있어 그 꾸짖음이 여기에까지 이른 것이다. 아침저녁으로 전전긍긍해보지만 큰 변화[大變=大易]에 미처 통달하지 못하고, 깊이 생각하면 앞이 꽉 막혀 답답할 뿐 (그런 일이 일어나는) 이유나 원인[序]을 모르겠다. 근년에는 여러 해 동안 흉년이 들어 백성들은 궁핍해 굶주림을 이겨내지 못하고 형벌에 빠지게 되니, 짐은 이를 몹시 마음 아파하고 있다. 이미 조서를 내려 부의 창고를 열어 빈민들을 구휼하도록 했다. 하늘과 땅에서 내린 경계를 생각해 유사(有司-해당 부서)에서는 없애거나 줄여서 백성들을 편안케 할 수 있는 것들을 조목별로 주청하되 짐의 과실을 진술하는 것을 포함해 꺼리는 바가 있어서는 안 될 것이다."

그러고 나서 천하를 사면하고 곧은 말로 극간(極諫)하는 선비를 천거하도록 하자 봉은 봉사를 올려 말했다.

'신이 스승에게 들은 바에 따르자면 하늘과 땅이 위치를 정해주어 해와 달은 높이 걸리고 별들은 널리 퍼졌으며, 음과 양이 나뉘었고 사시(四時)가 정해지고 오행(五行)이 통하게 함으로써 빼어난 이[聖人]로 하여금 이를 볼 수 있도록 했으니, 이를 이름해 도(道)라고 합니다. 빼어난 이가 도를 본 연후라야 임금다운 다스림[王治]의 큰 그림[象]을 알게 돼, 땅을 주(州)로 구획하고 임금과 신하(의 질서)를 세우고 법률과 역법을 확립하고 일의 성공과 실패를 진술함으로써 뛰어난 이[賢人]로 하여금 이를 볼 수 있도록 했으니, 이를 이름해 경(經)이라고 합니다. 뛰어난 이가 경을 본 연후라야 사람의 도리에서 힘써야 할 것을 알게 되니 그것이 바로 『시경(詩經)』, 『서경(書經)』, 『주역(周易)』, 『춘추(春秋)』, 『예기(禮記)』, 『악기(樂記)』입니다. 『주역(周易)』에는 음양이 있고 『시경(詩經)』에는 오제(五際)²² 가 있습니다. 『춘추(春秋)』에는 재이가 있어 모두 종시(終始)를 갖춰 배열하고서 얻음과 잃음을 짚어냈고, 하늘의 마음을 상고함으로써 왕도(王道)의 안위를 말했습니다. 진(秦)나라에 이르러 이를 좋아하지 않아 법률을 갖고서 유학하는 선

---

22 한나라 유학자들은 『시경(詩經)』의 시를 다섯 가지로 나눠 12지에 따라 그것을 묘(卯), 유(酉), 오(午), 술(戌), 해(亥)로 나눴다.

비들을 해치니, 이로 말미암아 큰 도리는 통하지 않게 돼 진나라는 멸망에 이르고 말았습니다. 이상이 스승의 말씀입니다.

지금 폐하께서는 눈 밝고 빼어나시어 통치의 요체에 깊이 도달하셨고, 만방을 훤히 밝히시며 다움을 펴고 은혜를 베푸심에 있어 어느 하나 빠진 것이 없습니다. 급하지 않은 재용들은 없애거나 줄였고 빈곤한 자들을 진휼하셨으며, 의약을 나눠주고 관과 장례에 쓸 돈을 내려주시어 은택이 너무나도 두텁습니다. 또 직언하는 선비를 천거하라 하시고 폐하의 허물을 말하라 하시니, 성대한 다움이 고스란히 갖춰져 있어 천하는 참으로 다행입니다.

신 봉(奉)은 남몰래 제시(齊詩)를 배워 오제(五際) 중에서도 핵심인 '시월지교(十月之交)'편[23]을 배웠기 때문에 일식과 지진의 효과를 훤히 밝힐 수 있지만, 오히려 둥지에 있는 새들이 바람을 미리 알고, 구멍을 파고 사는 여우나 이리가 비가 올 것을 미리 아는 것과 같아, 진실로 다 알 수 있는 것은 아니고 다만 어느 정도 알 뿐입니다.

신이 듣건대 사람의 기운은 안에서 역류하게 돼 그 느낌이 하늘과 땅을 움직인다[感動]고 했습니다. 하늘의 변고는 별의 기운과 일식에서 나타나고, 땅의 변고는 기이한 물건과 지진에서 나타납니다. 그렇게 되는 까닭은 양(陽)이 그 정수[精]를 쓰고 음(陰)이 형체[形]를 쓰기 때문인데, 이는 마치 사람이 오장 육체(五臟六體)를 갖고 있는 것과 같습니다. 오장은 하늘을 본뜬 것이고 육체는 땅을 본뜬 것입니다. 그래서 몸속[髒=臟]에 병이

---

23 『시경(詩經)』「소아(小雅)」의 편 이름이다.

나면 기색이 얼굴에 나타나고, 몸[體]에 병이 나면 굽히고 펴는 것이 어려워져 동작의 이상으로 나타납니다.

　금년에는 태음(太陰-목성)이 갑술(甲戌)에 세워졌고 11월 경인일에 황종률(黃鍾律)이 처음 세워져 사용됐으며, 역법은 갑오일을 갖고서 봄을 따랐습니다[從春]. 역법은 갑경(甲庚)에 적중했고 음률은 삼양(參陽)을 얻었으며, 본성은 어짊과 의로움[仁義]에 적중했고 정은 공정(公正)과 염정(廉貞)을 얻어 100년의 정수가 되는 해입니다. 정세(正歲)는 본래 왕위의 첫머리에 해당하고 해가 중천에 있을 때 율과 접해 대지가 크게 진동하게 되니, 그후에 여러 달 동안 계속해서 날이 흐리고 (곡식을 풀어주는) 대령(大令)이 나와도 오히려 회복되지 않고 음의 기운이 왕성한 것입니다.

　옛날에는 조정에 반드시 동성(同姓)이 참여토록 해 혈친을 제 몸처럼 여기는 도리[親親]를 밝혔고, 반드시 이성(異姓)이 참여토록 해 뛰어난 이를 뛰어나게 여기는 도리[賢賢]를 밝혔으니, 이는 빼어난 임금이 천하를 크게 통하게[大通天下] 할 수 있었던 까닭입니다. 동성은 제 몸처럼 가까우니[親=近] 조정 진출이 쉽고, 이성은 거리가 있으니[疏=遠] 동성이 한 사람일 때 이성 다섯 사람을 두어 마침내 균형을 이루도록 했습니다. (그런데) 지금은 (폐하의) 좌우에 동성은 한 사람도 없고, 오로지 외척 집안 사람들만 가까이하시고 이성의 신하들 또한 듬성듬성[疏]합니다. 두 외척 집안의 무리들이 조정을 가득 채우는 바람에 이들은 그저 높은 자리들을 차지하는 데 그치지 않고, 세력 또한 엄청나서 사치하고 참람함이 도리를 넘으니, 여씨(呂氏)나 곽씨(霍氏)나 상관씨(上官氏)도 그들 앞에서는 기어야 할 정도입니다. 이는 참으로 사람을 사랑하는 도리가 아니며 또한 후사를 위한 장구한 계책[長策]도 아닙니다. 음의 기운이 왕성하다 보니 참으로 마땅히 그렇게 된 것이 아니겠습니까?

　신이 또 듣건대 미앙궁(未央宮), 건장궁(建章宮), 감천궁(甘泉宮) 세 궁전에는 재인(才人)들만 각각 100여 명이나 되니 이는 다 하늘의 본성에 어울리지 않는 것입니다. 두릉원(杜陵園)의 경우처럼 이미 알현을 마친 경우에는 신하들이 감히 말을 할 수가 없고, 설사 한다고 한들 그것은 태황태후에 해당하는 일입니다. 그런데 제후왕들의 정원과 그 후궁은 마땅히 정해진 인원[設員=定員]이 있고 그 제도를 뛰어넘는 사람들은 집으로 내보내니, 이것이 바로 음의 기운을 덜고 하늘에 응답해 간사함으로부터 벗어나는 방법입니다. (그런데) 지금 일어나고 있는 재이들에 대해 아무런 응답을 하지 않는다면 재이와 변고는 장차 잇달아 일어날 것입니다. 그 전범[法]으로 큰 홍수가 있고 음이 극에 달해 양이 생겨남으로 인해, 도리어 큰 가뭄이 찾아올 수도 있으며 심하면 (큰) 화재가 일어날 수도 있습니다. 『춘추(春秋)』에 나오는 송(宋)나라 백희(伯姬)의 경우가 바로 이것입니다. 다만 폐하께서는 조금이라도 이를 살펴셔야 할 것입니다.'

　이듬해 여름 4월 을미일에 효무원(孝武園)의 백학관(白鶴館)에 화재가 있었다. 봉은 스스로 적중한 바가 있다고 여겨 소를 올려 말했다.

　'신은 앞서 오제(五際) 지진의 효과에 대해 말씀을 올리면서 음이 극에 달하면 양이 생겨나 화재가 있을까 두렵다고 했습니다. 폐하의 밝은 귀에 부합하지 못하고 제대로 된 답을 드리지 못한 것 같았기에 신은 남몰래 속으로 자신을 갖지 못했습니다. (그런데) 지금 백학관에 화재가 난 것이 4월 을미일이고 시는 묘(卯)이며, 달이 항(亢)자리에 있을 때 화재가 일어난 것은 예전에 지진이 일어난 것과 같은 법칙입니다. 이에 신 봉은 도리가 믿을 만하다고 깊이 알게 돼 정성스러운 마음을 이기지 못하고, 바라건대 다시 한번 여유로운 시간을 내어주신다면 그 시작과 끝을 다 말씀드리고 싶습니다.'

상은 다시 신하들을 불러 (정사의) 얻고 잃음에 관해 물었다. 봉은 운양(雲陽)과 분음(汾陰)에서 하늘과 땅에 제사를 지내야 한다고 생각했고, 또 여러 침묘(寢廟)들이 혈육상 멀고 가까운 차례를 어긴 데다가 모두 다 비용이 번잡하게 들어가 옛 제도에 어긋난다고 여겼다. 그리고 궁실과 각종 정원들이 사치스럽고 너무 커서 유지에 필요한 물자들을 대는 것이 어렵고, 백성들은 고통받고 나라(의 창고)는 텅 비게 돼 여러 해 동안 쌓아둔 것[畜=蓄]이 다 없어졌다고 보았다. 게다가 이렇게 된 지가 아주 오래돼 그 근본을 고치지 않고서는 본말을 바로 하는 것이 어렵다고 보고서 마침내 소를 올려 말했다.

'신이 듣건대 옛날에 (상나라 임금인) 반경(盤庚)[24]이 도읍을 (은(殷)으로) 바꿈으로써[改邑] 은나라의 도리[殷道]도 일어나니, 성인(聖人-공자)께서 이를 아름답게 여기셨다고 했습니다. 남몰래 듣건대 한나라의 다음이

---

24 반경(般庚)으로도 쓴다. 상(商)나라 때의 국군(國君)이다. 탕(湯)의 9세손이고 제조(帝祖)의 아들이다. 형 양갑(陽甲)을 이어 왕위에 올랐다. 당시 국력이 쇠약해져 제후(諸侯)들이 입조(入朝)하지 않았다. 귀족들의 교만하고 사치스런 풍조를 일소하고, 수재를 면하려 피한 군중들을 이끌고 도읍을 은(殷)으로 옮겼다. 신민(臣民)들이 원망하자 글을 써서 백성들에게 고하니 이것이 『서경(書經)』 「상서(商書)」 '반경(盤庚)' 편이다. 재위 기간 중에 상나라가 부흥했는데 역사에서는 은상(殷商)이라 부른다. 28년 동안 재위했다.

융성할 수 있었던 것은 효문황제(孝文皇帝-문제)께서 몸소 절약과 검소함을 행하시고 밖으로는 요역(徭役)을 줄인 데 있었습니다. 그때에는 아직 미앙궁(未央宮)과 건장궁(建章宮)이 없었으며, 상림원(上林苑) 내의 여러 이궁(離宮)이나 별관 등도 없었습니다. 미앙궁에는 또 높은 문이나 무대(武臺), 기린·봉황·백호로 장식한 옥당(玉堂), 금으로 화려하게 꾸민 전(殿)이 없었고, 단지 전 앞에 곡대(曲臺), 점대(漸臺), 선실(宣室), 온실(溫室), 그리고 승명전(承明殿)뿐이었습니다. 효문제께서도 하나의 대(臺)를 짓고 싶어 하셨지만 추산해보니[度=計] 백금(百金)이 들어가고 백성들의 재산도 동원해야 된다고 해 계획을 접으시고 시행하지 않으셨으며, 그 기반에 흙만 쌓아올려 지금까지도 그대로 보존돼 있습니다〔○ 사고(師古)가 말했다. "지금은 신풍현(新豊縣) 남쪽에 있는 여산(驪山)의 정상이 그곳이다."〕. 또 유조(遺詔)를 내리시어 산 언덕[山墳]을 세우지 말라고 하셨습니다. 그랬기에 그때에는 천하가 크게 화합했고 백성들은 넉넉하고 풍족했으며[洽足], 그 다음은 후사(後嗣)에게 흘러 전해졌던 것입니다.

만약에 지금 그런 명을 내리신다면 우리의 여러 제도들로 인해 반드시 공명(功名)을 이룰 수 없을 것입니다. 하늘의 도리에는 일정함[常]이 있고 임금의 도리에는 일정함이 없으니, 일정함이 없는 자는 일정함이 있는 것에 부응하는 것이 이치입니다. 반드시 비상(非常)한 임금이 있은 연후에야 능히 비상한 공적을 세울 수 있습니다. 신이 바라건대 폐하께서는 성주(成周)로 도읍을 옮기시어[徙都] 성고(成皐)를 보호막 역할로 삼으신다면, (좌우는) 민지(黽池)가 막아주고 앞에는 높은 산들이 우뚝하고 뒤에는 대하(大河)가 가로막으니[介=隔=礙], 형양(滎陽)을 세워주고 하동(河東)을 뒷받

침해 남북으로 사방 1,000리를 관(關)으로 삼으면서 오창(敖倉)[25]으로 들어갈 수 있습니다. 또 지방에는 사방 100리 되는 곳이 8~9곳이라 얼마든지 스스로 버틸[自娛] 수가 있습니다. 그리되면 동쪽으로는 제후들의 권세를 누를[厭=抑] 수 있고, 서쪽으로는 강족 오랑캐[羌胡]의 어려움으로부터 멀리 거리를 둘 수 있으니, 폐하께서는 스스로의 몸을 공손하게 하시고서[恭己] 가만히 계시기만 하면[亡爲=無爲] 됩니다.[26] 신이 성주의 형국[居]을 가만히 살펴보니 반경(盤庚)과 같은 임금다움[德]을 겸하신다면 만세 후까지 조종이 장구하게 이어질 것입니다.

한나라 황실이 교외에서 (다섯 황제에게) 올리는 제사[郊兆]와 침묘에서 올리는 제사의 예법은 대부분 옛 예법과 합치되지 않으니, 신이 옛 도읍지를 기반 삼아[亶居=但居=依舊都] 예제(禮制)를 정성을 다해 받들고 싶습니다. 따라서 바라건대 폐하께서는 천도(遷都)를 근본으로 삼으셔야 합니다. (이에 필요한) 여러 제도들은 (이미) 다 정해놓았고, 궁궐이나 각종 건물들을 복구하는 데는 불요불급한 비용으로 충당할 수 있으며, 기간도 1년 남짓이면 가능할 것입니다.

신이 듣건대 삼대(三代)의 조상이 다움을 쌓아야 임금이 될 수 있다고

---

25 양곡(糧穀) 교역(交易)의 중심지이며, 지금의 하남성(河南省) 성고현(成皐縣) 오산(敖山)에 있던 곡물 창고다.

26 공기(恭己)와 망위(亡爲)는 『논어(論語)』 「위령공(衛靈公)」 편에 나오는 공자의 다음과 같은 발언을 압축하고 있는 표현이다. "무위하면서 다스린 임금은 아마도 순임금일 것이다. 무릇 무엇을 했겠는가? 몸을 공손하게 하고 바르게 남면했을 뿐이다[無爲而治者其舜也與 夫何爲哉 恭己正南面而已矣]."

했습니다. 그러나 모두 수백 년도 지나지 않아 끊어지고 말았습니다. 주나라는 성왕(成王)에 이르러 아주 뛰어난 인재들이 많았고, 그 덕에 문무(文武) 양쪽으로 공업을 이룩할 수 있었으며, (무왕의 형제인) 주공(周公)과 소공(召公)이 재상이 돼 유사(有司)가 각기 맡은 바 일을 삼가 받들자 모든 자리에는 다 적임자들이 앉게 됐습니다. (주나라의) 천하는 겨우 2대(-무왕과 성왕)를 내려왔을 뿐인데도 주공은 오히려 시와 글을 지어 성왕을 깊이 경계시킴으로써 (정사를 잘못하면) 천하를 잃을 수도 있다는 두려움을 갖도록 해주었습니다. 『서경(書經)』에 이르기를 '왕께서는 은나라 임금 주(紂)처럼 하지 마소서〔○ 사고(師古)가 말했다. "「주서(周書)」'무일(無逸=亡逸)' 편에 나오는 말이다."〕'라고 했고 『시경(詩經)』에서는 '은나라가 아직 백성의 무리를 잃지 않았을 때에는 능히 상제의 뜻에 화합했으니 마땅히 은나라를 거울로 삼을지어다. 큰 명은 보전하기가 쉽지 않도다[殷之未喪師 克配上帝 宜鑑于殷 駿命不易]〔○ 사고(師古)가 말했다. "「대아(大雅)」'문왕(文王)' 편에 나오는 구절이다."〕'라고 했습니다.

지금 한나라는 처음에 천하를 취함에 있어 패현(沛縣)의 풍읍(豐邑)에서 일어나 군사로써 정벌했기 때문에 다움으로 교화하는 일[德化]이 넉넉하게 이뤄지지 않아, 후세들이 사치를 부리는 바람에 나라의 비용이 여러 대에 써야 할 것들이 다 들어가고, 또 나라를 위해 써야 할 곳에 쓰지[費財] 않고 정벌을 위한 군사 동원에 돈을 다 썼습니다[費士]. 효무제 때에는 사방 오랑캐와 싸우느라 시신을 미처 제대로 거두지 못한 자들[暴骨]을 이루 다 헤아릴 수가 없을 정도였습니다. (한나라 황실이) 천하를 소유한 것은 비록 오래되지 않았지만 폐하에 이르기까지 (그래도) 8세(世)

9임금[主]이었는데[○ 여순(如淳)이 말했다. "여(呂)태후는 임금이기는 했지만 세(世)가 될 수 없다. 그래서 8세 9임금이라고 한 것이다."] (돌이켜보면 주나라의) 성왕(成王)과 같은 밝음[明]은 있었지만 주공(周公)이나 소공(召公)과 같은 (뛰어난) 보좌는 없었습니다. 지금 동쪽 지방에서는 해를 이어 기근이 든 데다가 전염병까지 더해져 백성들은 얼굴색이 파리하고[荣], 심지어 서로 잡아먹는 지경에 이르렀습니다. 땅은 자주[比=頻] 지진을 일으켰고, 하늘의 기운은 어지러이[溷=汙=混] 흐려져[濁] 햇빛을 빼앗겼습니다[侵奪].²⁷ 이로 말미암아[繇=由] 말씀드리건대 나라의 정사를 책임진 자라면 어찌 두려워하고 근심해[怵惕] 만분의 일이라도 경계하는 마음을 품지 않을 수 있겠습니까? 그래서 신은 바라건대 폐하께서 하늘의 변고를 계기로 삼아 도읍을 옮기시는 것만이 이른바 천하와 더불어 다시 시작하는 것[更始]입니다. 하늘의 도리란 끝[終]에 이르면 다시 시작하고 마지막[窮]에 이르면 다시 근본으로 돌아가는 것이니, 이 때문에 능히 천하를 장구하게 이어갈 수 있고 끊임없이 이어질 수 있는 것입니다.

(그런데) 한나라의 도리는 아직 끝에 이르지 않았기 때문에 폐하께서는 근본을 잡으시고 새로이 시작함으로써 대대손손 오래도록 복록을 이어갈 수 있으니 이는 진실로 도탑지[優] 않겠습니까? 병자(丙子)의 맹하(孟夏)처럼 태음(太陰)을 따라서 동쪽으로 간다면 7년이 지난 후에는 반드시 5년간의 여유 있는 축적이 있을 것이니, 그런 연후에 대행(大行)께서는 그에 맞는 제사를 받으실 수 있을 것입니다[考室之禮].[○ 사고(師古)가 말했

---

27 일식 등으로 인해 대낮에 햇빛이 사라졌다는 말이다.

다. "고(考)는 이루다[成]는 뜻이다. 즉, 그 예를 제대로 이루다[成其禮]는 말이다. 『시경(詩經)』「소아(小雅)」'사간(斯干)' 편 머리말에 '사간은 선왕(宣王)의 고실(考室)이다'는 말이 있는데 거기서 끌어온 것이다."]. 주나라가 비록 융성했다고는 하지만 결국은 이처럼 망했습니다. 오직 폐하께서는 유념하시어 만세를 이어갈 수 있는 계책을 깊이 살피셔야 할 것입니다.'

글이 올라가자 천자는 그 뜻을 기이하게 여기고서 답해 말했다.

"익봉에게 묻노라. 지금 (이곳에) 황제들의 무덤과 사당[園廟]이 7개나 있는데 동천(東遷)을 하면 장차 어찌되겠는가?"

이에 익봉이 대답해 말했다.

"옛날에 성왕(成王)은 낙(洛)으로 천도했고 반경(盤庚)은 은(殷)으로 옮겼으니, 그 피하고 취한 바는 다 폐하께서도 밝게 알고 계실 것입니다. 빼어난 밝음[聖明]을 갖고 있지 못한 임금이라면 일거에 천하의 도리를 바꿀 수 없을 것입니다. 신 익봉은 어리석고 고집스러우며[愚戇], 제멋대로이고 사리를 잘 알지 못하지만[狂惑], 오직 폐하께서만 그 같은 결단을 내리실 수 있을 것입니다."

그후에 공우(貢禹)도 예가 어지러워지는 바에 대해 말하자 상은 결국 우(禹)를 따랐다. 광형(匡衡)이 승상이 되자 남북의 교외로 옮길 것을 아뢰었는데 그 논의는 다 봉으로부터 나온 것이다.

봉은 중랑(中郞)으로서 박사, 간대부가 됐고, 나이가 많아 천수를 누리고 삶을 마쳤다. 아들부터 손자에 이르기까지 모두 학문으로 (이름이 나) 유관(儒官)에 있었다.

이심(李尋)은 자(字)가 자장(子長)으로 평릉(平陵) 사람이다.『상서(尙書)』를 배워 익혔고 장유(張孺), 정관중(鄭寬中)과 함께 같은 스승을 모셨다. 관중(寬中) 등이 스승의 법도를 그대로 지키며 사람들을 가르친 반면에 심(尋)은 홀로 『서경(書經)』의 「주서(周書)」에 실린 '홍범(洪範)'의 재이(災異)에 관한 글을 좋아했고, 또 천문과 월령, 음양 등을 배웠다. 승상 적방진(翟方進 ?~기원전 7년)[28]을 섬겼는데, 방진(方進)도 별자리[星曆]를 잘 알아 심(尋)을 제배해 관리로 삼았고, 여러 차례 적후(翟侯)를 위해 일에 관한 말씀을 올렸다. 제(帝)의 외삼촌인 곡양후(曲陽侯) 왕근(王根)이 대사마 겸 표기장군이 되자 이심을 두터이 대우해주었다. 이때 재이가 많이 발생했는데 근(根)이 (황제의) 정사를 보좌하고 있었기 때문에 여러 차례에 걸쳐 자신을 비우고[虛己] 심에게 물었다. 심은 한나라 황실[漢家]에 쇠퇴와 횡액[衰厄]이 모이고 있는 현상[象]을 보았기 때문에 마음속으로 또 홍수가 있거나 재해가 일어날 것으로 보고서 마침내 근에게 유세해 다음과 같이 말했다.

"『서경(書經)』에서 '하늘의 귀 밝음과 눈 밝음[天聰明]'[29]이라고 한 것

---

28 집안은 대대로 미천해 태수부 소리(太守府小吏)를 지냈다. 사직하고 경술(經術)을 배워 사책갑과(射策甲科)에 합격해 낭(郎)이 됐다. 성제(成帝) 하평(河平) 연간에 경학박사(經學博士)가 되고, 삭방자사(朔方刺史)로 옮겼다. 재직하면서 일을 번거롭게 하거나 가혹하지 않고도 위명(威名)을 떨쳤다. 승상사직(丞相司直)으로 옮겼다. 영시(永始) 2년(기원전 15년) 어사대부(御史大夫)가 됐다. 설선(薛宣)이 재상직을 떠나자 승상(丞相)에 발탁되고 고릉후(高陵侯)에 봉해졌다. 10년 동안 승상에 있으면서 유교의 이념으로 관리의 업무를 처리해 통명(通明)하다는 평을 들었다. 수화(綏和) 2년(기원전 7년) 성제에 대한 불만으로 천상(天象)의 변이가 생겼다는 책망을 듣고 자살했다.『춘추곡량전』과『춘추좌씨전』을 깊이 연구했다.

29 「우서(虞書)」'고요모(皐陶謨)' 편에서 고요는 이렇게 말한다. "하늘의 귀 밝음과 눈 밝음은 우리 인간(혹은 백성)의 귀 밝음과 눈 밝음에서 비롯됩니다[天聰明自我民聰明]." 즉, 하늘의 일은

은 대개 자궁(紫宮)의 극추(極樞)는 그 위치가 천제(天帝)의 지위와 서로 통하고[通位帝紀]〔○ 맹강(孟康)이 말했다. "자궁은 하늘의 북궁(北宮)이다. 극(極)은 하늘의 북극성이다. 추(樞)는 그것을 중심으로 회전하는 것이다. (『한서(漢書)』)「천문지(天文志)」에 이르기를 '하늘의 북극성 가운데 가장 밝은 것은 태일신(太一神=泰一神)이 늘 머무는 곳[常居]이다'라고 했으니 태일신은 천황대제(天皇大帝)요, 두루 통하는 극[通極]과 한 몸이다. 그래서 그 위치가 천제의 지위와 서로 통한다고 말한 것이다."), 태미(太微)의 네 문[四門]은 큰 길을 활짝 열어주며〔○ 맹강(孟康)이 말했다. "태미(太微)는 하늘의 남궁(南宮)이다. 네 문이란 태미의 네 문을 말한다."), 그 오제(五帝)와 여섯 제후[五經六緯]들은 경술(經術=유학)을 높여 선비를 드러내고〔○ 맹강(孟康)이 말했다. "육위(六緯)란 오경(五經)과 악위(樂緯)다." 장안(張晏)이 말했다. "오경에 효경의 위(緯)를 더한 것이다." 사고(師古)가 말했다. "육위란 오경의 위와 악위를 (합쳐) 말한 것이다. 맹강의 설이 옳다."),[30] 익성(翼星)과 장성(張星)의 두 별자리는 널리 퍼져[舒布] 온 세상을 불 밝혀 임하며〔○ 장안(張晏)이 말했다. "익(翼)은 28개 별자리 중 하나로 18도다. 서포(舒布)란 널리 퍼져가는 것[張廣]이다."), 소미(少微)의 처사들은 태미(太微)를 보좌하니〔○ 맹강(孟康)이 말했다. "소미의 네 별은 태미의 서쪽

결국 사람의 일에서 비롯된다는 말이다.
30 위(緯)란 한나라 말기 오경에 빗대어 만든 도참서다. 여기서는 일본어판 『한서(漢書)』 번역자 오다케 다케오(小竹武夫)의 견해를 따라서 오경과 육위는 각각 북극성의 다섯 별과 태미원(太微垣)의 정문(正門)의 작은 문 안에 있는 여섯 별을 가리키는 것으로 보아 다섯 별은 오제(五帝)로, 여섯 별은 제후로 풀었다.

에 있어 처사와 유학의 관리들을 주관하며 태미를 위해 보좌한다.")], 고로 태미의 다음 자리에 있게 돼 여궁(女宮)은 그 뒤에 있게 된다〔○ 맹강(孟康)이 말했다. "이는 소미의 네 별들이 태미의 다음 자리에 있다는 것을 말한다. 태미는 천제의 조정에서 일한다. 여궁이란 헌원성(軒轅星)을 가리킨다."〕는 것을 말하고 있습니다. 빼어난 이가 하늘을 이어받아 '뛰어난 이를 뛰어난 이로 알아보고서 가까이하기를 마치 여색을 좋아하는 것과 바꾸듯이 하는 것[賢賢易色]'[31]은 바로 여기에서 모범을 취한 것입니다.

천관(天官)인 상상(上相-고위 재상)과 상장(上將-고위 장군)은 모두 한마음으로 마주 보고서 조정을 바로잡고[正朝]〔○ 맹강(孟康)이 말했다. "조정은 태미궁과 같아서 서쪽에는 높은 무관[上將]들이 (동쪽을 향해) 서고 동쪽에는 높은 문관[上相]들이 (서쪽을 향해) 서서 각각 오로지 한쪽 면만을 보고서 하늘과도 같은 조정 일을 바로잡는다[正]는 말이다."〕, 그 심려와 책임이 너무나도 중하니 핵심 요체는 거기에 맞는 사람을 얻는 데 있습니다. 사람을 얻는 공효[效]는 곧 (일의) 성패의 기틀[機]이니 힘쓰지 않으면 안 됩니다.

옛날에 진(秦)나라 목공(穆公)은 귀에 착착 감기는 아첨[之言]에 넘어가, 앞뒤 없이 큰소리쳐대는 장수[之勇]에게 일을 맡겼다가 그 자신은 큰 모욕

---

31 이 표현은 『논어(論語)』「학이(學而)」편에서 공자의 제자인 자하(子夏)가 한 말이다. 마치 여색을 쫓듯이 뛰어난 인재를 구한다는 말이다. 그런데 이에 대한 원주에서 사고(師古)는 조금 다른 풀이를 제시하고 있다. 그는 역색(易色)의 역(易)을 이(易)로 보아 가벼이 여긴다[輕略=不貴]로 푼다. 그래서 역색(易色)을 이색(易色), 즉 여색을 가벼이 여긴다[輕略於色]라고 풀이한다. 좀 더 직설적인 풀이라 할 수 있다.

을 당했고 사직은 거의 망할 뻔했습니다.³² (그러나) 잘못을 뉘우치고 스스로를 꾸짖어 누런 머리의 뛰어난 원로[賢老]의 지혜를 물어 백리해(百里奚)를 써서 일을 맡겨, 드디어 서역(西域)의 패자가 될 수 있었으니[伯]³³ 그의 다움은 임금다운 도리[王道]에 나란히 설 수 있었습니다. 재앙과 복록[禍福] 두 가지가 (임금이 하기에 따라서) 이와 같으니 삼가지 않을 수 있겠습니까?

무릇 선비란 나라의 큰 보배이자 공명(功名)의 근본입니다. 장군께서는 한 집 안에서 아홉 열후[九侯]가 있고 20명의 2,000석 관리[朱輪]³⁴가 있어, 한나라가 일어난 이래로 신하 된 자로서 그 귀함이 이렇게 성대했던 경우는 일찍이 없었습니다. 무릇 사물과 일[物=事]이란 번성하게 되면 반드시 쇠퇴하게 되는 것이 자연의 이치이니, 오직 뛰어난 벗과 강한 보필[賢友强輔]이 있어야만 그나마 거의 몸과 목숨[身命]을 지킬 수 있고, 자손들을 온전히 할 수 있으며 나라를 편안케 할 수 있을 것입니다.

『서경(書經)』에 이르기를 '해와 달과 별들의 역수를 헤아려 천체가 운행하는 모양을 살펴본다[曆象]'³⁵라고 했으니, 이는 우러러 천문(天文)을 살피고[視] 굽어 지리(地理)를 살피며[察], 해와 달의 소식(消息)을 살피고

---

32 춘추시대 때 진나라가 정(鄭)나라를 쳤다가 대패한 일을 말한다.

33 백(伯)이 동사로 사용될 때는 제후들의 패자(覇者)가 된다는 뜻이다.

34 2,000석 관리가 타는 수레의 바퀴에는 붉은 칠을 했기 때문에 2,000석 관리를 주륜(朱輪)이라 부른 것이다.

35 「우서(虞書)」 '요전(堯典)' 편에 나온다.

[觀] 별들의 운행 경로[行伍]를 살피고[候], 산천의 변동을 살피고[揆] 인민들의 노래[繇=謠]와 풍속을 참조해[參] 법도를 제정하고 재앙과 복록[禍福]을 미리 고찰하는 것을 말합니다. 행하는 조치나 행동[擧措]이 도리에 어긋나 거스르게 되면[悖逆] 허물과 실패가 장차 이르게 되니, 그 때문에 징조(徵兆)를 미리 살펴보아야 하는 것입니다. 밝은 임금은 매사 두려워하는 마음으로[恐懼] 바름을 닦고, 몸을 기울여 널리 물어 재앙을 바꿔 복록으로 만듭니다[轉禍爲福]. 그렇게 해서도 답을 구하지 못할 경우 즉각 비축하고 대비함으로써 그것을 기다리니, 그 때문에 사직은 근심이 없게 되는 것입니다.

남몰래 살펴보건대 얼마 전에 적황색의 기운이 사방을 가득 채우고, 땅의 기운[地氣=陰氣]이 크게 터져 나와 땅을 흔들고 백성들의 힘을 고갈시켰던 것은 천하가 크게 어지러워질 조짐[徵]입니다. 혜성이 밝기를 다투고〔○ 장안(張晏)이 말했다. "해와 달과 밝기를 다툰다는 말이다."〕서민들의 영웅이 난을 일으키는 것은 큰 도적[大寇]을 불러들이는 것입니다. 이 두 가지는 이미 자못 그 효험이 드러났습니다. 성안에 큰물이 들이칠 것이라는 유언비어가 퍼져 사람들은 성 위로 기어 올라가고, 조정은 놀라 허둥거리며[驚駭=驚愕] 어린 여자아이가 궁 안으로 도망쳐 들어왔는데, 이것만이 효험은 아닙니다. 요사이에 또 겹쳐서 수천(水泉)이 넘쳐흘렀고, 성문 근처에서는 자주[仍=頻] 물이 흘러나왔습니다. 달과 함께 태백성(太白星)이 동정(東井)으로 들어갔고, 적수(積水)를 범해 천연(天淵)의 일각을 빼앗았습니다〔○ 맹강(孟康)이 말했다. "적수(積水)의 별 하나가 북하(北河)의 북쪽에 있고, 천연(天淵)의 별 10개는 북두성의 동남쪽에 있다. 빼앗았다

[缺]는 말은 그 각(角)이 바뀌어 그것을 지나쳤다는 말이다." 장안(張晏)이 말했다. "동정(東井)을 범해 수재가 일어났다."].

　　해는 자주 그 극양(極陽)의 색이 심해져 빛을 잃었습니다[○ 장안(張晏)이 말했다. "극양이란 많은 양들 중에서 으뜸[衆陽之宗]이다. 그래서 극양이라고 부른다. 색은 아주 밝지만 빛[光]은 없다."]. 우(羽)의 기운이 궁(宮)을 올라타서[○ 맹강(孟康)이 말했다. "(『한서(漢書)』)「천문지(天文志)」에 이르기를 '서방이 우(羽)가 된다'고 했다. 우란 소음(少陰)의 자리다. 소음은 신하의 기운[臣氣]이기 때문에 임금을 올라타는 것이다." 진작(晉灼)이 말했다. "우(羽)란 북방의 수(水)이니 수음(水陰)은 신하를 뜻한다. 궁(宮)은 중앙의 토(土)이니 토(土)는 임금을 뜻한다. 지금 물이 흙을 올라타고 있으니 이는 신하의 기운이 임금을 이기고 있다는 말이다."] 바람을 일으켜 구름을 쌓이게 했습니다. 또 그에 맞춰 산이 무너지고 땅이 움직여 황하는 원래의 물길을 따라 흐를 수 없게 됐습니다[不用其道][○ 사고(師古)가 말했다. "황하가 옛 물길을 따라 흐르지 않는다는 말이다."]. 한겨울에 천둥과 번개가 치고 잠룡(潛龍)이 나타나 큰 근심거리[孽]가 됐습니다[○ 맹강(孟康)이 말했다. "흑룡(黑龍)이 겨울에 나타난 것이다." 장안(張晏)이 말했다. "(『한서(漢書)』)「오행지(五行志)」에 이르기를 '용이 우물 한가운데 나타나면 (임금이) 유폐[幽囚]될 상(象)이다.'"]. 그리고 뒤이어 별이 떨어졌고 혜성이 흘러갔으며 유성(維星)과 전성(塡星)이 위에 나타났고[○ 맹강(孟康)이 말했다. "땅에는 유성(維星)이 있고 4개의 전성(塡星)이 있으니 모두 다 (불길한) 요사스러운 별[妖星]이다."], 일식 때에 배향(背鄕=背嚮)이 있었습니다.[36] 이것도 또한 위아래가 (각자 마땅히) 머물러야 하는 곳을 바꾼 것[易居]이기 때문에 홍수가 날 조짐입니다. (그런데) 근심도 하지 않고
_{역거}
고치지도 않으면 홍수가 마침내 들이닥쳐 이(-기존의 그릇된 정사)를 깨끗이 쓸어가려 할 것이고, 유성과 혜성은 마침내 이를 깨끗이 없애버리려 할 것이니, 반드시 이를 고쳐야만 기한을 늘여 재앙을 없앨 수 있을 것입니다. 따라서 가까운 시일 내에[屬者=近時] 자못 바뀌거나 고쳐져 조금이
_{속자} _{근시}
라도 사악하고 교활함[邪猾]을 덜어낸다면, 해와 달은 빛이 밝아지고[精=
_{사활}
明] 때에 맞는 비는 그 기운에 응해 내리게 될 것입니다. 이는 황천(皇天)
_명
이 한나라를 도와서 살려주려는 것 이외에 아무것도 아닙니다. 하물며 이를 크게 바꾼다면[大改] 어떻게 되겠습니까?
_{대개}

마땅히 서두르시어 숨어 있는 인재[幽隱=遺逸]들을 널리 구하고, 하늘
_{유은} _{유일}
의 도리를 아는 선비[天士]들을 뽑아내시어 [拔擢] 큰 직임[大職]을 맡기십
_{천사} _{발탁} _{대직}
시오. 여러 어리석고 용렬해[闒茸=茸闒] 간사스러운 아첨이나 하는 자, 거
_{탑용} _{용탑}
짓을 속에 품고서 승진이나 구하는 자, 또 잔혹하고 포악스럽다는 평판을 듣는 자, 이런 무리들은 하나같이 좋은 사람을 질투하고 충성스러운 사람을 미워하며, 천문을 무너뜨리고 지리를 패하게 만들면서 (반대로) 간사하거나 음험한 자[邪陰]를 날뛸 수 있게[湧躍] 해주고, 태양(太陽)은 빠져들
_{사음} _{용약}
게 만들어 주군 때문에 백성들 사이에 원망이 맺히게 하니, 마땅히 때를 살펴 퇴출시키시어 결코 벼슬의 자리에 머물게 해서는 안 될 것입니다. 열렬하게 이를 반드시 실행하신다면 흉년은 소멸할 것이고, 자손의 복록은

---

36 이는 일식이 있을 때 그 반원이 해를 향해 등을 돌리거나 해를 포함하거나 하는 것이다.

하루를 늦추지 않고[不旋日]³⁷ 바로 다다를 것입니다.

정치가 음과 양에 감응하는 것은 마치 철과 석탄의 저울이 내려갔다 올라갔다 하는 것[鐵炭之低卬]³⁸과 같아 그 효험이 믿을 만하다는 것을 보게 될 것입니다. 또한 여러 저수지와 연이어진 샘들은 물이 통하도록 힘쓰고 옛 제방들은 수리해 못과 늪[池澤]에 매기는 세금을 줄임으로써 간사하거나 음험한 자[邪陰]들이 날뛰는 것을 억제하는 데 도움이 되도록 해야 합니다. 일이 돼가는 것[行事]을 잘 살펴서 변화[變易]를 고찰하면 유언비어의 실상은 일찍이 다 드러나지 않은 적이 없습니다. 청컨대 한방(韓放)[○ 복건(服虔)이 말했다. "사람 이름인데 물[水]의 일에 밝은 자다."]을 부르시고 주창(周敞)과 왕망(王望)을 그 부하로 명하시어 함께 이 일을 도모하도록 하십시오."

근은 이에 심을 천거했다. 애제(哀帝)가 즉위한 초기에 심을 불러 황문(黃門)에 대조(待詔)하게 하고서 시중 위위(衛尉) 부희(傅喜)를 불러 심에게 묻게 했다.

---

37 원래 이 표현은 역서(易書)의 하나인 『역계람도(易稽覽圖)』 「중부전(中孚傳)」에 나오는 다음과 같은 구절에서 따온 것이다. "양은 하루를 늦추지 않고, 제후는 한 계절을 늦추지 않고, 대부는 한 해를 넘기지 않는다[陽感天不旋日 諸侯不旋時 大夫不過朞]." 이에 대해 정현(鄭玄)이 말했다. "양(陽)이란 천자다. 천자가 하루 좋은 일을 하면 하늘은 즉각 좋은 일로 감응하고, 하루 나쁜 일을 하면 하늘은 즉각 나쁜 일로 감응한다." 일설에는 불선(不旋)이란 즉각 반응한다는 풀이도 있다.

38 이는 옛날에 하지와 동지를 아는 방법이다. 철과 석탄을 저울의 양쪽 끝에 매달아 평균을 만들어둔다. 동지가 되면(겨울에는 양기가 자라난다) 석탄 쪽이 위로 올라가고, 철 쪽이 아래로 내려간다. 하지가 되면(여름에는 음기가 자라난다) 철 쪽이 위로 올라가고, 석탄 쪽이 아래로 내려간다.

"요즘 홍수와 지진이 있었고 해와 달이 도수(度數)를 잃어 별들이 어지러이 운행을 하며 재이가 거듭해서 일어나고 있다. 극언(極言)을 해 꺼리거나 피하는 말이 없도록 하라."

심이 대답해 말했다.

"폐하께서는 빼어난 (황제)다움으로 하늘을 높이고 땅을 공경하며 천명을 두려워하고 백성들을 중히 여기시니, 변고와 재이를 애통해하고 두려워하시며 (저같이 혈육상으로) 멀고 낮은 지위의 신하[疏賤之臣]를 잊지 않으시고 다행스럽게도 조정의 중신(重臣)을 시켜 물으시니, 어리석은 신은 부족하지만 밝은 조서를 받들겠습니다. 신이 남몰래 살펴보니 폐하께서 새로 천자의 자리에 오르시어 큰 밝음[大明]을 열어주시고, 꺼리거나 피하던 바[忌諱]를 없애시며 이름난 선비들을 널리 구하시니, 나란히 (조정에) 나아오지 않는 사람들이 없습니다.

신 심(尋)은 지위가 낮고 술책이 보잘것없는데 그릇되게도[過=謬] 여러 뛰어난 이들이 대조(待詔)하는 것을 따라서 태관(太官)에서 밥을 먹고 어부(禦府)의 옷을 입으며 오랫동안 옥당(玉堂)의 건물[39]이나 더럽히고 있습니다. 그런데도 자주[比=頻] 찾아 불러주셨으나 제가 이렇다 할 효험을 보인 바는 없습니다. 그런데 다시 부르시어 지성을 다해 물어보셨습니다. 저로서는 이 세상에 다시없을 명[不世出之命]을 받았기에, 바라건대 어리석은 마음이나마 온 힘을 다해 감히 꺼리는 바 없이 말씀드릴 터이니 그중 만분의 일이라도 받아들여주십시오. 다만 한 순간이라도 저의 이 말도 안

---

39 이 건물은 미앙궁(未央宮)에 있다.

되는 주장[瞽言]은 귀에 담지 마시고, 오로지 글의 이치[文理]만을 살피시
고 오경(五經)을 강구하시어 그 깊은 뜻을 찾아냄으로써 하늘과도 같은
마음[天心]에 함께하셔야 할 것입니다.

무릇 변고와 재이가 찾아오는 것은 각각 그에 응하는 조짐들이 있기
때문에 그런 것이니 신은 삼가 제가 들은 바를 조목별로 말씀 올리겠습
니다.

『주역(周易)』에 이르기를 '상(象)을 걸어[掛] 드러내는 것 중에 해와 달보
다 밝은 것은 없다'⁴⁰고 했습니다. 무릇 해란 수많은 양(陽)들의 우두머리
여서 그 빛이 밝히는 바가 만 리에 이르기까지 다 똑같이 가서 닿으니 임
금의 표상[表]이 됩니다. 그래서 해가 장차 떠오르려 하면 맑은 바람이 불
고 여러 음(陰)들은 엎드리고, 임금이 조정에 서면 안색에 거리끼는 바가
없습니다. 해가 처음에 비로소 나오면 뜨거운 기운이 뿜어져 나와 임금이
조정에 있을 때 간사스러움은 행해지지 않고, 충성스럽고 곧은 사람[忠直]
은 다 나아오게 돼 가려지거나 막히는 일이 없습니다. 해가 중천에 이르러
광채를 발하면 임금의 다움도 가장 밝아지고 대신들은 (사를 버리고) 공
(公)을 받듭니다. 해가 장차 지려 하면 오로지 한결같이 하면서[專一] 임
금은 침소로 들고 오래가는 절조가 있게 됩니다. (따라서) 임금이 도리를
닦지 않으면 해는 그 도수를 잃고 어두워져 빛이 사라지게 됩니다. 그리
고 그 각각에는 이런 풀이가 따라 붙습니다. 동쪽에서 해가 뜨려 하고[作
=起] 또 해가 처음에 나오면 [○ 사고(師古)가 말했다. "해가 나올 때에 사람

---

40 「계사전(繫辭傳)」 상(上)에 나오는 말이다.

과 사물이 다 일어난다."〕 검은 구름[陰雲]과 간사한 기운[邪氣]이 일어나, 그것을 본떠 대궐 안에서 정사를 어지럽히는 여자들의 청탁[女謁]에 구애돼 두려워하고 어렵게 여겨야 할 일들[所畏難]이 있게 됩니다. 해가 나오고 나면 근신들이 정사를 어지럽히고, 해가 중천에 뜨면 대신들이 기만과 무고를 일삼으며, 해가 또 들어가고 나면 처첩과 환관들이 처소에서 일을 꾸며댑니다.

최근에 해가 심하게 도수에서 벗어나 빛이 사라져 색을 잃었고 간사한 기운과 햇무리가 여러 차례 생겨났습니다. 본래 새벽에 나와서 서로 연결돼 저녁에 이르니 해가 뜬 이후부터 해가 중천에 이르기까지는 약간 나은 바가 있습니다.

소신이 궁궐 안의 일을 알지는 못하지만 해의 움직임을 통해 남몰래 폐하께서 뜻을 지키시는 바[志操]를 살펴보니 처음에 비해 쇠퇴한 것이 많습니다. 그 허물은 바름을 지키고 곧은 말을 하다가 죄를 얻게 될까 봐 두려워하는 데 있으니, 이렇게 되면 후사에게도 해악이 되고 세상에도 안 좋을 수 있습니다. 삼가지 않으면 아니 됩니다.

오직 폐하께서는 강건하신[乾剛] 다움을 잡아 쥐시고 뜻을 굳세게 하고 도리를 지키시며, 여알(女謁)이나 간사한 신하들의 농간[態]에 귀를 기울여서는 안 됩니다. 어린 시절의 보모나 유모가 달콤한 말이나 애끓는 사연으로 청탁을 하더라도 끊어버리고서 들어주어서는 아니 됩니다. 큰 의논[大誼]에 온 힘을 다하시고 사소한 것들은 끊어버리셔야 합니다. 사정에 따라 어쩔 수 없을 경우에는 재물을 내려주시되 사사로이 관직과 지위를 내려주는 것은 진실로 저 하늘에서 금하는 것입니다. 해가 빛을 잃으면 별들은 제 마음대로 날뛰게 됩니다. 양이 음을 제어하지 못하면 음은 마구 뛰어다닙니다. 근자에 태백성이 대낮에[正晝] 하늘을 가로질러갔습니다. 마땅히 다움을 높이고 몸을 닦으시어 불궤하는 자들을 잡아 다스리셔야 합니다.

신이 듣건대 달이란 수많은 음(陰)들의 우두머리이고 사라지지 않으면서 겉으로는 숨어 있기 때문에 100리 안에서는 그 도수(度數)가 똑같지만[爲品], 1,000리가 되면 표(表-날씨를 측정하는 기둥)를 세워 그 그림자의 도수(度數)를 재고[立表], 만 리가 되면 그 표가 가리키는 바를 이어 별이 가는 길을 알게 해주니[連紀],[41] 이는 비후(妃后)와 대신과 제후를 상징합니다. 초하루와 그믐에 정확히 끝나고 시작하며, 초승달[弦]은 먹줄[繩墨]이 되고, 보름달은 임금의 다움을 이루며, 봄과 여름은 남쪽이고, 가을과 겨울은 북쪽입니다. 최근에 달이 자주 봄과 여름에 해와 같은 길을 가는 것[○ 맹강(孟康)이 말했다. "방성(房星)에 4개의 별이 있고 그 사이에 3개의 길이 있다. 봄과 여름에는 남쪽으로 운행하고 남쪽 머리에는 제1성이 안쪽 길[裏道]을 타고 간다. 가을과 겨울에는 북쪽으로 운행하고 북쪽 머리에는 제1성이 안쪽 길을 타고 간다. (그래서) 해와 같은 길을 가는 것이니 이를 일러 중앙 길[中央道]이라고 한다. 이 세 가지 길이 바로 해와 달과 다섯 가지 별이 타고 다니는 길[所由]이다."]은 절도를 잃은 것이니 (북두칠성의 북쪽에 있는) 헌원성(軒轅星)이 정후(正后)를 지나쳐 그 기운을 받고[○ 맹강(孟康)이 말했다. "헌원성은 남태성(南太星)으로 후(后)가 된

---

41 이상 위품(爲品), 입표(立表), 연기(連紀)는 맹강(孟康)의 주에 입각해 풀어서 옮겼다.

다."), 태미(太微)의 제정(帝廷-상제의 뜰)에 들어가 광휘를 내고 상장군과 근신을 범하며, 여러 별들은 다 색을 잃고 어쩔 수 없이[厭厭] 점점 사라져 가니, 이것은 모후가 정치에 관여해 조정을 어지럽히고 음과 양이 모두 상해 양쪽이 다 서로에게 편안치 못한 것입니다.

조정 밖의 신하[外臣-이심 자신]는 조정의 일을 알지 못해 가만히 천문을 믿어보니 실상이 이와 같고 근신들은 이미 의지할 수가 없습니다. 집은 큰데 기둥은 작으니 참으로 한심하다 하겠습니다. 오직 폐하께서는 몸소 뛰어난 선비들을 구하시어 나쁜 자들을 강하게 해주지 않으심으로써 사직을 높이고 본 조정을 높여 강하게 하셔야 합니다.

신이 듣건대 다섯 별[五星][42]은 오행의 정기[精]이며 다섯 황제[五帝]의 명을 관장해[司命] 임금다운 임금이 호령하는 데 응하는 절도입니다. 세성(歲星-목성)은 세시의 일[歲事]을 주관하고 다섯 별 중의 우두머리이며, 호령은 기강이 되는데 지금 도수를 잃고서 번성하니, 이는 임금이 의욕을 갖고서 하고자 하는 바가 있는데 아직 그 절도를 얻지 못했다는 뜻입니다. 또 전성(塡星-토성)이 세성(歲星)을 피하지 않았다면 이는 황제를 뒤로 하고 (황제와 신하가) 함께 정사를 하는 것인데, 서로 규성(奎星)[43]과 누성(婁星)[44]에 머물러 있으니 마땅히 의리에 입각해 그것을 끊어버려야 합니다.

---

42 고대 중국에서부터 알려져 있던 세성(歲星-목성), 형혹(熒惑-화성), 태백(太白-금성), 진성(辰星-수성), 전성(塡星-토성)을 말하며 각각 동·남·서·북·중앙 방위에 해당한다.

43 이십팔수(二十八宿)의 열다섯째 별로 문운(文運)을 맡아 고, 이 별이 밝으면 천하가 태평하다고 한다.

44 이십팔수(二十八宿)의 열여섯째 별이다.

형혹성(熒惑星-화성)이 오고 가는데 일정한 궤도가 없고[亡常=無常] 양궁(兩宮)(-자미성과 태미성)의 사이를 지나가면서 몸짓을 하는데, 혹은 낮게 하고 혹은 높게 해 천문(天門)으로 들어가고 명당(明堂)에 올라가서 꼬리를 통과해 천궁(天宮)을 어지럽히고 있습니다. 태백성(太白星-금성)이 빠르게 천고(天庫-무기고)를 범하는 것은 병란이 일어난다는 뜻입니다. 황룡(黃龍-헌원성)을 관통하고 제정(帝廷)에 들어가고, 문에 당도해 나오고 형혹을 따라서 천문에 들어가고, 방(房)에 이르러 나뉘지고 형혹성과 더불어 우환이 되고 있지만 감히 명당의 정(精-한복판)에는 닿지 못했습니다. 이것은 폐하께서 신령스러우시기 때문에 재앙과 어지러움이 이루어질 수 없었던 것입니다.

형혹성이 나아가는 방향을 잃고 느슨해지면, 간사한 자들이 무리를 이뤄 세력에 기대면서 넌지시 빗대는 말[微言]로 깎아내리거나 높이어 같은 무리들이 조정에 나아가게 해서 선량한 신하들을 가리게 됩니다. 태백성이 단문(端門)[45]에서 나오면 신하들 중에 신하다운 자들이 없게 됩니다. 형혹성이 양 궁을 돌아 영실(營室)에 들어가고 태백성이 방성(房星)에 들어가 명당에 오르는데도 적시에 그 우환을 해결하지 않으면 흉하게 됩니다. 전성(塡星-토성)과 세성(歲星-목성)이 서로 지키고 있으면[相守] 이는 또한 내란을 주관하게 됩니다.

---

45 태미원(太微垣) 남방 중앙의 두 별 사이를 말한다. 태미원은 천자의 궁정, 오제(五帝)의 좌(座), 12제후의 부(府) 등을 형상하며, 단문 동쪽의 별은 좌집법(左執法)으로 정위(廷尉)를, 서쪽의 별은 우집법(右執法)으로 어사대부(御史大夫)를 형상한다.

마땅히 집안[蕭牆]의 일을 잘 살피시고 혈육상으로 가깝고 먼 사람들 간의 기미[親疎之微]를 소홀히 여기지[急=忽] 마시며, 간사한 자들[佞人]을 내쫓아 주살하시고 그들의 싹도 미리 막고 끊어냄으로써, 더러운 무리들을 깨끗이 씻어내고 오래 쌓인 잘못들을 일거에 없애시어, 결코 재앙과 어지러움이 이뤄질 수 없도록 하셔야 할 것입니다. 신성(辰星-수성)은 사계절을 바로잡는 일을 주관하니 마땅히 사계절의 가운데 달[四仲]을 본받도록 돼 있습니다. 그래서 사계절이 순서를 잃으면 곧 신성에 이변이 일어납니다. (그런데) 지금 신성이 세수(歲首-한나라 때는 10월 맹동)에 나왔으니 이는 하늘이 폐하를 꾸짖어 알리려는 까닭입니다. 정사를 너무 서두르면 신성이 빨리 나오고 정사를 너무 완만하게 하면 신성이 늦게 나오며, 정사가 끊어져 (황제의 바른 통치가) 행해지지 않으면 신성은 숨어서 나오지 않다가 혜성이 돼 나타납니다. 사계절의 맹월(孟月-정월, 4월, 7월, 10월) 무렵에 나타나는 것은 임금의 명을 가벼이 여기는 것이고, 사계절의 계월(季月-마지막 달인 12월, 3월, 6월, 9월) 무렵에 나타나는 것은 점성가가 꺼리는 바입니다. 지금 다행히 홀로 정월[寅孟之月]에 나타난 것은 대개 저 황천이 폐하를 돈독하게 돕고자 하는 까닭이니, 마땅히 깊이 생각하시어 스스로 바꿔나가셔야 하실 것입니다.

나라를 다스리는 것은 그래서 늘 조심하고 걱정하는 마음으로[戚戚] 하지 않고 빨리 하려고 하면 그 목표에 도달할 수가 없습니다. 그래서 『서경(書經)』에 이르기를 '3년에 한 번씩 성적을 조사하고 세 번 조사해 관리를 내쫓거나 승진시켰다'⁴⁶라고 했습니다. 사계[四時]를 고분고분 따르지 않고 호령을 내릴 경우 지난 일에 대해서는 탓하지 않더라도 앞으로는 지침이 될 것입니다. 최근 봄 3월에 큰 옥사를 다루었는데 그 시기가 해로운 음기가 강할 때여서 때를 거스른 것이라 흉년이 들까 두렵습니다. 또 6월[季夏]에 군사를 일으키셨는데 그때 차가운 기운이 찾아들었으니 뒤에 서리와 우박의 재이가 있을까 두렵습니다. 가을밤 달이 떴을 때 봉작(封爵)의 일을 거행하셨는데 그 달은 땅의 기운이 음습했으니, 뒤에 우레와 우박의 변고가 있을까 두렵습니다.

무릇 기뻐하시고 화내시고 상과 벌을 내리시면서, 이처럼 때의 금기[時禁]를 전혀 돌아보지 않으신다면 비록 요순의 마음이라 하더라도 오히려 능히 화합[和]을 이루지 못할 것입니다. 하늘을 향해 말을 잘하게 되면 반드시 사람에게 그 효험이 있게 됩니다. 비유하자면 최고의 농부라 하더라도 겨울에 밭을 갈 경우 온 힘을 다해 깊이 파고 땀나도록 씨를 뿌리더라도 오히려 자랄 수가 없으니, 이는 사람의 마음[人心]이 지극하지 못해서가 아니라 하늘의 때[天時]를 얻지 못한 때문입니다. 『주역(周易)』에 이르기를 '때가 그쳐야 할 경우에는 그치고, 때가 가야 할 경우에는 가서 움직임과 고요함이 때를 잃지 않으니 그 도리가 빛나고 밝다'⁴⁷라고 했고 『서경(書經)』에 이르기를 '삼가 백성의 때를 받아들이라'⁴⁸라고 했습니다. 그래

---

46 「우서(虞書)」 '순전(舜典)' 편에 나오는 말이다.

47 간(艮)괘(☶)의 단사(彖辭)다.

48 「우서(虞書)」 '순전(舜典)' 편에 나오는 말이다. 백성의 때란 농사철을 말한다.

서 옛날의 임금다운 임금들은 하늘과 땅을 높이 받들고, 음과 양을 중하게 여겼으며, 사시(四時)를 공경하고 월령을 엄격하게 따랐던 것입니다. 이를 고분고분 따라서 좋은 정사를 펼치면 화합의 기운[和氣]이 자리 잡게 돼 오히려 북채와 큰 북이 서로 조응하게 되는 것과 같게 됩니다. (그런데) 지금 조정은 시령(時令)과 월령(月令)을 소홀히 하니 여러 시중과 상서, 근신들에게 마땅히 월령의 의미를 통지하시어, 여러 아랫사람들도 그에 맞춰 일을 청하도록 하셔야 합니다. 그리고 만약에 폐하께서 명령을 내리시면서 때를 어길 경우에는, 마땅히 그것을 알고서 다투어 때의 기운[時氣]에 고분고분하시도록 청하게 해야 합니다.

신이 듣건대 오행은 물[水]을 근본으로 삼고, 그 별(-수성)은 현무 칠수(玄武七宿)의 무녀(婺女)[49]로 하늘과 땅의 기강이 두루 통하는 것이어서 (음양의) 끝과 시작이 생겨나는 곳입니다. 물은 공평한 것[平]을 표준으로 삼으니, 임금의 도리가 공평해 바르고 잘 닦여 밝으면[公正修明] 100개의 하천이 순리를 따르고 경락도 통하지만, 치우친 무리[偏黨]들로 인해 기강을 잃으면 물이 넘쳐서 패망하게 됩니다. 『서경(書經)』에 이르기를 "물은 축축함 아래에 있다"[50]라고 했으니 음의 기운은 움직여서 아래로 가면 그 도리를 잃은 것이 아닙니다. 하늘 아래에 조리가 있었기 때문에 하수에

---

49 현무 무녀란 북쪽의 칠성수(七星宿)의 총칭이다. 그중에 두(斗)성, 우(牛)성, 여(女)성(무녀)이 있다. 무녀란 수녀(須女)다.

50 「주서(周書)」 '홍범(洪範)' 편에 있는 구절이다.

서는 그림을 내었고 낙수는 글을 내었습니다[河圖洛書].⁵¹ 그래서 하수와 낙수가 넘쳐흘러 최대가 된 것입니다. 지금 여수(汝水)와 영수(穎水)에는 물이 넘쳐서 빗물과 함께 백성들에게 해를 끼치고 있습니다. 『시경(詩經)』에 이르기를 '번쩍번쩍하는 천둥 벼락이 편안치 못하고 좋지 못하도다. 수많은 하천이 펄펄 끓는구나[爗爗震雷 不寧不令 百川沸騰]'⁵²라고 했으니 그 허물이 황보경사(皇甫卿士)의 족속들에게 있었다는 말입니다. 오직 폐하께서는 (이 시를 지은) 시인의 말에 유의하시어 조금이라도 외척과 대신을 억제하시옵소서.

신이 듣건대 땅의 도리는 부드럽고 고요함[柔靜]이니 이것이 음(陰)의 오래가는 뜻[常義]입니다. 땅은 위와 가운데와 아래[上中下]가 있습니다. 위의 땅에 지진이 일어나는 것은 왕비나 후궁[妃后]이 고분고분하지 않은 데[不順] 대한 반응이고, 가운데 땅에 지진이 일어나는 것은 대신들이 어지럽히는 데 대한 반응이며, 아래의 땅에 지진이 일어나는 것은 일반 백성들이 떠나가고 반란을 일으키는 데 대한 반응입니다. 지진이 간혹 특정한 제후국에서 일어나는데 이는 그 제후의 허물 때문입니다. 사방의 나라와 중앙, 그리고 여러 주들에서 연이어 지진이 일어나는 것은 그만큼 문제가

---

51 고대 중국에서 예언(豫言)이나 수리(數理)의 기본이 된 그림과 책이다. 하도(河圖)는 복희(伏羲)가 황하(黃河)에서 얻은 그림으로 이것에 의해 복희는 역(易)의 팔괘(八卦)를 만들었다고 하며, 낙서(洛書)는 하우(夏禹)가 낙수(洛水)에서 얻은 글로 이것에 의해 우(禹)는 천하를 다스리는 대법(大法)으로서의 「홍범구주(洪範九疇)」를 만들었다고 한다.

52 「소아(小雅)」 '시월지교(十月之交)' 편에 나오는 구절이다. 이 시는 천체의 움직임을 빌려 외척과 소인배들의 준동을 경계하고 있다.

심각하기 때문입니다. 최근에 관동 지방에서 자주 지진이 일어났고 다섯 별[五星]도 이상(異狀)을 보이고 있지만 아직 대역(大逆)에 이르지는 않았습니다. 마땅히 힘써 양의 기운을 높이고 음의 기운을 억제해 그 허물을 구제해주어야 하고, 뜻을 굳건히 해 위엄을 세우고 사사로운 길을 막아서 끊어내고 걸출한 인재들을 뽑아 올리며, 맡은 바를 제대로 다하지 못하는 사람은 내쳐서 본 조정을 강하게 만들어야 합니다. 무릇 뿌리가 강하게 되면 정신적으로 적의 예봉을 꺾을 수 있지만[折衝], 뿌리가 약하면 재앙을 불러들이고 흉사를 이르게 해 간사한 계략에 능멸을 당하게 됩니다.

신이 듣건대 예전에 회남왕(淮南王)이 음모를 꾸몄을 때 왕이 두려워했던 자는 오직 급암(汲黯, ?~기원전 112년)[53]뿐이었고, 공손홍(公孫弘) 등은 말할 거리도 안 된다고 생각했습니다. 공손홍은 한나라의 명재상이며 지금까지도 그와 비교할 만한 사람이 없지만, 그러나 그런 그도 오히려 가볍

---

53 경제(景帝) 때 음보(蔭補)로 태자세마(太子洗馬)가 됐다. 무제(武帝) 초에 알자(謁者)가 돼 하남(河南) 지역의 화재(火災)를 시찰했는데, 제문(制文, 황제의 명령서)을 고쳐 창고를 열어 이재민을 구휼했다. 외직으로 나가 동해태수(東海太守)가 됐는데, 형벌을 경감하고 정치를 간소하게 집행하면서 가혹하거나 지나치게 상세한 처결을 하지 않아 치적을 올렸다. 불려 주작도위(主爵都尉)에 올라 구경(九卿)의 한 사람이 됐다. 사람 됨됨이가 충간을 좋아하고 정쟁(廷諍)을 거침없이 제기했는데, 무제가 속으로는 욕심이 많았지만 겉으로 인의(仁義)를 많이 베푼 것도 그의 힘이 컸다. 무제가 그를 두고 '사직(社稷)을 지탱하는 신하'라 칭송했다. 또 흉노와의 화친을 주장하고 전쟁은 반대했다. 승상 장탕(張湯)과 어사대부(御史大夫) 공손홍(公孫弘) 등을 문서로 장난을 쳐 법을 농간하는 법률 만능주의자요 천자에게 아첨하는 영교지도(佞巧之徒)라 비난했다. 황로지도(黃老之道)와 무위(無爲)의 정치를 주장하며 왕에게 간언했는데 받아들여지지 않았다. 어떤 일로 면직돼 몇 년 동안 전원에서 보냈다. 다시 불려 회양태수(淮陽太守)가 되고 재직 중에 죽었다.

게 보였는데 하물며 공손홍 같은 사람이 없는 지금의 상황이야 어떻겠습니까? 그래서 사람들은 말하기를 조정에 인물이 없어지면 도적이 난을 일으키고 가벼이 여기게 되니, 이는 자연의 도리라 할 수 있다고 하는 것입니다. 천하는 아직 폐하께서 뛰어난 계책[奇策]을 가진 신하나 뜻을 굳건히 지키는[固守] 신하를 갖고 있다는 말을 들어본 적이 없습니다. 옛말에 이르기를 '무엇으로 조정이 쇠했다는 것을 알 수 있겠는가? 사람들마다 자기들이 잘났다 하면서 사람들과 소통하는 일에 힘쓰지 않으니[人人自賢 不務於通人], 그 때문에 세상은 점차 쇠퇴하는 것이다[陵夷]'라고 했습니다.

말은 구유[櫪]로 사육하지 않으면 길을 내달릴 수 없고, 선비는 평소에 기르지 않으면 나라를 튼튼하게 하는 데[重國] 쓸 수가 없습니다. 『시경(詩經)』에 이르기를 '많고 많은 선비들이여 문왕께서는 이들로 인해 편안하도다[濟濟多士 文王以寧]'[54]라고 했고, 공자께서는 '10가구 정도 되는 작은 마을에도 나만큼 충신 한 사람은 반드시 있다'[55]라고 했으니 이는 공허한 말이 아닙니다.

폐하께서는 온 천하의 백성들을 손에 쥐시고 있지만 일찍이 기둥과 줄기[柱幹]가 돼줄 만큼 뜻을 굳건히 지키는 신하[固守]가 있다는 말은 사방에서 들어본 적이 없으니, 이는 거의 그들을 위해 길을 널리 열어주지 않고 그들을 취함에 있어 밝지 못하며 그들을 권면하는 바가 독실하지 못하시기 때문입니다. 전하는 말에 이르기를 '흙이 좋다고 하는 것은 벼를 잘

---

54 「대아(大雅)」 '문왕(文王)' 편에 나오는 구절이다.

55 『논어(論語)』 「공야장(公冶長)」 편에 나오는 말이다.

길러주기 때문이고, 임금이 밝다고 하는 것은 선비들을 잘 길러주기 때문이다'라고 했습니다. 중간쯤 되는 사람은 (기르기에 따라) 누구나 다 군자가 되게 할 수 있습니다. (폐하께서는) 조서를 내리시어 뛰어나고 훌륭한 선비들을 나아오게 하시고, 작은 잘못을 한 자들은 용서해주시며, 한 사람이 모든 것을 갖추고 있기를 요구하지 마시어[無求備於一人][56] 널리 뛰어난 인물들을 모이게 하십시오. 예를 들어 근세의 공우(貢禹)는 나랏일을 말할 때[言事] 충성스럽고 간절해 매사 존중을 받았기 때문에, 이런 때를 맞게 되자 선비들 중에 몸을 일으켜 이름을 얻게 된 자가 많았습니다. 그러나 공우가 죽자 그런 세력은 나날이 힘을 잃어갔습니다. 또한 경조윤(京兆尹) 왕장(王章)이 나랏일을 말하다가[言事] 주멸되기에 이르자 일을 아는 사람[智者]들은 혀를 묶어버렸고, 간사하고 거짓을 일삼는 무리들은 다투어 일어났으며 외척은 명령을 독점하니, 임금과 신하의 사이는 가로막히고 후사는 끊어졌으며, 여궁(女宮-궁녀들)들은 어지러움을 빚어내고 있습니다. 이처럼 모든 일이 엉망이 됐으니 신은 진실로 두렵고 슬플 뿐입니다.

일이 이렇게 잘못된 근본은 모후(母后)의 집안이 오랫동안 권세를 쥔데 있는 것이지 단 하루 만에 진행된 것이 아닙니다. 지나간 것은 다다를 수 없지만 다가올 것은 오히려 따라잡을 수 있다고 했습니다[往者不可及來者猶可追也]. 선대 황제께서는 크게 빼어나시어[大聖] 하늘의 뜻을 훤하

---

56 이는 공자가 사람을 쓸 때 주공을 모범으로 삼아 강조한 내용이다. 이것이 관(寬)의 정확한 의미다.

게[昭然] 깊이 들여다보시어, 폐하로 하여금 황통[天統]을 받들어 잇게 하
　　소연　　　　　　　　　　　　　　　　　　　　　　　　천통
셨으니 이는 황통을 바로잡으려 하셨기 때문입니다. (그러니 폐하께서는)
조금이라도 외척을 억누르고 좌우의 신하들을 잘 고르시며 다움과 행실
이 있거나 유학에 두루 밝은 선비들을 뽑아 관직을 채우신 다음이라야
빼어난 다움[聖德-천자]을 보필할 수 있고 황제의 자리를 보호할 수 있으
　　　　　성덕
며, 적장자[大宗]로 하여금 황통을 이어가게 할 수 있습니다. 밑으로 낭리
　　　　대종
(郎吏)와 종관(從官)에 이르기까지 품행이나 재능 면에서 뛰어난 점이 없
거나 또한 한 가지 기예에도 능통하지 못한 자, 그리고 박사들 중에서 문
아(文雅)한 마음이 없는 자는 마땅히 다 논밭으로 돌아가게 하시어 이것
을 천하에 보이신다면, 조정에는 뛰어난 재능의 군자들이 차지하게 돼 조
정을 무겁게 여기고 임금을 높여, 흉악한 자들을 다 제거하고 평안에 이
르게 될 것이니 이것이 바로 근본입니다.

　신은 스스로 지금 드리는 말씀이 신의 몸을 해치게 될 것이라는 것을
잘 알고 있지만 주륙을 당하는 죄를 피하지 않고 말씀 올렸습니다. 부디
폐하께서는 잘 가리시고[財=裁] 유의하시어 어리석은 신의 말씀을 반복
　　　　　　　　　　　　재 재
해서 살펴주시기를 바랍니다."

　이때는 애제(哀帝)가 막 즉위했기 때문에 성제(成帝)의 외척인 왕씨(王
氏)가 크게 억압당하거나 축출되지 않은 상태였고, 애제의 외척인 정씨(丁
氏)와 부씨(傅氏)는 새롭게 귀하게 됐는데 할머니인 부태후(傅太后)가 특히
교만스럽고 방자해 존호를 받고 싶어 했다. 승상 공광(孔光), 대사공 사단
(師丹)이 정치를 맡고 있어 힘써 간쟁한 것이 오래됐는데, 상은 어쩔 수 없
이 결국 공광과 사단을 면직시키고 부태후에게 존호를 부여했다. 상세한

이야기는 「사단전(師丹傳)」에 실려 있다. 상은 비록 심의 말을 따르지는 않았지만 그러나 그의 말을 채용해 매번 비상한 일이 있을 때마다 곧장 심에게 물었다. 그의 대답은 여러 차례 사안에 적중했다[屢中]. 승진해 황문시랑(黃門侍郞)이 됐다. 또 심은 수재에 관해 말을 했기 때문에 심을 제배해 기도위(騎都尉)로 삼아 황하의 제방을 보호하게 했다.

애초에 성제(成帝) 때 제(齊)나라 사람 감충가(甘忠可)가 『천관력(天官曆)』과 『포원태평경(包元太平經)』 12권을 거짓으로 만들어 말하기를 "한나라 왕실은 하늘과 땅의 큰 종말을 만났으니 마땅히 하늘에서 다시 명을 받아야 하고, 천제(天帝)는 진인(眞人-신선) 적정자(赤精子)를 시켜서 나에게 내려와 이런 도리를 가르쳐주었다"라고 했다. 그리고 충가(忠可)는 이것을 가지고 (발해군) 중평(重平) 사람 하하량(夏賀良)과 (동해군) 용구(容丘) 사람 정광세(丁廣世), 동군(東郡)의 곽창(郭昌) 등에게 가르치니, 중루교위 유향(劉向)이 충가가 귀신을 빌려 상을 기망하고 대중을 현혹시키고 있다고 아뢰니, 감옥에 내려 자복하도록 다스렸는데 아직 판결이 나기 전에 병이 나서 죽었다. 하량(賀良) 등은 충가의 책을 끼고서 배운 죄에 연루돼 불경죄로 판결했지만 뒤에 하량 등은 다시 몰래 서로 가르쳤다. 애제(哀帝)가 처음 즉위했을 때 사예교위 해광(解光) 또한 경전에 밝고 재이에 정통해 총애를 얻었는데, 하량 등이 충가의 책을 끼고 다닌다 해 그 일을 아뢰었다. 그 사건은 봉거(奉車)도위 유흠(劉歆)에게 내려졌는데, 흠(歆)은 그 책이 오경(五經)과 합치되지 않기 때문에 보급을 해서는 안 될 것이라고 했다. 그런데 이심 또한 그것을 좋아했다. 광(光)이 말했다.

"전에 흠의 아버지 향(向)은 충가를 아뢰어 감옥에 내려보냈는데 흠이 어떻게 이 도리를 보급시키라고 하겠는가?"

이때 곽창이 장안령(長安令)으로 있으면서 심에게 마땅히 하량 등을 도와야 할 것이라고 권유했다. 심은 드디어 하량 등을 모두 황문에 대조할 것을 건의하니, 상은 여러 차례 이들을 불러서 만나보았고 이들은 자신들의 주장을 펼쳐서 설명했다.

"한나라의 역수(曆數)는 중도에 쇠퇴했으니 마땅히 다시 천명을 받아야 합니다. 성제(成帝)께서는 천명에 부응하지 못하셨기 때문에 후사가 끊어졌습니다. 지금 폐하께서는 오랜 질병을 갖고 계신데 변고와 재이가 여러 차례 일어나는 것은 하늘이 사람에게 견책해 알려주는 것입니다. 마땅히 서둘러 연호를 고치셔야 마침내 해를 늘려 더 오래 사실 수 있고, 황자(皇子)가 탄생하며 재이는 없어질 것입니다. 도리를 얻고서도 시행하지 못하면 허물과 재앙이 또한 없는 것이 없을 것이니, 장차 홍수가 나타나고 재앙과 화재가 또 일어나 인민들을 쓸어버릴 것입니다."

애제는 오랫동안 병으로 누워 있어서 혹시라도 그것이 유익함이 있기를 기대해[幾=冀] 드디어 하량 등의 의견을 따랐다. 이에 승상과 어사에게 조제(詔制)해 말했다.

'대개 듣건대 『상서(尙書)』에 이르기를 "다섯 번째가 고종명(考終命)이다〔○ 사고(師古)가 말했다. "「주서(周書)」 '홍범(洪範)'의 오복(五福)의 수다. 천수를 누리고 명을 마치는 것을 말한다."〕"라고 했으니, 대운(大運)이 한 번 끝나고 다시 천원(天元)과 인원(人元)을 열어 문(文)을 살피고 이(理)를 바로잡으며, 역법을 추산해 기(紀)를 정하며 추산은 갑자(甲子)처럼 하라.

짐은 보잘것없는 몸으로 들어와 태조를 계승하고 황천을 이어받으며 백료를 총괄하고 백성들을 자식처럼 대했으나 아직 하늘의 마음으로부터 응보의 효험을 받지 못했다. 자리에 올라 들고 난 지 3년이 됐는데 재이와 변고가 여러 차례 내려왔고, 해와 달은 도수를 잃었으며 별들은 어지러이 운행하고, 산은 무너지고 냇물은 말라[高下貿易] 큰 이변이 거듭되고, 도적들이 나란히 일어나고 있다.

짐은 두려운 마음에 전전긍긍하며 오직 점차 멸망하게 될까[陵夷]만을 걱정하고 있다. 생각건대 한나라가 일어나 지금까지 200년이 됐고 기(紀)를 지나 원(元)을 열었고, 황천은 아무런 재주도 없는 짐에게 도움을 내리시어 한나라가 다시 천명을 받을 수 있는 조짐을 얻었으니, 비록 짐은 임금답지 못하지만 어찌 감히 하늘로부터 원명(元命)을 받지 않을 수 있겠는가? 반드시 천하와 더불어 스스로를 일신해야 할 것이다. 이에 천하를 크게 사면해 건평(建平) 2년을 태초(太初) 원장(元將) 원년으로 하고, 칭호를 진성유태평황제(陳聖劉太平皇帝)라 한다. 누각(漏刻)은 (눈금을 100개에서) 120개로 한다. 천하에 널리 포고해 모두 그것을 훤히 알게 하라.'

한 달여가 지나도 상의 질병이 예전과 다름없었다. 하량 등은 다시 망령되이 정사를 바꾸려고 했으나 대신들은 다투어 허락할 수 없다고 보았다. 하량 등이 아뢰어 말하기를 대신들은 모두 천명을 모르니, 마땅히 승상과 어사를 물러나게 하고 해광과 이승으로 하여금 정치를 보좌하게 하라고 말했다. 상은 그들의 말이 효험이 없다고 여겨 드디어 하량 등을 관리에게 내려보냈고 조서를 내려 말했다.

'짐이 종묘를 얻어 지키게 됐으나 정사를 함에 있어 임금답지 못해 변고와 재이가 거듭해서 일어나니, 두렵고 걱정스러워 어찌해야 할 바를 알지 못하겠다. 대조(待詔) 하량 등이 건의하기를 연호를 고치고 칭호를 바꾸며 누각을 늘리면 영원히 국가를 편안케 할 수 있다고 했다. 짐이 도리를 믿는 바가 도탑지 못해 그들의 말을 지나치게 들었던 것은 그저 백성들이 복을 얻게 되기를 바라는 것이었을 뿐이다. 그러나 끝내 아무런 아름다운 보응이 없었고 오랫동안 가뭄의 재앙이 일었다. 그래서 하량 등에게 물으니 다시 제도를 고쳐야 한다고 했지만 그것은 경전의 마땅함에 위배되는 것이고, (한나라의) 빼어난 제도를 어기는 것이며 때의 마땅함에도 부합하지 않는다. 무릇 (공자가 말하기를) 허물을 고치지 않는 것이야말로 진짜 허물이라고 했다.[57] 지난 6월 갑자일의 조서는 사면령을 제외하고는 모두 없었던 것으로 한다. 하량 등은 도리를 배반하고 대중을 현혹시켰으니 그 간사한 태도는 마땅히 끝까지 추궁해야 할 것이다.'

모두 감옥에 내려졌고 광록훈 평당(平當), 광록대부 모막여(毛莫如)는 어사중승, 정위 등과 함께 공동으로 다스려[雜治=잡치], 하량 등은 사도[左道=좌도=邪道=사도]를 내세워 조정을 어지럽히고 국가를 뒤엎었으며 주상을 속였으니 부도(不道)에 해당한다고 판결했다. 하량 등은 모두 죄에 엎어져 주살됐다. 심(尋)과 광(光)은 사형에서 한 등급을 감형 받아 돈황군(敦煌郡)으로 유배를 갔다[徙=사].

찬(贊)하여 말했다.

"그윽하게 신명(神明)을 도와서 하늘과 사람의 도리에 통하며 부합하는

---

57 『논어(論語)』 「위령공(衛靈公)」 편에 나오는 말이다.

것으로는 『주역(周易)』이나 『춘추(春秋)』만큼 잘 드러나는 것이 없다. 그런데도 자공(子貢)은 오히려 말하기를 "스승의 문장(文章)은 알아들을 수 있지만 [○ 사고(師古)가 말했다. "『주역(周易)』의 글이나 『춘추(春秋)』의 내용이 그것이다."] 성(性)과 천도(天道)에 대해 말씀하신 것은 알아들을 수 없다."[58]라고 했을 뿐이다. 한나라가 일어난 이래로 음양(陰陽)을 추구해 재이(災異)를 말한 자로는 효무(孝武) 때 동중서(董仲舒), 하후시창(夏侯始昌)이 있었고, 소제(昭帝)와 선제(宣帝) 때는 수맹(眭孟), 하후승(夏侯勝)이 있었으며, 원제(元帝)와 성제(成帝) 때는 경방(京房), 익봉(翼奉), 유향(劉向), 곡영(谷永)이 있었고, 애제(哀帝)와 평제(平帝) 때는 이심(李尋)과 전종술(田終術)이 있었다.

이들은 당시의 임금에게 음양과 재이의 설을 받들어 이름이 난 자들이다. 그런데 그들이 했던 말들을 살펴보면 도리의 한 실마리에 불과할 뿐이다. 경서에 의탁하고 마땅한 도리를 내세우며 엇비슷한 것들에 기대어 '혹 억측하면 자주 사안에 적중했다.'[59] (결국 그래서) 동중서(董仲舒)는 옥리에게 내려진 적이 있고 하후승(夏侯勝)은 감옥에 갇혔으며, 수맹(眭孟)은 주륙됐고 이심(李尋)은 유배를 갔으니, 이는 배우는 자들이 큰 경계로 삼아야 할 것이다. 경방(京房)은 구차스럽게 총애를 얻기는 했으나 일의 얕고 깊음을 헤아리지 못하고 위태로운 말로 기롱을 하다가 강한 신하들에

---

58 『논어(論語)』 「공야장(公冶長)」 편에 나오는 말이다.

59 이 말은 『논어(論語)』 「선진(先進)」 편에서 공자가 제자 자공(子貢)을 안회(顔回)와 비교하면서 다소 부정적으로 평가하며 했던 말이다. 즉, 자공은 "천명을 받아들이지 않고 재물 확장에 힘썼으나 혹 억측하면 자주 사안에 적중했다"고 비판했다.

게 원망을 품게 만들어 큰 죄가 아니었음에도 결국 주도면밀하지 못해 몸을 잃었으니[○ 사고(師古)가 말했다. "『주역(周易)』「계사전(繫辭傳)」에 나오는 말의 일부다. '임금이 주도면밀하지 못하면 신하를 잃고 신하가 주도면밀하지 못하면 몸을 잃는다'. 찬은 이를 인용한 것이다.") 슬프도다!"

권
◆
76

조광한·윤옹귀·
한연수·장창·양왕전
趙尹韓張兩王傳

조광한(趙廣漢)은 자(字)가 자도(子都)로 탁군(涿郡) 여오(蠡吾) 사람이며 이 지역은 옛날에는 하간(河間)에 속해 있었다. 젊을 때 군리(群吏)와 주(州)의 종사(從事)를 지냈고, 청렴결백하고 통달하고 민첩해 선비들을 잘 예우한다고 이름이 났다. 무재(茂材)로 천거돼 평준령(平準令-물자의 운송과 물가 조절을 담당하는 대사농의 속관)이 됐다. 청렴하다는 평가를 받아 양적령(陽翟令)이 됐다. 치적이 아주 탁월해 경보도위(京輔都尉-경보는 수도가 속한 지역으로 경보도위는 군수를 보좌해 군내의 군사와 치안을 담당)로 승진해 경조윤(京兆尹)의 업무를 임시로 맡아보았다. 마침 소제(昭帝)가 붕(崩)하자 신풍현(新豐縣) 사람 두건(杜建)이 경조윤의 속관으로 (소제의 능인) 평릉(平陵)을 조성하는 일을 맡게 됐다. 건(建)은 평소 호방한 협객이어서 그의 빈객들이 간사한 이익을 추구하니 광한(廣漢)이 그것을 듣고서 먼저 넌지시 경고했다. 건이 잘못을 고치지 않자 이에 건을 구금하고 법대로 다스리려고 했다. 조정의 환관과 호걸 및 세력가들이 광한에게 온갖 청탁을 넣었으나 끝까지 아무것도 들어주지 않았다. 건의 친족과 빈객들이 어떻게든 건을 빼내려고 했으나 광한은 그러한 계획을 주동한 자들의 이름과 동정을 전부 알아내 사자를 보내 경고했다.

"만약 이러한 계획을 세운다면 온 집안을 함께 멸해버리겠다!"

그러고는 관리들을 시켜 장차 건을 데려다가 기시(棄市)하려 하니 감히 가까이 접근하는 자가 없었다. 경사(京師-조정)에서는 그를 칭송했다.

이때 창읍왕이 불려와 즉위해서는 음란한 짓을 자행하니 대장군 곽광과 여러 신하들이 힘을 합쳐 왕을 폐위시키고 선제(宣帝)를 높여 세웠다. 광한은 이때 계책을 정하는 모임에 참여했다 해 관내후의 작위를 하사받았다.

승진해 영천(潁川)태수가 됐다. 영천군에서는 세력이 큰 성(姓)인 원씨(原氏)와 저씨(褚氏) 일족이 마구 세력을 부리니, 그 집안의 빈객들이 도적질을 저질러도 전임 2,000석 관리들은 누구도 그들을 통제하지 못했다. 그가 부임한 지 몇 달도 안 돼 벌써 원씨와 저씨 중에서 가장 악독한 자들을 주벌하자 군내가 벌벌 떨었다.

이에 앞서 영천군의 호걸과 세력가들이 큰 집안은 서로 혼인을 맺어 속관과 군민을 패거리로 묶었다. 이를 우려한 광한은 그 패거리들 중에서 쓸 만한 자를 뽑아 공문을 전달하고 순찰하며 소송 사건을 심문하게 했다. 그들의 죄상을 밝힌 다음에 법을 적용해 벌을 내렸고, 광한은 고의로 관련된 정보를 누설해 서로를 원망하고 남에게 잘못을 돌리도록 이간질시켰다. 또 속관에게 투서함을 만들라고 하고 투서가 접수되면 고발한 사람의 이름을 지우고 그 대신 호걸과 세력이 큰 집안 자제가 투서한 것으로 꾸몄다. 그런 뒤부터는 권세가 있고 세력이 큰 집안이 서로 원수가 돼 간악한 패거리가 뿔뿔이 흩어져 사라지고 풍속은 크게 바뀌었다. 관리와 백성들이 서로 고발하고 광한은 그들을 눈과 귀로 이용했기 때문에 도적들이 일어날 수 없었고 일어나더라도 즉시 체포됐다. 모든 일을 법리에 따라 다스리니 그 위엄과 명성이 퍼져나가 흉노 사이에도 그의 명성을 잘 알고 있노라고 투항한 흉노들이 말했다.

본시(本始) 2년 한나라가 장군 5명을 파견해 흉노를 칠 때 광한을 징발해 태수 신분으로 군사를 거느리고 가서 포류(蒲類)장군 조충국(趙充國) 휘하에 소속시켰다. 종군하고 돌아와서 다시 임시[守] 경조윤을 맡아보다가 1년을 채우고 정식[眞] 경조윤이 됐다.

광한은 2,000석 관리가 된 뒤에 온화한 얼굴로 선비들을 대접하고 속관들을 보듬고 천거했으며, 은근하고 주도면밀하게 대우했다. 공로를 따져 상을 내릴 때에도 아랫사람에게 공적을 돌려 말하기를 "아무개 관리가 한 일은 태수가 할 수 있는 일이 아니다"라고 치켜세웠다. 그가 행하는 일은 이렇게 지극한 정성에서 나왔다. 그래서 그를 만난 속관들은 모두 마음속에 숨어 있는 것까지 몽땅 드러내어 숨기는 것이 없었고, 모두 그를 위해서 일하려고 했으며, 지쳐 쓰러지는 일조차도 피하지 않았다. 광한은 귀 밝고 눈 밝아[聰明] 부리는 자의 능력의 한계와 그들이 진력하는지 하지 않는지를 전부 파악했다. 그들 중에 할 일을 하지 않는 자가 있으면 그때마다 남보다 앞서 알아차리고 그에게 넌지시 권유하고, 그래도 고치지 않으면 체포했는데 도피하는 자가 아무도 없었다. 그가 죄상을 살펴서 증거를 제시하면 바로 죄를 인정했다.

광한은 힘이 셌고 천성적으로 관리의 직무에 정통했다. 관리나 백성들을 만나보아야 할 때는 혹은 밤잠도 자지 않고 다음 날 새벽까지 일을 했다. 그는 특히 구거(鉤距)[1]를 통해 일의 실상을 파악하는 능력이 뛰어났다. 이 구거라는 것은 가령 말의 값을 알고자 한다면 먼저 개의 값과 양의 값을 묻고 또 소의 값을 물은 다음에 말의 값을 물어, 이렇게 그 값을 비교해서 그 높낮이를 유추해보면 말의 값이 비싼지 싼지를 실제와 다르지 않게 알아낼 수 있는 것이다. 오직 광한만이 이 방법을 아주 정교하게 활용했고 다른 사람들은 흉내도 낼 수 없었다. (이런 식으로 해서) 그는 군내의 도적과 각 마을의 경박한 무뢰배들이 근거지로 삼은 소굴이 어디에 있는지, 속관들이 받은 아주 작은 양의 뇌물조차 얼마인지 등의 간사한 짓거리를 모두 알아냈다. 장안의 젊은이 몇 명이 궁벽한 마을의 빈집에 모여 어떤 사람을 협박하자고 모의한 일이 있었는데, 앉아서 말을 마치기도 전에 광한이 속관을 보내 그들을 체포해 죄를 다스리자 모두 자백했다.

부자인 소회(蘇回)가 낭(郎)이 됐을 때 두 사람이 소회를 인질로 잡고서 그를 겁박했다. 조금 뒤에 광한이 속관을 거느리고 그 집에 이르러 직접 마당에 서서 장안의 속관인 공사(龔奢)를 시켜 창문을 두드려 도적을 다음과 같이 설득했다.

"경조윤 광한이 두 사람에게 말을 전한다. 인질을 죽여서는 안 된다. 왜

---

[1] 갈고리로 옭아매듯이 술책(術策)으로 남을 꾀어서 그 실정(實情)을 탐지(探知)해 꼼짝 못하게 하는 것을 비유적으로 표현한 것이다.

냐하면 이분은 황제를 모시는 신하이기 때문이다. 인질을 풀어주고 손을 잡고 나오면 잘 처리해주겠다. 요행히 사면령을 만나면 죄를 벗을 수도 있을 것이다."

도적 둘은 깜짝 놀란 데다가 또 평소부터 그의 이름을 들어 알고 있었기 때문에 즉시 문을 열고 마당에 내려와 머리를 조아렸다. 그러자 광한이 무릎을 꿇고 사례하며 "다행히도 낭관을 살려주셨으니 은덕이 매우 큽니다"라고 말했다. 그들을 감옥에 보내고 옥리에게 잘 대우해 술과 고기를 주라고 당부했다. 겨울에 이르러 그들이 사형에 처해질 때 광한은 미리 그들을 위해서 관을 만들고 그들에게 그 사실을 알리니 둘 다 "죽어도 아무런 여한이 없습니다"라고 말했다.

광한이 일찍이 공문서를 보내 호도정장(湖都亭長)을 부른 적이 있는데 호도정장이 서쪽으로 와서 계상(界上)에 이르자 계상의 정장이 장난 삼아 말했다.

"경조부에 이르거든 나를 대신해 조군(趙君)에게 안부 인사를 전해주시오."

정장이 경조부에 이르자 광한이 그와 이야기를 나눴는데 광한이 관계된 일을 다 말한 다음에 그에게 "계상의 정장이 내게 안부를 묻는 말을 그대에게 전했을 텐데 어째서 묻지 않는가?"라고 했다. 정장이 머리를 조아리며 실제로 그런 일이 있었노라고 실토했다. 그러자 광한이 말했다.

"돌아가서 나를 대신해 계상의 정장에게 감사하다고 전하게. 정성을 다해 직무를 수행하고, 효과가 나타나면 경조윤이 그 후의를 잊지 않을 것이라 전하도록 하게."

간특한 일을 발견하고 숨겨진 사실을 적발하는 것이 귀신같았는데 그가 하는 일은 모두 이와 같았다.

광한이 장안을 순찰하고 감옥을 관장하는 옥리의 녹봉을 100석으로 올려달라고 주청했는데, 그런 뒤부터는 100석을 받는 관리들이 비교적 자중해 감히 법을 이용해 백성을 함부로 억류하는 일이 사라졌다. 경조 지역의 정치가 깨끗해지자 관리와 백성들이 광한을 입에 침이 마르도록 칭송했다. 장로들은 한나라가 세워진 이래로 경조 지역을 다스린 관리들 중에서 그를 따라갈 자가 없다고 입으로 전해 말했다. 좌풍익(左馮翊)과 우부풍(右扶風)은 관서가 모두 장안(長安) 안에 있었기 때문에 범법자들은 경조 경내를 거쳐가기를 좋아했다. 그래서 광한이 탄식하며 "내가 다스리는 곳을 어지럽히는 것은 항상 좌풍익과 우부풍이다. 내가 그 두 곳까지 다스린다면 정말 식은 죽 먹기일 뿐일 텐데"라고 말한 적도 있었다.

애초에 대장군 곽광이 정사를 주도할 적에 광한은 광을 모셨다. 광이 죽게 되자 광한은 마음속으로 상의 은근한 뜻을 알아차리고서 장안의 속관을 징발해 자신이 직접 거느리고, 광의 아들 박륙후(博陸侯) 우(禹)의 저택으로 몰려가 곧바로 그 문을 차고 들어간 다음에 사적으로 술을 빚었는지를 수색하느라 술동이를 때려 깨부수고, 그 문의 빗장을 도끼로 잘라버린 다음에 물러갔다. 그때 광의 딸이 황후로 있었는데 이 소식을 듣고 제(帝)를 찾아가 눈물을 흘리며 하소연했다. 제는 내심 광한이 한 일을 잘했다고 생각해 그를 불러 격려했다. 이 일로 말미암아 광한은 조정의 귀족 외척 대신을 침범했다. 그는 대대로 관리를 지낸 집안의 자손으로서 막 벼슬을 시작한 나이가 젊은 자들을 즐겨 발탁했는데, 독선적이고 제멋대로

이며 기운이 세고 날카로운 이 젊은 관리들은 사건을 맡으면 좌충우돌해 회피하는 것이 없었다. 그들은 대체로 일을 과감하게 처리하는 경우가 많아 누구도 그들과 맞서지 못했다. 광한은 끝내 이로 인해 망하게 됐다.

애초에 광한의 식객이 사사로이 장안의 시장에서 술을 팔았는데 승상사(史-속관)가 그를 쫓아냈다. 그 식객은 일반 백성인 소현(蘇賢)이라는 자가 그를 고발했으리라고 의심해 이를 광한에게 말했다. 광한은 장안의 승(丞)을 시켜 현(賢)의 죄상을 캐내게 했는데 위사(尉史-현위(縣尉)의 속관) 우(禹)가 현은 패상(霸上)에 주둔해야 할 기사(騎士)로, 주둔지에 가지 않아 군대의 기율을 어겼다고 그를 고의로 탄핵했다. 그러자 현의 부친이 소를 올려 무죄를 하소연하고 광한을 고발했다. 사건의 처리가 유사에 내려져 조사가 진행됐다. 그 결과 우는 허리를 베이는 요참형에 처해졌고 광한에 대해서는 체포를 요청했다. 조서가 내려와 즉각 심문하라고 했더니 광한은 죄를 인정했다. 마침 사면령이 내려져 직급이 한 등급 감해지는 선에서 마무리됐다.

광한은 소현과 같은 마을에 사는 영축(榮畜)이라는 자가 사주했다고 의심해 그 뒤에 다른 죄목을 걸어 영축을 죽였다. 어떤 자가 소를 올려 이 일을 고발하니 사건의 처리가 승상과 어사에게 내려져 조사가 매우 긴급하게 진행됐다. 그러자 광한은 친한 장안 사람을 사주해 승상부 문지기가 돼 승상부에서 일어나는 불법적인 일을 은밀히 조사하도록 했다. 지절(地節) 3년 7월에 승상의 친근한 시비(侍婢) 중에서 잘못을 저지른 여자가 목을 매 죽은 사건이 일어났다. 이를 들은 광한은 승상의 부인이 투기해 승상부 안에서 그 시비를 죽였다고 추정했다. 그때는 마침 승상이 종묘에 제사를 드리기 위해서 몸을 깨끗이 하고 재계해야 할 때였다. 광한은 이러한 내막을 알아내고서 중랑(中郞) 조봉수(趙奉壽)를 승상에게 보내 넌지시 회유하고 자신의 사건을 철저하게 파헤치지 말라고 협박했다. 그러나 승상은 굴하지 않고 조사와 심문을 한층 급하게 서둘렀다. 광한은 그를 고발하고자 먼저 별의 기운을 잘 아는 태사(太史)에게 물었더니 금년에 사형을 당하는 대신이 있을 것이라고 말했다. 광한이 즉시 상소를 올려 승상의 죄상을 고발했다. 그러자 제(制)하여 말했다.

"경조윤에게 사건을 내려보내 처리하게 하라!"

사태 추이의 긴박함을 잘 아는 광한은 드디어 직접 관리와 형졸을 데리고 승상부로 쳐들어가 승상의 부인을 불러 뜰에 무릎을 꿇게 한 다음 조사를 받게 했다. 그리고 노비 10여 명을 체포해 데리고 가서 노비를 죽인 사건과 관련된 사항을 캐려고 했다. 승상 위상(魏相)은 이에 글을 올려 다음과 같이 진술했다.

'제 아내가 계집종을 죽인 일은 결단코 없습니다. 광한이 자주 법을 어겨 죄를 저지르고서도 그 잘못을 인정하기는커녕 교묘하고 간사한 짓으로 신 상을 협박해, 신으로 하여금 관용을 베풀어 상주하지 말라고 청탁했습니다. 사자를 보내셔서 신 상의 집에서 일어난 사건을 광한이 어떻게 처리했는지 말끔하게 밝혀주시기 바랍니다.'

이 사건을 정위(廷尉)에게 내려보내 처리하게 하니 실제로 승상이 과실을 저지른 시비를 매질하자 그 계집종이 밖에 있는 집으로 나가 죽었을 뿐, 광한이 말한 것과는 달랐다. 승상사직 소망지(蕭望之)가 광한을 탄핵해 아뢰었다.

"광한이 대신을 능욕하고 공무를 수행하는 사람을 협박한 것은 도리를 어기고 교화를 손상시킨 행위로 부도(不道)의 죄에 해당합니다."

선제(宣帝)는 광한을 미워해 그를 정위의 감옥에 내려보냈더니 또 광한이 무고한 사람을 죽였고, 심문할 때 고의로 실상에 따라서 하지 않았으며, 기사(騎士)를 제멋대로 쫓아버려 군율을 어기게 한 따위의 여러 가지 죄를 범한 것으로 밝혀졌다. 천자가 그 상주를 허가했다. 그러자 속관과 백성들 수만 명이 대궐문 밖에서 울부짖었다. 어떤 사람은 "신이 살아 있어도 황제께 아무런 도움이 되지 않으므로 조경조(趙京兆)를 대신해 죽을 테니 그로 하여금 미천한 백성들을 잘 보살피게 해주십시오"라고 하소연했다. 광한은 결국 허리를 베이는 요참형에 처해졌다.

광한은 법망에 걸려 주살됐으나 경조윤으로 재직하면서 청렴하고 눈 밝았으며, 호걸과 세력가들을 위엄으로 제압해 미천한 백성들이 생업을 지키며 살도록 했다. 백성들은 그를 추모해 지금도 노래한다.

윤옹귀(尹翁歸)는 자(字)가 자형(子兄)으로 하동(河東) 평양(平陽) 사람인데 뒤에 두릉(杜陵)으로 옮겨가 살았다. 옹귀(翁歸)는 어려서 고아가 돼 작은 아버지와 함께 살았다. 감옥의 소리(小吏)가 돼 법조문을 훤히 알게 됐다. 검술을 좋아했는데 당해낼 사람이 없었다. 이때 대장군 곽광이 정권을 장악하고 있었고 곽씨의 일족들이 평양(平陽)에 있어, 그들의 노비나 식객들이 칼을 들고서 시장에 난입해 난투극을 벌여도 관리들은 그것을 막지 못했다. 마침 옹귀가 시장을 담당하는 관리가 되자 아무도 그것을 범하지 못했다. 공평하고 청렴해[公廉] 일체의 뇌물을 받지 않으니 모든 시장
공렴

상인들이 그를 무서워했다.

뒤에 관리를 그만두고 집에 머물렀다. 그때 마침 전연년(田延年)이 하동(河東)태수로 있으면서 현(縣)들을 순행하다가 평양에 이르러 전에 관리였던 50~60명을 다 불러서 직접 만나보고는 문리(文吏)였던 자는 동쪽에, 무관이었던 자는 서쪽에 서게 했다. 10여 명을 둘러보고서 옹귀의 차례가 됐는데 혼자 일어서지 않고서 이렇게 말했다.

"옹귀는 문무를 겸비하고 있어 홀로 이렇게 한 것입니다."

군의 공조(工曹)의 관리들은 이 관리를 거만하고 불손하다고 여겼는데 연년은 이렇게 말했다.

"무슨 상관인가[何嘗]?"

드디어 불러서 올라오게 해 격식을 갖춰 몇 가지 질문을 던져보고는 그 대답이 비범하다고 여겨 졸사(卒史)로 임명하고서 그를 데리고 부(府)로 돌아갔다. 일을 조사할 때 간사함을 적발해내어 끝까지 파고들어 일의 실상을 밝혀내니 연년은 그를 중하게 여기며, 자신도 옹귀에게는 제대로 미칠 수 없다고 여겨 독우(督郵-역참 감독)의 일을 맡겼다. 하동군 28개 현을 나눠 2개의 부(部)로 삼아 굉유(閎孺)가 분수(汾水) 북쪽을, 옹귀가 분수 남쪽을 책임졌다. 옹귀가 검거한 자들은 법에 따라서 그 죄를 물었기 때문에 속현의 장리(長吏)들은 설사 피해를 당해도 옹귀에 대해서는 원망을 품지 않았다. 청렴함으로 천거를 받아 구지현(緱氏縣)의 위(尉)가 됐고 군 안에서 승(丞)과 위(尉) 등을 거쳤는데, 가는 곳마다 치적을 남겨 승진해서 도내령(都內令)에 보임됐다가 (다시) 청렴함으로 천거를 받아 홍농군(弘農郡)도위(都尉)로 승진했다.

(조정에) 불려가 동해(東海)태수에 제배되자 정위(廷尉) 우정국(于定國)을 찾아가 인사를 올렸다. 정국(定國)의 집은 동해에 있어 같은 읍 사람의 아들 두 명을 옹귀에게 부탁하고자 해 그들에게 후당(後堂)에 앉아서 옹귀와의 만남을 기다리게 했다. 정국은 옹귀와 하루 종일 이야기를 나누었지만 감히 그 읍의 아들들을 보여줄 수가 없었다. 이미 옹귀가 떠나고 나자 정국은 마침내 그들에게 말했다.

"그는 뛰어난 장수라 너희들의 일을 부탁할 수가 없었고 또한 사사로이 부탁한다고 될 사람이 아니었다."

옹귀는 동해를 다스리면서 눈 밝게 살폈고[明察], 군 안의 관리나 백성들은 그들이 똑똑하건 그렇지 않건 관계없이 그들이 저지른 간사한 범죄의 이름을 모두 알고 있었다. 현마다 각각 범죄자 명부를 갖춰놓았다. 자신이 직접 여러 현들의 간사한 범죄 사건들을 들어서 결단했고, 너무 엄한 판결을 해놓은 경우에는 그것을 조금 완화시켜주기도 했다. 관리와 백성들이 조금이라도 태만하면 즉각 범죄자 명부를 열어서 점검했다. 현마다 간사한 관리나 토호들을 잡아들여 그들의 죄를 조사해 심할 경우에는 사형을 시키기도 했다. 죄인들을 잡아들이는 것은 반드시 가을과 겨울에 관리들의 인사고과를 행할 때 혹은 나가서 현들을 순시할 때 시행해 많은 이들에게 경고가 되게 했고, 평소 아무런 일이 없을 때에는 시행하지 않았다. 그가 사람을 잡아들이는 것은 일벌백계 방식이어서 관리와 백성들은 모두 복종했고, 그래서 자신들이 행실을 고쳐 스스로 새로워지지 못할까 봐 두려워했다. 동해군의 큰 토호인 담현(郯縣)의 허중손(許仲孫)은 간사하고 교활해 관리들의 직무를 어지럽혔기 때문에 군에서는 힘들어 했다.

(그전에) 2,000석 관리들이 붙잡으려 했지만 그때마다 세력과 기만을 통해 빠져나가는 바람에 끝내 제대로 제어할 수가 없었다. 옹귀가 이곳에 와서는 중손을 논죄해 기시(棄市)했기 때문에 군 전체가 두려움에 떨며[怖栗=怖慄] 감히 법을 어길 생각을 못하게 됐다. 동해군은 크게 잘 다스려졌다.

높은 고과를 받아 도성으로 불려 들어가 임시[守] 우부풍(右扶風)이 됐다가 1년을 채운 뒤에 정식[眞] 우부풍이 됐다. 청렴하고 공평해 간사한 자들을 미워하는 관리들을 가려 뽑아서 좋은 자리[右職]에 두었고 그들을 예(禮)로 대했으며, 좋아하고 미워하는 것을 그들과 함께했다.[2] 옹귀의 기대를 배반하는 자에게는 벌도 반드시 시행했다. 다스리는 바가 동해에 있을 때의 행적과 똑같아 간사한 죄명에 대해서도 현마다 명부를 작성했다. 만일 도적이 주변 다섯 집 중의 하나에서 일어나면 옹귀는 즉시 그 현의 장리(長吏)를 불러 간사한 수괴의 이름을 알려주었고, 같은 방식으로 도적의 뒤를 추적하게 했는데 그 때문에 옹귀가 말을 하면 흘려듣거나 빠뜨리지 않았다. 어리고 힘없는 사람에게는 너그러웠고 힘세고 권력이 있는 사람에게는 엄격했다. 힘세고 권력 있는 자가 유죄 판결을 받으면 장축(掌畜-목축을 관장하던 우부풍의 관속)의 관리에게 보내 꼴을 베게 하고서, 인원당 일정량을 달성하도록 독려했고 다른 사람으로 대체하는 것을 허락하지 않았다. 할당량을 달성하지 못할 경우 곧바로 태형을 써서 질책했고, 극단적인 경우에는 도끼로 자기 목을 쳐서 죽게 만들었다. 경사(京師)는 그 위엄에 벌벌 떨었고, 부풍은 크게 잘 다스려졌으며, 도적을 잡는 성적

---

2 한마음 한뜻이 됐다는 표현이다.

은 늘 삼보(三輔)³ 중에 최고였다.

옹귀가 백성들을 다스리는 것이 비록 형벌을 위주로 한 것이기는 했지만, 공경(公卿)들 사이에서는 청결로 스스로를 지키게 만들었고 말이 사사로운 일에 미치지는 않았다. 하지만 온량(溫良) 겸손해 사람을 교만하게 대하지 않아 조정에서 큰 명예를 얻을 수 있었다. 정사를 본 지 여러 해가 지난 원강(元康) 4년에 병으로 졸(卒)했다. 집에는 남겨놓은 재산이 없었고, 천자는 그를 뛰어나다[賢]고 여겨 어사에게 제조(制詔)해 말했다.

'짐은 아침 일찍 일어나 밤늦도록 뛰어난 이를 구해 높은 자리에 두려 했고, 친소(親疎)나 근원(近遠)의 차이를 두지 않았으며, 오직 힘써서 백성들을 편안케 하고자 할 뿐이었다. 부풍 옹귀는 청렴하고 공평해 바른 도리를 지향했고[鄉正], 백성들을 다스림에 있어 특출난 재능을 보였건만 일찍 세상을 떠나 천수를 다하지 못하는 바람에[不遂] 그 공업을 제대로 마치지 못했으니 짐은 참으로 가슴 아프다. 이에 옹귀의 아들에게 황금 100근을 내려주어 그의 제사를 받들도록 하라.'

옹귀의 아들은 세 명인데 모두 군수가 됐다. 막내아들 잠(岑)은 구경(九卿)을 지내고서 후장군(後將軍)에 이르렀다. 한편 굉유 또한 광릉국(廣陵國) 재상이 돼 잘 다스렸다는 명성을 얻었다. 이 때문에 세상 사람들은 전연년(田延年)이 사람을 잘 알아보았다[知人]고 칭송했다.

---

3 한(漢)나라 때 수도 장안(長安) 주변의 행정구역이다. 장안 및 그 동부를 경조윤(京兆尹), 북부를 좌풍익(左馮翊), 서부를 우부풍(右扶風)이라 하고, 장관(長官)은 모두 장안의 성(城)안에 있었다. 진(秦)나라 때까지는 내사(內史)라고 불린 것을 한나라 때 계승해 우내사(右內史), 좌내사(左內史)로 나누었다. 기원전 104년 이후 경조윤, 좌풍익, 우부풍의 삼보가 됐다.

한연수(韓延壽)는 자(字)가 장공(長公)으로 연(燕)나라 사람인데 두릉(杜陵)으로 이주했다. 젊어서는 군(郡)의 문학(文學)이었다. 아버지 의(義)는 연나라 낭중(郎中)이었다. 연나라 날왕(剌王)이 역란을 모의할 때 의가 간언을 하다가 죽으니 연나라 사람들이 그를 불쌍히 여겼다.

이때 소제(昭帝)의 춘추가 어려서[富] 대장군 곽광(霍光)이 정사를 쥐었는데[持政=秉政], 군국의 현량과 문학들을 불러 정사의 얻고 잃음[得失]을 물었다. 당시 위상(魏相)이 문학으로서 대책을 올렸는데 다음과 같았다.

'상과 벌은 좋은 일을 권장하고 나쁜 일을 막는 것이기 때문에 정치의 근본입니다. 얼마 전에[日者=往者] 연나라 왕이 무도한 짓을 하자 한의(韓義)는 한 몸을 내걸고서[出身] 강력하게 간언했다가 왕에게 살해됐습니다. 의(義)는 비간(比干)〔○ 사고(師古)가 말했다. "비간은 은나라 사람으로 주(紂)왕의 숙부이며 주왕에게 간언하다 죽었기 때문에 그를 끌어와서 비유를 한 것이다."〕처럼 혈친이 아닌데도 비간처럼 충절을 행했으니, 마땅히 그 아들에게 큰 상을 내려 천하에 보이심으로써 다른 사람의 신하 된 자의 의리를 밝혀야 할 것입니다.'

광(光)은 그 말을 받아들여 곧바로 연수를 뽑아 간대부(諫大夫)로 삼았고 승진해 회양(淮陽)태수가 됐다. 임지에서 치적이 아주 뛰어나 영천(潁川)태수로 옮겼다.

영천에는 토호와 권세가들이 많아 다스리기 어려웠기 때문에 국가(國家=중앙 조정)에서는 훌륭한 관리[良=良吏]를 뽑아 2,000석 관리(-태수)로 삼았다. 이에 앞서 조광한(趙廣漢)이 태수가 되자 영천 사람들이 습관적으로 패거리를 만드는 것을 걱정해 관리와 백성들로 하여금 서로 이를 고발하게 하고서 그들을 자신의 눈과 귀로 삼았고, 그후부터는 영천에서는 그것이 일종의 풍습이 되는 바람에 백성들은 그것을 원망했다. 연수는 이를 고쳐 예절과 겸양으로 교화시키고자 하면서 혹시라도 사람들이 따르지 않을까 걱정해, 이에 군 안의 장로들 중에서 인망이 두터운 자 수십 명을 불러들여 주연을 베풀고 친밀감을 보이고 예를 다해 접대하며, 각자에게 민간의 노래와 습속, 그리고 백성들이 고통스러워하는 문제 등을 물어본 다음에 그들로 하여금 화목과 친애의 분위기를 키우고, 원망하고 남 탓하는 풍토를 없앨 수 있는 방안을 진술하게 했다. 장로들은 그것이 유일할 뿐만 아니라 충분히 시행해볼 만하다고 여겨 함께 혼례와 상례 등의 절차에 대해 차등을 두고 대체로 옛 법에 의거해 법도를 뛰어넘을 수 없게 했다. 연수는 이에 문학을 가르치는 학교의 학생들에게는 피변(皮弁-갓의 일종)을 쓰고 조두(俎豆-제기의 일종)를 손에 들게 하고서 관리와 백성들을 위해 상례나 혼례를 거행하게 했다. 백성들은 그의 가르침을 잘 따랐고 (장례 때의) 흙 인형이나 나무 인형, 거마 등 땅에 함께 파묻는 부장물을 파는 사람들은 그것들을 길거리에 내다버렸다. 몇 년 후에 태수로 옮기니 황패(黃霸)가 연수의 뒤를 이어 영천으로 왔는데, 패(霸)는 그의 치적을 바탕으로 크게 잘 다스렸다.

　연수는 관리가 돼 예와 마땅함[禮義]을 높였고 옛날의 교화를 좋아했으며, 가는 곳마다 반드시 뛰어난 선비들을 초빙해 예로써 대우하고 썼으며, 계책과 의견을 내는 길을 넓혔고, 간쟁을 기꺼이 받아주었다.

　부모님이 돌아가시고 나서 형제들끼리 재산을 서로 양보하는 자들을 높여주고, 부모에게 효도하고 윗사람들에게 공순한 자들을 표창했다. 군과 현의 각급 학교들을 잘 정비했고, 봄과 가을에 향사(鄕射)를 거행할 때에는 종고(鐘鼓)와 관현(管弦)을 진열했으며, 당에 오르내리며 읍양하는 것을 성대하게 했다. 강무(講武)를 전체적으로 시험하면서 부월(斧鉞)과 정기(旌旗-각종 깃발)를 설치하고 활쏘기와 말타는 일을 익혔으며, 성곽을 수리하고 부세를 거둘 때에는 먼저 분명하게 그 날짜를 알려주는데 그 기한을 정하는 것을 큰 일로 생각했다. (이에) 관리와 백성들은 그를 경외하며 잘 따랐다.

또 정(正)과 오장(五長)을 두어 서로 이끌면서 깍듯이 하게 했고 간사한 사람은 머물 수 없게 했으며, 마을 동리의 논둑에 옳지 못한 일이 있게 되면 관리는 곧장 소식을 보고해 알게 하니 간사한 사람들이 감히 경계로 들어오지 못했다. 그것은 시작하면서는 번거로운 것 같았으나 뒤에는 아전들이 쫓아가서 체포해야 하는 고생이 없었으며, 백성들은 채찍이나 태장을 맞을 걱정이 없어져 모두 이를 편하게 여겼다.

하급 관리들을 대할 때에는 은혜를 베푸는 것이 매우 두터웠고, 약속과 서약은 명확히 했다. 혹시라도 그를 속이거나 배반하는 사람이 있으면 연수는 스스로에게 큰 책임이 있음을 아파했다.

"얼마나 그에게 짐을 지워서 이 지경에 이르렀는가?"

관리들 중에 이 소식을 듣게 되는 사람은 스스로 마음이 아파 후회했으며 그 현위(縣尉)는 스스로 자신을 찔러 죽는 데까지 이르렀다. 문하연(門下掾)은 스스로 목을 찌르기에 이르렀는데 다른 사람이 구해주어서 죽지는 않았다. 연수는 눈물을 흘리며 관리를 보내 의원이 치료하는 것을 살피게 하고 그의 집 안에 두텁게 보상해주었다.

연수가 일찍이 외출을 해 수레에 올랐을 때 기리(騎吏) 한 사람이 뒤늦게 왔기 때문에, (군의 속리) 공조(功曹)에게 명해 그 죄명을 토의해서 보고하게 했다. 돌아와 부(府)의 문에 이르렀을 때 문을 지키는 병사가 수레를 막고서 할 말이 있다고 했다. 연수가 수레를 멈추게 하고서 묻자 그 병사는 이렇게 말했다.

"『효경(孝經)』에 이르기를 '아버지를 섬기는 것을 바탕으로 삼아 임금을 섬겨야 하니 공경은 같은 것이고, 그래서 어머니에게는 그 사랑을 취해서 섬기고 임금에게는 그 공경을 취해서 섬기며, 이 둘을 겸해야 하는 것이 아버지다'라고 했습니다. 오늘 아침에 명부(明府)[4]께서 일찍 출발하신다 했으나 오랫동안 수레를 머물러 두고서 나오지 않으시는 사이에 기리의 아버지가 부문(府門)에 이르렀지만 감히 들어올 수가 없었습니다. 기리가 이를 듣고서 달려나가 문을 열고 아버지를 만났는데, 때마침 명부께서 수레에 오르셨던 것입니다. 아버지를 공경하다가 죄를 입게 됐으니 이는 큰 교화를 어그러뜨릴 수 있지 않겠습니까?"

연수는 수레 안에서 손을 들어 말했다.

"자식이 없다 보니 태수가 스스로 자신의 허물을 알지 못했구나!"

관사로 돌아가 문을 지키는 병사를 불러서 만나보았다. 그 병사는 본래는 유생[諸生]이었고, 연수가 뛰어나다는 것을 들었기 때문에 다른 방법으로는 자신의 의견을 전할 수 없다고 여겨 다른 사람을 대신해 문을 지키는 병사가 됐다고 했다. 연수는 드디어 그를 특별히 불러서 썼다. 그가 좋

---

4 태수의 칭호다.

은 일을 받아들이고 간언을 들어주는 것이 모두 이와 같았다[此類=如此].
차류 여차
동군에 3년 근무하는 동안 명령을 내리면 반드시 시행됐고, 금지한 일들
은 모두 지켜졌다[슈行禁止]. 재판과 옥사는 크게 줄어 그의 치적은 천하
영행 금지
제일이었다.

(중앙에) 들어와 임시[守] 좌풍익(左馮翊)으로 있다가 1년을 채운 뒤에
수
정식[眞] 좌풍익이 됐다. 1년이 넘도록 나가서 현(縣)들을 순시하지 않았
진
다. (이에) 승(丞)과 연(掾)이 여러 차례 건의했다.

"마땅히 군(郡) 안을 순행하시어 백성들의 풍습을 살피시고 장리(長吏)
들의 치적을 고찰해야 합니다."

연수가 말했다.

"현(縣)에는 모두 뛰어난 현령이나 장리들이 있어 밖에서 역참들을 감
독하고 선악(善惡)을 명확히 가려내니, 현을 순행한다 해도 아무런 도움이
되지 않을까 두렵고 이중으로 번잡하게 만드는 것이다."

승과 연들이 모두 이제 바야흐로 봄이 됐으니 한 번은 나가서 농경과
양잠을 권유해야 할 것이라고 말하자 연수는 어쩔 수 없이 여러 현들을
순행하다가 고릉(高陵)에 이르렀는데, 그곳 백성들 중에 형제들끼리 논밭
을 두고 소송이 붙어 자기 주장만을 해대며 다투자, 연수는 크게 마음이
상해 이렇게 말했다.

"요행으로 지위에 있을 수 있게 돼 군(郡)의 모범[表率=表象]이 돼야 할
표솔 표상
몸임에도 능히 교화를 널리 펴서 밝히지[宣明] 못하는 바람에 백성들로
선명
하여금 골육끼리 소송을 하게 만드는 지경에 이르렀다. 풍속과 교화는 이
미 엉망이 됐고 뛰어난 장리, 색부(嗇夫-소송과 세금을 담당하는 하급 관

리), 삼로(三老), 효제(孝弟)들에게 수치심을 느끼게 만들었으니, 그 허물은 풍익(馮翊)에게 있으므로 먼저 물러나야겠다."

바로 그날 병이 들었다고 하고서 직무를 보지 않고 전사(傳舍-관청)에 들어와 누워서 쪽문을 닫고서 자신의 잘못을 돌이켜 보았다. 어느 현이라고도 할 것 없이 현령과 승, 색부, 삼로들 또한 모두 스스로 잘못이라고 여기고서 처벌을 기다렸다[待罪]. 이에 소송을 했던 집안들이 이 말을 전해 듣고서 서로 자책했고, 그 형제들도 심히 스스로 뉘우쳐 모두 머리를 깎고서 상의를 벗어 웃통을 드러낸 채 사죄하며, 자신들은 바라기를 논밭을 서로 양보할 것이며 죽을 때까지 다시는 감히 그런 문제로 다투지 않을 것이라고 다짐했다. 연수는 크게 기뻐해 쪽문을 열고서 두 사람을 불러 만나본 다음에 술과 고기를 들이도록 해[內=納] 서로 먹고 마시면서 권면하는 뜻을 지역 사람들에게 전함으로써, 허물을 뉘우치고 좋은 쪽으로 따르려는 사람들을 장려하려는 자신의 생각을 보여주었다. 연수는 마침내 일어나 직무를 보았고, 현령과 승 이하를 위로하고 불러서 만나보며 도닥여주었다. 군중(郡中) 사람들은 모두 화합해 한마음이 됐고, 말로 전해 서로를 격려하지 않는 자가 없었으며 감히 법을 어기지 않았다. 연수의 은혜와 그에 대한 신망은 24개 현에 두루 퍼졌고, 두 번 다시 이런 일로 소송을 하는 자는 없었다. 그의 이 지극한 정성을 받들어 관리와 백성들은 차마 남을 속이거나 기만하지[欺紿=欺誑] 않았다.

연수는 소망지(蕭望之)를 대신해 좌풍익이 됐고, 망지(望之)는 승진해 어사대부가 됐다. 시알자(侍謁者) 복(福)은 망지에게 연수가 동군에 있을 때 관전(官錢-공금) 1,000여만 전을 허비한 적이 있다고 아뢰었다. 망지가

승상 병길(丙吉)과 토의하니 길(吉)은 이미 대사면령을 지나온[更=經] 것이
라 크게 문제 삼을 필요가 없다고 생각했다. 마침 어사가 동군(東郡)에 어
떤 일을 물어볼 일이 생겼기에 망지는 그 기회에 겸해서 연수의 문제도 탐
문하도록 시켰다. 연수가 이를 듣고서 알게 되자 곧바로 관리를 시켜 망지
가 풍익에 있을 때 늠희(廩犧)의 관전 100여만 전을 허비했던 일을 조사하
게 했다. 늠희의 관리는 고문을 해 격렬하게 추궁해 망지와 함께 간사한 일
을 한 적이 있다는 실토를 받아냈다. 연수는 탄핵하는 글을 아뢰어 궁문
에 조사 자료를 넘겨 망지의 출입을 금지토록 했다. (이에) 망지는 스스로
아뢰어 말했다.

"저의 직책은 천하를 총령(總領)하는 데 있고 일을 들을 때는[聞事=
聽事] 감히 묻지 않는 바가 없었는데 연수에게 구속되고 말았습니다."

상은 이로 말미암아 연수가 곧지 못하다[不直]고 보고서 양쪽을 각각
끝까지 조사해보도록 했다. 망지의 경우에는 결국 사실이 아니었고, 그래
서 망지가 어사를 동군에 보내 조사를 시킨 결과 일의 실상을 갖추어 알
아낼 수가 있었다. 연수는 동군에 있을 때 기사(騎士)를 (해마다) 시험하면
서 병거(兵車)를 요란하게 꾸몄고, 용과 호랑이와 주작(朱爵)[5]을 그려 넣었
다. 연수는 황색으로 물들인 비단으로 만든 방형(方形)의 옷깃[領]이 있는
옷을 입었고 수레는 네 마리 말이 끌었으며, 아름다운 색으로 된 비단 장
식들을 붙이고 깃발 달린 창을 수레에 세웠으며, 꿩의 깃털로 만든 장식
들을 심었고 수레 위에서는 북을 치고 피리를 불었다. 공조(功曹)가 앞에

---

5   남방의 새로 주작(朱雀)이라고도 하고 주조(朱鳥)라고도 한다.

서 수레를 인도했는데 모두 네 마리 말이 끄는 마차였고, 각종 창을 실었다. 다섯 기병이 오(伍-대오)를 이뤄 좌우의 부(部)로 나눴으며, 군대의 가사마(假司馬)와 천인(千人)[6]이 깃발을 든 채 수레 바퀴 옆에서 호위했다. 노래 부르는 사람이 먼저 사실(射室)에 가서 연수의 수레가 오는지를 멀리서 살피면서 울부짖듯 맑은 목소리로[嗷咷] 초가(楚歌)를 불렀다. 연수가 사실에 앉으면 기병장교[騎吏]는 창을 들고서 계단을 끼고 좌우에 들어섰고, 기병과 종자들은 쇠뇌를 허리에 차고서 후방에 나열했다. 기병에게 명을 내려 병거를 사방에 포진케 하고 투구와 가죽신으로 차려 입은 채 말 위에 올라 쇠뇌를 안고 쇠뇌 화살통을 등에 지게 했다. 또 기병들에게 희거(戲車), 농마(弄馬), 도참(盜驂)과 같은 곡예를 시연하게 했다. 연수는 또 관용 동물(銅物)을 빼돌렸고, 월식을 살피느라 도검(刀劍)이나 구심(鉤鐔)[7]을 만들었으며, (천자만이 할 수 있는) 상방(尙方)의 일을 흉내 냈다. 또한 관용 돈과 비단을 빼돌렸고, 사사로운 일에 관리를 부렸다. 수레와 갑옷 등을 꾸미는 데만 300만 전 이상을 썼다.

이에 망지는 연수를 위를 넘보고[上僭] 부도(不道)했다며 탄핵하는 글을 아뢰었고, 또 스스로 이렇게 진술했다.

"예전에 연수에게 탄핵을 당했다가 지금은 다시 연수의 죄를 (제가) 거론하게 되니 많은 사람들은 신이 바르지 못한 마음을 품고서 연수를 쳐서 원한을 갚으려 한다고 여길 것입니다. 바라건대 승상, 중(中) 2,000석, 박사

---

6 둘 다 관직 이름이다.

7 모두 칼의 일종이다.

에게 이 일을 내려 그의 죄를 토의하게 하소서."

일을 공경들에게 내려보내니 모두 연수는 전에는 별다른 죄상이 없었으나 뒤에 다시 대신을 무고해 법으로 제소했으니, 자신의 죄를 벗어나고자 한 것이기 때문에 교활하고 부도하다고 판단했다. 천자는 그를 미워해 연수는 결국 기시(棄市)에 처해졌다. 관리와 백성 수천 명이 사형장을 향해 떠나는 그를 보러 위성(渭城)에까지 이르렀고, 노인과 어린아이들은 수레 바퀴 옆에 기대어 서서 다투어 술과 구운 고기를 올렸다. 연수는 차마 거절하지 못하고 사람 사람마다를 위해 받아 마시니 이날 마신 술은 대략 1석이 넘었다. 연(掾)과 사(史)를 시켜 송별해준 사람들에게 각각 감사하며 말했다.

"멀리서 고생하며 와주신 관리와 백성들이여, 연수는 죽어도 아무런 여한이 없소이다."

백성들 중에 눈물을 흘리지 않는 사람이 없었다.

연수(延壽)의 세 아들은 모두 낭리(郎吏)로 있었다. 연수는 장차 죽으려 하면서 그 아들들에게 관리가 되지 말라며 자신을 경계로 삼아야 할 것이라는 말을 남겼다. 아들들은 모두 아버지의 유언을 따라 관직을 떠나 벼슬길에 나서지 않았다. 손자 위(威)에 이르러 마침내 다시 관리가 돼 장군에까지 이르렀다. 위 또한 많은 은혜를 베풀어 신망을 받았고, 능히 대중들을 아끼고 사랑했으며[拊衆], 좋은 사람을 얻는 데 사력을 다했다. 위 또한 사치하고 위를 넘본[奢僭] 죄에 연루돼 주살됐으니, 그 풍모가 연수와 같은 부류였다고 하겠다.

장창(張敞)은 자(字)가 자고(子高)로 본래 하동군(河東郡) 평양현(平陽縣) 사람이다. 할아버지 유(孺)는 상곡(上谷)태수였는데 무릉(茂陵)으로 이주했다. 창(敞)의 아버지 복(福)은 효무제(孝武帝)를 섬겼고 관직은 광록대부에 이르렀다. 창(敞)은 뒤에 (즉위 전의) 선제(宣帝)를 따라 두릉(杜陵)으로 이주했다. 창은 본래 고향 마을에서 작질을 받아 태수의 졸사(卒史)에 임명됐는데, 효렴으로 뽑혀 감천(甘泉) 창고의 책임자가 됐다가 점차 승진해 태복승(太僕丞)에 이르렀고, (태복인) 두연년(杜延年)은 그를 아주 특출난 인재로 보았다.

마침 창읍왕(昌邑王)이 불려와 즉위했으나 행동거지가 법도(法度)에서 비롯되지 않자 창(敞)이 글을 올려 간언했다.

'효소황제(孝昭皇帝)께서 일찍 붕하시는 바람에 후사가 없어 대신들이 근심하고 두려워해, 뛰어나고 빼어난 이를 골라 선조의 제사를 잇도록 하자고 해서 동쪽으로 가서 맞이하는 날에는 오직 오시는 수레가 늦는 것만을 두려워했습니다. 지금 천자께서는 성년으로 비로소 제위에 오르시니 천하 사람들은 눈을 크게 뜨고 귀를 기울여 교화가 이루어지고 있다는 평판을 듣고 싶어 합니다. (그런데) 나라를 보좌하는 대신은 아직 포상하지 않았는데도 창읍에서 데려온 말 모는 종자를 먼저 승진시키셨으니 이는 크게 잘못된 것입니다.'

10여 일 후에 왕 하(賀-유하)가 폐위되자 창은 절간(切諫)했다 해 이름이 올라갔고, 이에 발탁돼 예주(豫州)자사가 됐다. (거기에 있으면서도) 여러 차례 일에 관한 글을 올려 충성스러운 말을 하니, 선제(宣帝)가 창을 불러 올려 태중대부로 삼고 우정국(于定國)과 함께 상서(尙書)의 일을 보게 했다. 바른 도리로 대장군 곽광의 기분을 상하게 해 파견군의 비용 삭감을 책임지는 자리로 좌천됐고, 다시 중앙 조정에서 나와 함곡관(函谷關) 도위가 됐다. 선제가 즉위한 초기에 폐왕(廢王) 하(賀)가 창읍에 있으니 상은 내심 그를 꺼려해 창을 옮겨 산양(山陽)태수로 삼았다.

오래 지나 곽광(霍光)이 훙(薨)하자 선제는 비로소 정사를 친히 다스리게 됐고, 광의 형의 손자인 산(山)과 운(雲)을 봉해 둘 다 열후(列侯)로 삼았으며 광의 아들 우(禹)를 대사마(大司馬)로 삼았다. 얼마 후에 산과 운은 잘못을 범해 (관직에서 쫓겨나) 사저로 돌아갔고[歸第], 곽씨의 사위들과 친족들은 자못 지방 관리로 전임됐다. 창이 이에 관한 이야기를 듣고서 봉사(封事)를 올려 다음과 같이 말했다.

'신이 듣건대 공자(公子) 계우(季友)는 노(魯)나라에 공로가 있었고,[8] 대부 조쇠(趙衰)는 진(晉)나라에 공로가 있었으며,[9] 대부 전완(田完)은 제(齊)나라에 공로가 있었는데,[10] 그들은 다 그 공에 따른 관직과 봉읍[官邑]을

---

8 계우, 즉 희우(姬友)는 노나라 임금인 장공(莊公) 희동(姬同)의 동생이다. 기원전 662년 장공이 죽자 그 아들인 희반(姬般)이 왕위에 올랐다. 그러나 3개월 뒤에 장공의 다른 동생인 희경보(姬慶父)에게 시해당했고, 장공의 다른 아들인 희계(姬啓)가 왕위에 올랐는데 그가 민공(閔公)이다. 뒤에 민공의 숙부이기도 한 희경보가 다시 민공을 시해했다. 이때에 희우가 기원전 660년에 장공의 다른 아들인 희신(姬申)을 옹립해 왕위를 잇게 하고 희경보를 죽였다. 이로부터 희우는 계(季)라고 성을 고치고, 자손대대로 노나라의 정사를 좌우했다.

9 진나라 임금인 헌공(獻公) 희궤제(姬詭諸)는 그의 두 아들을 내쫓았는데, 그 가운데 하나인 희중이(姬重耳)가 유랑하고 있는 동안 조쇠가 시종했다. 마침내 기원전 636년 희중이가 귀국해 진나라의 군주(-문공)가 되자 조씨 집안이 대대로 승상을 지냈고, 드디어 기원전 403년에 그 후손이 조적(趙籍)에 이르러서는 진나라를 셋으로 나눠가졌다.

10 전완은 원래 진(陳)나라 임금인 여공(厲公)의 아들인데, 진나라에 내란이 일어나자 제나라로

보답으로 받았고 그들의 자손들에게까지 이어졌습니다. 그런데도 끝내 뒤에 가서 전씨는 제나라를 찬탈했고, 조씨는 진나라를 분할했으며, 계씨는 노나라의 권력을 독점했습니다[顓=專]. 그래서 중니(仲尼-공자)는 『춘추(春秋)』를 지어 번영과 쇠퇴[盛衰]의 자취를 추적하고 세습되는 경[世卿]의 폐단이 가장 심하다고 비난했던 것입니다.

예전에 대장군(大將軍-곽광)이 큰 계책을 결단해 종묘를 편안케 하고 천하를 평정했으니 그 공로가 진실로 작다고 할 수 없습니다. 무릇 주공(周公)은 (성왕을 보필한 것이) 7년뿐인데 대장군은 (한나라 황실을 보필한 것이) 20년이니 온 나라 안[海內]의 운명은 그의 손바닥 안에서 결정됐습니다. 그의 권세가 융성했을 때에는 하늘과 땅을 감통케 했고 음양(陰陽-황후와 황제)을 범하고 핍박했으며, 달은 어두워지고 해는 먹혔고, 낮에 어두웠다가 밤에 밝아졌으며, 땅은 크게 진동하고 갈라졌고, 땅속에서 불이 솟구치고 천문(天文)은 도수(度數)를 잃었으며, 요상한 조짐과 변괴들은 이루 다 기록할 수 없을 만큼 많았습니다. 이것들은 다 (신하를 상징하는) 음의 기운들[陰類]이 크게 자라나 신하가 권세를 독점했기 때문에 생겨난 것입니다.

그러니 조정 신하라면 마땅히 "폐하께서는 세상을 떠난 대장군을 포상하시고 은총을 베푸신 것으로 그의 공덕(功德)에 대해 충분히 보답하셨습니다. 요사이 보필하는 신하들[輔臣]이 정사를 독점하고[顓政], 귀한 외척

도망쳐 성을 전으로 바꿨다. 제나라 환공(桓公)은 그를 예우했으나 기원전 359년에 이르러 그의 후예인 전화(田和)가 제나라를 찬탈했다.

들이 크게 번성해 임금과 신하의 나뉨이 밝지가 못하니, 청컨대 곽씨(霍氏)의 세 후[三侯]를 파면해 사저로 나아가게 하셔야 합니다. 또 위장군(衛將軍) 장안세(張安世)에게는 마땅히 궤장(几杖)을 하사하시어[11] 집에 돌아가 쉬게 하시고, 수시로 안부를 묻고 불러서 만나보아 열후로서 천자의 스승으로 삼으십시오"라고 분명하게 말을 했어야 합니다. 이에 대해 폐하께서는 (처음에는) 명확한 조서를 내리시어 은정(恩情)으로 인해 그 의견을 들어주지 않는 뜻을 보이시되, 여러 신하들이 의리를 내세워 굳게 간쟁토록 한 다음에 (마지못해) 허락해주신다면, 천하는 반드시 그로써 폐하께서 그들의 공덕을 잊지 않고 있으시며 조정 신하들은 예를 알고 있다고 생각하게 되고, 곽씨도 대대손손 우환이나 고통을 당하지 않게 될 것입니다.

지금 조정에는 신하들의 바른 소리[直聲=直言]가 들리지 않으니, 밝은 조서에 의해 폐하께서 몸소 그 글을 내리시는 것은 좋은 계책이라 할 수 없습니다. 지금 (곽산과 곽운) 두 후(侯)를 사저로 내보내는 것은 사람의 정리로 볼 때 서로 멀리할 수가 없는 것이니, 신의 마음으로 헤아려보건대 대사마와 그 패거리들에게는 반드시 두려워하고 무서워하는 마음이 들 것입니다. 무릇 근신으로 하여금 스스로 위기감이 들게 하는 것은 잘 갖춰진 계책[完策]이라 할 수 없습니다.

신 장창은 드넓은 조정에서 그 일의 세세한 부분까지 훤히 드러내고 싶지만, 지금은 멀리 떨어진 군[遠郡]에서 태수로 있는 몸이라 그 길을 찾을 수가 없습니다. 무릇 마음속에 있는 자세하고 은미한 것[精微]은 입으로

---

11 벼슬에서 물러나게 한다는 말이다.

다 말을 할 수가 없고, 또 말의 미묘함은 글로 다 나타낼 수가 없습니다. 그랬기에 이윤(伊尹)은 다섯 번이나 (하나라의 마지막 임금) 걸왕(桀王)에게 나아갔고, 다섯 번이나 (걸왕을 멸하고 은나라를 세운) 탕왕(湯王)에게 나아갔으며,[12] 또한 소상국(蕭相國-소하)은 회음후(淮陰侯) 한신(韓信)을 (고조에게) 천거했지만, 몇 년이 지나서야 마침내 (고조와 한신이) 서로 뜻이 통할 수 있게 됐는데, 하물며 (지금의 저처럼) 1,000리 밖에서 글로 사안의 의미를 깨우쳐드리려 하니 그것이 어찌 어렵지 않겠습니까? 다만 폐하께서 깊이 살펴주십시오.'

상은 이 계책이 좋다고 여기면서도 창을 불러들이지 않았다. 오래 지나서 발해(勃海)와 교동(膠東)에서 도적 떼가 나란히 일어나자 창은 글을 올려 자신이 그것을 다스릴 것을 청해 말했다.

'신이 듣건대 충효의 도리란 집으로 물러나서는 부모님께 마음을 다하고[盡心], 벼슬에 나아가서는 임금께 온 힘을 다하는 것[竭力]이라고 했습니다. 무릇 작은 나라의 중간쯤 되는 군주[中君]에게도 오히려 분투해 자기 몸을 돌아보지 않는 신하가 있는데, 하물며 밝으신 천자를 위해서야 어떻겠습니까! 지금 폐하께서는 태평을 이루시려는 데 뜻을 두시어 정사에 노고와 정성을 아끼지 않고서 온 힘을 다하느라[亹亹=勉強] 밤낮으로 쉬지를 않고 계십니다. 여러 신하와 유사는 마땅히 각기 온 힘을 다하고 몸을 바쳐야 할 것입니다. 산양군(山陽郡)의 호구는 9만 3,000이고 인구는 50만 명 이상인데, 아직 체포하지 못한 도적을 헤아려보면 77명으로 다른 제

---

12 이 일은 『맹자(孟子)』 「고자장구(告子章句)」 편에 나온다.

반 일의 성적도 대략 이와 비슷합니다. 신 창은 어리석고 노둔하지만 이미 (폐하의) 사려 깊음을 보좌할 만한 능력이라고는 없으면서 오랫동안 별 다른 일이 없는 군(郡)에 머물렀으나, 몸은 안일함에 젖고 나라의 일을 잊어버리는 것은 충효의 절의가 아니라 생각합니다. 엎드려 듣건대 교동과 발해의 좌우에 있는 군들은 여러 해 동안 흉년이 들어 도적들이 나란히 일어나 관가를 공격하고 죄수들을 탈취하며, 시장을 휘젓고 열후들을 겁박하고 있다고 합니다. 관리들은 기강을 잃어 간사한 범죄들이 만연하는데도 금하지를 못하고 있습니다. 신 창은 감히 제 한 몸을 아끼거나 죽음을 피하지 않고 오로지 밝은 조서를 펼쳐서, 바라건대 온 힘을 다해 저들의 포학함을 꺾고서 그곳의 고립되고 힘없는 백성[孤弱]들을 보존시키고 어루만져주고자 합니다. 만일 일을 맡게 된다면 이르는 군마다 그렇게 엉망이 된 까닭과 재흥시킬 수 있는 방안에 관해 조목별로 아뢰도록 하겠습니다.'

글이 올라가자 천자는 창을 불러 교동 재상에 임명하고 황금 30근을 내려주었다. 창은 하직 인사를 올리고 관직에 나아가면서 엉망이 된 군을 다스리려면 상벌의 원칙을 권선징악으로 삼지 않으면 안 된다고 말하고서, 관리들 중에 도적을 추포하는 공로가 있을 경우 임시로 삼보(三輔)의 특별한 포상 사례에 준해 우대해줄 것을 희망했다. 천자는 이를 허락했다.

창은 교동에 이르러 명확하게 속죄와 포상의 규정을 내걸어 도적 떼 중에 자기 무리들의 목을 벤 경우 그의 죄를 면제해주는 길을 열어주었다. 또 관리 중에서 도적을 잡는 데 공로가 있는 사람의 경우 그의 이름을 상서(尙書)에 올리기로 하니, 그로 인해 현령에 임명된 자가 수십 명이었다. 이로 말미암아 도적들은 뿔뿔이 흩어졌고 소문이 퍼지면서 서로 목을 베었다. 관리와 백성들은 화합하게 됐고 나라 안은 드디어 평온해졌다.

그런데 그곳에 간 지 얼마 안 돼 왕의 태후는 자주 사냥을 나갔다. 이에 창이 글을 올려 다음과 같이 간언했다.

'신이 듣건대 진(秦)나라 임금(-소왕(昭王))이 음란한 음악을 좋아하자 엽양후(葉陽后)는 그 때문에 정(鄭)나라와 위(衛)나라 음악을 듣지 않았고, 초(楚)나라 엄(嚴-장왕(莊王))이 사냥을 좋아하자 번희(樊姬)는 그 때문에 새와 짐승의 고기를 먹지 않았다고 합니다. 입이 맛있는 음식을 싫어했을 리가 없고, 귀가 살살 녹는 음악[絲竹]을 싫어했을 리가 없습니다. 그런데도 마음과 뜻을 눌러 즐기고자 하는 욕망[嗜欲]을 끊은 것은 장차 그렇게 함으로써 두 임금을 이끌어 종묘의 제사를 온전히 하기 위함이었습니다. 예에 따르면 임금의 어머니가 문을 나설 때는 덮개 있는 수레를 타고, 당(堂)에서 내릴 때는 보모가 시중을 들고, 집을 들고 날 때는 허리에 찬 구슬을 울리고, 몸에 찬 (나머지) 것은 모조리 끈으로 굳게 묶도록 돼 있습니다. 이는 높고 귀한 부인이 스스로 자신을 검속하고 제어해 자기 마음대로 행실을 하지 않도록 하기 위함입니다.

(그런데) 지금 태후께서는 그 바탕이 맑고 아름다우며[淑美], 성품은 자애롭고 아껴주며 너그럽고 어질다[慈愛寬仁]고, 제후들이 다 들어서 알고 있습니다. 그런데 조금[少] 사냥을 마음대로 즐기신다는 평판이 있으니, 만일 이런 소문을 위에서 들으신다면 진실로 마땅하지 못하다고 하겠습니다. 부디 옛날의 좋은 일들을 널리 보시고 앞으로 행실을 온전히 하심으로써 왕후나 후궁들의 모범이 돼 신하들로부터 칭송을 받게 된다면 신 창(敞)은 참으로 다행이겠습니다.'

글이 올라가자 태후는 사냥을 그치고 두 번 다시 나가지 않았다.

이때 영천(潁川)태수 황패(黃霸)가 치적이 최고라 해 (경사에) 들어와 임시 경조윤(京兆尹)이 됐다. (그런) 패(霸)가 업무를 본 지 몇 달 만에 명성에 어울리는 성과가 없자[不稱] 파면돼 다시 영천으로 돌아갔다. 이에 (상이) 어사에게 제조(制詔)하여 말했다.

'이에 교동 재상 창을 임시 경조윤으로 삼는다.'

조광한(趙廣漢)이 주살된 이후로 임시 윤이 여러 차례 경질돼 패 등에 이르기까지 여러 사람이었는데, 모두 그 직책을 감당해내지 못했다. (그로 인해) 경사의 행정은 점점 엉망이 됐고, 장안 시장에는 소매치기나 도둑[偸盜]들이 더욱 많아져 많은 상인들이 그로 인해 고통을 겪었다. 상이 이 문제를 갖고서 창에게 묻자 창은 막을 수 있다고 답했다. 창이 일단 업무를 보게 되자 장안의 부로들을 찾아가서 방안을 물어보니, 도둑의 우두머리 여러 명은 평소에는 모두 온후(溫厚)해 외출할 때는 말 탄 동자(童子)를 뒤따르니, 마을 사람들은 그들을 장자(長者-후덕한 인격자)로 여긴다는 것이었다. 창은 그들 모두를 불러 만나보고는 꾸짖고 나서 그들의 죄를 용서해주고[貰=緩], 그전까지의 빚을 파악한 다음에 도둑들을 관청에 데리고 와서 스스로 속죄 받도록 했다. 한 우두머리가 이렇게 말했다.

"지금 한꺼번에 불러서 관청에 오라고 하면 여러 도둑들이 놀랄까 걱정되니 (저희들을) 임시 관리로 임명해 일을 처리하게 해주십시오."

창은 그들 모두를 관리로 삼아 집에 돌아가 쉬게 했다. 그들이 집에 가서 술상을 차리자 다른 도둑들이 모두 와서 축하했는데, 잠시 후에 술이 취하자 우두머리는 그 도둑들의 옷자락을 붉은 흙으로 더럽혀 표시를 했다. 관리는 마을 입구 문에 앉아 문을 나오는 자를 검열하면서 옷자락이 붉게 더럽혀진 자가 보이면 곧바로 붙잡아 들이니 하루 사이에 체포한 자가 수백 명이었다. 범죄가 있으면 끝까지 파고들어 조사하니 1인당 100여 건이 발각돼 법에 따른 처벌이 다 이루어졌다. 이로 말미암아 딱딱이를 쳐서 경보를 하는 일이 드물어졌고, 시장에는 소매치기나 도둑들이 사라져 천자는 이를 아름답게 여겼다.

창(敞)은 사람됨이 민첩했으며[敏捷=敏疾] 상과 벌이 분명했고, 나쁜 사람을 보면 그 자리에서 붙잡았으며, 때때로 법을 뛰어넘어 풀어주기도 해 자신의 세력이 성대함을 보여주었다. 그가 경조(京兆)를 다스릴 때는 대체로 조광한(趙廣漢)의 치적을 따랐다. 책략과 이목(耳目)[13]으로 숨어 있는 악행들을 찾아내는 것은 광한(廣漢)만 못했지만, 그러나 창은 본래 『춘추(春秋)』를 연마해 경술(經術)로 자신을 보완했기 때문에 그의 정치는 자못 유학적인 것과 뒤섞여 있었고, 종종 뛰어난 이를 드러내고 능한 이를 높였으며 오로지 주벌(誅罰)에만 의존하지 않았으니, 이로 인해 능히 자신을 보전할 수 있었고 끝내 형륙(刑戮)을 면할 수 있었다.

경조윤(京兆尹)은 경사(京司)를 담당하는데 장안(長安)은 인구가 아주 많아[浩穰=大盛] 삼보(三輔) 중에서 가장 다스리기가 힘들었다[劇=煩]. 군국의 2,000석 관리[14]가 높은 치적이 있다 해 들어와서 수(守-임시)로 있다가 (1년을 채우고서) 진(眞-정식) 경조윤이 돼도, 오래 있어봤자 2, 3년이고

---

13 눈과 귀의 역할을 해준 사람들을 가리킨다.

14 외방을 다스리는 자사나 태수를 가리킨다.

짧게는 여러 달이나 1년에 불과했으며, 문득 상처를 입고 명성을 날려버려 죄과(罪過)로 파면되곤 했다. 오직 광한과 창만이 그 자리에 오래 있었다. 창이 경조가 돼 조정에서 큰 토의가 있을 때마다 그는 고금의 사례를 끌어들여 마땅한 대책[便宜]을 내놓으니, 공경(公卿)들은 모두 승복했고 천자도 자주 그의 의견을 따랐다. 그런데 창은 (거동함에 있어) 위의(威儀)가 없어 조정 회의가 끝났을 때 말을 타고 장대(章臺) 거리를 달려가면서, 수레 모는 관리는 그냥 뛰어오게 하면서 자신은 편면(便面-얼굴 가리개용 부채)이라는 부채로 가볍게 말을 두드렸다.[15] 또 부인을 위해 눈썹을 그려주곤 했는데, 장안에는 장(張)경조가 부인의 눈썹이나 어루만진다고 소문이 나 유사에서 이를 위에 아뢰었다. 상이 그에게 물어보니 이렇게 대답했다.

"신이 듣건대 규방(閨房) 안에서는 부부 사이의 비밀스러운 일들 중에는 눈썹을 그려주는 것보다 더한 것들도 많다고 했습니다."

상은 그의 재능을 아껴 더 이상 추궁하지는 않았다. 그러나 끝내 큰 자리는 얻지 못했다.

창은 소망지, 우정국과 서로 잘 지냈다. 애초에 창이 정국과 함께 창읍왕에 대한 간언을 올려 특진을 했다. 정국은 대부가 돼 상서(尙書)의 일을 평결했고 창은 지방으로 나가 자사가 됐는데, 이때 망지는 대행(大行)의 승(丞)으로 있었다. 뒤에 망지가 먼저 어사대부가 됐고 정국은 뒤에 승장에 이르렀는데, 창은 끝내 군수 이상을 하지 못했다. 경조로 9년 동안 재직하다가 광록훈 양운(楊惲)과 두텁게 잘 지낸 것으로 연좌됐고, 뒤에 운(惲)이

---

15 행실이 그만큼 경박스러웠다는 뜻이다.

대역죄에 걸려 주살되자 공경들은 운의 당우(黨友)들은 마땅히 관직에 있어서는 안 된다며 일괄해서 모두 면직할 것을 청했는데, 창에 대해서만 홀로 면직 처분을 내리지 않았다. 창은 도적을 잡는 하급 관리 서순(絮舜)을 시켜 도적을 붙잡아 조사하라고 명했다. 그런데 순(舜)은 창이 탄핵을 당해 마땅히 면직될 것이라고 생각하고서 흔쾌히 창의 명을 따르지 않고 몰래 집으로 돌아가버렸다. 사람들이 혹 순에게 충고를 하자 순이 말했다.

"나는 그동안 이 공(公)을 위해 온 힘을 다해 일한 적이 많았지만, 지금은 닷새짜리 경조일 뿐이니 어찌 다시 제대로 도적을 붙잡아 조사할 수 있겠는가?"

창은 순의 말을 전해 듣고 즉각 관리를 보내 순을 붙잡아 감옥에 처넣었다. 이때는 겨울이 끝나려면 아직 며칠 남았기 때문에[16] 순을 밤낮없이 조사해 마침내 사형에 해당한다고 판결했다. 순이 끌려나와 사형을 당하게 되자 창은 주부에게 명령서를 갖고 가서 순에게 이렇게 말하게 했다.

"닷새짜리 경조윤이 끝내 무엇을 할 수 있겠느냐? 겨울이 이미 다했으니 목숨을 연명할 수 있으리라 여기는가?"

마침내 순을 기시했다. 마침 입춘이 돼 억울한 옥사를 점검하는 사자가 조정에서 나와 순시를 하니 순의 가족들이 그의 시신을 메고 나와 소장(訴狀)과 함께 창의 명령서를 함께 펼쳐 보이며 사자에게 고발했다. 사자는 (돌아가서) 창이 아무런 죄가 없는 사람을 적살(賊殺)했다고 아뢰었지만 천자는 그의 죄를 가볍게 여겨 창을 풀어주려고, 그 직전에 창이 과

---

16 봄에는 새 생명이 싹트는 때라 해 사형을 연기하게 돼 있었다.

거 양운의 일에 연좌돼 마땅히 관직에 있어서는 안 된다는 상주를 (그때는 내려보내지 않았다가 이때) 먼저 내려보내 면직시키고 서인으로 삼았다. 파면하라는 상주가 이미 내려왔기 때문에 창은 대궐에 이르러 (관리의 징표인) 인끈[印綬]을 올리고 자기 뜻대로 조정을 떠나 고향이 아닌 시골로 돌아갔다[亡命].

몇 달이 지나 경사의 관리와 백성들이 해이해지니 북을 쳐서 수차례나 일어나게 했다.[17] 그런 데다가 (하북성) 기주(冀州)에서도 큰 도적들이 일어나니 천자는 창의 공적을 생각하고 사자를 시켜 곧바로 그가 살고 있는 곳으로 가서 창을 불렀다. 창은 자신이 이중으로 탄핵을 받는 몸이라 사자가 이르자 처자식과 가족은 모두 눈물을 흘리며 벌벌 떨었는데 창 홀로 웃으면서 말했다.

"내 몸은 망명해 서인이 됐으니 (내가 죄가 있다면) 마땅히 군리(郡吏)가 와서 체포해야 할 터인데 지금 (중앙 조정의) 사자가 온 것을 보면 이는 천자께서 나를 쓰시려는 것이다."

행장을 꾸려 사자를 따라나서 공거(公車)에 이르러 글을 올려 말했다.

'신이 전에 요행히도 공경의 자리에 올라갔는데 경조로 재직하던 중 [待罪] 하급 관리 서순을 죽인 사건에 연루됐습니다. 순은 본래 신 창이 평소에 두텁게 대우한 아전이어서 자주 은혜를 베푼 바가 있었는데, 신을 탄핵하는 상주(上奏)가 있자 당연히 면직될 것이라 여기고서, 사건을 조사하라는 명을 받고도 곧바로 집에 가서 편안히 드러누워서 신을 닷새짜리

---

17 도적들이 그만큼 자주 생겨났다는 뜻이다.

경조라고 했습니다. 은혜를 배반하고 의리를 잊어 교화를 상하게 하고 풍속을 엷게 한 자입니다. 신이 가만히 생각해보건대 순이 딱히 실상은 없지만 무례하다고 여겨 법을 구부려[枉法] 그를 주벌했습니다. 신 창은 죄
　　　　　　　　　　　　　　　　　　 왕법
없는 사람을 잡아 죽였고 국옥(鞫獄)이 바르지 못했으니, 비록 밝은 법에 의해 엎어져 죽는다고 할지라도 여한이 없습니다.'

　천자가 창을 불러 만나보고는 제배해 기주(冀州)자사로 삼았다. 창은 망명지에서 몸을 일으켜 다시 사명을 받들고 주(州)를 책임졌다. 이미 부(部)에 도착해보니 광천왕(廣川王)¹⁸의 국(國)은 여러 패거리들이 무도해 도적 떼가 연이어 일어났으나 잡아들이지 못하고 있었다. 창은 이목(耳目)을 동원해 도적의 우두머리의 이름과 근거지를 알아내 그 수괴를 주살했다. 광천왕의 희(姬)의 형제들과 왕의 동족인 종실 유조(劉調) 등이 도적과 내통해 그들의 도피처[囊橐]가 돼 그들을 숨겨주었고, 관리들이 추적해 압
　　　　　　　　　　　　　 낭탁
박을 하다 보면 그들의 종적은 모두 왕궁으로 들어가버렸다. 창은 스스로 군국의 관리와 수레 수백 대를 이끌고 왕궁을 둘러싸고 지키며 조(調) 등을 수색하니, 과연 궁전 안 행랑에서 그들을 붙잡을 수 있었고, 창은 관리들의 경호를 받으며 그들의 목을 쳐서 그 머리를 왕궁 문밖에 내걸었다. 그러고는 광천왕을 탄핵하는 글을 올렸다. 천자는 차마 법대로 처리하지 못하고 그의 읍호를 깎았다. 창이 부(部)에 1년여 동안 머무르니 기주의 도적들은 다 사라졌다. 임시 태원(太原)태수로 있다가 1년 임기를 채우고 정식 태수가 되니 태원군은 깨끗해졌다.

---

18 대왕(戴王) 문(文-유문)의 아들 해양(海陽)이다.

얼마 후에 선제(宣帝)가 붕했다. 원제(元帝)가 즉위한 초에 대조(待詔) 정붕(鄭朋)은 창이 선제의 명신이었다며 마땅히 황태자의 부보(傳輔)로 삼아야 할 것이라고 천거했다. 상이 전장군 소망지에게 물어보니 망지는 창은 유능한 관리[能吏]라 번잡하고 어지러운 일을 다스릴 수 있는 적임자인데, 다만 성품이 경박스러워 사부(師傅)의 그릇은 아니라고 했다. 천자는 사자를 보내 창을 불렀는데 좌풍익을 맡길 생각이었다. 그런데 마침 창은 병이 나서 졸했다. 창에게 주살된 태원의 관리가 있었는데 그 가족이 원한을 품고서 두릉(杜陵)까지 따라와 창의 둘째 아들 황(璜)을 칼로 찔러 죽였다. 창의 세 아들은 모두 관직이 도위(都尉)에 이르렀다.

애초에 창이 경조윤으로 있을 때 창의 동생 무(武)는 제배돼 양(梁)나라 재상이 됐다. 이때 양왕(梁王)이 교만하고 총애를 받았기에 백성들 중에도 호강(豪强)한 자들이 많아 다스리기 어려운 나라로 정평이 나 있었다. 창이 무에게 물었다.

"어떻게 양나라를 다스릴 생각인가?"

무는 형을 존경하고 어려워해 겸손한 태도를 보이며 기꺼이 말하려고 하지 않았다. 창은 관리를 보내 함곡관까지 전송을 하면서 관리를 통해 다시 무에게 물으니 무는 이렇게 대답했다.

"간교한 말을 길들이려는 자는 재갈과 채찍을 쓰듯이, 양나라는 대도(大都)이고 관리와 백성들의 기풍이 쇠퇴했으니, 장차 마땅히 주후혜문(柱後惠文)[19]을 갖고서 다스리고자 할 뿐입니다."

---

19 옛날 법관(法官)이 쓰던 관(冠)의 이름으로, 국법을 적용해 엄하게 다스림을 이른다. 관 뒤에 강

진(秦)나라 때 옥관(獄官)은 주후혜문(柱後惠文)의 관(冠)을 썼으니 무의 뜻은 형벌로 양나라를 다스려보겠다는 것이었다. 관리가 돌아와 이를 말하자 창은 웃으면서 말했다.

"그대의 말대로라면 무는 반드시 양나라를 잘 다스릴 것이다."

무가 이미 부임하고 나자 (얼마 안 가서) 그의 다스림은 성과를 냈으니 그 또한 유능한 관리였다.

창(敞)의 손자 송(竦)은 왕망(王莽) 때 군수(郡守)에 올라 후(侯)에 봉해졌으며, 박학문아(博學文雅)에서는 창보다 나았으나 정사는 그에 미치지 못했다. 송이 죽자 창의 후사는 끊어졌다.

왕존(王尊)은 자가 자공(子贛)으로 탁군(涿郡) 고양(高陽) 사람이다. 어려서 부모를 여의고 여러 숙부들에게 의탁했는데 숙부들은 그에게 습지대에서 양을 기르게 했다. 존(尊)은 몰래 공부해 사서(史書)에 능했다. 13세 때 감옥의 하급 관리가 됐다. 여러 해가 지나 태수의 관청 급사(給事)가 됐는데 조서(詔書)나 행정과 관련된 것을 물으면 존이 대답하지 못하는 바가 없었다. 태수는 그를 기이하게 여겨 서좌(書佐-서기)로 보임해 감옥의 일을 감독하게 했다. 얼마 후에 존은 병을 핑계로 관직을 버리고 군의 문학관을 스승으로 섬기며, 『상서(尚書)』, 『논어(論語)』를 배워 큰 뜻을 대략 통하

한 철사를 세워 굽히지 않게 했으므로 주후(柱後)라 한 것이며, 전국시대(戰國時代) 조(趙)나라 혜문왕(惠文王)이 무관(武官)들의 복식(服飾)을 제정하면서 처음 만들었다 해 혜문이란 말을 붙였다 한다.

게 됐다. 다시 불려가 군수의 속관이 돼 재판 업무를 맡아 군의 결조(決曹-일종의 법원) 사(史)가 됐다. 여러 해 지나서 관례에 따라 유주(幽州)자사의 종사(從事)가 됐다. 한편 태수는 존의 청렴함을 눈여겨봤다가 요서(遼西)의 염관장(鹽官長)에 임명했다. 여러 차례 (중앙 조정에) 글을 올려 시무에 관한 일을 이야기했는데, 그것을 (천자는) 승상과 어사에게 내려보냈다.

초원(初元) 연간에 직언(直言)을 잘한다 해 뽑혀서 괵(虢)의 현령으로 승진했고, 임시 괴리(槐里)현령으로 옮겨 미양(美陽)현령의 일을 겸직했다. 봄 정월에 미양의 한 여인이 의붓자식[假子]이 불효를 한다고 고발해 이렇게 말했다.

"저 아이는 늘 나를 아내로 여기고서 질투해 나를 매로 때립니다."

존이 그것을 듣고서 관리를 보내 붙잡아 조사하니 자백했다.

존이 말했다.

"법률 조문에 어머니를 아내로 삼았을 경우의 규정이 없다. 빼어난 이도 차마 그것을 정할 수가 없을 것이니, 이것이 경(經)에서 이른바 조옥(造獄-임시 방편으로 적용하는 법)일 것이다."

존은 이에 직접 법정에 나가 불효자를 끌어내 나무 위의 형틀에 놓아 앉히고, 말 탄 관리 다섯 사람을 시켜 활로 쏘아 죽이니 관리와 백성들은 크게 놀랐다.

뒤에 상이 옹(雍)에 행차할 때 괵현을 지나갔는데, 존이 예법에 따라 공손하게 온 정성을 다했다. 인사고과에서 높은 점수를 받아 발탁돼 안정(安定)태수가 됐다. 관청에 이르러 소속 현들에 가르쳐 말했다.

"현령이나 승(丞), 위(尉)는 법을 받들어 성을 지키는 사람으로, 백성들에게는 부모와도 같아 강자를 누르고 약자를 부추겨, 은혜를 널리 펴느라 매우 고생을 하고 있다. 태수가 오늘 부임해 바라건대 여러분들은 힘써 노력하고 몸을 바르게 해 아랫사람들을 거느리도록 하라. 그래서 과거에 부정을 저질렀다 해도 마음을 고쳐 먹으면 나와 함께 일을 할 수 있다. 자신의 직분을 명확히 알고 삼감으로써 결코 법에 저촉되는 일이 없도록 해야 할 것이다."

또 가르쳐 연(掾)과 공조(功曹)를 타일러 말했다.

"각자 혼신의 힘을 다해 태수를 도와 일을 해야 할 것이다. 직무에 적합지 않은 자들은 스스로 물러나 뛰어난 이의 길을 오랫동안 막는 일이 없도록 하라. 무릇 날개를 가다듬지 않으면 천리를 날 수 없고, 문 안이 정리되지 않고서는 밖을 정돈할 수 없는 법이다. 관청의 승은 속관의 행적과 능력을 알아보고 분별해 보고하도록 하라. 뛰어난 이는 위로 올리고 부(富)를 잣대로 삼아서는 안 된다. 백만의 부를 누리는 장사꾼이라 할지라도 함께 정사를 논하기에는 부족하다. 옛날에 공자가 노(魯)나라를 다스릴 때 7일 만에 소정묘(少正卯, ?~기원전 496년)[20]를 주살했는데 지금 태수는

---

20 춘추시대 말기 노(魯)나라 사람으로 묘(卯)가 이름이고, 소정(少正)은 복성(複姓)인데 관직명이라고도 한다. 노정공(魯定公) 때 대부(大夫)를 지냈다. 전하는 말로 공자(孔子)와 같은 시기에 강학(講學)했는데, 여러 차례 공자의 제자들을 자기 문하로 흡입해 공자의 문하가 세 번 찼다가 세 번 비었다고 한다. 천하의 5대 악(五大惡), 즉 마음이 거슬러서 위험하고, 간사함을 행하며 고체(固滯)하고, 거짓말을 하면서 변명하고, 추악한 것을 기억하면서 박식하다 하고, 그른 것을 좇아서 번드르르하게 꾸며 나라 정치를 어지럽혔기 때문에 공자가 섭정(攝政)할 당시 주살(誅殺)했다. 이 사건은 『사기』 「공자세가(孔子世家)」와 『공자가어(孔子家語)』 「시주(始誅)」편, 『순자(荀子)』 「유좌(宥坐)」편 등에 기록돼 있다. 정공 14년(기원전 498년) 대사구(大司寇)가 된 지 7일째 되는

업무를 시작한 지 한 달이 됐다. 오관연(五官掾-숙위장의 속관) 장보(張輔)는 호랑이나 이리와 같은 마음을 가지고 법을 어기고 직무를 더럽혀왔다. 한 고을의 돈이 모조리 보(輔)의 집에 들어가게 됐다. 하지만 그것이 제 몸을 망치는 실마리가 된 것이다. 이제 보를 붙잡아 감옥에 보낸다. 당직 사법관은 관청에 와서 태수의 명을 받아라. 승이여! 조심하고 또 조심하라. 보의 뒤를 따라 투옥되리라."

보는 투옥된 지 며칠 만에 죽었고 그 교활한 불법행위와 백만에 이르는 부정한 이득은 모두 적발됐다. 존의 위엄이 군 내부에 떨쳐 도적들은 뿔뿔이 흩어져 인근 군 경계로 들어갔다. 많은 토호들이 죄에 얽혀 사형되거나 벌을 받았다. (왕존은) 사람을 잔인하게 다룬 죄에 걸려 면직됐다.

집에 머물다 다시 일어나 호강(護羌)장군 휘하의 교위로 옮겨 군량과 군수품을 호송하는 일을 맡았는데, 강족(羌族)이 반란을 일으켜 수송로를 끊고 수만 병사로 존을 포위했다. 존은 1,000여 기병으로 강적(羌賊)을 돌파했다. 그 공로가 아직 상에게 올라가기도 전에 마음대로 부대를 이탈한 죄에 걸렸으나, 마침 사면령이 있어 면직돼 집으로 돌아갔다.

탁군(涿郡)태수 서명(徐明)은 존이 오랫동안 민간에 머물러 있어서는 안되는 인물이라며 천거하자, 상은 존을 미현(郿縣)현령으로 삼았다가 익주(益州)자사로 승진시켰다. 이에 앞서 낭야(琅邪)의 왕양(王陽)이 익주자사로 있었는데 관할 구역을 살피다가 공래산(邛來山)의 꼬불꼬불한 고개에 이르러 탄식해 말했다.

날 공자가 정치를 문란하게 한 소정묘를 죽여 그 시체를 사흘 동안 궁정에 내걸었다고 한다.

"돌아가신 부모님께서 남겨주신 몸인데 어쩌다가 자주 이 험로를 오르는가!"

뒤에 병을 핑계로 사직했다. 존이 자사가 되자 그 언덕에 이르러 관리에게 물었다.

"이곳은 왕양이 겁내던 그 길 아닌가?"

관리가 대답했다.

"그렇습니다."

존이 말 모는 사람을 질책하며 말했다.

"빨리 달려라! 왕양은 효자였지만 왕존은 충신이다."

존은 부(部)에 2년 동안 머물렀는데 그 사이에 주변 사람들을 부하로 삼았고, 오랑캐들은 그의 위엄과 신망에 귀부(歸附)했다. 박사 정관중(鄭寬中)이 사자가 돼 풍속을 살피고 가서 존의 치적을 아뢰니, 존은 동평(東平)의 재상으로 승진했다.

이때 동평왕은 지친(至親)이라 해 교만하고 사치스러워 법을 지키지 않아 그의 사부나 재상들이 자주 죄를 입었다. 존이 정사를 보게 되자 옥새를 받들어 궁중에 이르렀는데, 왕은 아직 조서를 받들어 나오지 않았을 때 존은 옥새를 지닌 채 관사로 가서 밥을 먹은 뒤에 돌아왔다. 조서를 전달한 뒤에 왕을 알현하니 태부가 앞에 앉아 있다가 (무례를 풍자한) 시 '상서(相鼠)'[21]를 읊조렸다. 존이 말했다.

"천을 씌운 북을 가지고 뇌문(雷門) 앞을 지나는 따위의 짓은 하지 마

---

21 『시경(詩經)』 「용풍(鄘風)」의 편 이름이다.

시오."²²

왕은 화가 나서 벌떡 일어나 후궁으로 들어갔다. 존도 바로 뛰어나와 관사로 돌아갔다. 이에 앞서 왕은 자주 은밀하게 궁문을 들고 나며 나라 안을 말을 타고 다니며, 왕후나 첩의 친정을 내왕하고 있었다. 존은 부임하자마자 구장(廐長-왕실 마구간 관리 책임자)을 불러 명했다.

"왕이 외출할 때는 반드시 관속을 데리고 가야 하며, 수레의 방울을 울려야 한다. 이후 작은 수레를 (말에) 매라고 명하거든 머리를 조아리고 간언해 '재상의 분부로 예전처럼 할 수 없습니다'라고 말하라."

훗날 존이 왕을 조알하니 왕이 맞이해 당에 오르라고 했다. 존이 왕에게 말했다.

"존이 재상이 돼 오니 사람들이 모두 존을 위로했습니다. 왜냐하면 존이 조정에서 용납을 받지 못해 이곳의 재상으로 왔다고 알고 있었기 때문입니다. 천하는 모두 왕을 용자(勇者)라고 하지만 단지 자신의 신분만을 믿고 하는 짓이니 어찌 용자라 할 수 있겠습니까? 저와 같은 사람이 용자일 뿐입니다."

왕은 낯빛이 변한 채 존을 노려보았고, 속으로는 때려죽이고 싶었지만 곧바로 기분이 좋은 척하면서 존에게 말했다.

"재상이 찬 칼을 보고 싶소!"

존이 겨드랑이를 들고 돌아보며 곁에 있는 시랑(侍郎)에게 말했다.

"앞으로 나아가서 왕께 칼을 보여드리게. (내가 뽑아드리면) 왕께서는

---

22 떠들어봤자 들리지 않는다는 뜻이다.

상이 칼을 뽑아 왕에게 덤비려 했다고 하실 테니까."

왕의 속셈이 들킨 셈이었다. 게다가 평소에 존의 고명함을 들은 바가 있기 때문에 존에게 크게 기가 꺾였다. 왕은 술과 안주를 갖춰 서로 대작을 하며 지극히 즐겼다. 태후 징사(徵史)가 존의 일을 천자에게 아뢰었다.

'존은 나라의 재상으로서 거만하고 신하답지 않습니다. 왕은 아직 혈기가 왕성해 참아내기 어렵습니다. 진실로 저희 모자가 함께 죽게 될까 두렵습니다. 지금 첩으로서는 왕을 더 이상 존과 만나게 할 수가 없습니다. 폐하께서 유의하지 않으시면 첩은 먼저 자살하고 싶습니다. 왕이 도리를 잃게 될까 차마 볼 수가 없습니다.'

존은 끝내 죄를 덮어쓰고 면직돼 서인이 됐다. 그런데 대장군 왕봉(王鳳)이 아뢰어 존을 자기 군중의 사마(司馬)로 삼았는데, 뒤에 발탁돼 사예교위(司隸校尉-관리 감찰)가 됐다.

이에 앞서 중서알자령(中書謁者令) 석현(石顯)이 천자의 총애를 입어 권력을 독차지하고서 간사한 짓들을 저질렀다. 승상 광형(匡衡), 어사대부 장담(張譚)은 모두 (석현에게) 아부하고 두려워해 석현을 섬겼기 때문에 감히 (그와 관련된 것들에 대해) 말을 하지 못했다. 원제(元帝)가 훙하고 성제(成帝)가 즉위한 초기에 석현을 중태복(中太僕-황태후의 마차를 관리하는 자리)으로 옮기자 권력을 다시 회복하지 못했다. 광형과 장담 등은 이때서야 석현의 옛 잘못[舊惡]들을 황제에게 아뢰고서 석현 등을 파면할 것을 청했다. 이에 존은 이 두 사람을 탄핵하는 아래와 같은 주문(奏文)을 올렸다.

'승상 광형과 어사대부 장담은 지위가 삼공(三公)으로 오상(五常-인·의

·예·지·신)과 아홉 가지 다움[九德]²³을 다스림으로써 나라의 방략을 총괄하고 제반 업무들을 통괄해, 교화를 넓히고 풍속을 아름답게 하는 것을 자신들의 직무로 삼고 있습니다. (그런데 두 사람은) 중서알자령 석현(石顯) 등이 권세를 제 마음대로 하면서 상벌을 자신들의 뜻대로 하고 욕망에 따라 마구잡이로 행동하는데도 제어할 수가 없어, 온 천하의 해악이 되고 있었음을 잘 알면서도 그때 바로 건의해 벌주지 않고, 그들에게 아첨하고 굽혀서 따르며 그들과 한 패거리가 돼 상을 기망하고, 간사함을 숨기고 나라를 어지럽게 만들었으니, 대신으로서 정사를 보필하는 의리가 없었다고 하겠습니다. 그들은 참으로 하는 일마다 다 도리를 잃었지만 그러나 이때는 사면령을 내리시기 이전이었습니다. 그런데 두 사람이 사면령이 내린 후에 석현을 들어 고발하기는 했지만 자신들의 불충의 죄는 진술하지 않고, 도리어 선제(先帝)께서 나라를 뒤엎을 무리들을 임용한 것을 드러내 밝힘으로써, 망령되게도 "(당시는) 백관이 석현을 두려워하는 바가 주상보다 심했다"라는 따위의 말을 하고 있습니다. 이는 임금을 낮추고 신하를 높인 것이니 마땅히 입에 담아서는 안 되는 말로 대신의 체통을 잃었다고 하겠습니다.

---

23 『서경(書經)』 「우서(虞書)」 '고요모(皐陶謨)' 편에 나오는 아홉 가지 다움을 말한다. 우왕(禹王)이 "그 아홉 가지라는 게 무엇이냐?"고 묻자 고요가 답했다. "너그러우면서 엄정하고[寬而栗], 부드러우면서 꼿꼿하고[柔而立], 삼가면서 공손히 하고[愿而恭], 다스리는 능력이 뛰어나면서 경외하는 마음을 잃지 않고[亂而敬], 순하면서 과단성이 있고[擾而毅], 곧으면서 온화하고[直而溫], 털털하면서 예리하고[簡而廉], 굳세면서 독실하고[剛而塞], 힘이 세면서도 의리에 맞게 행동하는 것[彊而義]입니다. 이 같은 (아홉 가지) 다움이 오랫동안 이어지는 사람을 드러내어 쓴다면 길할 것입니다."

또 정월에 폐하께서는 곡대(曲臺-궁궐의 누대)에 거동하시어 친히 임석하시고, 숙위를 마친 위사(衛士)들에게 음식을 내리셨습니다. 이때 광형은 중(中) 2,000석 관리로 대홍려(大鴻臚) 호상(浩賞) 등과 함께 대전의 문[殿門]전문 아래에 앉아 있었습니다. 광형은 남쪽으로, 호상 등은 서쪽으로 향하고 있었는데, 광형은 다시 호상을 위해 동쪽을 향한 자리를 만들고, 호상을 불러 앉게 해 사사로운 잡담을 하고 있었습니다. 광형은 폐하께서 임석하시어 백관들이 일을 맡아보고 있고, 만인이 참석하는 모임이라는 것을 알고 있으면서도 바르지 못한 자리(동향은 예법에 어긋난다)를 만들어 아랫사람을 윗자리에 앉혔으니, 이는 공적인 자리에서 동료에게 사사로운 은혜를 베푼 것으로 예에 맞지 않으며, 조정의 벼슬 질서[爵秩]작질를 어지럽게 하는 짓입니다.

광형은 또 관노(官奴)의 우두머리를 궁중에 들어가게 해서 폐하의 기거하시는 바를 살피게 했는데, 그가 돌아와 "물시계가 14각(-오전 9시 반경)이 되면 폐하께서 행차해 임석하실 것입니다"라고 말했습니다. 광형은 (폐하께서 도착했다는 말을 듣고서도) 편안하게 앉아서 낯빛을 고치거나 자세를 바로잡으려 하지도 않았습니다. 이는 폐하를 삼가 받들고 엄숙하게 존경하는 마음이 없어 교만하고 조심함이 없었으니, 모두 다 불경(不敬)에 해당합니다.'

(그러나) "다스리지 말라[勿治]물치"라는 조서가 내려왔다. (그러나) 이에 광형은 부끄럽고 두려워서 관을 벗고 사죄하며, 승상과 후(侯)의 인끈을 반납했다. 천자는 즉위한 초기였기에 대신을 갈기가 힘들었다. 그래서 어사중승(御史中丞-일종의 관리 감찰 기구)에게 넘겨 실상을 조사토록 했더니

중승은 존을 탄핵했다.

"존은 함부로 사면령 이전의 일을 꾸며 비방하고 왜곡해 여러 대신들을 고발했습니다. 바른 법률을 무시하고 사소한 과실을 만들어내 재상의 얼굴에 먹칠을 하고 공경(公卿)을 모욕했습니다. 이것이야말로 나라와 황실[國家]을 업신여기고 폐하를 받드는 데 있어 불경을 저지른 것입니다."

조서를 내려 존을 좌천해 고릉(高陵)의 현령으로 삼았는데, 몇 달 뒤에 병으로 면직됐다.

마침 이때 남산의 도적 떼 봉종(傰宗) 등 수백 명이 관리와 백성들에게 해악을 끼쳤다. 이에 전 홍농(弘農)태수 부강(傅剛)을 보병교위(步兵校尉)로 삼아 적사사(迹射士-짐승의 발자취를 더듬어서 쏠 수 있는 전사) 1,000명을 이끌고 그들을 붙잡게 했다. 1년 남짓 됐으나 체포하지 못하니 이에 어떤 이가 대장군 봉(鳳)에게 유세해 말했다.

"천자의 도읍에 수백 명의 도적이 있는데 군대를 내보내도 붙잡지를 못하니 사방의 오랑캐들에게 위엄을 보이기 어렵습니다. 오직 뛰어난 경조윤을 골라야만 좋을 것입니다."

이에 봉이 존을 천거하니 불러서 간대부로 삼고, 임시 경보도위(京輔都尉)를 겸하면서 경조윤의 일도 보게 했다. 한 달 만에 도적 떼는 깨끗하게 없어졌다. 이에 광록대부로 승진했고 행(行) 경조윤(京兆尹)이 됐다가 뒤에 (행(行)을 뗀) 정식 경조윤이 돼 모두 3년을 보냈다. 사자(使者)를 우연히 마주쳤을 때 무례했다는 이유로 죄를 얻었다. 사예(司隸-사예교위)가 임시 서기 방(放)에게 조서를 받들어 보냈는데, 방은 조서를 바치며 존에게 관리를 풀어 사람을 체포하도록 명했다. 방이 존에게 말했다.

"조서로 체포하는 것이니 마땅히 기밀을 유지해야 할 것이오."

존이 말했다.

"사자는 일에 공정하군요. 경조윤은 곧잘 일을 누설하는 사람이란 뜻이군요."

방이 말했다.

"당장 붙잡을 관리를 보내주시오."

존이 다시 말했다.

"조서에 '경조윤'이라는 말이 없으니 관리를 보낼 수 없소이다."

이리하여 장안의 투옥자가 석달 사이에 1,000명 이상이었다. 존이 밖에 나가 소관 현들을 순찰할 때 곽사(郭賜)라는 사람이 존에게 호소했다. 허중(許仲)의 일족 10여 명이 그의 형 곽상(郭賞)을 죽이고 당당히 집으로 돌아갔는데도 관리들은 아예 잡으려 하지도 않았다는 것이었다. 존은 순찰을 마치고 돌아와 일을 위에 아뢰었다.

"강자가 약자를 학대하지 않고 각기 맡은 바 소임을 다하면 너그러운 정사가 펼쳐져 음양이 조화를 이루게 될 것입니다."

어사대부 장충(張忠)[24]은 왕존이 자신의 포학스러움을 조금도 고치지 않은 채 겉으로 큰소리를 해대고, 오만방자하게 윗사람을 비방해 위신이 날로 추락하고 있으니, 마땅히 구경의 자리에 있게 해서는 안 된다는 글을 아뢰었다. 존이 연루돼 면직되자 관리와 백성들은 대부분 그 점을 애석하게 여겼다. 이에 호(湖-하남성 영보현 북쪽 마을)의 삼로(三老)인 공승흥

---

24 원문에는 중(忠)으로 돼 있는데, 다른 저본들에 따라 충(忠)으로 풀이했다.

(公乘興)이 글을 올려 다음과 같이 존을 변호했다.

'존(尊)이 경조(京兆)를 다스린 공적과 효과[功效]가 날로 드러났습니다.
                                   공효
옛날에 남산(南山)의 도적들이 산을 끼고서[阻山=據山] 마구 돌아다니며
                              조산 거산
양민들을 못살게 굴고 겁을 주면서, 법을 다루는 관리들을 살해하고 도
로를 막아대며 성문에 다가서니 경계 태세를 강화해야 했습니다. 보병 교
위(步兵校尉)로 하여금 그들을 추포토록 해 수많은 병사를 풀어 오랜 기
간 동안 온갖 노력을 쏟았으나 능히 잡아들일 수가 없었습니다. 두 명의
경(卿)은 이에 연루돼 쫓겨났고 도둑 떼는 점점 강해졌으며, 관리들의 사
기는 떨어지고 그 소문은 사방으로 번져 나라의 큰 우환이 됐습니다. 이
런 때를 당해 능히 이들을 붙잡거나 목을 베는 사람에게는 황금과 벼슬,
그리고 중한 상을 아끼지 않았습니다. 관내후(關內侯) 관중(寬中)이 전(前)
사예교위 왕존을 불러 도둑 떼를 체포할 수 있는 방략을 묻고, 그를 제배
해 간대부(諫大夫), 수(守) 경보도위(京輔都尉) 겸 행(行) 경조윤사(京兆尹
事)로 삼았습니다.

존(尊)은 절의를 다해 온 마음을 쏟아부어[盡節勞心] 새벽부터 밤늦도
                                    진절 노심
록 계책을 생각하며, 아래 병사들에게도 몸을 낮추며 북쪽으로 도망치려
는 관리들을 격려하고, 땅에 떨어진 그들의 사기를 불러일으켜주어 20여
일이 지나자 큰 무리는 두려움에 떨었고 수괴는 목이 달아났습니다. 도적
의 어지러움이 제거되자 백성들은 농업으로 돌아갔고, 가난하고 힘없는
자들을 쓰다듬어 편안케 해주고[拊循=撫安], 행패를 부리던 무리들은 호
                          부순 무안
미로 김을 매듯 깨끗이 없애버렸습니다. 장안의 오랜 토호[宿豪]와 크게
                                              숙호
교활한 자인 동시(東市=동쪽 시장)의 가만(賈萬), 성 서쪽의 우장(萬章), 화

살 만드는 장금(張禁), 술 빚는 조방(趙放), 두릉의 양장(楊章) 등은 모두 간사하게 서로 당을 맺어 간사한 무리들을 돕고 기르며, 위로는 왕법을 범하고 아래로는 관리들의 행정을 어지럽히면서, 토지를 겸병하고 요역을 부리며 힘없는 백성들을 침탈해, 백성들에게는 승냥이나 이리[豺狼]와 같았습니다.

2,000석 관리(-태수)를 여러 차례 갈아가면서 20년 동안 누구도 그들을 붙잡아 주토하지 못했건만 존은 바른 법을 써서 이들을 다스려 주살하니 모두 자신들의 잘못을 인정했습니다. 이리하여 간사한 자들은 깨끗이 사라지고 관리와 백성들은 기쁘게 복종했습니다. 존이 극악한 자들을 다스려 어지러움을 정돈하고, 난폭한 자들을 주살하고 간사한 자들을 틀어막은 것은 모두 전에는 없었던 일이며, 명장이라도 도달할 수 없는 것이었습니다. 비록 제배해 진(眞)으로 삼기는 했지만,[25] 아직도 특별한 포상이 존 자신에게는 내려지지 않고 있습니다.

(그런데) 지금 어사대부가 글을 위에 아뢰어, 존은 음과 양(의 원리)을 상하게 해 나라에 근심을 주었으니, 진실로 조서의 뜻을 이어받아 써서 '고요할 때(-평소에)는 바른 말을 하지만 들어 쓰면 어기고, 외모는 공손하나 (속마음은) 하늘을 뛰어넘으려 한다[靖(靜)言庸(用)違 象(恭)滔天]'[26]라고 했습니다. 하지만 그렇게 말한 까닭을 거슬러 올라가보면, 그것은 어사승(御史丞) 양보(楊輔)에게서 나온 것인데, 그는 예전에 존의 서기[書佐]

---

25 앞서 말한 대로 행(行) 경조윤에서 행을 떼고 경조윤이 된 일을 말한다.
26 『서경(書經)』「우서(虞書)」'요전(堯典)' 편에 나오는 말이다. 한마디로 겉과 속이 다르다는 말이다.

였고 평소 행실이 음험해 사람을 해쳤으며, 말이 험한 데다가 신의가 없고, 글[刀筆]로 사람을 법에 빠뜨리기를 좋아했습니다. 보가 늘 술에 취해 존의 하인의 우두머리인 이가(利家)를 방문하면, 이가는 그의 머리를 쥐어박고 뺨을 때렸으며, 또한 존의 형 자굉(子閎)은 칼을 뽑아 그의 목을 베려 하기도 했습니다. 보는 이 때문에 깊은 원한을 품고서 증오해 존을 해코지 하려 했습니다. 아마도 의심컨대 보는 속으로 원한을 품고서, 겉으로는 공적인 일인 것처럼 해서 이런 의견을 미리 잘 짠 다음에 그것을 과장해 죄상을 올린 것이니, 이는 물이 종이에 스며들 듯이[浸潤][27] 무고를 지어내어 사사로운 원한을 갚으려는 것입니다.

옛날에 백기(白起)가 진(秦)나라 장수였을 때 동쪽으로는 한(韓)나라와 위(魏)나라를 깨뜨리고, 남쪽으로는 (초나라의 수도) 영(郢)을 뽑아버렸는데도, 응후(應侯)가 그를 (물이 종이에 스며들 듯이) 참소해 두우(杜郵)에서 죽음을 내렸고, 오기(吳起)는 위(魏)나라를 위해 서하(西河)의 태수로 있는 바람에 진(秦)나라와 한(韓)나라가 감히 넘볼 수 없게 했는데도, 참소꾼들 사이에 있다가 배척당해 초나라로 도망쳐야 했습니다. 진나라가 참소[浸潤]를 들어 훌륭한 장수를 주살했고, 위나라가 참언(讒言)을 믿어 뛰어난 태수를 내쫓았으니, 이는 다 한쪽만 듣고 귀 밝게 듣지 못해[偏聽不聰] 사람을 잃는 우환이라 하겠습니다.

---

27 이 말은 『논어(論語)』 「안연(顔淵)」 편에 나오는 밝음[明]에 관한 다음 대화에서 나온 것이다. 자장(子張)이 밝음[明]에 관해 묻자 공자는 말했다. "서서히 젖어드는[浸潤] 참소(讒訴)와 살갗을 파고드는 하소연[愬]이 행해지지 않는다면 그 정사는 밝다[明]고 이를 만하다. 그런 참소와 하소연이 행해지지 않는다면 멀다[遠]고 이를 만하다."

신 등이 남몰래 가슴 아프게 생각하는 것은, 존은 몸을 닦아 자기를 깨끗이 하고서 절의를 갈아[砥] 공의(公義)를 향해 비판을 가함에 있어 장상이라도 꺼리지 않았고, 악을 주토함에 있어 호강(豪强)이라 해 피하지 않았으며, 오랫동안 제어하지 못했던 도적들을 주살하고 나라의 근심을 해결해, 공적은 두드러지고 직무는 빛이 나 위신을 당당히 했다는 점에서 진실로 나라를 지켜주는 관리[爪牙之吏]이며, 온몸으로 나라의 어려움을 막아주는 신하[折衝之臣]인데, 지금은 일단 아무 잘못도 없이 원수진 사람[仇人]의 손아귀에 붙잡혀 거짓을 꾸며대는 자의 글에 상처를 입어, 위로는 공로에 의해 죄를 면제받는 혜택도 없고, 아래로는 궁궐 밖에서 공경들의 심문을 받는 배려도 없이, 홀로 원수들이 지어낸 일방적인 주문(奏文)에 가려져 공공(共工)[28]과 같은 큰 죄인으로 취급당하면서도, 자신의 맺힌 바를 풀어내어 죄를 하소연할 곳조차 없다는 점입니다.

존은 경사가 망가지고 어지러워져 도적 떼들이 앞다퉈 일어날 때 특별히 뛰어나다[賢] 해 불려와 쓰였고, 관직에 들어와서는 경(卿)이 돼 도적 떼의 어지러움을 이미 제거하고, 토호와 교활한 자[豪猾]들이 자기 죄 앞에 엎드렸는데도 얼마 안 가서 아첨을 일삼는다[佞巧]는 이유로 내쫓겨났습니다. 존 한 사람의 몸이 3년 사이에 뛰어났다가 아첨을 일삼는다고 하니, 어찌 이보다 심할 수 있겠습니까? 공자께서 말씀하시기를 "누군가를 사랑할 때에는 (이미 죽은 사람인데도) 그를 살리고 싶어 하고, 누군가를 미워할 때에는 그가 (버젓이 살아 있는 생명인데도) 죽기를 바라니, 이미

---

28 순임금 때의 제후로 순임금이 유주(幽州)로 유배형을 보냈다. 『서경(書經)』에 나온다.

누군가를 살리려 하고 또 죽기를 바라는 것이 바로 혹(惑)이다"[29]라고 했고, "서서히 젖어드는[浸潤(침윤)] 참소(讒訴)가 행해지지 않는다면 그 정사는 밝다[明(명)]고 이를 만하다"라고 했습니다.

바라건대 이 사건을 공경대부, 박사, 의랑에 내리시어 존의 소행을 판정하도록 하십시오. 무릇 한 임금의 신하 된 자로서 음과 양을 상하게 했다면 이는 사주(死誅)에 해당하는 죄이고, 고요할 때(=평소에)는 바른 말을 하지만 들어 쓰면 어기는 것은 추방하는[放殛(방극)][30] 죄에 해당합니다. 깊이 살펴보아 어사가 올린 장주(章奏)대로라면 존은 마침내 관궐(觀闕)[31]의 형을 받아 사람이 살지 않는 곳으로 추방하고, 적어도 관직을 되찾을 수 없게 하며, 또한 존을 뽑아서 쓴 자도 마땅히 그런 자를 뽑아서 쓴 죄가 있는 것이니, 죄가 존에게만 미치는 것은 아닐 것입니다. 그러나 장주대로가 아니라면 글을 꾸며대고 거짓을 빚어내어 죄가 없는 사람을 고발한 것이니, 이 또한 마땅히 주벌해 참소하는 더러운 입을 틀어막고 사기 치는 길을 끊어내야 할 것입니다. 오직 밝은 주군께서 자세히 참고하시어 일의 희고 검은 것을 분별해주시기 바랍니다."

글이 올라가자 천자는 다시 존을 불러 서주자사(徐州刺史)로 삼았고,

---

29 『논어(論語)』「안연(顏淵)」편에 나오는 말이다.

30 극(殛)은 사형에 처한다는 뜻도 있지만 그냥 유배형에 처한다는 뜻도 있다. 문맥상 여기서는 죽이는 것보다는 먼 곳에 유배 보낸다는 뜻으로 보는 것이 나을 것 같아 죽인다는 의미는 제외했다.

31 궁문의 양쪽에 있는 높은 대(臺)다. 공자가 소정묘(少正卯)를 양쪽 관 사이에서 주살했다는 고사에 따라 바르지 못한 신하를 주살하는 장소를 말한다.

얼마 후에 동군(東郡)태수로 승진시켰다.

한참 뒤에 황하의 물이 크게 넘쳐 (하북성) 호자(瓠子)의 금제(金隄)를 범람하니, 노약자들은 달아났고 물이 크게 터져 피해를 입게 될까 두려워했다. 존은 몸소 관리와 백성들을 데리고 나가 백마를 제물로 삼아 강물에 던져 넣고 물의 신 하백(河伯)에게 제사를 지냈다. 존은 또 스스로 보옥을 바치고 무당에게 빌게 해 자신의 몸을 희생할 테니 금제를 지켜달라고 기도하고서, 그대로 남아 둑 위의 움막집에 앉아 있었다. 수천 수만 관민들은 다투어 머리를 조아리며 제발 그만둘 것을 만류했으나, 존은 끝내 거기서 물러나지 않았다. 마침내 더욱 물이 불어 둑이 끊기자 관민들은 비명을 지르며 뿔뿔이 흩어져 달아났다. 다만 주부(注簿) 한 사람만이 울면서 존의 곁에 남아 우뚝 서 있었다. 그러는 사이에 물결은 잦아들고 차차 물이 줄어들었다. 되돌아온 관리와 백성들은 존의 용기와 절의에 감복했다. 백마현의 삼로 주영(朱英) 등이 이런 내용을 위에 아뢰었다. 유사에 내려 조사를 시켜보니 모두 말한 그대로였다. 이에 어사에게 조서를 내려 말했다.

'동군에서 황하가 넘쳐 금제를 허물어뜨리는데, 불과 3척이면 둑이 무너질 위기에 이르러 백성들은 겁을 내고 다 도망쳤다. 그러나 태수는 몸으로 밀어닥치는 물과 싸워 일발의 위기에 임해 일신의 위태로움을 돌보지 않음으로써 백성들을 안심시켰다. 관리와 백성들이 되돌아와 작업을 시작해 이번 홍수가 재난에까지 이르지 않았으니 짐은 그것을 심히 아름답게 여긴다. 작질을 높여 중(中) 2,000석으로 하고 더해 황금 20근을 내려주도록 하라.'

몇 년이 지나 재직 중에 졸하니 관리와 백성들은 그를 기렸다. 존의 아들 백(伯) 또한 경조윤이 됐으나 나약해서[耎弱] 직임을 이겨낼 수 없다 해 면직됐다.

　　왕장(王章)은 자가 중경(仲卿)으로 태산(泰山) 거평(鉅平) 사람이다. 젊어서 문학(文學-유학)으로 관리가 됐다가 점차 승진해 간대부에 이르렀고, 과감하게 직언하는 사람으로 조정에서 이름이 있었다. 원제(元帝) 초기에 좌조(左曹) 중랑장에 발탁돼 어사중승 진함(陳咸)과 서로 친하게 지냈는데, 두 사람은 함께 중서령 석현(石顯)을 공격하다가 현에게 모함을 받아, 함(咸)은 사형에서 강등돼 삭발형을 당했고 장(章)은 면직됐다. 성제(成帝)가 즉위하자 장을 불러 간대부로 삼고 이어 사예교위로 승진시켰는데, 대신과 귀인, 외척이 그를 공경하면서도 꺼려했다. 왕존이 경조윤에서 면직된 이후 그 뒤를 이은 벼슬아치 가운데 그 직책에 어울리는 자가 없었던 차에 장이 뽑혀 그 자리를 맡았다. 그 당시는 황제의 외삼촌인 대장군 왕봉(王鳳)이 정사를 보필하던 때로서 장은 그의 천거를 받았음에도, 그가 정권을 독점하는 것을 잘못이라고 보아 그에게 붙어 친밀하게 지내지는 않았다. 그때 마침 일식이 있자 장이 봉사(封事)를 올리니 (상은) 그를 불러서 만나보았는데, 이에 장은 봉을 대장군에 중용하는 것은 불가하며, 충성스럽고 뛰어난 사람을 다시 가려서 써야 한다고 말씀드렸다. 상은 처음에는 그의 말을 받아들였으나 뒤에는 차마 봉을 물러나게 하지 못했다. 장은 이로 말미암아 의심을 받았고, 드디어 봉의 술책에 빠져 대역죄에 이르렀다. 상세한 이야기는 「원후전(元后傳)」에 실려 있다.

　　애초에 그는 유생으로 장안에서 공부를 하느라 식구들과 떨어져 아내와 살고 있었다. 장이 병이 들었는데 덮을 이불이 없어 쇠덕석 위에 누워 아내에게 고별하고 눈물을 흘렸다. 아내가 화를 내며 그를 꾸짖었다.

"중경(仲卿)! 경사의 존귀한 사람과 조정의 벼슬아치 가운데 중경보다 뛰어난 자가 누가 있어요? 지금 병이 들고 빈한해 고생한다고 해서 발분하기는커녕 도리어 눈물이나 흘리고 있으니 어쩌면 그리도 비루하세요?"

그 뒤에 장은 벼슬자리에 나아가 여러 직책을 맡아 하다가, 마침내 경조윤이 되자 봉사를 올리려고 하니 아내가 또 만류하며 말했다.

"사람은 분수를 지켜 만족할 줄을 알아야 해요. 당신은 쇠덕석 속에서 눈물을 흘리던 때를 혼자 잊으셨어요?"

장이 말했다.

"아녀자가 알 바가 아니오!"

드디어 글을 올렸는데 과연 장은 정위의 옥에 갇히고 처자까지 옥에 갇혔다. 그에게는 열두 살쯤 된 어린 딸이 있었는데, 어느 날 그 딸이 밤에 일어나 통곡하면서 말했다.

"전에는 옥졸이 죄수를 점호할 때 반드시 아홉까지 헤아렸는데 지금은 여덟에서 그쳤다. 나의 아버님은 원래 강직한 분이라 먼저 돌아가신 분은 틀림없이 아버님일 거야."

다음 날 알아보았더니 과연 장은 처형됐다. 처자들은 모두 합포(合浦)로 유배를 갔다.

대장군 봉이 훙한 뒤에 그 아우인 성도후(成都侯) 상(商)이 다시 대장군이 돼 정사를 보필했다. 상은 상(上)에게 건의해 장의 처자를 고향으로 돌아가게 했다. 그래서 가족은 모두 무사했다. 가족은 옥을 캐어 수백만의 재산을 모았다. 당시에 소육(蕭育)이 태산(泰山)태수로 있었는데, 옛날의 전답과 주택을 대신 값을 물어주고 모두 장의 가족에게 돌려주었다.

장은 경조윤이 된 지 2년 만에 죽을 죄도 아닌 일로 죽었다. 백성들이 원통하게 여기고 그를 잊지 못해 경조윤 하면 (왕존, 왕장, 왕준의) 세 왕씨[三王]를 손꼽았다. 왕준(王駿)은 따로 전(傳)이 있는데, 그는 곧 왕양(王陽)의 아들이다.

찬(贊)하여 말했다.

"효무(孝武)가 좌풍익, 우부풍, 경조윤을 둔 이래로 관리와 백성들은 그것에 대해 말할 때 '앞에는 조(趙), 장(張)이 있었다면 뒤에는 삼왕(三王)이 있었다'라고 한다. 그러나 유향(劉向)은 조광한, 윤옹귀, 한연수 순으로 평가했고 (○ 사고(師古)가 말했다. "유향은 왕존은 언급도 하지 않았다."), 풍상(馮商)은 왕존(王尊)의 전기를 지었으며 양웅(揚雄)도 그의 아름다움을 논했다. 광한(廣漢)은 귀 밝고 눈 밝아 밑에서 속일 수가 없었고, 연수(延壽)는 좋은 일을 권장하고 가는 곳마다 풍속을 바꿨으나, 모두 위를 속이고 신뢰를 얻지 못해 결국은 몸을 잃고 공로도 훼손됐다. 옹귀(翁歸)는 공적인 마음을 품고서 자기를 깨끗이 해 근세의 사표가 됐다. 장창(張敞)은 강직해 충성으로 말씀을 올렸고, 유자의 면모를 품어 형벌을 반드시 시행하고 사면하는 데 절도가 있었으니, 그런 조항들은 봐줄 만하나 경박하다는 비판을 들어야 했다. 왕존(王尊)은 문무(文武)를 함께 갖춰 그가 가는 곳마다 이런 것들이 발휘됐으나, 기이한 방식으로 상도(常道)를 어기고 큰 소리치는 것을 좋아했다. 왕장(王章)은 강직해 절의를 지켰으나 일의 가볍고 무거움을 제대로 헤아리지를 못해 형륙에 빠지고, 처자식은 멀리 유배를 가야 했으니 슬프도다!"

권
◆
77

개관요·제갈풍·
유보·정숭·손보·
무장륭·하병전

蓋諸葛劉鄭孫毋將何傳

개관요(蓋寬饒)는 자가 차공(次公)으로 위군(魏郡) 사람이다. 경술에 밝아 위군의 문학(文學)이 됐다가 후에 효렴(孝廉)으로 천거돼 낭(郎)이 됐다. 방정(方正)으로 천거돼 대책에 응대해 높은 성적[高弟]을 거둬, 간대부로 승진해 낭중호장(郎中戶將-궁궐의 문호를 지키는 관리)의 일을 맡아보았다. 위장군(衛將軍) 장안세(張安世)의 아들 시중 양도후(陽都侯) 장팽조(張彭祖)가 궁궐 문에서 수레에서 내리지 않았다고 탄핵하는 상주문을 올리는 한편 안세(安世)가 벼슬자리에 있으면서 조정에 아무런 보탬이 되지 않는다고 함께 탄핵했다. 그런데 팽조는 그때 실은 궁궐 문에서 수레에서 내린 것으로 확인돼 대신을 사실이 아닌 일로 탄핵했다는 죄에 걸려 위사마(衛司馬)로 좌천됐다.

그 이전에는 위사마가 관서에 근무할 때 위위(衛尉)를 보면 배알해야 하고, 항상 위관(衛官)을 위해 시장에 심부름을 나가 물건을 사오는 따위의 일을 했다. 관요(寬饒)가 그 일을 맡아보자 옛 법령에 따라 위위에게 배알하지 않고 다만 읍을 하기만 했다. 위위가 사사로이 그에게 바깥일을 시키면 그는 법령에 따라 관부에 나아가 그 사실을 보고했다. 상서(尙書)가 그 일로 위위를 책망하자 이로 말미암아 위관은 두 번 다시 후(候)와 사마(司馬)를 사사로이 부려먹지 못했다. 후와 사마가 위위에게 배알하지 않고 천자가 외출할 때에는 선도가 돼 천자보다 앞서서 출발하며 그때마다 대궐에 상주하게 됐는데 이때부터 바로잡힌 것이다.

관요가 처음에 제배돼 사마가 돼 궁궐 문을 아직 나서지 않을 때에는 단의(襌衣)를 잘라 땅바닥에서 조금만 떨어지게 하고는 큰 관을 쓰고 긴 칼을 찬 채 몸소 사졸들이 묵는 막사를 돌아다니면서 그들의 음식과 거처를 살펴보고, 병이 든 자는 직접 어루만져주고 찾아가서 위문하고 의원과 약을 조치해주었다. 이같이 사졸을 잘 대우해 많은 은혜를 베풀었다. 1년이 지나 사졸을 교체할 때가 되자 당번을 끝내고 돌아가는 궁궐 수비병을 위한 잔치를 상이 친히 베풀었는데, 그때 수비하는 사졸 수천 명이 모두 머리를 조아리며 다시 1년을 머물러 궁궐에 남아 있고 싶다고 자청했다. 이는 그렇게 해서 관요가 두텁게 베푼 은덕에 보답하고자 한 것이었다. 선제(宣帝)가 이를 아름답게 여겨 그를 태중대부로 삼아 풍속을 관장하게 하니, 관요는 칭찬해 천거한 사람도 많았지만 폄하해 내쫓은 자도 많았고, 명령을 받아 사자로 나가서 일할 때는 상의 마음에 쏙 들게 했다. 그리하여 사예교위에 발탁된 그는 벼슬아치를 내쫓고 천거함에 꺼리는 법이 없이 작은 일이나 큰 일이나 모두 즉시 시행했다. 그는 탄핵해 상주한 일이 매우 많았는데 정위가 법에 따라 처리할 때 반쯤은 그의 말을 따르고 반쯤은 따르지 않았고, 공경대신과 상의 친인척, 군국의 관리들이 공무로 인해서 장안에 이르면 모두 그를 두려워해 금하는 법을 감히 어기지 못하니 경사(京師)가 깨끗해졌다.

평은후 허백(許伯-황태자의 외조부 허광한)이 저택에 입주할 때 승상, 어사대부, 장군, 중(中) 2,000석들이 모두 하례하러 갔으나 그만은 가지 않았다. 허백이 그를 청하자 그제야 갔다. 그는 서쪽 계단을 걸어 위로 올라가서 동쪽을 향해 눈에 띄게 앉았다〔○ 사고(師古)가 말했다. "자존심을 내세워 굴복하지 않음을 보인 것이다."〕. 허백이 직접 술을 따라주며 말했다.

"개군(蓋君)이 뒤에 이르셨습니다."

관요가 말했다.

"내게는 술을 많이 따르지 마십시오. 저는 술주정 버릇[酒狂]이 있습니다."

승상 위후(魏侯-위상)가 웃으며 말했다.

"차공(次公)은 술에 취하지 않고서도[醒] 광기를 부리는 사람이니 어찌 반드시 술을 마셔야겠소?"

자리에 앉은 사람들은 다들 그에게 비아냥거리는 눈길을 던졌다. 술이 거나해지고 풍악이 시작되자 장신소부 단장경(檀長卿)이 일어나 춤을 추었는데, 원숭이와 개가 싸우는 흉내를 내니 자리에 있던 자들이 모두 크게 웃었다. 관요는 기분이 좋지 않아 머리를 쳐들어 지붕을 응시하고는 한탄하며 말했다.

"아름답구나! 그러나 부귀란 무상한 것이라 주인이 갑자기 바뀌지. 이런 집은 객사(客舍)와 같아 주인을 많이 거치는 법이야. 오로지 근신하는 사람만이 오래 지탱하므로 군후(君侯)가 경계하지 않을 수 있으리오!"

말을 마치자마자 일어나 종종걸음으로 집을 나서서는, 장신소부가 열경(列卿-구경)의 신분으로 원숭이 춤을 추어 예법을 잃은 일은 불경죄에 해당한다고 탄핵하는 글을 올렸다. 상은 장신소부에게 죄를 묻고 싶었으나 허백이 그를 대신해 사죄하므로 한참이 지나서 화를 풀었다.

관요(寬饒)는 사람됨이 강직하고 절개를 숭상했으며 공(公)을 받드는 데 큰 뜻을 두었다. 집이 가난한 그는 한 달에 받는 월급이 수천 금이었는데 그 반을 그의 눈과 귀가 돼 사건을 귀띔해주는 하급 관리와 백성들에게 주었다. 자신은 사예교위라는 높은 직책에 있으면서도 아들은 항상 걸어 다니고 직접 북쪽 변방에서 수자리를 살았다. 그는 이처럼 청렴했다. 그러나 그는 준엄하고 모질어서 남을 죄에 몰아넣고 해치기를 좋아했기 때문에 벼슬아치와 상의 친인척들은 너나 할 것 없이 그를 원수로 알았다. 그는 또 국사를 풍자하고 기롱하기를 좋아해 상의 심기를 건드리게 됐다. 상은 그를 선비라고 생각해 관대하게 용납하기는 했으나 승진시키지는 않았다. 같은 지위에 있던 후배들 중에는 구경(九卿)에 이른 자도 생겼다. 자신이 청렴하고 능력이 뛰어나 국가에 많은 보탬이 된다고 자부한 그는 평범한 자들에게 추월을 당하자, 더욱더 실의에 빠져 불쾌하게 여기고 자주 상소해 간쟁했다. 그의 절개를 존경한 태자서자(太子庶子) 왕생(王生)이 그의 처신이 잘못됐다고 하면서 다음과 같은 편지를 보냈다.

'밝으신 군주께서는 그대가 결백하고 공정하며 권세 있는 자를 두려워하지 않음을 잘 알고 계십니다. 그래서 그대에게 관리를 사찰하는 지위를 주시고 황제의 사자로 나가는 권한을 독점하게 하셨습니다. 높은 관직과 후한 녹봉이 벌써 그대에게 베풀어졌습니다. 그대는 아침 일찍부터 밤늦게까지 이 시대에 힘써야 할 급선무가 무엇인가만 고민하고, 법을 받들고 교화를 베풀어 천하를 걱정하는 노력을 기울여야 합니다. 제아무리 날마다 유익한 일을 행하고 달마다 공훈을 세운다고 해도 직책을 제대로 완수했다거나 상의 은혜에 보답했다고 할 수는 없습니다. 예로부터 천하를 다스리는 삼왕(三王)의 정치술에는 제각각 상이한 제도가 있었습니다. 지금 그대는 직무를 순탄하게 수행하기를 힘쓰지 않고 태곳적의 구원(久遠)한 일을 가지고 천자를 바로잡아 보필하려고 하며, 쓰이지 않고 듣기 어려운 말을 자주 진언해 좌우의 신하들에게 권고합니다. 이것은 아름다운 이름을 세상에 드날리고 수명을 온전히 지키는 방법이 아닙니다. 현재 국정을 휘두르는 자는 모두 법령을 훤하게 꿰뚫고 있는 자들이라, 그들의 말재주는 족히 그대의 말을 부풀릴 수 있고, 문사(文辭)는 족히 그대의 잘못을 짜맞출 수 있습니다. 그대는 거백옥(蘧伯玉)의 고상한 처신은 염두에 두지 않고 오자서(伍子胥)의 보잘것없는 행동을 사모하며, 지극히 귀한 몸을 가지고 헤아릴 길 없는 어려운 험지로 가고 있습니다. 그대를 위해 가슴 아프게 여기지 않을 수 없습니다. 군자는 곧으면서도 뻣뻣하지 않고 굽히면서도 굴복하지 않습니다. (『시경(詩經)』) 「대아(大雅)」 ('증민(蒸民)' 편)에서 "밝고도 지혜로우니 제 한 몸을 보존하겠구나!"라고 했습니다. 빼어난 이들은 미친 사람의 말도 (좋으면) 채택하셨으니 제 말씀을 조금이라도 살펴보시기 바랍니다.'

관요는 그 말을 받아들이지 않았다.

이때 바야흐로 상이 형법을 쓰면서 중상서(中尙書) 환관들에게 믿고 맡기자 관요(寬饒)가 봉사를 올려 말했다.

'바야흐로 지금은 빼어난 도리[聖道]가 점점 폐기되고 유가의 학술이 행해지지 않아 형벌을 시행하는 사람들이 주공이나 소공[周召]이 되고, 법률이 『시경(詩經)』과 『서경(書經)』의 역할을 하고 있습니다.'

또 『한씨역전(韓氏易傳)』을 인용해 말했다.

'오제(五帝)는 천하를 공적인 처리 대상으로 삼아 다스렸고[官], 삼왕(三王)은 천하를 집안처럼 다스렸습니다[家]. 그래서 집안처럼 여길 때는 (왕위를) 자식에게 물려주었고, 공적인 처리 대상으로 삼을 때는 뛰어난 이[賢]에게 물려주었으니, 사계절이 돌아가는 것과 같이 공업을 이룬 자는 떠났을 때 그 자리에 적합한 자가 아니면 그 자리에 두지 않았습니다.'

이 글이 올라가자 상은 관요가 (자신을) 원망하고 비방하는 것이라 여겨 끝내 고치지 않고서 그 글을 중(中) 2,000석 관리에게 내려보냈다. 이때 집금오(執金吾)가 의견을 내기를 '관요의 속뜻[指意]은 (황위를 뛰어난 이에게 넘기는) 선위[禪=禪位=禪讓]에 있는 것이니 대역부도(大逆不道)'라고 했다. 간대부 정창(鄭昌)은 관요는 충성스럽고 곧으며 나라를 걱정하는 사람인데 그 언사(言事)가 진의를 딱 맞게 드러내지 못하는 바람에, (법률을 다루는) 문리(文吏)들에게 훼방을 받고 좌절되고 있음을 민망하고 마음 아프게 여겨, 글을 올려 관요를 변호하며 다음과 같이 말했다.

'신이 듣건대 산에는 맹수가 있기에 보잘것없는 나물들[藜藿]도 함부로 캘 수 없듯이, 나라에는 충성스러운 신하가 있어야 간사한 자들이 함부로 설칠 수 없습니다. 사예교위 관요는 '(평소) 거처할 때 편안함을 구하지 않고 먹을 때 배부름을 구하지 않으며[居不求安 食不求飽]',[1] 조정에 나아오면 나라를 걱정하는 마음이 있고 물러나면 죽음으로 절의를 지키는 의로움을 갖고 있습니다. 또 위로는 허씨(許氏)나 사씨(史氏) 같은 무리[2]도 없고, 아래로는 금씨(金氏)나 장씨(張氏) 같은 의탁할 세력[3]도 없이 사찰(司察)의 직무를 맡아 오직 곧은 길로만 가니, 원수는 많고 함께하는 사람은 적습니다. 그런 그가 글을 올려 나라의 일에 관해 진술하자 유사(有司)는 대벽(大辟-사형에 해당하는 죄)으로 탄핵했습니다. 신은 총애를 얻어 대부들의 뒤를 좇을 수 있었고, 관직에는 간언한다[諫]는 이름이 있으니 감히 말씀드리지 않을 수 없었습니다.'

상은 듣지 않고서 드디어 관요를 형리[吏]에게 내려보내자, 관요는 차고 있던 단검[佩刀]으로 북궐 아래에서 스스로 목을 찌르니, 많은 이들 가운데 그를 불쌍해하지 않는 사람이 없었다.

제갈풍(諸葛豐)은 자(字)가 소계(少季)로 낭야(琅邪) 사람이다. 경술에

---

[1] 이 구절은 『논어(論語)』「학이(學而)」편에 나오는 공자의 말을 순서만 뒤집은 것이다. 공자가 말했다. "무릇 군자가 되려고 하는 자[君子]는 먹을 때 배부름을 구하지 않고 거처할 때 편안함을 구하지 않으며, 또 일을 할 때는 민첩하게 하고 말은 신중하게 하며, 이어 도리를 갖추고 있는 사람[有道]에게 찾아가[就] 잘잘못과 옳고 그름을 바로잡는 것[正]을 배운다면 (설사 그가 학문을 아직 배우지 않은 사람이라 하더라도) 배우기를 좋아하는 사람[好學]이라고 이를 수 있다."

[2] 허씨는 선제의 처가이고 사씨는 선제의 외가다.

[3] 금씨는 금일제(金日磾-김일제라고도 하는데 흉노 출신 관리)의 후손을 가리키고, 장씨는 장안세(長安世)의 후손을 가리킨다.

밝아 군 문학이 됐으며 독립적이면서도 강직한 것으로 이름이 있었다. 공우(貢禹)가 어사대부가 되자 풍(豊)을 제배해 속관으로 삼았고 시어사(侍御史)로 천거했다. 원제(元帝)가 발탁해 사예교위(司隷校尉)로 삼았는데 규탄을 피하는 바가 없어 경사(京師) 사람들은 그에 대해 이렇게 말했다.

"최근에 어찌 뛰어난 이가 없나 했는데 드디어 제갈이 나왔도다!"

상은 그의 절의를 아름답게 여겨 풍의 작질을 더해 광록대부로 삼았다. 이때 시중 허장(許章)은 외척이라 해 큰 총애를 받았는데 사치스럽고 음란해 법도를 받들지 않았고, 빈객들이 일을 저지르고 다녔는데 다 장(章)과 연결이 돼 있었다. 풍은 장을 조사해 그 일을 위에 아뢰려고 했는데 마침 허(許) 시중이 사사로운 일로 외출을 했다가 마주치게 되자 풍은 수레를 세우고서 신절(信節)을 들어 장에게 보이며 "내리시오"라고 말하고서는 시중의 수레를 압수하려 했다. 장은 궁지에 몰리자 수레를 몰아 달아나니 풍이 뒤쫓았다. 허시중은 이에 궁문으로 들어가 상에게 구원을 청했다. 풍 또한 상주하니 이에 풍의 신절을 거둬들였다. 사예가 신절을 갖지 않게 된 것은 풍에서 시작됐다. 풍은 글을 올려 사죄해 말했다.

'신 풍(豊)은 재주가 노둔하고 겁이 많으며[駑怯], 문(文)으로는 좋은 일을 권하기에 부족하고 무(武)로는 간사함을 바로잡기에 부족합니다. 폐하께서는 신의 능력이 있는지 없는지[能否]를 잘 헤아리지 못하시고 제배해 사예교위로 삼으셨으나 아직 이렇다 할 치적을 내지 못했는데, 다시 작질을 광록대부로 하시고 관직은 높고 책임은 무거우니 이는 신이 마땅히 있어야 할 자리가 아닙니다. 또 늙은 나이에 몸이 점점 쇠해 늘 언제 갑자기 죽어 도랑에 굴러 두터운 은덕에 보답도 하지 못해, 일을 논하고 의견을 내는 신하들로 하여금 신이 아무런 도움도 되지 못하고 오랫동안 헛되이 녹봉만 축냈다는 이름을 얻게 될까 두려워해, 그 때문에 항상 얼마 남지 않은 목숨[一旦之命]이라도 바쳐 때를 기다리지 않고, 간사한 신하의 목을 잘라 큰 시장에 매달고 그 죄를 남김없이 적어 그 죄악을 사방에 분명하게 알린 연후에 부월(斧鉞)에 주살되기를 신은 진정으로 바랐습니다. 무릇 포의(布衣)의 선비에게도 오히려 죽음으로 지켜주는 벗[刎頸之交]이 있는데, 지금 이 넓은 천하에 일찍이 지조를 지켜 마땅한 의리를 위해 죽을 신하는 없고, 모두가 구차스럽게 상의 뜻에나 맞추며 서로 아부하는 패거리를 지어 사사로운 이득만을 생각하고 나라의 정사는 잊고 있습니다. 간사하고 더럽고 탁하고 어지러운[邪穢濁] 기운이 위로 하늘까지 감응케 해서, 이로 인해 재이와 변고가 여러 차례 보였고 백성들은 곤핍해졌습니다. 이는 곧 신하가 충성스럽지 못한 데 따른 효험이니 신은 진실로 부끄럽기 짝이 없을 뿐입니다. 무릇 사람의 속마음[人情]이란 편안하게 살기를 바라고 위험과 패망을 싫어하지 않는 바가 없지만, 충성스러운 신하와 곧은 선비라면 환란과 해악을 피하지 않고 진실로 임금을 위해야 할 것입니다. (그런데) 지금 폐하께서는 하늘처럼 (모든 것을) 덮어주고 땅처럼 (모든 것을) 실어주어[天覆地載] 세상 모든 일을 포용하지 못할 바가 없으시건만, 상서령 요(堯)를 시켜 신 풍이 올린 글을 내려주시면서 "무릇 사예교위란 불법적인 것을 적발하고 선을 좋게 여기고 악을 미워해야 하지만[善善惡惡] 이를 마음대로 해서는 안 된다. 중화(中和)에 힘쓰면서 경술의 뜻을 고분고분 따라야 할 것이다"라고 하셨습니다. 은혜가 깊고 다움이 두터우심에 신 풍은 머리 숙여 깊이 감사드립니다. 신은 남몰래 울분과 번민[憤懣]을 이

기지 못해 깨끗하고 편안한 곳을 내려주시기를 바라오니, 오직 폐하께서 살펴주신다면 다행이겠습니다.'

상은 허락하지 않았다. 이후에도 말씀드리는 바가 더욱더 쓰이지 않자 풍은 다시 글을 올려 말했다.

'신이 듣건대 백기(伯奇)[4]는 효도를 다했지만 아버지에게 버림을 받았고, 자서(子胥)는 충성을 다했지만 임금에게 주살을 당했으며, (노나라) 은공(隱公)은 자애를 베풀었지만 동생에게 죽임을 당했고, (위나라) 숙무(叔武)[5]는 공순했으나 [弟=悌] 형에게 죽임을 당했습니다. 무릇 이런 네 사람의 행실로도 혹은 굴평(屈平-굴원)의 능력으로도, 오히려 자신을 드러내지 못하고 형륙을 당했으니, 그렇지 못한 사람이라면 어떻겠습니까? 만일 신으로 하여금 몸을 죽여 나라를 안정시킬 수 있다면, 혹은 주살을 당해서라도 임금을 높일 수만 있다면, 신은 진실로 그것을 바랍니다. 다만 두려운 것은 보필도 제대로 못해 간사한 무리들에게 배척을 당하고 참소꾼 [讒夫]은 마침내 뜻을 이루어, 바르고 곧은 자의 길은 막혀 충신은 지조가 꺾이고 지혜로운 선비는 입을 닫아버리는 것, 바로 이것을 어리석은 신은 두려워할 뿐입니다.'

---

4 주(周)나라의 어진 재상인 윤길보(尹吉甫)의 아들이다. 유향(劉向)의 『열녀전(烈女傳)』에 따르면 "윤길보의 아들 백기는 지극히 효성스러워 계모를 잘 섬겼으나, 계모가 백기를 모함해 죽이기 위해 벌을 잡아 독침을 뽑고 치마에 매어달았는데, 백기가 다가가서 떨어버리려 하니 계모가 백기가 내 옷을 벗기려 한다고 했다. 이에 길보가 드디어 의심하니 이에 백기는 마침내 자살했다"라고 한다.

5 위(衛)나라 성공(成公)의 동생으로 형의 의심을 받아 살해됐다.

풍(豐)은 봄과 여름에 죄인들을 처벌한 일들로 인해[6] 높은 자리에 있는 사람들이 자주 그의 단점을 지적했다. (그래서) 상이 풍을 옮겨 성문교위(城門校尉)로 삼으니 풍은 글을 올려 광록훈 주감(周堪)과 광록대부 장맹(張猛)을 고발했다. 상은 풍이 곧지 않다[不直]고 여겨 마침내 어사에게 조서를 내려 말했다.

'성문교위 풍은 전에 광록훈 감(堪)과 광록대부 맹(猛)과 함께 조정에 있을 때 여러 차례 감과 맹의 아름다운 점을 칭송했다. 풍은 전에 사예교위로 있을 때 사계절에 따라 죄인을 다스리거나 법도를 지키지 않았고, 제 마음대로 가혹하고 사납게 다뤄 헛된 위세만 보였는데, 짐은 차마 형리(刑吏)에게 내려보내지 않고 성문교위로 삼았다. 그런데도 스스로를 돌아보지 않고 도리어 감과 맹에게 원한을 품어 보복을 하려고, 증거도 없는 말에 기대어 고발하고 입증하기 어려운 죄를 드러내고 비방과 칭찬을 제 뜻대로 해, 전에 자신이 했던 말은 돌아보지도 않으니 크게 믿지 못할 자다. 짐은 풍이 나이가 들었음을 가련히 여겨 차마 형벌은 가할 수가 없으니 이에 면직해 서인으로 삼는다.'

집에서 생을 마쳤다.

유보(劉輔)는 하간국(河間國) 종실(宗室) 사람이다. 효렴(孝廉)으로 천거

---

6 당시 법에 따르면 봄과 여름은 만물이 생장하는 때이므로 봄에는 범인들도 특별히 대우해주었다. 그래서 석방할 사람은 석방하고 석방할 수 없어도 형구를 채우지 않았으며, 여름에는 음식을 더 주었다.

돼 양분(襄賁)의 현령이 됐다. 글을 올려 (정사의) 얻고 잃음을 말하니 불러서 만나보고 상은 그의 재주를 아름답게 여겨 발탁해 간대부로 삼았다. 마침 성제(成帝)가 조첩여(趙婕妤)를 세워 황후로 삼고 싶어 해 먼저 조서를 내려 첩여의 아버지 림(臨)을 봉해 열후(列侯)로 삼았다. 보(輔)가 글을 올려 말했다.

'신이 듣건대 하늘이 명을 내리려 할 때는 반드시 먼저 상서로운 조짐[符瑞]을 내려주고, 하늘의 뜻에 벗어나면 반드시 먼저 재이와 변고를 내려준다고 했으니, 이는 신명의 징응(徵應)이며 자연의 점험(占驗)입니다. 옛날에 무왕(武王)과 주공(周公)이 하늘과 땅을 이어받으니 백어(白魚)와 적오(赤烏)의 상서로움을 누렸음에도, 오히려 임금과 신하들은 삼가고 두려워하며 안색 하나 취할 때도 서로 경계를 했는데, 하물며 말세[季世]에 후사를 잇는 복도 받지 못하고서 자주 (하늘의) 위엄과 분노와 같은 이상한 일들을 받고서야!

설사 아침저녁으로 스스로를 꾸짖고 허물을 고쳐 행동을 바꾸며, 천명을 두려워하고 조상의 대업을 기리며, 다움을 갖춘 집안의 후손을 잘 가려 뽑고 요조숙녀를 잘 골라 종묘를 이음으로써, 신명에 순응해 천하의 모든 사람이 바라는 것에 부응해도[塞=滿] 자손을 갖게 되는 상서로움은 오히려 너무 늦지 않을까 두려운데, 지금은 마침내 욕정에 이끌려 욕심을 풀어놓아 비천한 여인에게 기울어져 천하의 어머니로 삼으려 하시니, 이는 하늘을 두려워하지 않으시는 것이고 다른 사람들에게 부끄러움을 느끼지 않는 것이니, 미혹됨이 이보다 더 클 수는 없습니다. 속담에 "썩은 나무로는 기둥을 삼을 수 없고, 비천한 사람으로는 주인을 삼을 수 없다"라고 했습니다. 하늘과 백성이 찬성하지 않는 것은 반드시 재앙만 있고 아무런 복록도 없다는 것을 시장이나 길거리의 사람들도 모두 함께 아는 바이건만, 조정에서는 어느 누구도 기꺼이 일언반구라도 하는 사람이 없으니 신은 남몰래 마음이 아픕니다.

스스로 생각해보니 같은 성(姓)이라 해 발탁돼 하는 일도 없이 녹이나 받아먹는[尸祿] 불충을 저지르고 욕되게도 간쟁을 맡은 관리로 있어, 감히 죽을힘을 다하지 않을 수 없어 말씀 올린 것이니 오직 폐하께서는 깊이 살펴주십시오.'

글이 올라가자 상은 시어사를 시켜 그를 붙잡아 포박해 액정(掖庭)[7]의 비밀 감옥에 가두게 했는데 여러 신하들은 그 연유를 아무도 알지 못했다.

이에 조정의 좌장군 신경기(辛慶忌)와 우장군 염포(廉褒), 광록훈 사단(師丹), 태중대부 곡영(谷永)이 함께 글을 올려 말했다.

'신이 듣건대 밝은 임금이 너그럽고 품어 안는 정사[寬容之聽]를 드리워 간쟁하는 관리를 높이고, 진실하고 곧은 길을 넓게 열어 뜻이 지나치게 크거나 지나치게 강한[狂狷] 말이라도 죄를 주지 않은 다음이라야, 백관들은 제자리를 지키며 충성을 다하고 계책을 다 바치며 후환을 두려워하지 않게 돼, 조정에는 아첨하는 신하들이 사라지고 원수(元首)께서는 도리를 잃게 되는 허물이 없게 됩니다. 간대부 유보를 남몰래 살펴보건대 예전에 현령의 몸으로 의견을 올렸다가 발탁돼 간대부가 됐으니, 이는 그의 말에 필시 탁월하고 남과 달라 그 절절함이 지극해서 폐하의 마음[聖心]에 와

---

7 궁전 옆에 있는 방으로 비빈(妃嬪)들이 거처하는 곳이다.

서 닿는 것이 있었기 때문에 발탁돼 지금에 이른 것이라 여겨집니다. 그런데 10여 일 사이에 잡아들여 비밀 감옥[秘獄]에 내리셨으니, 신들의 어리석음으로 생각건대 보는 요행히 황족[公族]의 일원이라는 친분에 기대어 간신(諫臣)의 반열에 있다가 처음 중앙 조정의 말석을 맡다 보니, 조정의 큰 흐름[體]을 잘 알지 못하는 바람에 폐하께서 꺼리고 피하는 바[忌諱]를 건드렸다는 점에서 큰 과오라 하기에도 모자랄 것입니다. 작은 죄라면 마땅히 숨기고 참아줘야 할 뿐이지만, 만약에 큰 죄악이 있다면 마땅히 공개적으로 법관에게 맡기어 수많은 사람들과 그 죄상을 함께 알고 납득하게 해야 할 것입니다.

옛날에 (진(晉)나라의) 조간자(趙簡子)가 (자기 나라를 분할하기 위해) 대부 명독(鳴犢)을 죽이자 (당시 초빙을 받았던) 공자는 황하에 이르렀다가 (그 소식을 듣고서는) 돌아갔습니다.[8] 지금 하늘의 마음은 편안치 않아[未豫=不豫=不悅] 재앙과 이변이 여러 차례 내리고 홍수와 가뭄이 내리

---

8 주유천하를 하던 공자는 위나라 영공이 정사를 태만히 하는 것을 보고 실망해, 서쪽으로 진나라의 조간자(趙簡子)를 만나려고 황하에 이르렀을 때, 두명독과 순화가 조간자에게 죽임을 당했다는 말을 들었다. 공자는 황하 강물에 서서 이렇게 탄식했다. "아름답다, 물이여! 저렇게도 출렁거리는구나! 내가 이 물을 건너지 못함은 운명이로구나!" 자공이 감히 그 까닭을 묻자 공자는 말했다. "두명독(竇鳴犢)과 순화(舜華)는 진(晉)나라의 뛰어난 대부였다. 조간자가 세력을 잡지 못했을 때는 그 두 사람 말을 들은 뒤에 정사를 했는데, 세력을 잡은 뒤에는 그들을 죽이고 정사를 하고 있다. 내가 들으니 '태를 쪼개 어린것을 죽이면 기린이 들판에 오지 않고, 연못의 물을 말려 고기를 잡으면 교룡이 음양을 합하지 못하고, 둥지를 뒤엎고 알을 깨뜨리면 봉황이 날아오지 않는다'고 했다. 왜냐하면 군자는 자기와 같은 부류를 해침을 미워하기 때문이다. 새나 짐승도 의롭지 못함을 오히려 피할 줄 알거늘, 하물며 사람이랴!" 마을로 돌아와 거문고 가락을 연주하며 슬퍼했다. 『사기(史記)』 「공자세가」 편에 나오는 이야기다.

덮쳐, 바야흐로 너그러움을 베푸시어 널리 묻고 곧은 사람은 포상해 은택을 아래로 내려줘야 할 때입니다. 그런데 참혹하고 다급한 주살을 간쟁하는 신하에게 행하시어 많은 신하들을 깜짝 놀라게 하시니 충직한 마음을 잃게 만들고 있습니다. 가령 보가 직언을 했다고 해서 죄를 얻은 것이 아니라도 그 죄상이 드러나지 않게 되면, 천하의 사람들은 그것을 훤하게 알 수가 없습니다. 같은 성의 근신(近臣)이라는 것은 본래 일을 명확하게 드러내 말하는 것이기 때문에, 혈육을 다스리고 충심을 길러주는 의리에서 보자면 진실로 마땅히 액정옥에 유폐해서는 안 될 것입니다.

공경 이하는 폐하께서 보를 나아오게 해 쓰신 바가 워낙 급작스러웠는데[亟], 다시 그를 꺾어버리는 바가 사나움을 보았기에 사람들은 두려운 마음을 품고 정예병의 사기도 떨어져 감히 충절을 다해 바른말을 할 수가 없으니, 이는 순(舜)임금께서 정사를 듣던 바를 밝혀[9] 다움이 아름다운 풍조[德美之風]를 넓게 하시는 방법이라 할 수가 없습니다. 신 등은 남몰래 그 점을 깊이 마음 상해하고 있사오니 오직 폐하께서는 마음을 가다듬어 잘 살펴주시기 바랍니다.'

상은 마침내 보를 옮겨 공공(共工)의 옥[10]에 가두고 사형 1등을 감해 귀신(鬼薪)의 형[11]을 논고했다. 집에서 생을 마쳤다.

---

9 보고 배운다는 말이다.

10 왕망이 소부(少府)를 공공으로 개칭했는데, 그곳에 있는 감옥을 말한다. 공공은 순임금 때 유배를 간 인물이다.

11 형벌의 명칭인데 3년 동안 종묘에 올리는 섶을 마련하는 것을 가리킨다.

정숭(鄭崇)은 자(字)가 자유(子游)로 본래 고밀국(高密國)의 호족으로 대대로 왕가(王家)와 혼인을 했다. 할아버지는 자산가[訾]였기 때문에 평릉(平陵)¹²으로 이주했다. 아버지 빈(賓)은 법령에 밝아 어사가 돼 공공(貢公-공우)을 섬겼는데 공평하고 곧다[公直]는 명성을 들었다. 숭(崇)은 젊어 군의 문학사(文學史)가 됐고 승상의 대거속(大車屬)에 이르렀다. 동생 립(立)은 고무후(高武侯) 부희(傅喜)와 같은 스승에게서 배워 서로 우의가 좋았다. 희(喜)가 대사마가 되자 숭을 천거했고, 애제(哀帝)는 발탁해 상서복야(尙書僕射)로 삼았다. 여러 차례 알현을 청해 간쟁하니 상은 처음에는 그의 말을 받아들여 썼다[納用]. 매번 알현할 때마다 가죽신을 질질 끄니 상이 웃으면서 말했다.

"나는 정(鄭)상서의 신발 소리를 알고 있소."

한참 후에 상이 (할머니) 부태후(傅太后)의 사촌동생이자 시중(侍中) 겸 광록대부(光祿大夫)인 상(商)을 봉하려고 하니 숭(崇)이 간언했다.

"효성황제(孝成皇帝)께서 친외삼촌 다섯 분에게 후를 봉하자 하늘이 적황색을 띠었으며 낮임에도 어두워졌고, 해 가운데에 검은 기운이 돌았습니다.

지금 조모님의 사촌형제 두 분은 이미 후가 됐습니다. 공향후(孔鄕侯-부안(傅晏))는 황후의 아버지이고 고무후(高武侯)는 삼공(三公)이기 때문에 봉해졌으니, (이 두 사람은) 오히려 나름의 이유를 가지고 있습니다. (그런데) 지금은 아무런 이유나 근거도 없이 다시 상(商)을 봉하시려는 것은

---

12 현(縣) 이름이다. 장안 서북쪽 70리에 있었고, 소제(昭帝)의 능이 있다.

제도를 파괴하고 어지럽히는 것이니, 하늘과 사람이 마음을 어기는 것이고 부씨에게도 복이 아닙니다.

신이 스승에게 배우건대 '양(陽)을 거스르면 궁극에 가서 몸이 허약해지고, 음(陰)을 거스르면 궁극에 가서 일찍 죽게 되며, 인륜을 어기는 자는 난리를 만나 멸망하는 환란을 당하고, 신의 뜻을 어기는 자는 지병으로 요절하는 재앙을 당한다'라고 했습니다. 그래서 주공(周公)은 이를 경계해 '왕이 농사의 어려움이나 백성의 고통을 모른 채 환락을 탐하는 것은 방종이며, 그렇게 되면 천수를 누릴 수 없다'[13]라고 했습니다. 그렇기 때문에 망하는 시대의 군주는 요절하거나 일찍 죽는데, 이는 모두 음의 기운을 해친 때문입니다. 신이 바라건대 이 몸을 다 바쳐 나라의 허물을 대신 받고자 합니다."

숭은 이어서 조서의 초안을 가지고 일어났다. 부태후가 크게 노해 말했다.

"어찌 천자가 하려는 일을 마침내 도리어 일개 신하가 제 마음대로 통제를 한다는 것인가!"

상은 결국 조서를 내려 말했다.

'짐이 어리고 외로울 때 황태태후(皇太太后)께서는 친히 짐을 길러 포대기에서 일어설 수 있게 해주셨으며, 예로써 나를 이끌어주셨기 때문에 성인이 될 수 있었으니 그 은혜는 참으로 크다.

---

13 『서경(書經)』「주서(周書)」 '무일(無逸)' 편에 나오는 말이다.

『시경(詩經)』에 이르기를 "이 은혜 갚고자 하나 저 하늘 망극하도다"[14]라고 했다. 전에 황태태후의 부친을 숭조후(崇祖侯)로 추시했지만 은혜를 갚고자 해도 다하지 못했기 때문에 짐은 크게 부끄러웠다. 시중 광록대부 상(商)은 황태태후 부친의 친형제[同産]의 아들로, 어려서부터 길러주신 바가 커 은혜와 의로움이 가장 가깝다. 이에 상을 봉해 여창후(汝昌侯)로 삼아 숭조후의 뒤를 잇게 하고, 숭조후의 칭호를 고쳐 여창애후(汝昌哀侯)로 부르도록 하라.'

숭은 또 동현(董賢)이 귀하고 총애를 받는 것이 도에 지나치다고 보아 간언을 했다가 이로 말미암아서 거듭 죄를 얻게 되고, 자주 직무와 관련된 일을 가지고 문책을 받게 되니, 목에 악성 종기가 나서 물러나고자 했으나 감히 말하지 못했다.

상서령(尙書令) 조창(趙昌)은 아첨하기를 좋아했고 평소에 숭을 해치려 했는데, 상과 소원해진 것을 알아차리고 그때를 틈타, 숭이 일족들과 내통을 하면서 간사한 일을 꾸미는 것 같으니 그를 다스려야 한다고 청했다. 상은 숭을 나무라며 말했다.

"그대의 대문이 마치 시장처럼 붐빈다는데 나에게 무엇을 하지 못하게 하려고 그러는가?"

숭이 대답했다.

"신의 집 대문은 시장과 같지만 신의 마음은 물과 같으니,[15] 바라건대

---

14 「소아(小雅)」 '요아(蓼莪)' 편의 구절이다.

15 그만큼 맑다는 말이다.

실상을 조사해주십시오."

상은 화가 나서 숭을 감옥에 내렸고, 심하게 문초를 하니 옥중에서 죽었다.

손보(孫寶)는 자(字)가 자엄(子嚴)으로 영천(穎川) 언릉(鄢陵) 사람이다. 경전에 밝아 군리(群吏)가 됐다. 어사대부 장충(張忠)이 보(寶)를 불러[辟=벽召=소] 밑에다 두고서, 자식에게 경전을 가르치게 하려고 관사를 깨끗이 치우고 여러 가재도구[儲偫저치]를 갖췄다. 보는 스스로 그럴 능력이 안 된다며 물러가니, 충(忠)은 굳게 돌아올 것을 청하면서도 내심 불만이었다. 뒤에 보를 주부(注簿)에 임명하자, 보는 관사로 이사를 해 부엌에 제사를 지내고 [祭灶제조=祭竈제조] 이웃들도 불렀다. 충은 이를 몰래 살펴보고는 괴이하게 여겨 친한 사람을 시켜 보에게 물어보게 했다.

"전에 대부가 당신을 위해 관사를 치우고 맞이하려 했으나 스스로 물러간 것을 보고 높은 지조 때문이라고 여겼소. (그런데) 지금 양부(兩府-승상부와 어사부)의 절개가 높은 선비[高士고사]들이라면 맡지 않으려는 주부를 맡고서 이사를 했다고 크게 좋아하니, 어찌 앞뒤가 이렇게 맞지 않는 [不副불부] 것입니까?"

보가 말했다.

"절개가 높은 선비는 주부를 맡지 않으려 하지만 어사대부께서는 내가 할 수 있으리라 생각했고, 어사부 안에서도 잘못됐다고 하는 사람이 없는데 선비가 어찌 홀로 고고한 척하겠습니까? 전에는 어사대부 아들이 학문을 하려는데 내가 가서 가르쳐야 했습니다. 예법에 따르면 제자가 찾아와 배웠지 (스승이) 찾아가서 가르치는 것은 아니니, 도리를 굽히지만 않을 수 있다면 몸을 좀 굽힌들 어떻겠습니까? 그리고 자기를 알아주는 사람[知己]을 만나지 못했다면 하지 못할 일이 없거늘 주부의 일이야 어떠하겠습니까?"

충은 이를 듣고서 크게 부끄러워 글을 올려, 보가 경술에도 밝고 바탕이 곧으니[經明質直] 마땅히 근신(近臣)으로 둘 만하다고 천거했다. 의랑(議郎)이 됐다가 간대부로 승진했다.

홍가(鴻嘉) 연간에 광한군(廣漢郡)에 도적 떼가 일어나자 (보를) 골라 익주(益州)자사로 삼았다. 광한태수 호상(扈商)이라는 자는 대사마 거기장군 왕음(王音)의 여동생의 아들로, 연약해서 직무를 감당할 수가 없었다. 보가 그곳에 부임해 몸소 산과 계곡으로 들어가 도적 떼를 일깨워 고하니, 본래는 모반할 뜻이 없었다고 했다. 우두머리들이 모두 잘못을 뉘우치고 산에서 나와 자신들의 고향으로 돌아갔다. 보는 스스로 제의 명을 고쳤다며 자신의 죄를 말하면서, 호상이 이런 변란의 우두머리이며 『춘추(春秋)』의 의리에 따라 우두머리를 주살해야 할 뿐이라고 아뢰었다. 상(商) 또한 보가 도적을 풀어준 우두머리와 관련이 있다고 고발했다. 상(商)은 불려 들어가 감옥에 내려졌고, 보도 사형에 해당하는 자를 풀어준 죄에 연루됐다. 익주의 관리와 백성들은 대부분 보의 공적을 칭송하며 거기장군의 배척을 받은 때문이라고 말했다. 상은 다시 보를 제배해 기주(冀州)자사로 삼았고 승진시켜 승상 사직(司直)으로 삼았다.

이때 제(帝)의 외삼촌 홍양후(紅陽侯) 립(立-왕립)이 문객을 시켜 남군(南郡)태수 이상(李尙)을 끼고서 논밭 수백 경(頃)을 점유해 개간했는데, 거기에는 농민이 소부(少府)로부터 빌려 개간한 저습지가 많이 포함돼 있었고, 이를 개간해 국고 소유로 하겠다고 글을 올리라고 시켰다. 나라에서는 남군(南郡)에 조서를 내려 그 개간된 논밭을 평가해 그 값을 지불하라고 했는데, 그 가격이 1억 전 이상 비쌌다. 보는 이 사실을 알고서 승상 사(史)를 보내 조사하고 간사한 계책을 적발해내면서, 립(立)과 상(尚)이 간사한 계책을 꾸며 폐하를 속인 교활하고 무도한 자라고 탄핵해 아뢰게 했다. 상(尚)은 감옥에 내려져 죽었다. 립(立)은 처벌을 받지는 않았으나 뒷날 형인 대사마 위장군 상(商)이 죽었을 때 순서에 따라 상의 후임이 될 수 있었지만, 성제(成帝)는 립에게 잘못이 있다고 보아 그 동생인 곡양후 근(根)을 대사마 표기장군으로 삼았다.

때마침 익주의 오랑캐들이 법을 어기면서 파(巴)와 촉(蜀)이 자못 불안하자, 상은 보가 서쪽 주에서 이름이 드러났다 해 그를 제배해 광한태수로 삼았고, 이때 작질은 중(中) 2,000석이었으며 황금 30근을 내려주었다. 오랑캐는 안정됐고 관리와 백성들은 그를 칭송했다.

(중앙 조정에) 불려가 경조윤(京兆尹)이 됐다. 관리였던 후문(侯文)은 굳세고 곧아[剛直] 다른 사람에게 구차스럽게 영합하지 않았고, 늘 병을 핑계로 쉽게 관직에 나아오려 하지 않았는데, 보가 은혜와 예를 갖춰 문(文)을 청해 포의(布衣)의 벗으로 삼고자 해,[16] 날마다 술과 음식을 갖춰 아내와 자식까지 함께 대접했다. 문도 부서를 맡아 연(掾-하급 관리)이 되고자 했고, 손님의 예로써 나아가 만나보았다. 몇 달 후 입추(立秋)에 문은 동부

---

16 지위와 신분을 뛰어넘어 사귀려 했다는 것이다.

독우(東部督郵)에 임명됐다. 들어가 만나뵙자 문은 타일러 말했다.

"오늘 사나운 매가 비로소 날기 시작했으니, 마땅히 하늘의 기운에 고분고분해 간악한 자들을 잡아 추상같은 주벌을 내릴 것이니, 연의 부서에 이를 맡아서 할 만한 적임자가 있소?"

문이 우러러보며 말했다.

"적임자가 없다면 감히 그 직책을 헛되이 받지 않았을 것입니다."

보가 말했다.

"누구요?"

문이 말했다.

"패릉(覇陵)의 두치계(杜穉季)입니다."

보가 말했다.

"그다음은 누구요?"

문이 말했다.

"승냥이와 이리[豺狼]가 길을 휘젓고 다닐 때는 다만 여우나 살쾡이[狐狸]에 대해서는 묻지 않는 법이지요.〔○ 사고(師古)가 말했다. "큰일을 풀고자 할 때는 작은 일에 얽매이지 않는다는 말이다."〕."

보는 아무런 말이 없었다. 치계(穉季)라는 자는 대협객으로 위위(衛尉) 순우장(淳于長), 대홍려 소육(蕭育) 등과 모두 아주 좋은 사이였다. 보는 거기장군(-왕음)의 지지를 잃은 데다가 홍양후(紅陽侯-왕립)와도 틈이 생겨 스스로 위기에 처했다고 걱정하고 있었는데, 이때 순우장은 바야흐로 (성제의) 총애를 받고 있었고 보를 벗으로 여기니 보 또한 그에게 붙고자 해, 비로소 (경조윤으로서) 일을 보게 됐을 때 장(長)이 치계를 보에게 부탁했기에, 보는 아무런 말도 하지 않았고 문에게 그 이야기를 해주지도 않았던 것이다. 문은 보의 기색이 이상하다고 여겨 그에게 무슨 일이라도 있는 줄 알고서 물었다.

"명부(明府)[17]께서는 평소 위엄과 명성을 드러내신 분인데, 이번에 감히 치계를 아래에 두시어 상관에게 폐해가 있다면, 마땅히 문을 닫아걸고 집에 있겠습니다. 만일 이렇게 1년을 지나게 되면 관리와 백성들 중에 감히 명부를 비방하는 자는 없어질 것입니다. 만약 치계가 잘못해 다른 문책이라도 받는다면 많은 사람들은 크게 떠들어댈[謹譁] 것이니, 종신토록 그 욕은 제 자신이 먹도록 하겠습니다."

보가 말했다.

"그대로 하시오."

치계는 보고 듣는 망이 넓었기 때문에 이를 들어서 알고는, 문을 닫아걸고 이웃과도 왕래하지 않았으며[不通水火], 집 뒷담을 뚫어 작은 문을 만들어놓고, 다만 괭이를 들고 텃밭이나 일구며 문에게 자신의 마음이 바뀌었다는 것을 보여주려 했다. 문이 (보에게) 말했다.

"나와 치계는 우연히 같은 마을에 살면서 평소에도 서로 다툰 적이 없으며 군수의 명이라도 받게 되면 맡은 바를 나눠서 바르게 처리했습니다. 그가 정말로 자신의 행실을 고쳤다면 굳이 옛일을 따질 필요는 없으며, 만일 아직도 마음을 바꾸지 않고 겉으로 문호(門戶)만 바꾸었다면 화를 입게 될 뿐입니다."

---

17 태수의 존칭이다. 경조윤도 태수에 준하기 때문에 이렇게 부른 것이다.

치계는 마침내 감히 법을 어길 수 없었으며 보 또한 1년이 지나도 견책을 하지 않았다. 이듬해 치계는 병으로 죽었다. 보가 경조윤이 된 지 3년이 되자 경사에서는 그를 칭송했다. 마침 순우장이 (정치적으로) 패하자 보와 소육 등은 모두 연루돼 면직됐다. 문도 관리의 자리를 내놓고 집에서 죽었다. 치계의 아들 두창(杜蒼)은 자(字)가 군오(君敖)로 명성은 치계보다 더 컸으며 유협의 무리 중에 손꼽혔다.

애제(哀帝)가 자리에 오르자 보를 불러 간대부로 삼았고 사예(司隷)로 승진시켰다. 애초에 부(傅)태후와 중산효왕(中山孝王)의 어머니 풍(馮)태후는 함께 원제(元帝)를 섬겼는데, 둘 사이에 틈이 있었기에 부태후는 유사를 시켜 풍태후를 조사하게 해 자살하게 만드니, 많은 사람들은 이를 원통하게 여겼다. 보가 이 사건을 다시 조사해야 한다고 아뢰자 부태후는 크게 노해 말했다.

"제(帝)가 사예를 두어 나를 조사하게 하는가? 풍씨가 배반한 일은 명백한데 도리어 도발해 나를 악인의 자리에 두려 한다면 나는 마땅히 죄에 걸려들겠지."

상은 이에 태후의 의향에 따라서 보를 감옥에 내렸다. 상서복야 당림(唐林)이 이를 간쟁하자, 상은 림(林)이 붕당을 맺어 아부하려 했다며 돈황(敦煌)의 어택장(魚澤障)의 척후로 좌천시켰다. 대사마 부희, 광록대부 공승(龔勝)이 굳게 간쟁하니 상은 그것을 태후에게 말했고, 결국 보를 감옥에서 내보내 복직시켜주었다. 얼마 후에 정숭(鄭崇)이 감옥에 내려지자 보가 글을 올려 말했다.

'신이 듣건대 친족관계가 먼 사람은 가까운 사람을 도모할 수 없고, (대궐) 밖에 있는 사람은 안의 일을 제대로 생각할 수 없다고 했습니다. 신은 요행히 사명을 받드는 일을 맡아 직책은 간사한 자를 적발하는 데 있어, 감히 귀척이나 총애를 받는 세력이라 하더라도 피하지 않음으로써, 폐하의 눈과 귀의 밝음을 막히게 해서는 안 될 것입니다. 가만히 살펴보건대 상서령 조창(趙昌)이 상주해 복야(僕射) 정숭을 고발해 하옥시켜, 이를 다시 조사하면서 태장을 쳐서 거의 죽게 됐으나 끝내 한 마디 자백도 얻어내지 못했으니, 길 가는 사람들도 그것이 억울하다고 합니다. 의심컨대 창과 숭은 속으로 조그만 틈새가 있어 조금씩 스며들 듯[浸潤] 서로 모함을 했는데, 궁중의 핵심적인 일인 추기(樞機)를 담당하는 근신(近臣)들이 서로 원망해 억울하게 참소를 당한다면, 나라에 큰 손해를 끼치며 그 비방의 폐해도 적지 않을 것입니다. 신이 청컨대 창(昌)을 다시 조사해 많은 사람들의 마음을 풀어주셔야 할 것입니다.'

글이 올라가자 상은 불쾌해했다. 다만 보는 명신(名臣)이라 차마 주살을 할 수가 없어, 이에 승상과 대사공(大司空)에게 조서를 내려 말했다.

'사예 보(寶)가 글을 올려 전(前) 상서복야 숭이 억울하게 죽었다며, 상서령 창을 다시 조사할 것을 청했다. 살펴보건대 숭은 근신으로 그 죄악이 명확하게 드러났는데도, 보는 간사한 생각을 품고서 아랫사람을 편들어 윗사람을 속였으며, 사면하는 계절인 봄철에 속이고 비방하는 일을 저질러서 마침내 그의 간사한 마음을 드러냈으니, 이는 대개 나라를 해치는 짓이다. 전(傳)에도 이르지 않았던가? "말만 잘하는 입이 나라를 뒤집는 것을 미워한다."[18] 이에

---

18 『논어(論語)』「양화(陽貨)」편에 나오는 공자의 말이다.

보를 면직시켜 서인으로 삼도록 하라!'

애제(哀帝)가 붕(崩)하자 왕망(王莽)은 왕(王)태후에게 건의해 보를 불러 광록대부로 삼고서 왕순(王舜)과 함께 중산왕(中山王)을 맞이하게 했다. 평제(平帝)가 세워지자 보는 대사농이 됐다. 마침 월수군(越嶲郡)에서 황룡이 강물에서 노닐었다는 보고가 올라오자, 태사 공광(孔光), 대사도(大司徒) 마궁(馬宮) 등은 모두 망(莽)의 공로와 다움이 주공(周公)에 비할 만하다고 칭송하면서, 마땅히 종묘에 고해 제사를 올려야 한다고 했다. 이에 보가 말했다.

"주공은 가장 빼어나고[上聖] 소공(召公)은 크게 뛰어난 분[大賢]입니다. 그런데도 오히려 서로에 대해 좋아하지 않았고 경전에도 이를 명백하게 기록했지만, 둘 다 명예에 흠이 되지는 않았습니다. 지금은 비와 바람이 때에 맞지 않아 백성들이 풍족하지 못하고, 조정에 일이 있을 때마다 하나같이 여러 신하들은 한목소리만 내며 칭송하지 않는 말은 들을 수가 없습니다."

순간 대신들은 모두 낯빛이 바뀌었고[失色], 시중 겸 봉거도위(奉車都尉) 견한(甄邯)이 즉시 망의 뜻을 받아 토의를 중단시켰다. 때마침 보는 사자를 보내 어머니를 맞이해오게 했는데, 어머니가 도중에 병이나 어머니는 동생 집에 머물러두고 처자식만 데리고 왔다. 사직(司直) 진숭(陳崇)이 이 일을 갖고서 보를 고발하자, 일을 삼공에게 내려 즉각 심문토록 했다. 보가 답해 말했다.

"나의 나이 70에 늙고 우매해, 부모님을 공양하는 일을 게을리하고 처자식만 챙겼다고 하니 장(章-올린 글)과 같습니다."

보는 연루돼 면직됐고 집에서 최후를 마쳤다. 건무(建武) 연간에 옛날에 다움이 있었던 신하[德臣]들을 챙겼는데, 보의 손자 항(伉)은 (이때 뽑혀서) (낭야군의) 여러 현의 현장(縣長)을 지냈다.

무장륭(毌將隆)은 자(字)가 군방(君房)으로 동해(東海) 난릉(蘭陵) 사람이다. 대사마 거기장군 왕음(王音)은 안으로는 상서(尙書)를 통솔하며 밖으로는 병마(兵馬-병권)를 담당해, 관례에 따라 종사중랑(從事中郎)을 선임해 함께 참모로 삼아 일을 토의했는데, 륭(隆)을 주청해 종사중랑으로 삼았고 륭은 뒤에 승진해 간대부가 됐다. 성제(成帝) 말에 륭은 봉사를 올려 말했다.

'예전에는 제후들 중에서 잘 골라 조정에 들어오게 해 공경으로 삼고 공로와 다움을 기렸습니다. 따라서 마땅히 정도왕(定陶王)을 불러 경사에 머물게 함으로써 만방을 어루만져야 할 것입니다.'

그후에 상은 마침내 정도왕을 세워 태자로 삼았고, 륭은 승진해 기주목(冀州牧)과 영천(潁川)태수를 지냈다. 애제(哀帝)가 즉위하자 치적이 가장 우수해 도성으로 들어와 경조윤이 됐고, 집금오(執金吾-수도 장안(長安)의 경비 책임자)로 승진했다.

이때 시중 동현(董賢)이 바야흐로 귀하게 돼 상이 중황문(中黃門)을 시켜 무기고의 병기를 꺼내어, 전후로 10여 차례에 걸쳐 동현과 상의 유모인 왕아(王阿)의 집에 보내도록 했다. 륭이 글을 올려 다음과 같이 말했다.

'무기고에 있는 병기는 천하가 공적으로 쓰는 것이자 나라의 무장을 위한 것이니, 그것을 수리하거나 새로이 만드는 것은 다 대사농(大司農)의 돈으로 충당합니다. 대사농의 돈은 승여(乘興)에서부터 (사사로운) 대접[共養=供養]을 위해서는 지급하지 않고, 사사로운 대접을 위한 노고(의 비용이)나 하사품은 모두 다 소부(少府)에서 지출하고 있습니다. 대개 근본을 위한 비축물[本臧=本藏]을 사사로운 말단의 용도[末用]를 위해 지급해서는 안 되고, 백성의 힘을 부화한 소비[浮費]를 위해 공급해서는 안 되는 것이니 공과 사를 구별해 바른길을 보이셔야 합니다.

옛날에 제후와 방백(方伯)들은 자기들 마음대로 정벌을 할 수 있었지만 마침내 (천자는) 먼저 부월(斧鉞)을 하사했고, 한나라 황실도 변방의 관리들의 임무가 외적을 막는 데 있었기 때문에 역시 무기고의 병기를 하사했지만, 이것들은 다 그런 일을 부여받은 다음에야 그것을 받은 것입니다. 『춘추(春秋)』의 의리[誼=義]로 볼 때 집 안에는 무기를 두지 않는 법인데 이는 신하의 위신을 억누르고 사사로운 세력을 덜어내기 위함이었습니다. (그런데) 지금 동현 등은 제 마음대로 날뛰는 농간꾼 신하[弄臣]이며 (왕아는) 사사로운 은혜를 입은 미천한 첩일 뿐인데, 천하가 공적으로 쓰는 것을 그들의 사사로운 집안일에 공급하고 나라의 위엄 있는 무기를 그들의 집에 갖추도록 제공했으니, 이는 백성들의 힘을 농간꾼 신하에게 나눠주는 것이며 무기고의 병기를 미천한 첩에게 갖춰준 것입니다. 따라서 의리에 맞지 않는 일[非宜=不義]을 세워 교만과 참람을 넓혀주는 것이니 사방에 보여주어서는 안 되는 까닭입니다. 공자께서 이르기를 '어찌 삼가의 집에서 취해 쓰는가?'[19]라고 했습니다. 신이 청컨대 무기고의 병기들을 다

---

19 『논어(論語)』 「팔일(八佾)」 편에 나오는 다음 글에서 부분을 취한 것이다. (공자 시절 노나라의

시 거둬들여야 할 것입니다."

상은 불쾌해했다.

얼마 후에 부태후가 알자(謁者)를 시켜 관비(官婢)를 헐값에 사들이면서 집금오(執金吾)의 관비(官婢) 8명을 더 가져갔다. 이에 륭은 값이 싸다며 다시 가격을 조정해달라고 주청하니, 이에 상은 승상과 어사에게 조서를 내려 말했다.

'서로 양보하는 예의가 있었다면 우(虞)와 예(芮)의 분쟁[20]도 그친다. 륭의 지위는 구경의 반열에서 조정의 여러 일들을 바로잡아야 하거늘, 도리어 영신궁(永信宮-부태후의 궁)에서 사들인 관비 가격의 귀천을 가지고 아뢰면서 공개적으로 상주하는 바람에 모르는 사람이 없게 됐다. 그 행위가 의리에 바탕을 두지 않고 이런 일로 이름이나 얻으려 하니, 여러 신하들에게 모범이 되지도 않고 풍속만 해칠 뿐이다.'

륭은 전에 나라를 안정시켜주는 말〔○ 여순(如淳)이 말했다. "정도왕을 도성으로 불러오게 한 일을 말한다."〕을 한 적이 있었기에 패군도위(沛郡都尉)로 좌천됐다가 남군(南郡)태수로 옮겼다.

왕망이 젊었을 때 륭을 흠모해 사귀고 싶어 했으나 륭은 심하게 기대

실권을 장악하고 있던 계손씨(季孫氏), 맹손씨(孟孫氏), 숙손씨(叔孫氏) 삼가(三家)에서 (제사를 마친 후) 옹장(雍章)을 노래하면서 철상(撤床)을 했는데 공자가 이에 대해 말했다. "제사를 돕는 이가 제후들인데 천자는 위풍당당하게 계시는도다'라는 (옹장의) 가사를 어찌 삼가의 집에서 취해 쓰는가?" 즉, 천자의 물건을 사사로이 동현이나 왕아에게 주는 것은 바른 도리가 아니라는 말이다.

20 주나라 문왕 때 우와 예의 사람들이 토지 소유 문제로 소송을 하자 문왕이 이를 지혜롭게 평결했다.

지 않았다. 애제(哀帝)가 붕하자 망은 정권을 장악하고서 대사공 공광을 시켜, 릉이 전에 기주목으로 있을 때 중산국 풍태후의 옥안을 처리하면서 죄가 없는데도 자결하게 만들었기에, 마땅히 경사[中土]에 머물러서는 안 된다고 아뢰었다. 이는 본래 중알자령 사립(史立)과 시어사 정현(丁玄)이 모든 일을 맡아서 했고 릉은 단지 연명해 상주했을 뿐이었다. 사립은 이때 중태복이었고 정현은 태산(泰山)태수였으며, 또 상서령 조창이 시켜서 정승을 참소한 자는 하내(河內)태수였는데 모두 면직시켜 합포(合浦)로 유배를 보냈다.

하병(何並)은 자(字)가 자렴(子廉)으로 할아버지는 2,000석 관리였는데 (여남군(汝南郡)) 평여(平輿)에서 평릉(平陵)으로 이주했다. 병(並)은 군리(郡吏)가 됐다가 대사공 연(掾)에 이르렀으며 하무(何武)를 섬겼다. 무(武)는 그의 지조와 절개를 높이 평가해 능히 어려운 일[劇=難]을 잘 다스릴 수 있다며 천거해 장릉(長陵)현령으로 삼았는데, 얼마 후에 길거리에 물건이 떨어져 있어도 줍는 사람이 없었다[道不拾遺].

애초에 공성태후(邛成太后)의 친정인 왕씨(王氏)가 귀해지자 시중 왕림경(王林卿)은 경박한 협객으로 통했는데 경사를 어지럽히고 다녔다. 뒤에 법에 걸려 면직됐지만 빈객들은 더욱 성대해졌고, 장릉(長陵)의 묘지에 돌아가 머물면서 여러 날 동안 술을 마셨다. 병(並)은 그가 범법 행위를 할 것이라 걱정해 직접 그 문에 이르러 인사를 하고 림경에게 일러 말했다.

"능원은 교외의 들판에 있어 오래 머물 수 없으니 군(君)께서는 때맞춰 돌아가셔야 할 것입니다."

림경이 말했다.

"알겠소."

이에 앞서 림경은 노비의 남편을 죽여 능원 관리소 근처에 묻었는데, 병은 이를 갖춰 알고 있으면서도 자신의 임기 때 일어난 일도 아니고 또 새로 사면령도 있었기 때문에 거론하지 않았고, 다만 자신의 관내에 머물게 하지 않도록 하면서 즉각 관리를 보내 전송토록 했다. 림경은 평소 교만한 데다가 빈객들 앞에서 체면이 깎였으니 병은 그가 사고라도 칠 것으로 생각해 병마를 준비시켜 대비하고 있었다. 림경은 이미 출발해서 북쪽으로 경수(涇水)의 다리를 건너간 다음에 말을 탄 노비에게 돌아가서 장릉현청 앞에 세워져 있는 북을 칼로 찢어버리라고 했다. 병은 직접 군사를 거느리고 림경을 뒤쫓았다. 수십 리를 추격하자 다급해진 림경은 마침내 노비에게 자신의 관을 씌우고 자신의 옷을 입혀 변장한 다음에 자신의 수레에 어린 하인이 말을 타고 따라가게 한 뒤에 자신은 옷을 갈아입고 다른 길로 달아났다. 마침 날이 저물 무렵 수레를 따라 잡고 관을 쓴 노비를 붙잡자 그가 말했다.

"저는 시중이 아니라 노비일 뿐입니다."

병은 내심 이미 림경을 놓쳤다는 사실을 알고서 이에 다음과 같이 말했다.

"왕군(王君)이 다급해지자 스스로를 노비라고 했다지만 그렇다고 죽음에서 벗어날 수 있겠는가?"

관리들을 질책해 노비를 죽여 그 목을 잘라 가지고 와서 현청 앞 정자의 찢어진 북 아래 매달아놓고 글을 써붙였다.

'죽은 시중 왕림경은 사람을 죽여 능원 관리소 옆에 묻었으며 노비를 시켜 현청 문의 북을 찢게 했다.'

관리와 백성들은 크게 놀랐다. 림경은 어디론가 달아났고 많은 사람들은 떠들썩하게 이야기를 해댔고 실제로 그가 죽은 것으로 여겼다. 성제의 태후는 공성태후가 림경을 아끼는 것을 알고 있었기 때문에 이를 듣고서 눈물을 흘리며 애제에게 부탁을 했다. 애제는 실상을 전해 듣고서 오히려 잘했다고 하면서 병을 승진시켜 농서(隴西)태수로 삼았다.

영천(潁川)태수로 자리를 옮겨 능양(陵陽) 사람 엄후(嚴詡)와 교대를 했다. 후(詡)는 본래 효행(孝行)으로 관리가 됐고 연(掾)과 사(史)를 사우(師友)로 여기면서, 그들에게 잘못이 있으면 즉시 덮어주고서 자책하며 끝내 큰 소리를 치지 않았다.

영천군이 어지러워지자 왕망은 사자를 보내 후를 불러들였는데, 관속 수백 명이 후를 위해 노제(路祭)를 지내면서 전송하자 후가 땅에 엎드려 통곡하니 연과 사가 말했다.

"명부(明府)께서 좋은 일로 불려가시는데 이렇게 하시면 안 됩니다."

후가 말했다.

"나는 영천의 선비들을 위해 슬퍼하는 것이지 내 몸을 어찌 걱정해서이겠는가? 내가 유약해 불려가는 것이니 반드시 강직하고 용맹스러운 사람이 뽑힐 것이고, 나를 대신하는 사람이 도착하게 되면 장차 엎어져 죽게 될 사람이 있을 것이라 그 때문에 지금 조문하는 것일 뿐이다."

후가 (도성에) 이르자 제배해 미속사자(美俗使者)로 삼았다. 이때 영천 사람 종원(鐘元)이 상서령이 돼 정위를 지휘하면서 일을 좌우했기 때문에 권세가 있었다. 동생 위(威)는 군의 연(掾)으로 있으면서 1,000금의 부정한 돈을 받았다.

병이 태수가 돼 정위인 종원에게 인사차 방문하자 정위는 관을 벗고 사죄하며 동생의 죄를 1등급만 감해 노역형에 처하게 해달라고 부탁했다. 이에 병이 말했다.

"죄는 동생이 지었고 그 처리는 정위의 법률에 달려 있지 태수에게 있지 않습니다."

원(元)은 겁이 나서 사람을 시켜 말을 내달리게 해 동생을 불러오게 했다. 양적(陽翟-현)의 경박스러운 협객인 조계(趙季)와 이관(李款)은 많은 빈객을 거느리고 있으면서, 향리에서 힘으로 뜯어먹고 남의 부녀자를 겁탈하며 관리들의 약점을 쥐고서 군내에서 횡포를 자행하고 있었으나, 병이 장차 부임한다는 말을 듣고서는 모두 달아났다.

병(並)은 마차에서 내리자마자[下車] 용맹스러우면서도 법조문[文法]에 밝은 관리 10명 정도를 차출해 문리(文吏) 세 명은 옥안을 처리하고, 무리(武吏)들에게는 가서 죄인들을 체포하게 하고 각각 담당 구역을 두었다. 그들에게 일깨워 말했다.

"이 세 사람은 태수에게 죄를 지은 것이 아니라 나라의 법을 어겼으니 법으로 다스리지 않을 수 없다. 위는 사면령 이전에 많은 불법을 저지르고 함곡관으로 달아났다 하니, 백성들에게 피해를 주지 말고 함곡관에 들어가기 전에 바로 붙잡아야 한다. 조와 이 두 사람은 흉악한 자들로 비록 멀리 달아났다고는 하나 반드시 그 머리를 베어 백성들에게 사죄하게 해야 할 것이다."

종위는 그 형의 권세를 등에 업고 낙양에 머물고 있었는데 관리가 몽둥이로 패서 죽였다. 또 조와 이는 다른 군에서 붙잡아 그 목을 잘라다가 매달고 그 죄상을 시장에 알리게 했다. 군 안이 깨끗해지자 훌륭한 선비들을 표창하며 영천의 기장을 잡으니 그 명성은 황패(黃覇) 다음이었다.

병은 성품이 청렴해 처자식도 관사에 가질 못했다. 몇 년 후에 졸(卒)했다. (그에 앞서) 병이 심해지자 승(丞)과 연(掾)을 불러 미리 유언을 작성해 말했다.

'아들 회(恢)에게 말한다. 나는 평생 소찬(素餐)으로 살았으니 내가 죽으면 마땅히 나라에서 부조금이 내려오겠지만 결코 받아서는 안 될 것이다. 장례는 관만 들어갈 수 있는 작은 곽을 쓰도록 하고 다른 기물들은 관과 곽 사이에 넣지 말라.'

회는 아버지의 말씀대로 했다. 왕망은 회를 뽑아 관도위(關都尉)로 삼았다. 건무(建武) 연간에 병의 손자는 낭(郎)이 됐다.

찬(贊)하여 말했다.

"개관요(蓋寬饒)는 사정을 맡은 신하[司臣-司隸]로서 안색을 바로 하고 서 조정에 섰으니 설사 『시경(詩經)』에서 말한 '나라의 사직(司直)'이라도 이보다 더 나을 수는 없을 것이다. 만일 왕생(王生)의 말을 받아들였다면 그 몸을 잘 마칠 수 있을 것인데 (어쨌거나) 이 사람은 근고(近古)의 뛰어난 신하다. 제갈(諸葛), 유(劉), 정(鄭)은 비록 광자(狂者-제멋대로인 사람)나 고자(瞽者-눈먼 장님처럼 꽉 막힌 사람)라고는 하나 (그럼에도) 남다른 지조[異志]를 갖고 있었다. 공자(孔子)가 말하기를 '나는 아직 진정 굳센 사람

[剛者]을 보지 못했다.'²¹라고 했는데, 이 몇몇 사람의 행적을 보면 무장륭(毌將隆)은 기주목(冀州牧)으로 있으면서 몸을 더럽혔고,²² 손보(孫寶)는 정릉(定陵)에서 뜻을 굽혔으니²³ 하물며 보통 사람들이야! 하병(何竝)의 절의는 윤옹귀(尹翁歸)에 버금간다[亞]고 하겠다."

---

21 『논어(論語)』「공야장(公冶長)」편에 나오는 말이다. 공자는 말했다. "나는 아직 진정으로 굳센 사람을 보지 못했다." 어떤 사람이 "신정(申棖)이 있습니다" 하고 대답하자 공자는 말했다. "신정은 욕심이니, 어찌 굳세다고 할 수 있겠는가?" 신정이 어떤 성품의 소유자인지는 분명치 않지만 공자는 신정은 한마디로 욕심[慾]의 인물이라고 정의한다. 즉, 공자는 강(剛)의 반대를 욕(慾)으로 생각한 것이다. 그러니 그런 신정이 어찌 강할 수 있겠는가라고 반문하며 신정은 그런 인물이 아님을 밝힌다. 그만큼 우리는 너무도 쉽게 욕심으로 뭉친 사람을 진정 굳센 사람이라고 오판하는 경우가 많다.

22 사립 및 정현과 함께 풍태후의 일을 아뢴 것을 말한다.

23 순우장의 청탁을 받고서 두치계를 제대로 다스리지 못한 것을 말한다.

권
◆
78

소망지전
蕭望之傳

소망지(蕭望之)는 자(字)가 장천(長倩)으로 동해(東海) 난릉(蘭陵) 사람인데 두릉(杜陵)으로 이주했다. 집안은 대대로 농사를 업으로 삼아 망지에까지 이르렀고, 그는 배우기를 좋아해 제(齊)나라 시(詩)[1]를 공부해 같은 현에 사는 후창(后倉)을 거의[且] 10년 동안 모셨다. (황제의) 명령에 따라 태상(太常-종묘 제사와 조회, 황제의 능묘를 관장하고 또 박사 제자의 천거와 감독을 주관하는 고관)에게 가서 학업을 닦았고, 그때 다시 후창의 동문 제자로서 박사인 백기(白奇)를 모셨으며 또 하후승(夏侯勝)에게 『논어(論語)』와 『예기(禮記)』의 「상복(喪服)」편을 물었다. 경사(京師)의 유생들

---

1 『시경(詩經)』 금문학파(今文學派)의 하나로 한나라 때 제(齊)나라 사람인 원고생(轅固生)이 전수했다. 경제(景帝) 중원(中元) 5년(기원전 145년)에 원고생이 박사가 되자 제나라 시를 학관(學官)에서 강의했다. 그 뒤 제나라 시를 전수해 이름을 떨친 학자로 하후시창, 후창, 익봉(翼奉), 소망지 등이 있었다. 이들은 주로 음양과 재이(災異)로 정치와 인간사의 성쇠와 득실을 추리했다.

이 그를 칭찬했다.

이때는 대장군 곽광(霍光)이 정권을 쥐고 있었고, 대장군 장사(長史) 병길(丙吉)이 유생 왕중옹(王仲翁)과 망지 등 몇 사람을 천거하자 (대장군이) 그들을 모두 불러서 만나보았다. 이에 앞서 좌장군 상관걸(上官桀)이 개주(蓋主)와 함께 광(光)을 살해하기로 모의하니, 광이 이미 걸(桀) 등을 죽이고 나서 그 뒤로 출입할 때 자신에 대한 경호를 강화했다. 관리와 백성들이 광을 알현하고자 할 때면 몸을 수색해[露索] 칼과 무기를 빼앗느라 관리 두 명이 손님의 양 겨드랑이를 붙잡았다. 오직 망지만이 수색에 응하지 않고 몸을 빼내어 관부의 문을 나가며 "알현하고 싶지 않다"라고 하니 관리들이 그를 붙잡고 실랑이를 하느라 밖이 소란스러워졌다. 광이 그 소리를 듣고 관리에게 그를 붙잡지 말라고 했다. 앞에 이른 망지는 광을 설득해 이렇게 말했다.

"장군께서는 공로와 다움으로써 어린 임금을 보좌하시어 장차 큰 교화를 사방에 펼쳐 태평시대[治平]를 이루고자 하시니, 이 때문에 천하의 선비들이 목을 빼고 발꿈치를 든 채 앞을 다투어 재능을 발휘해 장군의 고명하심을 돕고자 합니다. (그런데) 지금 알현하려는 선비의 몸을 수색한다고 양 겨드랑이를 붙잡는 일이 벌어지니, 주공(周公)이 (조카이자 나이 어린) 성왕을 보좌할 때 입에 문 음식도 토해내고 감던 머리를 쥔 채 나오며 [吐握], 예의를 갖춰 빈천한 선비까지 초빙하던 옛일과는 다른 것 같아 걱정스럽습니다."

이에 광은 망지만 홀로 제배해 쓰지 않았고 반면에 중옹(仲翁) 등은 모두 대장군의 사(史-속관)에 보임했다. 3년이 지나는 동안 중옹은 광록대부 급사중에 이르렀으나 망지는 사책(射策)² 갑과(甲科)에 뽑혀 낭(郎)이 돼 소원(小苑)의 동문을 여닫는 관리에 임명됐다. 중옹은 궁궐을 출입할 때 노비를 뒤에 따르게 하고 수레에서 내려 궁궐 문으로 들어갔는데, 소리를 크게 질러 사람들의 통행을 금지해 대단한 총애를 받는 신분임을 보여주었다. 중옹이 망지를 돌아보면서 "그냥 순리를 따르지[錄錄=循常] 않더니 되레 문지기가 됐구려!"라고 하자 그는 "각자 제 뜻대로 사는 법이지요"라고 말했다.

여러 해가 흘러 그는 법을 범한 동생에게 연좌돼 궁중에서 근무하지[宿衛] 못하고 면직돼 고향으로 돌아가 군리(郡吏)가 됐다. 위상(魏相)이 어사대부가 되자 그를 속관으로 임명했고, 그를 청렴하다고 여겨 대행(大行-황제가 붕어하고 아직 시호를 받기 이전에 부르는 칭호)의 예법을 관장하는 승(丞)으로 삼았다.

이때 대장군 광이 죽고 아들 우(禹)가 다시 대사마가 됐으며 형의 아들 산(山)이 상서(尙書)의 일을 총괄하니, 곽광의 친족들이 모두 궁중에서 근무하며 황제를 가까이에서 모셨다. 지절(地節) 3년 여름에 경사에 우박이 내렸는데 망지는 그 기회를 틈타 소를 올려, 한가할 때 자리를 마련해주면 천재지변에 관해서 직접 아뢰고 싶다고 진술했다. 선제(宣帝)는 민간에 있을 때부터 그의 이름을 들어서 알고 있었기 때문에 이렇게 말했다.

---

2 한나라의 관리 선발 방법이다. 엮은 죽간(竹簡)에 시험문제를 쓰고 난이도에 따라 갑(甲), 을(乙) 두 가지 혹은 갑(甲), 을(乙), 병(丙) 세 가지의 등급으로 나눠 나열했다. 그 속 내용을 보지 못한 채 응시자는 자기 마음대로 선택해 시험에 응했으나 시험지를 바꾸지는 못했다. 시험 주관자는 답안을 검토해 우열을 평가했다.

"이 사람이 동해군의 소생(蕭生)인가? 소부 송기(宋畸)에게 일을 맡겨 그 내용을 묻게 할 테니 꺼리지 말고 자세히 말하라!"

망지는 다음과 같이 말했다.

"『춘추(春秋)』에 따르면 소공(昭公) 3년(기원전 539년)에 큰 우박이 내렸는데 이때 계씨(季氏)가 권세를 제 마음대로 하면서 소공을 쫓아내는 일이 일어났습니다. 만약에 그 전에 노나라 임금이 하늘의 변고를 잘 살폈더라면 마땅히 이런 일은 없었을 것입니다. 지금 폐하께서는 빼어난 다움으로 천자의 자리에 계시면서 정사를 생각하고[思政] 뛰어난 이를 구하고 계시니, 이는 곧 요임금과 순임금의 마음 씀[用心]입니다. 그런데도 좋은 조짐[善祥]은 나타나지 않고 음양이 조화를 이루지 못하는 것은 대신들이 정사를 제 마음대로 처리하고 일개 성씨가 권력을 독차지해서 불러들인 결과입니다. 붙어 있는 가지가 많은 나무는 그 큰 줄기를 해치기 마련이고 사사로운 집안[私家]이 번성하게 되면 공실(公室)이 위태롭기 마련입니다. 밝은 군주라면 모든 정사[萬機]를 몸소 관장하시고 같은 성의 종실 사람들 중에서 뛰어난 인재를 뽑아 복심으로 삼으시어 정사와 책략에 참여토록 합니다. 그러니 이제 공경 대신들로 하여금 조회에서 알현해 국사를 상주해 맡은 바 직분을 분명하게 진술케 함으로써 그들의 공적과 능력[功能]을 고과하셔야 합니다. 이처럼 하신다면 제반 일들이 잘 다스려질 것이고 공명정대한 도리[公道]가 세워져 간사한 자들은 막히고 사사로운 권력은 사라질 것입니다."

이런 내용의 대책을 아뢰자 천자는 망지를 제배해 알자(謁者)로 삼았다. 이때는 상이 즉위한 초기라서 뛰어나고 훌륭한 인재들을 조정에 들일 생각이었기 때문에 상서를 올려 국가에 유익하고 시의적절한 조치들에 대해 말하는 선비들이 많았다. 그들의 상서가 올라올 때마다 망지에게 보내서 그 내용을 판정하게 했다. 그의 판단에 맡겨 수준이 가장 높은 제안서는 승상과 어사대부에게 명해 제안자를 발탁했다. 그다음으로 수준이 높은 제안서는 중(中) 2,000석 관리에게 보내 시험하게 하고 1년이 지나면 황제에게 아뢰었다. 수준이 낮은 제안서는 이미 아는 내용이라고 답을 내려 거부하거나 고향으로 돌아가라는 명을 내렸다. 그가 아뢰는 내용의 대부분을 황제는 마음에 들어 했다. 그는 여러 번 승진해 간대부(諫大夫)와 승상사직(丞相司直)이 됐다. 1년 안에 세 번이나 승진해 관직이 2,000석 관리에 이르렀다. 그후에 곽씨 일족이 끝내 모반해 죽임을 당하고 나자 그는 점차 더 높은 자리에 임용됐다.

이때 박사와 간대부 중에서 정사에 통달한 자를 선발해 각 군의 태수나 제후국의 재상으로 임명했는데 망지는 평원(平原)태수로 임명됐다. 망지는 평소[雅=素] 중앙 조정[本朝]에서 일하는 데에 뜻을 두었기 때문에 중앙에서 멀리 떨어진 군의 태수가 되자 속으로 불만을 품고서 이에 소를 올려 말했다.

'폐하께서 백성들을 어여삐 여기시고 천하에 다움과 은택이 고루 퍼지지 못함을 걱정하시어, 간관을 다 외직으로 내보내 군의 관리로 임명하셨는데 이것이 이른바 말단을 걱정하느라 근본을 잊은 조치입니다. 조정에 간쟁하는 신하가 없으면 무엇이 잘못인지 알지 못하고, 국가의 정무에 정통한 선비가 없으면 무엇이 좋은 것인지 듣지 못합니다. 폐하께서는 경술에도 밝고 옛일을 익혀 새것을 알며[溫故知新] 기미(幾微)와 책략에 통달한 선비를 선발하시어, 그들을 조정에 봉직하는 신료[內臣]로 삼아 정사에 참여시켜야 합니다. 그러한 사실을 소문으로 들은 제후들은 국가가 간언을 받아들이고 정사를 염려하는 줄 잘 알고서 정사를 소홀히 처리하지 못할 것입니다. 이 일을 소홀하게 다루지 않는다면 주나라 성왕(成王)과 강왕(康王)의 치세에 접근할 것입니다. (그렇게 된다면) 서울 밖에 있는 지방이 다스려지지 않는다 해 굳이 걱정할 필요가 있겠습니까?'

글이 보고되자 그를 불러들여 임시 소부(少府)로 삼았다. 선제(宣帝)는 경술에 밝고 태도가 진중하며 논의(論議)에 여유가 있어 그를 깊이 살펴보고서 재상감이라고 판단했다. 그래서 정치를 행하는 능력을 자세히 시험하고자 다시 그를 좌풍익(左馮翊)으로 삼았다. 소부를 맡다가 외직으로 나가는 것을 좌천이라고 생각한 그는 자신이 천자의 마음에 들지 않았다고 판단해 즉시 글을 올려 병 때문에 임무를 맡지 못하겠다고 사양했다. 황제가 소식을 듣고서 시중 성도후(成都侯) 김안상(金安上)을 보내 일깨워 말했다.

"높은 자리에 기용해 쓸 때에는 백성을 다스린 경력이 있는 자들 중에서 공적을 평가하는 것이 상례이다. 그대는 평원태수로 재직한 기간이 일천하다. 그래서 다시 서울 부근 지역에서 시험하고자 할 뿐 그대에 관한 나쁜 소문은 들은 바가 없노라!"

그제서야 망지는 일을 보았다. (이때) 서강(西羌)이 반란을 일으키자 한나라는 후장군(後將軍-조충국(趙充國))을 보내 정벌케 했다. 이에 경조윤(京兆尹) 장창(張敞)이 글을 올려 말했다.

'나라의 군대가 변경에 나간 지 오래인 데다가 군대가 벌써 여름에 출동했습니다. 농서군(隴西郡) 북쪽과 안정군(安定郡) 서쪽 지역에서는 관리와 백성들이 군수품을 공급하고 수송하느라 농사를 짓지 못한 지 제법 오래입니다. 그 지역에는 평소에 비축해둔 곡식도 없어 서강 오랑캐를 격파한다고 해도 내년 봄에는 틀림없이 백성들이 먹을 식량이 부족할 것입니다. 그 지역은 궁벽한 곳이라 곡식을 사려고 해도 살 곳이 없고 황제의 곡물로도 그들을 진휼하기에는 부족할 것입니다. 바라건대 범죄자 가운데 도둑과 뇌물을 받은 자, 살인범, 사면할 수 없는 죄를 저지른 자를 제외하고 이들 8개 군에 차등을 두어 곡물을 납부함으로써 죄를 면제받도록 하십시오. 이렇게 해 곡물을 많이 모아 백성들의 위급한 상황에 예비하도록 하십시오.'

이 글이 유사(有司)에 내려가자 소망지는 소부(少府) 이강(李彊)과 토의하고서 다음과 같이 말했다.

"백성들은 음과 양의 기운을 갖고 있어 의로움을 좋아하는 마음과 이익을 얻고자 하는 마음을 함께 지니고 있습니다. 그들이 무엇을 좋아하느냐는 그들을 어떻게 교화해 이끄는가에 달려 있습니다.

요(堯)임금이 임금 자리에 있을 때에는 이익을 얻고자 하는 백성들의 마음을 없애지는 못했으나 이익을 얻고자 하는 마음이 의로움을 좋아하는 마음을 누르지 못하게 했습니다. 걸(桀)왕이 임금 자리에 있을 때에는 의로움을 좋아하는 백성들의 마음을 없애지는 못했으나 의로움을 좋아하는 마음이 이익을 얻고자 하는 마음을 이기지 못하게 했습니다.

요임금과 걸왕의 구별은 의로움과 이익에 달려 있으므로 백성들을 신중하게 인도하지 않을 수 없습니다. (그런데) 지금은 바치는 곡물의 양을 따져 백성의 죄를 면해주려고 합니다. 이렇게 한다면 부자는 살아나고 가난한 자만 죽어야 하는 셈이라, 가난한 자와 부자 사이에 형벌을 다르게 내려 법이 평등하지 못합니다. 아무리 빈궁해도 재물을 내어놓으면 옥에 갇힌 부형(父兄)이 살아난다고 들은 아들과 아우는 죽을 고생이든 나라를 어지럽히는 행동이든 마다하지 않고 재물과 이익을 얻어 그들을 구하고자 할 것입니다. 이것은 한 사람이 살아나기 위해 열 사람이 상하는 일입니다. 그렇게 한다면 백이(伯夷)와 같은 행실은 무너지고 공작(公綽)³의 이름은 사라지고 말 것입니다.

정치와 교화는 한번 기울면 아무리 주공(周公)과 소공(召公)이 보좌한다고 해도 다시 회복하기는 어렵습니다. 옛날에는 백성들에게 곡물을 보관시켰다가 부족하면 가져다 쓰고 여유가 있으면 그들에게 주었습니다. 『시경(詩經)』에 이르기를 '우리 가련한 사람에게 은혜를 베풀고 홀아비와 과부를 불쌍히 여기네[爰及矜人 哀此鰥寡]!'⁴라고 했으니, 이는 윗사람이 아랫사람에게 은혜를 베푼 것을 예찬한 것입니다. 또 이르기를 '우리 공전(公田)에 비를 뿌리고 그 뒤에 내 논밭에 내리소서[雨我公田 遂及我私]!'⁵라고 했으니, 이는 아랫사람이 윗사람의 일을 자기 일보다 먼저 한다는 뜻입니다.

지금 서부 변경의 전투로 인해서 농사를 짓지 못하게 됐으니, 호구(戶口)에 따라 세금을 부과해 그곳 백성들의 곤궁한 살림살이를 펴게 해주는 것은 예나 지금이나 통용되는 법입니다. 아무도 이런 시책을 잘못이라고 보

---

3 노나라의 대부 맹공작(孟公綽)으로 공자가 존경한 청렴결백한 사람이다.
4 「소아(小雅)」 '홍안(鴻雁)' 편에 나오는 구절이다.
5 「소아(小雅)」 '대전(大田)' 편에 나오는 구절이다.

지 않을 것입니다. 그러나 자기가 죽어서 남을 살리고자 하는 것은 아무래도 옳은 일은 아닙니다. 폐하께서 은덕을 베풀고 가르침을 펴서 벌써 교화가 이루어졌습니다. 요(堯)임금과 순(舜)임금도 이보다 낫지는 않습니다. 그런데 이익만을 추구하는 길을 열어 이미 이루어놓은 교화를 손상시킬 논의가 일어나므로 신은 이를 가슴 아프게 생각합니다."

이에 천자는 그 의견을 승상부와 어사부에 내려보내 승상과 어사대부로 하여금 장창(張敞)에게 질문하게 했다. 창은 다음과 같이 말했다.

"소부와 좌풍익이 말한 내용은 평범한 사람이나 지키는 법일 뿐입니다. 옛날 선제(先帝)께서 사방의 오랑캐를 정벌하실 때 30여 년 동안이나 전쟁이 계속됐습니다만 백성들은 정작 부세를 더 내지도 않았고, 군대의 비용은 넉넉했습니다. 지금 서강은 한 귀퉁이의 보잘것없는 오랑캐로 산골짜기에서 날뛰는 정도에 불과합니다. 한나라에서는 죄수들에게 재물을 받아 감형시키고 그것으로 오랑캐를 멸하면 그뿐입니다. 이것이 양민을 떠들썩하게 하면서 마구잡이로 세금을 거두는 것보다는 낫습니다. 또 각종 도둑과 살인범 및 부도(不道)한 죄를 범한 죄수는 백성들이 미워하고 괴로워하는 자들이므로 그들까지 재물을 받고 속죄시킬 수는 없습니다. 범인을 은닉한 죄나 관리가 범죄 행위를 알고서도 조사하지 않은 죄는 그렇게 큰 죄는 아닙니다. 그래서 그 법을 없애야 한다고 주장하는 자들이 제법 많습니다. 그러므로 이번 법령으로 그들을 속죄하게 한다면 대단히 편리하기만 합니다. 교화를 어지럽히는 일이 어디 있겠습니까? 보형(甫刑)[6]의 형벌

---

6 여후(呂侯)가 주나라 목왕(穆王)의 사구(司寇)가 돼 형벌을 속죄하는 법을 제정했는데, 이를 여

에서는 작은 허물은 사면하고 가벼운 죄는 속죄할 수 있게 해 죄에 따라 차등으로 금전을 받는 법이 생겼습니다. 속죄하는 법은 유래가 오래됐으므로 도적이 어디에서 일어나겠습니까? 신 장창은 관리가 된 지 20여 년입니다. 죄인이 속죄했다는 말은 들었으나 그 때문에 도적이 일어났다는 말은 듣지 못했습니다. 양주(涼州)가 오랑캐의 침략을 받은 때는 공교롭게도 곡식이 풍족한 가을이었습니다. 그때에도 백성들은 오히려 곡식이 부족해 굶주린 채 길거리에서 병들어 죽어가서 적이 가슴이 아팠습니다. 게다가 내년 봄이 돼 크게 곤경에 처할 시기가 되면 어떤 지경이겠습니까? 일찌감치 그들을 진휼해 구원할 대책을 마련하지 않고 고정불변의 법도만을 끌어와서 힐난만 한다면 뒷날에 무거운 책망을 당할까 두렵습니다. 평범한 사람들과는 함께 변함없는 법을 지키기는 가능하나 변화에 대처하기는 어렵습니다. 신 창은 요행히도 열경(列卿)의 자리를 차지해 승상부와 어사부를 보좌하는 직무를 맡은지라 감히 어리석은 생각을 다 말씀드리지 않을 수 없습니다."

그의 소명을 듣고 망지와 강은 다시 다음과 같은 대책을 올렸다.

'선제(先帝)께서는 빼어난 이[聖人]의 다움을 지니셨고, 어진 신하들이 관직에 앉아 있어서 무궁토록 쓰일 법규를 제정해놓으셨습니다. 선제께서는 변경의 비용이 넉넉하지 못할까 늘 염려하셔서 금포영갑(金布令甲) 〔○ 사고(師古)가 말했다. "금포는 법령의 이름으로 국고의 금전과 포백(布帛)에 관련된 조문이 담겨 있어서 금포라고 이름했다. 영갑이라고 한 것은

형(呂刑)이라고 한다. 여후는 그 뒤에 보후(甫侯)로 바뀌었기 때문에 보형(甫刑)이라고 했다.

그 편목이 갑을(甲乙)의 순서로 돼 있기 때문이다.")을 반포해 "변방군은 자주 침략을 받고 굶주림과 추위로 고생한다. 수명대로 살지 못하고 요절하며 부자 사이에도 떨어져 산다. 그러니 천하가 공동으로 그들에게 소용되는 비용을 공급하도록 하라!"라고 명하셨습니다. 이 명령문은 갑작스런 군사적 사태를 위해서 만든 것이 틀림없습니다.

천한(天漢) 4년 사형 판결을 받은 죄수를 50만 전(錢)을 받고 사형죄에서 한 단계 감했다고 들었습니다. 그러자 세력이 있는 관리와 백성들이 금전을 빼앗거나 빌려달라고 요구했고, 심지어는 도적이 돼 속죄하려고도 했습니다. 그 뒤로 간사하고 방자한 행동이 갑자기 심해져서 도적 떼들이 부쩍 일어나 성읍(城邑)을 공격해 군수를 살해하기까지 했습니다. 산골짜기에 도적들이 가득했으나 관리들이 막지 못해 황제께서 수의사자(繡衣使者)를 파견해 군사를 동원해 토벌했습니다. 죽인 자가 과반수를 넘어서야 사태가 진정됐습니다. 어리석은 신의 생각으로는 이것은 사형죄를 재물로 경감하려고 한 법의 실패로 발생했습니다. 신은 그래서 이 시책이 적절하지 않다고 말씀드리고 싶습니다.'

이때 승상 위상(魏相)과 어사대부 병길(丙吉)도 서강의 오랑캐를 곧 격파할 수 있고 군량미를 수송하면 비용을 거의 충당할 수 있다고 판단해 창의 건의를 끝내 시행하지 않았다. 망지는 좌풍익으로 3년 동안 있었는데 경사 사람들은 그를 칭송했고 대홍려(大鴻臚)로 승진했다.

이에 앞서 오손(烏孫)[7]의 곤미(昆彌-곤막(昆莫)으로 오손의 왕호(王號))

---

7   중앙아시아의 유목민족이다. 한나라 무제 때 장건(張騫)을 사자로 파견한 적이 있고, 강도공주

옹귀미(翁歸靡)가 장라후(長羅侯) 상혜(常惠)를 통해서 글을 올렸다. 그들은 한나라 외손인 원귀미(元貴靡)를 후사로 삼고 다시 황족의 딸을 아내로 맞이해, 한나라에 귀부(歸附)하고 흉노를 배반하고 싶다고 했다. 상은 대신들에게 조하여 이 일을 의논하라고 했다. 망지는 "오손은 너무나 멀리 떨어진 궁벽한 곳이므로 그들의 달콤한 말을 믿고서 만리타향 사람들과 혼사를 맺는 것은 장구한 계책이 아닙니다"라는 의견을 냈다. 그러나 천자는 그의 말을 따르지 않았다.

신작(神爵) 2년에 한나라는 장라후 상혜를 보내 공주[8]를 호송해 원귀미의 아내로 삼게 했다. 사신의 행렬이 변방 요새를 채 나가기도 전에 옹귀미가 죽고 형의 아들인 광왕(狂王)이 약속을 위반하고 자진해서 왕위에 올랐다. 상혜는 변방 요새에서 글을 올려 '돈황군에서 공주를 머물게 하고서 신이 오손에 가서 약속 위반을 책망하고 원귀미를 왕으로 세운 다음에 공주를 맞이해 가겠다'라고 했다. 상은 대신들에게 이 일을 토의하라고 조서를 내렸다. 망지는 다시 다음과 같이 의견을 말했다.

"안 됩니다. 오손은 한나라와 흉노 사이에서 망설이며 약속을 굳게 지키지 않았으므로 결과를 뻔히 알 수 있습니다. 예전에 공주가 오손에 머문 기간이 40여 년이었으나 은애를 베풀어 친밀하게 대우하지도 않았고, 혼사를 맺었다고 변경이 안정을 누리지도 못했습니다. 이는 이미 지난 일을 통해서도 확인할 수 있습니다. 이제 원귀미가 왕위에 오르지 못한 사연

(江都公主)와 해우공주(解憂公主)를 왕의 아내로 주어 화친을 맺었다.

8 진짜 공주가 아니라 초주해우(楚主解憂)의 아우의 딸인 상부(相夫)를 공주라고 해 보냈다.

을 구실로 공주가 돌아온다면 사방 오랑캐에게 신의를 배반한 것도 없으니 중국에는 큰 다행입니다. 공주가 변방 요새에서 머물지 않고 오손으로 간다면, 요역이 장차 발생하게 되는 원인은 이 일로부터 시작될 것입니다."

천자는 그의 의견을 따라서 공주를 돌아오라고 불러들였다. 그 뒤로 오손이 두 나라로 나뉘어 양립했고 원귀미가 대곤미(大昆彌)가 됐으나 한나라는 끝내 그들과 다시는 혼인을 맺지 않았다.

그로부터 3년 뒤 소망지는 병길의 뒤를 이어 어사대부가 됐다. 오봉(五鳳) 연간에 흉노에 큰 난리가 일어났다. 흉노가 중국에 해를 끼친 지 오래 됐으므로 그들이 무너지고 어지러운 틈을 타서 군대를 동원해 멸망시키는 것이 좋겠다고 말하는 자들이 많았다. 황제는 중조(中朝)대사마 거기장군 한증(韓增), 제리 부평후(諸吏富平侯) 장연수(張延壽), 광록훈 양운(楊惲), 태복 대장락(戴長樂) 등을 망지에게 보내 계책을 묻도록 조서를 내렸다. 이에 대해 망지는 다음과 같이 대책을 말했다.

"『춘추(春秋)』에서 진(晉)나라 사개(士匄)가 군사를 이끌고 제(齊)나라를 침략했다가 제나라 임금[齊侯]이 죽었다는 소식을 듣고 군사를 이끌고 돌아갔습니다. 상을 당한 나라를 정벌하지 않은 그를 군자들은 높이 칭송했습니다〔○ 사고(師古)가 말했다. "사개는 진나라 대부인 범선자(范宣子)이다. 『춘추공양전(春秋公羊傳)』 양공(襄公) 19년에 '제나라 후(侯) 환(環)이 죽었다. 진나라 사개가 군사를 이끌고 제나라를 침략했다. 곡(穀) 땅에 이르러 제나라 후가 죽었다는 소식을 듣고 그냥 돌아갔다. 돌아갔다고 말한 이유는 무엇 때문인가? 그를 칭찬한 말[善辭]이다. 상을 당한 나라를 정벌하지 않은 그를 매우 칭찬한 것이다'라고 했다."〕. 왜냐하면 효자를 감복시킬 만한 은혜를 베풀었고, 제후들을 감동시킬 만한 의로운 일이라고 여겼기 때문입니다. 이전에 흉노의 선우가 한나라의 교화를 사모하고 선행을 추구해 한나라의 아우라고 자칭했습니다. 사신을 파견해 화친하기를 요청하자 해내(海內)가 기뻐했고 이러한 소식을 듣지 못한 오랑캐들이 없었습니다. 그런데 미처 조약을 다 시행하기도 전에 불행히도 선우(單于)는 반역을 저지른 신하에게 죽임을 당했습니다. 이제 그들을 정벌한다면 남이 혼란한 틈을 이용하고 남의 재앙을 요행으로 삼는 것입니다.

저들은 반드시 도망해 멀리 숨어버릴 것입니다. 의롭지 못한 동기로 군사를 일으키면 힘만 들 뿐 공로가 없을까 두렵습니다. 사신을 파견해 조문하고 힘이 미약한 후계자를 도와 재앙과 환난을 겪고 있는 자를 도와준다면 사방의 오랑캐가 소식을 듣고서 중국의 어짊과 의로운 행동을 높이 평가할 것입니다. 만약에 저들이 천자의 은혜를 입어 왕위를 다시 회복한다면 결국에는 신하라고 칭하면서 반드시 복종할 것입니다. 이것이 성대한 다움에서 우러나오는 행동입니다."

상은 그의 의견을 좇아 마침내 군사를 파견해 호한야선우(呼韓邪單于)[9]

---

9   흉노 선우의 이름. 여러 선우와 대결을 통해서 선우가 됐으며 한나라의 도움도 받았다. 한나라 조정에 두 번이나 입조해 한나라에서는 왕소군(王昭君)을 그에게 아내로 주었다. 왕소군은 이름은 장(嬙, 또는 牆)이며 자가 소군(昭君)이다. 진(晉)나라 사람들이 사마소(司馬昭)의 이름을 피해 명군(明君) 또는 명비(明妃)라 고쳤다. 원제(元帝) 때 양가(良家)의 자제로 입궁(入宮)했다. 경녕(竟寧) 원년(기원전 33년) 흉노의 호한야선우(呼韓邪單于)가 입조(入朝)해 아내를 구하자 원제가 왕소군을 하사하고 영호알씨(寧胡閼氏)라 불렀다. 호한야가 죽자 글을 올려 귀국할 것을 청했는데, 성제(成帝)가 오랑캐의 풍속을 따를 것을 명했다. 전알씨(前閼氏)의 아들 복주류선우(復株絫單于)가 뒤를 잇고, 왕소군을 다시 아내로 삼아 딸 둘을 낳았다. 죽은 뒤 흉노에서

를 도와 나라를 평정하게 했다.

이 무렵 대사농 중승(中丞) 경수창(耿壽昌)이 상평창(常平倉)의 설치를 아뢰었다. 상은 좋은 시책이라고 보았으나 망지는 수창(壽昌)을 비판했다. 승상 병길(丙吉)은 나이가 많이 들었고 상은 그를 매우 존중했는데, 망지가 또 아뢰어 말했다.

"궁핍한 백성들이 많고 도적들이 그치지 않건만 2,000석 이상의 관리 중에 재능이 모자라 직무를 맡지 못하는 자들이 많습니다. 삼공(三公)이 적임자[其人]가 아닐 때에는 해와 달과 별[三光]이 제대로 빛을 내지 못한다고 했는데 지금 1년의 첫머리인 정월에 해와 달이 빛을 거의 내지 못하니 그 허물은 신들에게 있습니다."

상은 그가 속으로 승상을 무시한다고 판단해 시중 건장(建章-건장궁) 위위(衛尉) 김안상, 광록훈 양운, 어사중승 왕충(王充)을 보내 함께 망지를 꾸짖고 그 연유를 묻게 했다. 망지는 관을 벗고 답했는데 이 일로 말미암아 천자는 그를 달갑지 않게 여겼다. 그 뒤에 승상 사직 파연수(緐延壽)가 다음과 같이 아뢰었다.

"시중알자 량(良)이 칙명을 받은 사자로서 망지에게 조칙을 전하러 갔을 때 망지는 두 번만 절했습니다. 량이 망지와 대화를 나눌 때에도 망지는 바닥에 엎드린 채 일어나지 않고서 고의로 팔로 바닥을 짚으며 어사에

장사 지내고 무덤을 청총(靑冢)이라 했다. 전하는 말로 왕소군이 입궁한 뒤 화공(畵工)에게 뇌물을 주지 않아 못생긴 얼굴로 그려, 몇 년 동안 황제의 얼굴조차 보지 못하자 자청해서 흉노에게 시집가겠다고 했다고도 한다. 떠날 때 비로소 원제가 그녀가 미인인 것을 알고 사실을 확인한 뒤 화공 모연수(毛延壽) 등을 모두 죽였다고 한다.

게 '량이 예의를 갖추지 않는다'라고 말했습니다. 관례에 따르면 승상이 병이 들었을 때에는 다음 날 바로 어사대부가 문병하게 돼 있습니다. 조회에서 맡은 일을 상주하기 위해 조정에 모일 때에 어사대부는 승상보다 조금 뒤에 서서 가되 승상이 양보하면 어사대부가 조금 나아가 읍을 합니다. 지금 승상이 여러 번 병석에 누웠는데도 망지는 문병을 하지 않았고, 조정에 모일 때에도 승상과 대등하게 행동했습니다. 국사를 논의하다가 의견이 맞지 않자 소망지는 '박양후(博陽侯)가 나이가 많다고는 하나 내 아버지뻘이야 되겠는가?'라고 말했습니다. 어사를 함부로 부리지 못하는 법령이 있다는 사실을 잘 알고 있음에도 불구하고, 망지는 관아를 지키는 어사에게 개인용 수레와 말을 주어 두릉(杜陵)에 가서 자기 집안일을 보살피게 했습니다. 소사(少史-어사대부의 속관으로 비(比) 600석의 등급)들이 법관(法冠)을 쓰고 망지의 처를 위해 길을 안내하는 일을 했습니다. 또 그들을 시켜 물건을 매매하게 했는데 그들이 개인적으로 덧붙인 금전이 무릇 1만 3,000전입니다. 망지는 대신으로서 경술에 통달하고 구경보다 윗자리에 있으므로 조정이 우러러보는 대상인데도, 법을 받들고 자신을 닦기는커녕 도리어 거만하고 불손한 지경에 이르렀습니다. 자신이 감독하는 자로부터 뇌물을 받은 것은 태형 250 이상[10]의 죄이오니, 청컨대 체포해 가두고 죄를 다스리십시오.'

상은 이에 망지를 책망하며 말했다.

"유사가 아뢴 바에 따르면 그대는 사자에게 예의가 없다고 책망한 일과

---

10 당나라 형률로는 1척(尺)짜리 태형에 해당한다는 말이다.

승상에게 무례하게 대한 일이 있었다. 청렴하다는 소문은 들리지 않고 오만불손해 나라의 정사를 돌보고 만조백관을 잘 인도하는 능력을 발휘하지 못한다는 것이다. 그대가 깊이 생각하지 않고 이러한 좋지 못한 짓을 저질렀으나, 짐은 차마 그대를 옥리에게 내려보낼 수가 없어 광록훈 양운을 시켜 조서를 내려, 그대를 좌천시켜 태자태부로 삼고 인끈을 내려준다. 이전의 어사대부 인끈은 사자에게 바치고 즉시 부임하라. 그대는 올바른 도리를 지키고 효도를 밝히며, 정직함을 준수할 것이며, 짐의 뜻을 잘 따라서 다시는 허물을 짓지 말라. 또한 뒤에 변명하는 말을 하지 말라!"

망지(望之)가 이미 좌천되자 황패(黃覇)가 그의 뒤를 이어 어사대부가 됐다. 그로부터 몇 달 뒤 병길이 훙(薨)하자 패(覇)가 승상이 됐다. 패가 훙(薨)하자 우정국(于定國)이 다시 뒤를 이어 승상이 됐다. 망지는 결국 내쫓김을 당해 승상이 되지 못했다. 그는 태자태부로서 『논어(論語)』와 『예기(禮記)』의 「상복(喪服)」편을 황태자에게 가르쳤다.

애초에 흉노의 호한야선우(呼韓邪單于)가 한나라 조정에 입조했을 때 상은 대신들에게 그를 어떻게 예우할지를 논하라고 조서를 내렸다. 승상 패와 어사대부 정국은 다음과 같은 의견을 냈다.

"빼어난 제왕의 제도는 다움을 베풀고 예를 행할 때 경사(京師)를 앞세우고 제후들[諸夏]을 뒤로 하며, 제후들을 앞세우고 오랑캐를 뒤로 합니다. 『시경(詩經)』에 이르기를 "예법을 준수해 도를 넘지 않고 사방을 시찰하고 율령을 반포한다. 상토(相土-설의 손자)는 위엄이 있어 해외조차 숙연해졌다"[11] 라

---

11 「상송(商頌)」 '장발(長發)' 편의 구절이다.

고 했습니다. 폐하의 빼어난 다움이 하늘과 땅 사이에 충만해서 사방 해외까지 그 광명이 뒤덮었습니다. 흉노의 선우도 교화를 사모해 진귀한 보물을 받들어 조회를 드리러 왔으므로 이는 예로부터 없었던 일입니다. 그에 대한 예우는 제후왕(諸侯王-황제의 아들을 왕으로 봉하고 제후왕이라고 불렀음)과 같게 하되 서열은 제후왕의 아래에 있도록 해야 합니다."

망지는 이런 의견이었다.

"선우는 한나라의 정삭(正朔)을 받드는 나라의 왕이 아닙니다. 그래서 흉노를 적국이라고 부릅니다. 그러므로 신하로 대우하지 않는 예법으로 대우해야 하고, 그의 서열은 제후왕의 윗자리에 놓아야 합니다. 외방 오랑캐가 머리를 조아리며 번방(藩邦)이라고 칭할 때, 중국이 그들에게 겸양해 신하로 대우하지 않는 것이 그들을 회유하는 올바른 방법입니다. 겸양해야 만사가 형통해지는 복을 누립니다. 『서경(書經)』에서 '오랑캐들이 황복(荒服)에 있다'[12]라고 했으니 이는 그들이 와서 복종해도 변화무쌍해 일정함이 없음을 지적한 말입니다. 흉노의 계승자가 새처럼 숨고 쥐처럼 잠복해서, 중국에 조회해 제사를 도와야 할 의무를 행하지 않아도 반역하는 신하가 되지는 않습니다. 믿음과 양보를 오랑캐들에게 베풀어 복록을 무궁한 후세에까지 내려가게 해야 할 것입니다. 이것이 만세에 이어질 장구한 계책입니다."

천자는 그의 계책을 채택해 다음과 같은 조서를 내렸다.

---

12 황복은 고대 오복(五服)의 하나로 서울에서 2,000리에서 2,500리 정도 떨어진 아주 먼 지역을 가리킨다. 오복 중에서 가장 멀다.

'오제(五帝)와 삼왕(三王)의 교화가 시행되지 않는 곳에는 중국의 정사를 행하지 않는다고 들었다. 이제 흉노의 선우가 북쪽 번방이라고 칭하고 한나라의 정삭을 받들어 조회하고자 한다. 짐은 그러한 대접을 받을 다움에 미치지 못해 다움으로 그를 넓게 덮을 수는 없다. 빈객의 예로 그를 예우하고 선우를 제후왕의 윗자리에 서도록 하며, 짐을 알현할 때 신이라고 칭하되 그의 이름을 부르지 않도록 하라.'[13]

선제는 병상에 눕게 되자 후사를 맡길 대신을 선택했다. 외가인 시중 악릉후(樂陵侯) 사고(史高)와 태자태부 소망지, 소부 주감(周堪)을 대궐 안으로 불러서 사고를 대사마 거기장군에 임명하고, 망지를 전장군 광록훈에, 주감을 광록대부에 임명했다. 이들은 뒤를 이을 황제의 정사를 보좌하라는 유조(遺詔)를 받고 상서의 업무를 관장했다. 선제(宣帝)가 붕(崩)하고 태자가 황제의 지위를 이어받았는데 그가 원제(元帝)다. 망지와 감(堪)은 원래 태자의 스승으로 존중을 받았다. 상이 즉위하자 한가한 시간에 자주 알현하고 치란(治亂)을 주제로 대화하며 제왕이 해야 할 일을 말씀드렸다. 그는 종실 중에서 경술에 밝고 학문에 통달한 산기(散騎) 간대부 유경생(劉更生, 유향(劉向))을 급사중으로 천거해 시중 김창(金敞)과 함께 황제의 부족한 점을 좌우에서 채워주도록 했다. 네 사람이 합심해 상의하고 황제를 옛 제도에 따라 인도해 바로잡으려고 노력했다. 상은 이들에게 마음을

---

13 고대에 제왕을 알현할 때 알현하는 사람이 따라야 할 예의를 소리 높여 불러 그를 안내했다. 흉노의 선우가 황제를 알현할 때 신이라고 칭하기는 하지만 다른 신하들처럼 이름을 부르지는 않게 하라는 뜻이다.

한껏 기울이고 그들의 계책을 받아들였다.

애초에 선제(宣帝)는 유학을 그다지 따르지 않고 법률에 능숙한 관리를 임용했기 때문에 중서(中書)[14]의 일을 맡은 환관들이 권력을 농락했다. 중서령 홍공(弘恭)과 석현(石顯)은 오래도록 중요한 기밀을 담당하다 보니 법률에 밝았다. 그들은 거기장군 사고와도 표리관계를 이루어 의논할 것이 있으면 항상 고사를 들어 그들의 의견을 고집하고 망지 등의 의견을 좇지 않았다. 공(恭)과 현(顯)은 때때로 사특하고 부정한 행위를 저질러 망지 등에게 굴복을 당했다. 망지는 "중서(中書)란 정사의 근본이므로 현명한 자를 선발해야 한다. 무제께서 궁궐 뒤뜰에서 잔치를 벌여 노닌 뒤부터 환관을 썼을 뿐 나라의 옛 제도는 아니다. 또 형을 당한 자는 가까이하지 않는다는 옛날의 예법에도 위배된다"라고 판단해 상에게 아뢰어 제도를 변경하고 선비를 기용하려고 했다. 이로 인해 그는 사고, 홍공, 석현과 사이가 크게 벌어졌다. 이때는 상이 즉위한 초기여서 겸양하고 제도를 고치기 어려워했기 때문에 오래돼도 논의를 결정하지 못했다. 이때 경생(更生)을 내보내 종정(宗正)으로 삼았다.

망지와 감은 자주 이름난 유생과 무재(茂材)를 천거해 간관에 임명했다. 그때 회계(會稽) 출신의 정붕(鄭朋)이라는 자가 은밀히 그에게 빌붙고자 소를 올려 거기장군 사고가 식객을 군현과 제후국에 파견해 간사한 이

---

14 중서령(中書令)의 약칭이다. 황제의 조칙과 명령을 전달하는 관리다. 본래 법률과 관례에 밝은 환관을 발탁해 썼다. 후에 선제가 곽씨들이 관장한 상서의 업무를 중서령에게 맡겨서 이들이 크게 신임을 얻었다.

익을 차리고 있다고 말했고, 동시에 외척인 허씨(許氏)와 사씨(史氏)의 자제들이 지은 죄도 고발했다. 이 글을 주감에게 보이자 감은 상에게 아뢰어 붕(朋)에게 금마문에서 조칙을 기다리도록 조치했다. 붕은 망지에게 주기(奏記-관원이 상급 장관에게 보내어 의견을 진술하는 문서)를 띄워 이렇게 말했다.

'장군께서는 주공(周公)과 소공(召公)의 덕망을 갖추고 공작(公綽-맹공작)의 바탕을 지녔으며 변장자(卞莊子-노나라 변읍(卞邑)의 대부로 용맹한 사람)의 위엄을 가지셨습니다. 이순(耳順)의 나이에도 충성심과 용맹한 신하의 위엄을 지녀 장군의 호칭을 받기에 이르렀으니, 참으로 높은 수준에 도달한 선비라고 할 것입니다. 은거하는 선비나 수많은 백성들 가운데 찬탄하지 않는 사람이 없어 모두들 "장군이야말로 나라를 맡길 사람이다"라고 칭송합니다. 이제 장군께서 본받고자 하는 대상이 관중(管仲)과 안자(晏子) 정도에 그치고 말 것입니까? 아니면 해가 기울 때가 돼도 밥을 먹지 않은 채 일해 주공과 소공의 경지에까지 이르러야 그만두시지 않겠습니까? 관중과 안자 정도로 그치려고 한다면 저 같은 놈은 장차 연릉(延陵)의 언덕으로 돌아가,[15] 전답을 경작하고 닭을 치고 기장을 심고 손님에게 아들이나 보여주며 한평생을 보낼까 합니다.[16] 만약 장군께서 눈에 띌

---

15 오(吳)나라 공자인 계찰(季察)은 식읍이 연릉에 있었다. 오나라 왕의 행실을 천박하게 여겨 나라를 버리고 전원에서 농사를 지었다.

16 『논어(論語)』 「미자(微子)」 편에 나오는 내용을 이용했다. 자로가 공자를 좇아서 뒤따라오다가 한 노인을 보았는데, 지팡이로 삼태기를 메고 있었다. 그가 자로를 만류해 집에 머물게 하고서 닭을 잡고 기장밥을 지어 저녁을 주고는 아들 둘을 보여주었다. 다음 날 자로가 길을 떠나 공자에

만큼 탁월하게 처신하고, 신중함을 거듭해 사악한 자의 못된 짓을 막아내고, 중용을 지켜 떳떳한 정치를 펼치며, 주공과 소공이 끼친 업적을 일으키고, 해가 기울어도 밥을 먹지 않은 채 찾아오는 사람의 의견을 직접 들으려고 하신다면, 저같이 비천한 자도 보잘것없는 정성을 다 바쳐 칼날을 갈고닦아 만분의 하나라도 보탬이 되도록 애쓰고자 합니다.'

망지는 붕을 만나보고 그의 의견을 받아들였다. 마음에서 우러나와 붕을 잘 대접했다. 붕은 그를 자주 칭송한 반면에 거기장군 사고의 단점을 지적했고, 허씨와 사씨들의 허물을 말했다.

그 뒤에 붕이 간사한 짓을 저지르자 망지는 관계를 끊고 서로 왕래하지 않았다. 붕은 대사농의 속관 이궁(李宮)과 함께 조서를 기다리던 중이었는데 감이 궁(宮)만 상에게 아뢰어 황문랑(黃門郞)으로 삼았다. 붕은 초나라 사람이라 원한을 품고서 태도를 바꿔 허씨와 사씨 편에 들어가려고 하면서 허씨와 사씨를 비방한 자신의 말을 남에게 전가해 "모든 것이 주감과 유경생이 나를 사주한 결과이다. 나는 관동(關東) 사람인데 그런 사실들을 어떻게 알았겠는가?"라고 말했다. 그러자 시중 허장(許章)이 상에게 아뢰어 붕을 알현하게 했다. 붕은 상을 알현하고 나와서 "내가 천자를 알현하고 전장군 소망지의 작은 허물 다섯 가지와 큰 죄 한 가지를 아뢰었다. 중서령이 곁에 있었으므로 내가 말한 내용을 알고 있다"라고 떠벌렸다. 망지가 그 이야기를 듣고 홍공과 석현에게 사실을 캐물었다. 그들은 망지가 스스로를 변호하면 일처리가 다른 관리에게 맡겨질까 염려해서 즉시 붕과

게 그 이야기를 하자 공자가 "은자(隱者)이다"라고 말했다. 결국 은거를 선택하겠다는 말이다.

함께 조서를 기다리던 화룡(華龍)을 포섭했다.

　이 화룡이라는 자는 선제(宣帝) 때 장자교(張子蟜) 따위와 조서를 기다리던 자인데 더러운 짓을 저질러 벼슬을 하지 못했다. 그가 주감의 모임에 끼어들고자 했으나 감 등이 받아주지 않자 그 때문에 붕과 결탁하게 됐다. 공과 현은 그 둘에게 소망지 등이 거기장군 사고를 파직시키고 허씨와 사씨를 멀리 내치려고 모의했다는 죄상을 고발하게 했다. 그들은 망지가 휴가를 받아 궁궐을 나가는 날을 기다렸다가 정붕과 화룡을 시켜 고발장을 바치게 했다. 사건의 처리가 홍공에게 내려져 죄상을 조사하게 됐다. 망지는 "외척들이 벼슬자리에 있으면서 사치와 음란한 짓을 저지르는 자가 많다. 국가를 바로잡기 위해서 한 일이므로 사악한 것이 아니다"라고 밝혔다. 공과 현이 "소망지와 주감, 유경생은 붕당을 만들어 서로를 칭찬하고 천거했으며 대신을 자주 헐뜯어 참소했고, 천자의 인척들을 이간질시켜 권세를 독점하고자 했습니다. 신하로서 불충하고, 윗사람을 무고한 부도(不道)한 죄이므로 알자를 불러 정위에게 데려가도록 하십시오"라고 평결했다. 그때 상은 즉위한 초기여서 "알자를 불러 정위에게 데려간다"는 것이 하옥을 의미하는 줄을 깨닫지 못하고 그 상주를 허락했다. 그 뒤에 황제가 주감과 유경생을 불렀을 때 그들이 옥에 갇혀 있다는 답을 듣고 황제가 크게 놀라 "정위가 심문하는 데 그치는 것이 아니냐?"라고 반문했다. 상이 공과 현을 책망하자 모두 머리를 조아리며 사죄했다. 상은 "옥에서 내보내 업무를 보게 하라!"고 명했다.

　그러자 공과 현은 사고를 부추겨 "천자께서 즉위하신 지 얼마 되지 않아 아직 천하에 덕화가 펼쳐지지 않았습니다. 그런데 사부의 죄부터 조사하고 구경 대부를 하옥하는 지경에 이르렀으므로 결단해 면직시키십시오"라고 진언하게 했다. 그래서 상은 승상과 어사대부에게 다음과 같은 조서를 내렸다.

'전장군 망지는 8년 동안 짐의 사부로 있었지만 다른 죄와 허물이 없었다. 지금은 일이 오래돼 기억도 없으니 죄를 밝히기가 어렵다. 이에 망지의 죄를 사면하고 전장군 광록훈의 인끈을 거둔다. 감과 경생은 모두 면직시켜 서인으로 삼는다.'

붕은 황문랑(黃門郞)이 됐다. 그로부터 몇 개월이 지나 상은 어사에게 다음의 조서를 내렸다.

'나라가 장차 흥하려면 사(師-스승)를 높이고 부(傅-후견인)를 중히 여겨야 한다. 옛 전장군(前將軍) 소망지는 8년간 짐을 가르치면서 경술(經術-유학)로 짐을 인도했으니 그 공이 참으로 크다. 이에 관내후(關內侯)의 작위를 내리고 식읍은 800호에 급사중(給事中)으로 처우하며, 초하루와 보름날에만 조회에 참석해 장군의 직무를 이어가도록 하라.'

천자는 바야흐로 망지를 의지해 그를 승상으로 삼을 계획이었다. 그때 마침 망지의 아들 급(伋)이 산기(散騎) 중랑(中郞)으로 재직하고 있었는데 글을 올려 망지의 옛일을 변호했다. 올라온 글의 처리가 담당자에게 맡겨지자 담당자는 "전에 망지가 관련된 죄목은 명백한 것으로 헐뜯고자 참소한 결과가 아닙니다. 그럼에도 불구하고 자신의 아들을 사주해 글을 올리고 무고하다는 시(詩)를 끌어다 붙였으니 대신의 체통을 잃은 짓이라 불경죄에 해당합니다. 체포하기를 청합니다"라고 다시 상주했다. 공과 현 등은 소망지가 평소 절개를 숭상하는 사람이어서 굴욕을 당하지 않을 줄로 예상하고서 다음과 같은 의견을 상에게 아뢰었다.

'망지가 예전에 장군이 돼 정사를 보좌할 때 허씨와 사씨를 물리치고 권력을 독점해 조정을 마음대로 움직이려고 했습니다. 용케도 죄에 걸리지 않고 다시 작위와 식읍을 하사받았으며, 국정에도 참여하게 됐습니다. 그런데 잘못을 후회하고 죄가 있음을 자복하기는커녕 원망하는 마음을 깊숙이 품은 채 아들을 시켜 글을 올리고 천자에게 잘못을 돌렸습니다. 상의 스승이라는 점을 믿고 끝까지 죄에 걸리지 않으리라는 생각을 품고 있습니다. 망지를 감옥에 가두어 약간의 굴욕을 당하게 함으로써 앙앙불락(怏怏不樂)하는 기운을 꺾지 않는다면 빼어난 폐하께서 두터운 은혜를 보일 방법이 없을 것입니다.'

상이 물었다.

"소태부(蘇太傅)는 평소 강직한 사람이라 형리에게 가려고 하겠는가?"

현(顯) 등이 말했다.

"인명은 지극히 무거운 것입니다. 망지가 연좌된 죄는 말과 관련된 가벼운 것이므로 전혀 걱정하지 않으셔도 됩니다."

상은 마침내 그 상주(上奏)를 재가했다.

현 등은 칙서를 밀봉해 알자에게 주고 칙령으로 망지를 불러 직접 건네주라고 했다. 태상(太常)에게 명을 내려 다급하게 집금오의 기병을 발동해 달려가 망지의 집을 포위하게 했다. 사자가 이르러 망지를 불렀다. 망지가 자결하고자 하자 부인이 만류하면서 천자의 뜻이 아닐 것이라고 했다. 그가 문하생인 주운(朱雲)에게 어떻게 해야 할지를 물었다. 운(雲)이라는 자는 절개를 좋아하는 선비라 망지에게 자결[自裁]을 권했다. 이에 망지는 하늘을 우러러 탄식하며 말했다.

"내가 일찍이 장상(將相)의 자리를 차지해 이제 예순 살을 넘겼다. 늙어서 감옥에 들어가 구차하게 살기를 구한다면 비루한 짓이 아니랴?"

주운의 자를 불러 "유(游)야! 빨리 약을 타 오너라! 내 죽음을 너무 오래 끌지 말라!"라고 했다. 그는 결국 짐새의 독을 먹고 자결했다. 천자가 소식을 듣고 깜짝 놀라서 손으로 탁자를 치며 "지난번 분명 감옥으로 들어가지 않으리라 의심을 했건만… 결국 내 뛰어난 스승을 죽이고 말았구나!"라고 탄식했다. 이때 태관(太官)이 막 점심을 올리는 중이었는데 천자는 음식을 물리치고 울었다. 슬퍼하는 모습이 좌우의 신하들을 감동시킬 정도였다. 이에 현 등을 불러 일처리를 제대로 하지 못했다고 책망했다. 모두들 관을 벗고 사죄했는데 오랫동안 그렇게 있고서야 그쳤다.

망지가 죄 때문에 죽고 나자 유사에서는 작위와 식읍을 끊어버리자고 청했다. 상은 조서를 내려 은혜를 베풀라고 해 맏아들 소급(蘇伋)이 뒤를 이어 관내후가 됐다. 천자는 그를 잊지 않고 추념해 매년 명절 때마다 그의 집에 사자를 보내 제사를 드리게 했다. 이 일은 원제(元帝)의 치세가 끝날 때까지 계속됐다. 망지는 아들 여덟을 두었는데 대관(大官)에 이른 사람은 육(育), 함(咸), 유(由)다.

육(育)은 자(字)가 차군(次君)으로 젊어서 아버지의 보증으로 태자 서자(庶子)가 됐다. 원제(元帝)가 즉위하자 낭(郎)이 됐는데 병으로 면직됐고 뒤에 어사가 됐다. 대장군 왕봉(王鳳)이 육이 저명인사의 아들인 데다가 재능이 뛰어나다 해 제배해 공조(功曹)로 삼았고, 알자(謁者)로 승진시켰다가 흉노에 사신으로 가는 부교위(副校尉)로 삼았다. 뒤에 무릉(茂陵)현령이 됐는데 인사고과에서 육은 제6등이었다.[17] 칠현(漆縣)현령 곽순(郭舜)이 최하위[殿]여서 문책을 받았는데, 육이 그곳으로 가겠다고 청하자 부풍이 화를 내며 말했다.

"그대는 제6등이라 겨우 질책을 면했는데 무슨 여유가 있다고 좌우 동료에 대해 말을 하는가?"

그러고는 나가라고 하면서 전거(傳車)로 무릉현령을 군의 후조(後曹)로 가라고 명령하자 육은 직무를 이유로 대답했다. 육이 후조에서 곧장 나가자 서좌(書佐-서기)가 따라나와 육을 잡으려 하니 육은 차고 있던 칼을 뽑아서 말했다.

"소육은 두릉현의 사나이인데 어찌 후조에서 잡으려 하는가?"

드디어 그대로 나와서 관직을 그만두려고 했다. 다음 날 아침 조서를 받아 불려들어가 제배돼 사예교위(司隸校尉)가 됐다. 육이 부풍부의 문에 이르자 부풍에 속한 연(掾)과 사(史) 수백 명이 수레 앞에서 배알했다. 뒤에 대장군의 지시를 어겨 면관됐다. 다시 중랑장이 돼 흉노에 사신으로 갔다. 기주(冀州), 청주(靑州) 양 군의 자사와 장수(長水)교위, 태산(泰山)태수 등을 지내고 들어와서 임시[守] 대홍려가 됐다. 호현(鄠縣)의 유명한 도적 양자정(梁子政)이 산을 점거하고 해악을 끼쳤으나 오래도록 그를 붙잡지 못했는데, 육이 우부풍이 돼 불과 몇 달 만에 자정(子政) 등을 모두 잡아 주륙했다. 정릉후(定陵侯) 순우장(淳于長)과 친분이 두터웠다는 죄에 연루

---

17 끝에서 2등이다.

돼 면관됐다.

애제(哀帝) 때 남군(南郡)의 장강에 도적이 많아 육을 제배해 남군 태수로 삼았다. 상은 육이 나이가 많고 옛 선제의 명신이라 해 이에 삼공이 타는 수레를 보내 육을 싣고서 궁에 들어와 책명을 받게 하면서 말했다.

"남군에 도적 떼의 피해가 많아 짐은 심히 근심하고 있다. 태수는 위엄과 신망이 평소에 높아서 이에 남군 태수에 임명하니, 부임하거든 백성을 위해 해악을 제거하고 백성을 안정시키기를 바랄 뿐이며 소소한 자구에 구애되지 말도록 하라."

황금 20근을 내려주었다. 육이 남군에 이르자 도적은 깨끗이 사라졌다. 병으로 관직에서 물러나 집에 있다가 다시 집에서 불려와 광록대부와 집금오를 지내고 관직에 있으면서 천수를 다했다[壽終].

육(育)은 사람됨이 엄격하고 사나워 위엄을 중시했는데 재임 중 자주 면직돼 크게 승진하지는 못했다. 어려서부터 진함(陳咸), 주박(朱博)과 벗이 돼 당시에 유명했다. 예전에 왕양(王陽-왕길)과 공공(貢公-공우)의 친교가 있었기 때문에 장안 사람들이 하는 말 중에 "소육과 주박은 인끈을 매어주고 왕양과 공공은 관을 털어 쓴다"고 했는데 이는 서로 추천해주어 높이 올라갔다는 말이다.

애초에 육과 함(咸)은 둘 다 공경의 아들로 이름이 났는데 함이 가장 먼저 관직에 나아가 18세에 좌조(左曹)가 됐고 20여 세에 어사중승이 됐다. 이때 주박은 아직 두릉(杜陵) 정장(亭長)이었는데 함과 육이 끌어당겨주어 [攀援] 왕씨의 측근에 들어갈 수 있었다. 뒤에는 드디어 나란히 자사나 군수나 재상을 역임해 마침내 구경에 올랐으며, 박(博)이 먼저 장군이 돼 상경(上卿)에 올랐고, 함이나 육보다는 많은 자리를 거쳐 드디어 승상에 이르렀다. 육과 박은 뒤에 서로 틈이 벌어져 능히 끝이 좋지 못했기 때문에 세상에서는 30년을 계속해서 교제하기는 어렵다고 했다.

함(咸-소함)은 자(字)가 중(仲-혹은 중군(仲君))으로 승상 사(史)가 됐다가 무재(茂才)로 천거돼 호치(好畤)현령을 역임했고, 회양(淮陽)과 사수(泗水)의 내사(內史)로 승진했으며 장액(張掖), 홍농(弘農), 하동(河東)의 태수를 지냈다. 가는 곳마다 치적이 있어 여러 차례 작질이 올랐고 황금을 하사받았다. 뒤에 면관됐다가 다시 월기교위(越騎校尉), 호군도위(護軍都尉), 중랑장 등을 지냈고, 흉노에 사신으로 갔다가 대사농(大司農)에 이르렀는데 관직에 있으면서 생을 마쳤다.

유(由-소유)는 자(字)가 자교(子驕)로 승서 서조(西曹)와 위장군(衛將軍) 연(掾)이 됐다가 승진해 알자가 됐으며 흉노에 사신으로 가는 부교위(副校尉)가 됐다. 뒤에 현량(賢良)으로 천거돼 정도(定陶)현령이 됐고 승진해 태원(太原)도위, 안정(安定)태수를 맡았다. 군을 다스리면서 명성이 있어 많은 사람들이 칭송하고 천거했다. 애초에 애제(哀帝)가 정도왕으로 있을 때 유가 정도의 현령이었는데 왕의 뜻을 잃어 얼마 후에 황제의 명으로 면직돼 서인이 됐다. 애제가 붕한 뒤에 (봉분 축조를 담당하는) 복토(復土)교위가 됐고 경조윤 및 좌풍익의 도위를 거쳐 강하(江夏)태수로 승진했다. 장강의 도적 성중(成重) 등을 평정하는 데 공로를 세워 작질이 올랐고 진류(陳留)태수가 됐다. 원시(元始) 연간에 명당(明堂)과 벽옹(辟雍)을 짓고 제후들을 모두 불러 크게 조회할 때 유도 불러와 대홍려가 됐으나, 마침 병이 나 빈객 접대[賓贊]를 담당할 수 없는 바람에 본래의 관직으로 돌아갔다가 병으로 면직됐다. 다시 중산(中散)대부가 됐다가 관직에 있으면서 생을 마쳤다. 집 안에서 2,000석 관리에 이른 사람만 예닐곱 명이다.

찬(贊)하여 말했다.

"소망지(蕭望之)는 장상의 벼슬을 두루 역임하고 천자의 사부로서 은혜를 베풀었으므로 천자와 아주 친밀해[親昵] 틈[間=隙]이 없었다고 말할 만하다. 그러나 모의가 새어나가고 틈이 벌어지자 참소하는 말이 먹혀들었고 끝내는 아첨을 일삼아 총애를 얻은 환관들에게 거꾸러짐을 당했으니 슬픈 일이다. (그렇지 않았더라면[不然]) 망지는 당당한 사람으로[堂堂] 꺾어질지언정 구부러지지는 않아[折而不撓]¹⁸ 그 자신은 유학의 우두머리[儒宗]가 됐을 것이고, 보좌에 있어서도 능력을 갖췄으니 근고(近古)에 드문 사직을 지탱할 신하[社稷臣]가 됐으리라."

---

18 『관자(管子)』「수지(水地)」편에 나오는 말이다.

권
◆
79

풍봉세전
馮奉世傳

풍봉세(馮奉世)는 자(字)가 자명(子明)으로 상당(上黨) 노(潞) 사람인데 두릉(杜陵)으로 이주했다. 그의 조상 풍정(馮亭)은 (전국시대 때) 한(韓)나라의 상당(上黨)군수였다. 진(秦)나라가 상당을 공격하면서 태항산(太行山)의 길을 끊어 한나라가 상당을 지킬 수 있게 되자 풍정은 이에 상당성을 들어 조(趙)나라에 투항했다. 조나라는 풍정을 봉해 화양군(華陽君)으로 삼아 조나라 장수 조괄(趙括)과 함께 진나라에 맞서게 했는데 장평(長平)에서 전사했다. 집안 종족들은 이로 말미암아 뿔뿔이 흩어졌는데 혹은 노(潞)에 남거나 혹은 조나라로 갔다. 조나라로 간 사람 중에 관직이 장수가 된 사람도 있고 그 사람의 아들은 대국(代國)의 재상이 됐다. 진나라가 6국을 멸망시키자 풍정의 후손인 풍무택(馮毋擇), 풍거질(馮去疾), 풍겁(馮劫)은 모두 진나라의 장군이나 승상이 됐다.

한(漢)나라가 일어나고서 문제(文帝) 때 풍당(馮唐)이 이름을 날렸는데 그가 곧 대국(代國) 재상의 아들이다. 무제(武帝) 말기에 이르러 봉세(奉世)는 양가(良家)의 아들이라 해 뽑혀 낭(郎)이 됐다. 소제(昭帝) 때 공로로 인해 무안(武安)현령이 됐다. 관직을 잃고서 30세가 돼 마침내 『춘추(春秋)』를 공부해 미언대의(微言大義)를 섭렵했고[涉] 병법을 읽어 훤하게 통하니, 전장군 한증(韓增)이 아뢰어 군대의 사공령(司空令)이 됐다. 본시(本始) 연간에 종군해 흉노를 쳤다. 군대가 해산되자 다시 낭으로 복귀했다.

이에 앞서 한나라는 여러 차례 서역에 사신을 보냈으나 대부분 명을 욕되게 한 채[辱命] 임무를 제대로 수행하지 못하거나 혹은 탐욕을 부리다가 외국에 잡혀 고생하는 일들이 많았다. 이때 오손(烏孫)이 강대해 흉노를 격파하는 공로가 있었고, 서역의 여러 나라들이 새로이 안정을 찾게 되자 한나라에서는 바야흐로 그들을 잘 대우해서 그 지역을 안정시키고자 외국에 사신으로 갈 만한 사람들을 뽑았다. 전장군 증(增)이 봉세를 천거하니 봉세는 위위의 부관[衛侯] 신분으로 사자들의 신절(信節)을 갖고 대완(大宛)과 그밖의 여러 나라들의 빈객으로 보내는 일을 맡아 파견됐다. 이수성(伊修城)[1]에 이르렀을 때 도위 송장(宋將)이 사차국(莎車國)[2]과 그 주변 나라들이 함께 한나라가 세워준 사차의 왕 만년(萬年)을 쳐서 죽였으며, 또 한나라 사자인 해충국(奚充國)도 죽였다고 말했다. 그때 흉노는

---

1 이순성(伊循城)의 잘못으로 보인다. 사고(師古)에 따르면 한나라는 이 성안에 둔전을 두었다.
2 야르칸드(Yarkand)의 중국어(中國語) 이름이다. 야르칸드는 현 중국 위구르 자치구 서남부에 자리한 오아시스 도시다. 이곳은 타림분지 남변을 지나가는 오아시스로 남도의 동서단로(東西段路, '단로'란 일정 구간의 길)와 티베트나 카슈미르로 통하는 오아시스로 남도의 남북단로(南北段路)가 교차하는 지점으로, 예로부터 교통과 교류에서 중요한 역할을 해왔다.

군사를 내어 차사성(車師城)을 공격했으나 이기지 못하고 물러갔다. 사차국에서는 사자를 보내 북도(北道)의 여러 나라들은 이미 흉노에 복속했으며, 흉노는 남도(南道)를 공략하려고 피로 맹세했고, 한나라를 배반한 선선국(鄯善國) 서쪽은 모두 막혀서 통하지 않는다고 알려왔다. 당시 서역도호 정길(鄭吉)과 교위 사마의(司馬意)는 모두 북도(北道)의 여러 나라들 사이에 있었다. 봉세는 그의 부사인 엄창(嚴昌)과 상의하니 서둘러 치지 않을 경우 사차는 날로 강해져 그 기세를 제압하기가 어려워지고 서역을 위태롭게 할 것이라고 여겼다. 마침내 봉세는 부절로 여러 나라 왕에게 각각 군대를 출동시키게 해, 남북도의 병력 1만 5,000명을 거느리고 사차국을 쳐서 성을 공격해 뽑아버렸다. 사차의 국왕은 자살했고 봉세는 그의 머리를 장안으로 보냈다. 이로써 여러 나라들이 평정됐고 한나라의 위세를 서역에 떨쳤다. 선제(宣帝)는 한증을 불러 만나보고는 말했다.

"장군이 적임자를 추천한 것을 축하하노라."

봉세는 서쪽으로 나아가 대완(大宛)에 이르렀다. 대완에서는 사차왕이 죽은 것을 알고는 다른 나라들과 달리 공손하게 대우했다. 봉세는 대완의 명마 상룡(象龍)을 가지고 돌아왔다. 상은 아주 기뻐하며 봉세를 봉하는 문제를 토의케 하자 승상과 장군들은 모두 다 이렇게 말했다.

"『춘추(春秋)』의 의리에 따르면 대부가 국경 밖으로 나아가 나라를 평안케 하기에 충분할 경우에는 스스로 알아서 작전을 수행할 수 있습니다. 봉세의 공로는 심히 크오니 작록과 봉토를 상으로 내려주는 것이 마땅하옵니다."

오직 소부(少府) 소망지(蕭望之)만은 "봉세는 사신의 일을 맡고 있으면서 제 마음대로 제도와 명령을 어기고서 나라의 병력을 출동시켰으니 비록 공로가 있다 하더라도 그것은 후세를 위한 모범[後法]이 될 수 없습니다. 만일 즉각 봉세를 봉할 경우 훗날 사자를 받드는 일을 맡은 사람들이 공명과 이익을 추구하는 길을 열어놓게 될 것이니, 그들은 봉세를 전례로 삼아 서로 다투어 군대를 징발해 1만 리 밖에서 공을 추구하느라 이적의 땅에서 나라의 근심거리를 빚어내게 될 것입니다. 점점 이런 기풍을 조장하지 않으시려면 봉세는 마땅히 봉작과 봉토를 받아서는 안 될 것"이라고 말했다. 상은 망지의 의견을 좋게 여겨 봉세를 (봉하지 않고) 광록대부 수형도위(水衡都尉)로 삼았다.

원제(元帝)가 즉위하자 집금오(執金吾)가 됐다. 상군(上郡)에 속한 나라들에서 한나라에 귀의했던 흉노 1만여 명이 반란을 일으켜 되돌아갔다. 애초에 소제(昭帝) 말에 서하군(西河郡)에 속한 나라들의 흉노족 이추약왕(伊酋若王)이 역시 무리 수천 명을 이끌고 반란을 일으키자 봉세는 그 즉시 부절을 지니고 군사를 거느린 채 그들을 뒤쫓았다. 우장군 겸 전속국(典屬國) 상혜(常惠)가 훙(薨)하자 봉세는 그를 뒤이어 우장군 겸 전속국이 됐고 제리(諸吏)의 관호를 추가로 받았다. 몇 년 후에 광록훈(光祿勳)이 됐다.

영광(永光) 2년(기원전 42년) 가을에 농서(隴西) 지역의 강족(羌族) 삼저(彡姐)의 방계 종족이 반란을 일으키자 조서를 내려 승상 위현성(韋玄成), 어사대부 정홍(鄭弘), 대사마 거기장군 왕접(王接), 좌장군 허가(許嘉), 우장군 봉세를 불러들어오게 해 토의했다. 이때에는 해마다 흉년이 들어 경사(京師)의 곡식 가격이 1석에 200여 전, 변방에서는 400전, 관동 지역에서는 500전이나 됐다. 사방에 기근이 들었기 때문에 조정에서는 이를 근심하고 있었는데 마침 강족의 변란을 만난 것이다. 현성(玄成) 등은 할 말이 없어 아무런 대답도 하지 못하고 있었는데 봉세가 말했다.

"강족은 우리 영토와 가까운 곳에서 배반을 했으니 제때 토벌하지 않으면 먼 곳의 오랑캐는 제압할래야 할 수가 없습니다. 신이 바라건대 군사를 거느리고 가서 토벌하겠나이다."

상이 용병의 수(數)를 묻자 이렇게 대답했다.

"신이 듣건대 용병을 잘한다는 것은 2년 이상 지속하지 않고 3년 이상 군량을 수송하지 않는다고 했습니다. 이는 전투를 장기간 끌어서는 안 되고 천자의 주벌은 신속히 결판내야 한다는 뜻입니다. 예전에는 여러 차례 적을 잘 헤아리지 못해 군사가 패전하고, 두 번 세 번 구원병을 보내며 오랜 기간 비용만 낭비하고 군사적 위신을 잃은 적이 있습니다. 지금 배반한 오랑캐는 대략 3만 명 정도이니 병법대로 하자면 그 배인 6만 명이 있어야 합니다. 그러나 강족의 활이나 창 같은 무기들은 견고하거나 예리하지 않으니 4만 명을 동원해 한 달이면 충분히 해결할 수 있을 것입니다."

승상과 어사, 두 장군 등은 모두 백성들이 지금 바야흐로 추수하는 때라 많은 병력을 동원할 수 없으니 1만의 병력으로 지키면 될 것이라고 했다. 봉세가 말했다.

"안 됩니다. 천하가 기근이라 병사나 말도 여위었으며 수비를 위주로 하게 되면 시간을 끌 경우 지치고 훈련도 되지 않았기에, 오랑캐들이 변방의 군사를 깔보게 되며 지금 강족은 맨 먼저 반기를 든 것에 지나지 않습니다. 지금 1만 명의 군사로 나누어 주둔하는 군사 이외에 다른 군사가 없다는 것을 저들이 알게 된다면 두려워하지도 않을 것이며, 싸워 패하거나 약해지면 수비를 한다 해도 백성들이 도와주지 않을 것입니다. 이렇게 되면 약한 모습만 보여주게 되는데 강족이 유리한 상황을 이용해서 다른 종족들까지 호응시키거나 반란을 부채질해 일어난다면 우리의 군사 동원은 4만 명에 그치지 않고 비용 지출만으로는 해결할 수 없을 것입니다. 그러니 소수를 동원해 오래 끌 것이 아니라 일거에 신속하게 끝내는 것이 만 배는 이로울 것입니다."

굳게 다투었지만 관철하지 못했다. 조서가 내려와 2,000명만 더해졌다.

이에 봉세를 보내 1만 2,000명의 기병을 거느리고 장차 둔병한다는 명목을 내걸었다.[3] 전속국 임립(任立)과 호군도위 한창(韓昌)을 부장[偏裨]으로 삼아 농서(隴西)에 도착해 세 곳에 나눠 주둔했다. 전속국을 우군으로 해 백석(白石-현)에 주둔하게 하고 호군도위를 전군(前軍)으로 해 임조(臨洮-현)에 주둔하게 하고서, 봉세는 중군(中軍)이 돼 수양(首陽-현) 서극산(西極山)에 주둔했다. 전군은 강동(降同) 언덕에 도착해 먼저 교위를 보내 앞쪽에서 강족과 유리한 곳을 차지하기 위해 싸웠고, 또 다른 교위를 보내 백성들을 광양(廣陽) 계곡에서 구출했다. 강족 오랑캐는 강성해 한나라 군사들을 모두 격파하고 두 교위를 죽였다. 봉세는 지형과 부하의 많고 적음을 계산해 3만 6,000명을 더해줄 것을 원한다고 말하고, 그리되면 마침내 일을 잘 끝낼 수 있을 것이라고 상주했다. 천자는 이를 보고서 크게 6만 명의 병사를 발동시켰고 태상(太常) 과양후(戈陽侯) 임천추(任千秋)를

---

3   군사의 수가 적어 토벌한다고 말하지 못한 것이다

제배해 분무(奮武)장군으로 삼아 봉세를 돕게 했다. 봉세가 상에게 글을 올렸다.

'바라건대 그 정도 병사라면 별도로 대장이 꼭 필요치는 않습니다.'

그러면서 군수에 필요한 비용만을 이야기했다. 상은 이에 새서(璽書)를 내려 봉세를 위로하면서 또한 그를 다음과 같이 나무랐다[讓].

'황제는 들판에서 노숙하며 몹시 고생하는 장병과 우(右)장군을 위문하노라! 강족 오랑캐[羌虜]가 변방을 침략해 우리 관리와 백성들을 죽이고 하늘의 도리를 심하게 어기니, 장군과 군사와 대부를 보내어 하늘의 주벌[天誅]을 행하게 됐다. 장군의 아름다운 자질로 정예병들을 떨쳐 일어나게 해 그릇된 자들[不軌]을 주살하는 것이 온 백성을 온전케 하는 도리다. 지금 마침내 반적(畔敵)의 무리들이 이름을 떨치고 있으니 크게 보면 중국의 수치다. 이는 예전에 우리가 저들에게 제대로 대처해오지 못한 때문인가, 아니면 장군이 군졸들에게 베푼 은혜가 두텁지 못하고 그들의 신망을 받지 못하고 있어서인가? 짐은 이를 심히 괴이하게 여기고 있다.

올린 글[上書]에 이르기를 강족 오랑캐는 깊은 산들을 의지처로 삼고 각종 지름길들이 많아 요새들을 확보하는 게 쉽지 않으니 병사들을 추가로 보내주면 일을 끝낼 수 있다 해, 해당 부서에서는 이미 그렇게 정했는데 형세상으로 별도의 장군을 두어서는 안 된다고 했다. 그러나 예전에 보면 장군의 수가 적을 때에는 스스로를 지키기에도 충분치 않아, 근처에 있던 장군들을 달려가게 해 낮밤으로 쉬지 않고 가서 그대의 군영에 도착했으나, 그대는 그 장군들이 그대를 돕지 못하게 했다. 삼보(三輔)에 명해 하동(河東) 지방과 홍농(弘農) 지방의 월기(越騎-지방 기병장), 적사(跡射-궁

수), 차비(佽飛-날랜 무사), 강한 쇠뇌를 쏘는 군사 등이 그대를 도울 수 있도록 신속히 강족에게 가도록 해 바야흐로 급하게 파견했다. 또 각종 무기들을 함께 보냈다. 그리고 일을 이룸에 있어 책략은 미리 잘 세워놓았는지, 그리고 적들의 동향은 잘 살피고 있는지가 우려스러워 다시 분무(奮武)장군을 파견했다. 병법에 이르기를 대장군이 출동하면 반드시 (그를 따르는) 편장(偏將)이나 패장(牌將)이 있어 무력을 더욱 떨치고 계책을 세우는 데 도움을 얻는다고 했는데 장군은 그래도 어떤 의심을 품을 것인가? 무릇 군사들을 사랑해 그들의 마음을 얻음으로써 그들이 원정에 나선 것을 후회하지 않도록 하고 짐승과 같은 적들을 반드시 전멸시키는 것이 장군의 맡은 바다. 군수의 비용은 유사에서 알아서 할 터이니 장군은 조금도 걱정 말라. 분무장군과 그 병사들이 도착하기를 기다렸다가[須=待] 힘을 합쳐 강족 오랑캐를 격파토록 하라.'

10월에 병사들이 모두 농서에 도착했다. 11월에 아울러 진격했다. 강족 오랑캐를 크게 깨뜨려 수천 급을 베었고 나머지는 모두 요새를 나가 달아났다. 싸움이 아직 끝나기 전에 한나라는 다시 병사 1만 명을 모집해 정양(定襄)태수 한안국(韓安國)[○ 사고(師古)가 말했다. "이 사람은 또 다른 한안국으로 무제 때 사람이 아니다."]을 제배해 건위(建威)장군으로 삼았다. 아직 도착하기도 전에 강족이 격파됐다는 소식이 전해져 도중에 돌아왔다. 상이 말했다.

"강족 오랑캐가 격파돼 겁에 질려 변방 요새를 넘어 달아났다고 하니, 이에 관리와 병사들을 해산하되 자못 적정 수준의 둔전병은 남겨두어 요충지를 방비하도록 하라."

이듬해 2월에 봉세는 경사에 돌아왔고 다시 예전처럼 좌장군 광록훈을 겸했다. 그후에 공적을 심사해 작위를 제배하면서 조서를 내려 말했다.

'강족 오랑캐가 간교해[桀黠] 관리와 백성들을 해치고, 농서 군청을 공격해 각지의 역참을 불태우고 길과 다리를 끊는 등 하늘의 도리를 크게 어겼다. 좌장군 광록훈 봉세는 앞서 병사들을 거느리고 토벌을 감행해 적의 수급 8,000여를 베었고 말과 소와 양 수만 마리를 노획했다. 봉세에게 관내후의 작위와 식읍 500호, 그리고 황금 60근을 내려주도록 하라.'

비장(裨將), 교위 30여 명도 모두 제배됐다.

1년 뒤에 봉세가 병으로 졸(卒)했다. 무관[爪牙官]으로 전후 10년간 근무하면서 전투 경험이 많은 장수로 그 공적과 명성은 조충국(趙充國) 다음이었다.

분무(奮武)장군 임천추(任千秋)란 사람은 그 아버지가 궁(宮-임궁)인데, 소제(昭帝) 때 승상 징사(徵事)로 있을 때 모반을 일으킨 좌장군 상관걸(上官桀)을 붙잡아 목을 베어 후에 봉해졌고 선제(宣帝) 때 태상(太常)으로 있다가 훙(薨)했다. 천추(千秋)는 뒤를 이어 또 태상이 됐다. 성제(成帝) 때 낙창후(樂昌侯) 왕상(王商)이 봉세의 뒤를 이어 좌장군이 됐고 천추는 우장군으로 있다가 역시 좌장군이 됐다. 자손에게 나라가 전해졌는데 왕망(王莽) 때에 이르러 마침내 끊어졌다고 한다.

봉세가 죽은 지 2년쯤 됐을 때 서역도호 감연수(甘延壽)가 질지(郅支)선우를 주살한 공으로 열후가 됐다. 이때 승상 광형(匡衡)은 연수(延壽)가 황제의 명을 마음대로 고쳐 일을 일으킨 것이라며 소망지의 과거 의견을 근거로 마땅히 봉해서는 안 된다고 한 반면, 의견을 내는 자들[議者]은 모두 그의 공로를 찬미하니 상은 다수의 의견을 따라 그를 후(侯)에 봉했다. 이에 두흠(杜欽)이 소(疏)를 올려 봉세가 전에 이룬 공로를 뒤늦게 다시 변호했다[追訟].
 추송

'예전에 사차왕은 한나라의 사자를 죽이고 여러 나라들과 했던 약속을 배반했습니다. 좌장군 봉세는 위후(衛侯)의 신분으로 편의에 따라 군대를 발동해 사차왕을 주살하고 성곽을 장악하고 평정해 그의 공로는 변경에 널리 퍼졌습니다. 의견을 내는 자들은 봉세에게는 사자들을 받들어야 하는 특정한 사명이 있고, 『춘추(春秋)』의 의리상 대부는 일을 제 마음대로 하지 않는다고 했으며, 또 한나라 조정의 법에 의하면 왕명을 제 마음대로 고쳐서는 안 된다는 조항이 있어 결국 그로 인해 후(의 작위)를 얻지 못했습니다.

(그런데) 이번에는 흉노의 질지선우가 한나라 사자를 죽이고서 강거(康居)로 도망쳐 보호를 받으니, 도호 연수가 성곽의 병사와 둔전의 관리와 군졸 등 4만여 명을 발동해 선우를 주참(誅斬)해 그로 인해 열후에 봉해진 것입니다.

신의 어리석음으로 보건대 죄를 비교해보면 질지 쪽이 가볍고 적의 군사력을 양적으로 보면 사차 쪽이 많으며, 사용한 군사를 보면 봉세 쪽이 적고 승리를 재본다면 봉세 쪽이 변경에서 공을 세워 변경을 안정시켰고, 패배를 생각해보면 연수 쪽이 한나라에 화를 입힌 것이 더 심합니다.

나라의 명을 어기고서 독단적으로 일을 일으켰다는 점에서는 똑같은데 연수는 땅을 떼어 봉해준 반면 봉세만은 그렇지가 못했습니다. 신이 듣건대 공이 같은데 상이 다르면 고생한 신하는 의심을 품게 되고, 죄가 비슷한데 형벌이 다르면 백성들이 의혹을 품는다고 했습니다. 의심은 일정함이 없는 데서[無常] 생겨나고, 의혹은 따라야 할 바를 모르는 데서 생겨납니다. 일정함이 없으면 뜻의 방향이 세워지지 않고, 따라야 할 바를 모르면 백성들은 손발을 둘 곳이 없습니다. 봉세는 죽음을 잊은 채로 국난을 해결하려 했는데 임금의 명을 풍속이 다른 외지에까지 그대로 펼쳤으니, 그의 위엄과 공로는 너무나도 현저해 모든 사자들의 표상이 될 만한데도 홀로 눌러서 끌어올리지 않는다면, 이는 빼어난 군주가 의심을 막고 절의를 권장하는 뜻이 아닙니다. 바라건대 유사에 이 글을 내려 토의케 하소서.'

상은 그것이 선제(先帝) 때의 일이라 해 고쳐서 봉해주지 않았다.

봉세(奉世)에게는 아들이 9명, 딸이 4명 있었다. 장녀 원(媛)은 뽑혀서 후궁에 채워졌다가 원제(元帝)의 소의(昭儀)가 돼 중산효왕(中山孝王)을 낳았다. 원제가 붕(崩)하자 원은 중산태후가 됐고 왕을 따라서 봉국으로 나아갔다. 봉세의 장남 담(譚)은 태상이 효렴(孝廉)으로 천거해 낭(郎)이 됐고 공적에 따라 천수사마(天水司馬)가 됐다. 봉세가 서강을 칠 때 담은 교위였는데 아버지를 따라 종군해 공로를 세웠으나 미처 제배되기 전에 병으로 죽었다. 담의 동생인 야왕(野王), 준(逡), 립(立), 삼(參)은 대관(大官)에 이르렀다.

야왕(野王)은 자(字)가 군경(君卿)으로 박사에게 학업을 배워 『시경(詩經)』에 정통했다. 부음(父蔭)으로 태자중서인(太子中庶人)이 됐다. 나이 18세에 글을 올려 임시[守] 장안현령을 해보고 싶다고 청했다. 선제(宣帝)는 그 뜻을 장하게 여겨 승상 위상(魏相)에게 물어보았는데 상(相)은 허락해서는 안 된다고 했다. 뒤에 공적을 쌓아 당양(當陽) 현장(縣長)이 됐고 승진해 역양(櫟陽)현령이 됐다가 하양(夏陽)현령으로 옮겼다. 원제(元帝) 때 승진해 농서(隴西)태수가 됐고 실적이 좋아 불려 들어와 좌풍익(左馮翊)이 됐다. 1년여 후에 지양(池陽)현령 병(並)은 평소 행실이 탐오하고 야왕이 외척인 데다가 나이도 어리다 해 무시하면서 다스림을 고치지 않았다. 야왕은 독우(督郵) 연(掾)인 대우현(袒栩縣) 사람 조도(趙都)에게 조사를 시켜 공금 10금(金)을 도적질한 것을 밝혀내 체포하게 했다. 병이 체포를 거부하자 조도가 때려 죽였다. 병이 집 안에서 글을 올려 원통함을 아뢰자 사안이 정위에 내려졌다. 정위의 관리가 오니 조도는 자살해 야왕의 무죄함을 밝혔고, 경사(京師)에서는 위엄과 신뢰로 칭송을 받아 대홍려(大鴻臚)로 승진했다.

여러 해가 지나 어사대부(御史大夫) 이연수(李延壽)가 병으로 졸하니 조정의 많은 사람들이 야왕을 거론했다. 상은 상서(尚書)를 시켜 중(中) 2,000석 관리 중에서 임용할 만한 순서를 만들어보라고 했더니 야왕이 능력 면에서 제1등이었다. 상이 말했다.

"내가 야왕을 삼공에 쓰면 후세에 반드시 내가 사사로이 후궁의 친속을 봐주었다고 하면서 야왕을 그 예[比=例]로 들 것이다."

마침내 조서를 내려 말했다.

'굳세고 건실하며 확연하게 욕심이 없는 사람으로는 대홍려 야왕이 장본인이다. 마음에 분별력이 있고 언사가 뛰어나 사방에 사신으로 갈 수 있는 사람은 소부 오록충종(五鹿充宗)이다. 청렴해 절검하기로는 태사소부 장담(張譚)이 장본인이다. 이에 소부를 어사대부로 삼는다.'

상은 등급이 가장 아래인데도 담(譚)을 썼고 탁월함에도 혐의를 피하려고 야왕을 쓰지 않은 것은 그가 소의의 오빠였기 때문이다. 야왕은 이에 탄식하며 말했다.

"다른 사람들은 모두 여자 덕분에 총애를 받아 귀해지는데, 우리 형제만 천해지는구나."

야왕은 비록 삼공이 되지는 못했지만 그릇이 크다 해 당대에 이름이 있었다.

성제(成帝)가 세워지자 유사에서는 야왕은 왕의 외숙으로 구경(九卿)에 있는 것이 적합지 않다고 아뢰었다. 작질을 같게 해 외직으로 내보내 상군(上郡)태수로 삼고 황금 100근을 더해 내려주었다. 삭방(朔方)자사 소육(蕭育)이 봉사를 아뢰어 야왕을 천거하며 말했다.

'야왕은 행실과 능력이 뛰어나고 오묘해 안으로는 자신을 함께 도모할 수 있고 밖으로는 일의 변화를 알고 있는 사람입니다. 남몰래 아쉬워하는 것은 야왕이 나라를 생각하는 보배인데도 조정에서 함께 일을 할 수 없다는 점입니다. 야왕은 전에 왕의 외숙이라 해 외직으로 나갔지만 뛰어나기 때문에 다시 안으로 불러, 나라에서 뛰어난 이를 나아오게 하기를 좋아한다는 점을 분명히 해야 할 것입니다.'

상 자신도 태자 시절에 야왕에 대해 들어서 알고 있었다. 마침 야왕이 병이 들어 면직됐는데 다시 예전 2,000석 관리로서 황하 제방을 순시했고 그로 인해 제배돼 낭야(琅邪)태수가 됐다. 이때 성제의 큰 외숙 양평후(陽平侯) 왕봉(王鳳)이 대사마 대장군으로 나라의 정사를 8, 9년째 보좌하고 있었는데, 마침 여러 차례 재이가 있자 경조윤 왕장(王章)이 봉을 풍자하면서 계속 임용해서는 안 된다며 봉을 대신해 야왕을 천거했다. 상은 처음에는 그 말을 받아들이는 듯했으나 뒤에는 장(章)을 주살했다. 상세한 이야기는 「원후전(元侯傳)」에 실려 있다.

이에 야왕은 스스로 불안해 두려움에 떨다가 마침내 병이 나서 3개월 동안 휴가를 내 다 채우자 황제가 하사하는 휴가를 받아 처자식과 함께 두릉현으로 돌아가 의약의 도움을 받았다. 대장군 봉(鳳)은 넌지시 어사중승을 시켜 풍야왕이 휴가를 받아 요양을 하고 자기 편한 대로 있으면서 호부(虎符)를 지니고서, (위수 지역인) 장안을 벗어나 고향에서 지내는 것은 조서를 받드는 신하로서는 불경을 저지른 것이라고 고발하게 했다. 두흠(杜欽)은 이때 대장군 막부에 있었는데 흠(欽)은 평소 야왕 부자의 행실과 능력을 높이 평가했기에 봉에게 글을 올려 야왕을 변호했다.

'남몰래 법령을 살펴보니 2,000석 관리가 휴가를 내고서 장안을 떠나가는 것에는 정기 휴가와 하사받은 휴가의 구별이 없습니다. 지금 유사에서 정기 휴가에는 고향에 갈 수 있고 하사받은 휴가에는 고향에 가지 못한다고 생각하는 것은 하나의 법률을 두 가지로 생각한 것인데, 이는 마치 형벌에서 감형의 뜻을 놓친 것과 같습니다. 무릇 3년 최고 등급이라 받는 휴가는 법령에 따른 것이고, 3개월 병가를 다 쓰고 휴가를 하사받는 것은 황제의 명에 따른 은택입니다. 법정 휴가에는 고향에 갈 수 있고 은택으로 받은 휴가에는 갈 수 없다는 것은 경중의 차이를 놓친 것입니다. 또 2,000석 관리가 질병으로 하사받은 휴가에 고향에 가는 것은 전례가 있으며, 임지인 군을 떠나서는 안 된다는 것은 법에 없습니다. 전(傳)에 이르기를 "상을 줄 것인가 안 줄 것인가에서 주는 쪽을 따르는 것은 은택을 널리 베풀며 공적을 세우도록 권장하는 뜻이며, 벌을 내릴 것인가 안 내릴 것인가에서 안 내리는 쪽을 따르는 것은 형벌에 신중을 기하는 것이기 때문에 결정하기 어려울 것이 없다"라고 했습니다. 지금 법령과 전례를 풀어서 적용하지 않고 불경의 법을 적용하려는 것은 의문스러울 때는 벌하지 않는다는 뜻에 크게 어긋나는 것입니다. 곧 2,000석 관리로서 사방 1,000리의 땅을 다스려 병마를 지휘해야 할 중책을 맡고 있는 이상 그 군을 떠날 수 없는 것이며, 형벌을 먼저 정해놓고 뒤에 법을 찾아 적용하려 한다면 야왕의 죄는 법을 만들기 이전에 해당합니다. 형벌이나 포상은 중대한 신의이기 때문에 신중히 하지 않을 수가 없습니다.'

봉은 듣지 않았고 끝내 야왕은 면직됐다. 군국의 2,000석 관리가 병으로 휴가를 하사받아도 고향에 갈 수 없는 것은 이로부터 시작됐다.

애초에 야왕은 아버지의 작위를 이어받아 관내후가 됐으나 면직돼 고향으로 돌아갔다. 몇 년 후에 연로해 집에서 생을 마쳤다. 아들 좌(座)가 작위를 이어받았으나 손자 때에 이르러 중산태후(中山太后)의 일에 연루돼 끊어졌다.

준(逡)은 자(字)가 자산(子産)으로 『주역(周易)』에 정통했다. 태상이 효렴(孝廉)이 뛰어난 것을 보고서 낭(郎)으로 삼았다가 알자(謁者)에 보임했다. 뽑혀서 복토교위(復土校尉)가 됐다. 광록훈 우영(于永)이 무재(茂才)로 천거해 미양(美陽)현령이 됐다. 공적이 쌓여 장락(長樂-궁) 둔위(屯衛) 사마로 승진했고 청하(淸河)도위, 농서(隴西)태수를 지냈다. 행정 수행이 청렴하고 공평했는데 40세 남짓에 졸했다. 도위로 있을 때 황하 제방에 대한 방략을 말했는데 상세한 이야기는 「구혁지(溝洫志)」에 실려 있다.

립(立)은 자(字)가 성경(聖卿)으로 『춘추(春秋)』에 정통했다. 아버지의 보증으로 낭(郞)이 됐고 점차 승진해 제조(諸曹)가 됐다. 경녕(竟寧) 연간에 왕의 외숙이라 해 오원군(五原郡) 속국의 도위로 나갔다. 여러 해가 지나 오원태수로 승진했다가 서하(西河), 상군(上郡)으로 옮겼다. 자리에 있을 때 공정하고 청렴했으며, 행정 수행이 대략 야왕과 서로 비슷했고 똑똑하며, 은혜를 많이 베풀었으며 교화에 힘썼다. 관리와 백성들은 야왕과 립 형제가 서로 태수가 된 것을 노래를 지어 불렀다.

"큰 풍군(馮君), 작은 풍군
형제가 뒤를 이어 서로 따르니
총명하고 지혜로워 관리와 백성에게 은혜를 베풀었다네
정사는 노(魯)나라, 위(衛)나라처럼 덕화(德化)가 고루 펴지니
두 태수 주공(周公) 같고 강숙(康叔) 같도다."[4]

뒤에 동해(東海)태수로 승진해 옮겼는데 지대가 낮고 습해 중풍에 걸렸다. 천자는 이 소식을 듣고 립을 태원(太原)태수로 옮겼다. 5개 군의 태수를 거쳤고 가는 곳마다 치적을 남겼으며 연로해 관직에 있으면서 졸했다.

---

4 『논어(論語)』「자로(子路)」 편에서 공자는 이렇게 말했다. "노나라와 위나라의 정치는 형제와 같다." 노나라는 주공의 후손이고 위나라는 강숙의 후손이니 본래 형제의 나라다.

삼(參)은 자가 숙평(叔平)으로 『상서(尙書)』에 정통했다. 어려서 황문랑 급사중(黃門郎給事中)이 돼 10여 년을 숙위(宿衛)했다. 삼은 사람됨이 자부심이 있고 엄격했으며, 용모와 위엄을 갖추기를 좋아했으나 진퇴가 엄정해 심히 볼만했다. 삼은 소의의 막냇동생으로 행실을 매사 조심했기 때문에 끝내 황제를 가까이에서 모실 수가 없었다. 경녕(竟寧) 연간에 왕의 외숙이라 해 외직으로 나가 위릉(渭陵)의 식관령(食官令)에 임명됐다. 병을 자주 앓아 침중랑(寢中郎)으로 옮겼는데 조서를 내려 실제 일을 보지 않게 했다. 양삭(陽朔) 연간에 중산왕(中山王)이 입조하자 삼은 발탁돼 상하(上河)의 농도위(農都尉)에 임명됐다. 병으로 면직됐고 다시 위릉의 침중랑이 됐다. 영시(永始) 연간에 품계를 뛰어넘어 대군(代郡) 태수가 됐다. 변방의 군이라 길이 멀다 해 안정(安定)태수로 옮겼다. 여러 해가 지나 병으로 면직됐다가 다시 간대부가 돼 좌풍익 도수(都水)를 겸해서 맡았다. 수화(綏和) 연간에 정도왕(定陶王)을 세워 황태자로 삼자 중산왕은 폐태자 됐기 때문에 중산왕의 외숙 삼을 봉해 의향후(宜鄕侯)로 삼아 왕의 뜻을 위로했다. 삼은 봉국으로 가서 글을 올려 중산국에 가서 왕과 태후를 만나고 싶다고 했다. 일행이 아직 도착하기도 전에 왕이 훙했다. 왕은 병중일 때 글을 아뢰어 삼의 작위를 깎더라도 관내후로 식읍을 받아 장안에 머물 수 있게 해달라고 청원했었다. 상은 이를 가엾게 여겨 조서를 내려 말했다.

'중산효왕이 단명해 일찍 훙했으나 외숙 의향후 삼을 관내후로 봉해 집으로 돌아갈 수 있도록 해달라고 했는데, 짐은 이를 심히 가슴 아프게 여긴다. 이에 삼을 경사로 돌아올 수 있게 하고 열후로서 봄과 가을에 입조하도록 하라.'

(왕씨의) 다섯 후들은 모두 그를 공경하면서도 꺼렸다. 승상 적방진(翟方進)도 그를 매우 어렵게 여겨 삼에게 여러 차례 이렇게 말했다.

"매사 금하는 것이 너무 심하십니다. 군후(君侯)께서는 태자에서 폐위된 왕의 외숙이라 공경의 지위에 오를 수도 없지만 지금 다섯 후들은 지극히 존귀한 자리에 있으며 더불어 같은 반열에 있으니 마땅히 조금은 절조를 굽히고 몸을 낮춰 그들을 존중하려는 마음을 보이셔야 할 것입니다. 그런데 군후께서는 단정한 용모에 위엄까지 더해지시니 이는 다섯 후에게 자세를 낮추어 자신을 유익하게 하는 바가 아니라 하겠습니다."

삼은 천성적으로 예의(禮儀)를 좋아해 끝내 그 변함없는 지조를 바꾸지 않았다. 시간이 흘러 애제(哀帝)가 즉위하자 제의 할머니 부(傅)태후가 권력을 좌지우지했는데, 삼의 누나인 중산태후를 옛날부터 미워했기에 모함해 저주했다는 죄를 씌워 대역죄로 몰았는데 상세한 이야기는 「외척전(外戚傳)」에 실려 있다. 삼은 친동생으로 마땅히 이들 죄에 연루됐고 알자가 제서를 받들고 와서 삼을 불러 정위에 나아가게 하자 삼은 자살했다. 장차 죽으려 하면서 하늘을 우러러 탄식하며 말했다.

"나의 부자, 형제는 모두 높은 자리에 있었고 몸 또한 봉후(封侯)에까지 이르렀건만 지금은 오명을 쓰고서 죽어야 하니, 누이와 동생이 감히 슬퍼할 수도 없지만 마음이 아파 지하에서 선친을 뵈올 수가 없구나!"

관련해서 죽은 사람이 17명인데 많은 사람들 중에 슬퍼하지 않는 사람들이 없었다. 종족들은 옛 고향으로 유배됐다.

찬(贊)하여 말했다.

"『시경(詩經)』에 이르기를 '늘 삼가며 위엄을 지키니 다움의 한 단면이 도다'[5]라고 했다. 의향후(宜鄕侯) 삼(參)은 몸을 삼가며 도리를 실천하고 걸을 때에도 길을 가려가며 다녔으니 이른바 반듯한 사람[淑人], 군자라고 할 수 있으나 결국은 죄가 아닌 것에 걸려 스스로 벗어날 수도 없었으니 슬프도다! 참소하는 무리가 어지러이 설쳐대면 곧고 선량한 사람들이 피해를 당하게 되는 것은 예로부터 지금까지 늘 그러하다. 그래서 백기(伯奇)는 유배를 가야 했고 맹자(孟子)는 궁형(宮刑)을 받았으며〔○ 장안(張晏)이 말했다. "시인(寺人) 맹자는 뛰어난 이로 참소로 인해 궁형을 당했고 항백(巷伯)이라는 시를 지었다."〕, 신생(申生)은 소의 고삐로 목을 매었고 굴원(屈原)은 상수(湘水)에 몸을 던졌으며, 소변(小弁)[6]의 시가 지어지고 이소(離騷)라는 사(辭)가 생겨난 것이다. 경(經)에 이르기를 '마음에 근심이 깊어 눈물 이미 떨구노라'[7]라고 했는데 풍삼과 누이동생(의 이야기)은 참으로 슬프다 할 것이다!"

---

5 「대아(大雅)」 '억(抑)' 편의 구절이다.

6 『시경(詩經)』 「소아(小雅)」의 편 이름이다.

7 『시경(詩經)』 「소아(小雅)」 '소변(小弁)' 편의 구절이다. 이 구절이 포함된 연은 이렇다. '저 달려드는 토끼를 보고도 오히려 먼저 빠져나가게 해주며/ 길가에 죽은 사람이 있거든 오히려 혹 이를 묻어주는데/ 임금의 마음가짐 참으로 잔인하도다/ 마음에 근심이 깊어 눈물 이미 떨구노라.'

권

80

선원육왕전

宣元六王傳

효선황제(孝宣皇帝)에게는 5명의 아들이 있었다. 허(許)황후는 효원제(孝元帝)를 낳았다. 장(張)첩여는 회양헌왕(淮陽憲王) 흠(欽)을 낳았다. 위(衛)첩여는 초효왕(楚孝王) 오(囂)〔○ 사고(師古)가 말했다. "囂의 발음은 (효가 아니라) 오(敖)다."〕를 낳았다. 공손(公孫)첩여는 동평사왕(東平思王) 우(宇)를 낳았다. 융(戎)첩여는 중산애왕(中山哀王) 경(竟)을 낳았다.

회양헌왕 흠(欽)은 원강(元康) 3년에 세워졌는데 어머니 장첩여가 선제(宣帝)에게 총애를 받았다. 곽(霍)황후가 폐위된 뒤에 상은 장첩여를 세워 후(后)로 삼으려 했다. 얼마 후에 곽씨(霍氏)가 황태자를 해치려 했던 일을 징계로 삼아[懲艾] 마침내 후궁 중에서 자식이 없고 근신하는 자를 다시 가려 뽑으니, 이에 장릉(長陵)의 왕(王)첩여를 세워 후로 삼고 어머니의 입장에서 태자를 키우도록 했다. (그러나) 후는 총애를 받지 못해 침실에서 모시는 일이 드물었고 오로지 장첩여만이 최고의 총애를 받았다. 한편 헌왕(憲王)은 자라면서 경술과 법률을 좋아하고 총명하고 통달해 재능이 있어 제(帝)는 그를 심히 아꼈다. 태자는 너그럽고 어질어[寬仁] 유술(儒術)을 좋아했는데, 상은 여러 차례 헌왕을 보며 찬탄해 말했다.

"진짜 내 자식이로다!"

평소에 늘 마음속으로는 장첩여와 헌왕을 (각각 황후와 태자로) 세워주고 싶어 했지만, 그러나 태자가 미천한 처지[微細=寒微]에서 일어났고 상이 어릴 때 허씨(許氏)에 의지했으며, 또 즉위하자마자 허황후가 독살당해 태자는 어려서 어머니를 잃었기 때문에 차마 그렇게 할 수가 없었다. 한참 시간이 지나 옛 승상 위현(韋賢)의 아들 현성(玄成)이 거짓으로[陽] 미친 척하며 후의 작위를 형에게 양보했고, 경술에 밝으며 행실이 뛰어나 조정에서 칭송했기 때문에 마침내 상은 현성을 불러 제배해 회양중위(淮陽中尉)로 삼았는데, 이는 헌왕을 마음으로 일깨워주고[感諭] 남을 나아가게 하고 자신은 물러설 줄 아는 신하[推讓之臣]로 하여금 (헌왕을) 보필하게 해주려 함이었는데, 이로 말미암아 태자는 드디어 지위가 편안해졌다. 선제(宣帝)가 붕(崩)하고 원제(元帝)가 즉위하자 마침내 헌왕을 자신의 봉국으로 나아가게 했다.

이때 장첩여는 이미 졸(卒)한 상황이었고 헌왕에게는 외할머니가 있었으며, 외삼촌 장박(張博) 형제 세 명이 해마다 회양국에 와서 어머니를 알현하고 그때마다 왕의 하사품을 받았다. 뒤에 왕이 글을 올려 외가 장씨를 자신의 봉국으로 옮길 수 있도록 청했으나, 박(博)은 글을 올려 고향에 남아서 분묘를 돌보겠다며 홀로 이주하지 않았다. 왕은 이를 한스럽게 여졌다. 뒤에 박이 회양에 오자 왕은 그에게는 하사품을 조금만 내려주었다. 박이 말했다.

"부채가 수백만 전이니 바라건대 왕께서 대신 갚아주셨으면 합니다."

왕은 허락하지 않았다. 박이 인사를 하고 떠나면서 동생 광(光)으로 하여금 "왕께서 대인(大人-박의 어머니)을 예우하시는 바가 점점 태만해지고 있으니 박은 글을 올려 대인을 위해 사직을 청하고 떠나야겠습니다"라고 말하게 해 왕이 두려워하게 만들었다. 왕은 이에 사람을 보내 황금 50근을 갖고 와서 박에게 보내주었다. 박은 기뻐하며 감사의 뜻을 담은 답신을 보내고서 (뒤에 만나보았을 때는) 아첨하는 말로 헌왕을 크게 칭송해 이렇게 말했다.

"지금 조정에는 뛰어난 신하가 없어 재이와 변고가 자주 보이니 참으로 걱정이 됩니다[寒心]. 만백성은 모두 대왕(大王-헌왕)을 바라만 보고 있는데 대왕께서는 어찌하여 한가롭게 지내려고만 해, 입조해서 알현하거나 주상을 보필하려고 하지 않으시는 것입니까?"

동생 광을 시켜 왕을 설득해 마땅히 박의 계책을 따르는 것이 좋다고 여러 차례 말하게 하면서 경사에서 권력을 행사하고 있는 귀인들을 설득해 왕을 위해 입조할 수 있는 방안을 찾아보겠노라고 했다. 왕은 그의 말을 받아들이지 않았다.

뒤에 광이 장안에 가려고 왕에게 하직인사를 하면서 또 말했다.

"바라건대 박과 함께 왕께서 입조하실 수 있도록 온 힘을 다해보겠습니다. 왕께서 가까운 시일 안에 장안에 오시게 된다면 그것은 평양후(平陽侯-왕봉) 덕분일 것입니다."

광은 왕이 조정에 들어가고 싶다는 말을 하는 것을 얻어내고서는 곧장 사람을 시켜 내달리게 해 박에게 전했다. 박은 왕의 뜻이 움직이고 있다는 것을 알아차리고서 다시 왕에게 글을 보냈다.

'박(博)은 요행히 왕의 폐부(肺腑)에 있을 수 있게 돼〔○ 사고(師古)가 말했다. "스스로 왕과 친족임을 말하는 것이다."〕어리석은 계책이나마 여러 차례 올렸건만 아직 살펴주심을 입지 못했습니다. 북쪽으로 가서 연(燕)과 조(趙)를 노닐며 군국을 돌아다니면서 숨어 지내는 선비[幽隱之士]를 만나 보고자 했더니, 제(齊) 땅에 사(駟)선생이라는 분이 있어 『사마병법(司馬兵法)』에 통달했고 대장의 재목이라 해 박이 알현할 수가 있었는데, 오제(五帝)와 삼왕(三王)이 정치를 잘했던 궁극적인 요체를 물었더니 참으로 탁월해 세속에서 알고 있는 것과는 전혀 달랐습니다. 지금은 변경이 불안하고 천하가 요동을 치는 때라 이런 사람이 아니고서는[微=無] 그 누구도 능히 안정시킬 수가 없을 것입니다. 또 북해(北海) 바닷가에 뛰어난 이가 있다는 소식을 들었는데 예전부터 그 재능을 따라갈 사람이 없습니다. 다만 그를 불러서 만나보기가 어렵다[難致]고 합니다. 이 두 사람을 얻어서 (조정에) 천거한다면 그 공로는 실로 작지 않을 것입니다. 박은 바라건대 지금 당장이라도 서쪽으로 달려가 이들로 하여금 한나라의 위급함을 와서 도와달라고 하고 싶은데 돈이 없어 그것을 실현할 길이 없습니다. 조왕(趙王)은 알자를 시켜 소고기와 술, 황금 30근을 보내 박을 위로하려고 했지만 박은 받지 않았습니다. 다시 사람을 보내 공주를 시집보내겠다[尚女]고 하면서 맞이하는 비용으로 황금 200근을 보내려 했지만 박이 아직 허락하지 않고 있습니다. 마침 광이 보낸 글에 대왕께서 이미 광을 (장안이 있는)

서쪽으로 보내셨다고 하니, 박도 함께 대왕께서 입조하실 수 있도록 힘을 다해보겠습니다. 박은 스스로 모든 것을 포기해 내려놓고 있었는데, 뜻밖에도 대왕께서 마음을 바꾸시어 의로움을 되돌리시고[反義] 붉은 낯빛으로 약속을 한 이상 저도 몸을 바쳐 은혜에 보답하겠습니다. 입조하는 일이야 말해 무엇하겠습니까? 대왕께서 진실로 이같이 말씀해주시니 제가 죽도록 일을 한다면 (은나라를 세운) 탕왕(湯王)이나 (하나라를 세운) 우왕(禹王)과 같은 큰 공업을 이루시게 될 것입니다. 사(駟)선생은 도술을 연마하고 계시지만 서신이 없을 수는 없으니, 바라건대 대왕께서 좋아하시는 바를 알아서 곧장 글을 올리도록 청하겠습니다.'

왕은 글을 받고서 아주 좋아하며 박에게 답신을 써보내 말했다.

'자고(子高)가 마침내 다행히 잘 살펴서 도와주고 측은한 마음을 발동해 지극한 열렬함[至誠]을 드러내어 아름다운 계책을 내고 지극한 일을 말해주니, 내 설사 불민하지만 감히 그 뜻을 깨닫지 못하리오! 지금 유사를 보내 자고를 위해 부채를 갚도록 200만 전을 보내겠소.'

이때 박(博)의 사위 경방(京房)이 역(易)의 음양에 밝아 상의 총애를 받고 있어 자주 불려가 정사를 말했다[言事]. 그는 스스로 석현, 오록충종의 견제를 받아 자신의 계책이 쓰이지 못한다는 것을 여러 차례 박에게 말한 바 있었다. 박은 늘 회양왕을 속여 뛰어보고 싶었기 때문에 방(房)이 말한 재이에 대한 이야기나 상과 비밀리에 나눈 이야기들을 갖추어 기록해, 회양왕에게 가지고 가서 주어 자신의 말을 믿게 하면서 또 거짓으로 이렇게 말했다.

"이미 중서령(中書令) 석군(石君-석현)을 만나 입조를 청하면서 금 500

근을 주겠다고 약속했습니다. 뛰어난 이나 빼어난 이는 일을 할 때에 대개 성과만을 고려할 뿐 비용을 염두에 두지 않습니다. 옛날에 우왕이 홍수를 다스릴 때 당시의 백성들은 피곤하고 힘들었지만, 공로가 이미 이루어지자 만세를 두고서 그에 힘입고 있습니다. 지금 제가 듣건대 폐하께서는 춘추가 아직 40이 아니 되셨는데도 머리와 치아가 모두 빠졌고, 태자는 유약해 아첨꾼들이 정권을 제 마음대로 하고, 음양이 조화를 이루지 못해 백성들이 질병과 기근에 시달려 굶어죽는 자가 거의 절반이며 홍수의 피해 또한 거의 비슷합니다. 대왕께서 일의 단서를 세워 세상을 구제하려 하시어 장차 이와 비슷한 공덕을 이루려 하신다면 어찌 조금이라도 소홀히 하실 수가 있겠습니까? 박은 이미 도리를 잘 아는 대유학자(-경방)와 함께 대왕을 위해서 때에 맞춰 상주해 나라의 안위를 진단했고 재이의 원인을 지적했으니, 대왕께서 입조해 알현하시게 되거든 먼저 입조하시게 된 뜻을 말씀하시고, 그다음에 이런 것들을 아뢰신다면 상께서는 반드시 크게 기뻐하실 것입니다. 일이 이뤄지고 공로가 세워지면[事成功立] 대왕께서는 주공(周公)이나 소공(邵公)의 명예를 얻으실 것이며, 간사한 신하들은 뿔뿔이 도망가고 공경들은 지조를 바꿀 것이니, 공로와 다움[功德]은 비할 바 없이 클 것이고, 이리되면 양효왕(梁孝王-경제의 친동생)에 대한 경제(景帝)의 총애나 조왕 여의(趙王如意)에 대한 고조(高祖)의 총애가 반드시 대왕에게 돌아올 것이니, 외가 또한 장차 부귀하게 될 터인데 어찌 다시 대왕의 금전에 눈길을 두겠습니까?'

왕은 기뻐하며 박에게 답서를 보내 말했다.

'근래[乃者]에 조서를 내리시어 제후들의 입조를 금했기에 과인은 참담

해 어찌할 바를 몰랐다. 자고(子高)는 평소에 안회(顏回)와 염경(冉耕)의 자질, 장무(臧武)의 지략[○ 사고(師古)가 말했다. "『논어(論語)』에서 공자는 말했다. '덕행(德行)에는 안연(顏淵-안회), 민자건(閔子騫), 염백우(冉伯牛-염경), 중궁(仲弓)이 가장 뛰어나다.' 장무(臧武)는 노나라 대부 장무중(臧武仲)으로 공자는 지략이 뛰어나다고 했다."], 자공(子貢)의 언변, 변장자(卞莊子)의 용맹,[1] 이 네 가지를 겸비해 세상에 드문 인물이다. 이미 일의 단서를 열었으니 바라건대 끝까지[卒=終] 잘 이루기를 바란다. 입조는 마땅한 일[義事]이건만 어찌 돈을 써야 한다는 것인가?'

박은 답변을 보냈다.

'이미 석군에게 약속한 것이라 모름지기 그리해야만 일이 이루어질 것입니다.'

왕은 금 500근을 박에게 보냈다. 마침 방(房)이 군수로 나가게 돼 (상의) 좌우를 떠나자 현(顯)은 이 일을 갖춰 얻어[具得] 고발했다. 방은 조정 안[省中=禁中]에서의 이야기를 누설했고 박 형제는 제후왕을 오도하면서[詿誤] 중앙 정치를 비방했으니, 교활 무도하다며 모두 감옥에 내려보냈다. 유사에서는 흠(欽)도 붙잡아들일 것을 주청했으나 상은 차마 법대로 하지 못하고 간대부 왕준(王駿)을 보내 흠에게 새서(璽書)를 내려주며 말했다.

'황제는 회양왕에게 묻노라. 유사에서 주청하기를 회양왕의 외숙 장

---

1 자공은 공자의 제자이고 변장자도 『논어(論語)』에 등장하는 인물이다. 「헌문(憲問)」 편에서 자로가 완성된 인간[成人]에 대해 물었다. 공자는 다음과 같이 말했다. "만일 장무중의 지략과 맹공작의 욕심내지 않음과 변장자의 용맹과 염구의 예술적 재능을 합친 데다가 예악으로써 꾸며낸다면 이 역시 성인이라 할 것이다."

박(張博)이 여러 차례 왕에게 편지를 보내 (중앙의) 정치를 헐뜯고[非毀= 비훼 誹毀] 천자를 비방하며[謗訕], 제후들을 높여 주나라 임금들이나 탕왕을 끌어들여 칭송을 했다고 한다. 이처럼 왕(-회양왕)에게 아첨하고[諂=諂 첨 첨] 왕을 미혹시키려는 그의 말들은 심히 잘못돼 패역스러우며 도리가 아니다. (그런데도) 왕은 이를 (짐에게) 상주하지 않고 오히려 그에게 많은 금과 돈을 주어 좋은 말[好言]이라며 보답해주었으니, 그 잘못은 용서할 수 없는 지경에 이르러 짐은 마음이 아파[惻=痛] 차마 더 이상 들을 수가 없고 그자를 그냥 둘 수가 없다. 그 뿌리를 거슬러 올라가 미루어 헤아려 보건대 안 좋은 일들은 다 장박으로부터 시작됐으니 아, 왕의 마음이 저 흉적들과 같지는 않을 것이다. 이미 조서를 내려 유사로 하여금 왕의 일은 절대 다스리지 말도록 했고, 간대부 왕준(王駿)을 보내 짐의 뜻을 약속해 일깨워주고자 한다. 『시경(詩經)』에 이르지 않았던가?

"네 지위를 조용하고 공손히 해 바르고 곧은 사람들이 함께한다면 [靖共爾位 正直是與](신령께서는 네 소원을 들어주시어 복록을 너에게 줄 것이다)."[2]

왕은 이에 힘써야 할 것이다.'

또 왕준으로 하여금 (새서와는 별도로) 유지(諭指=諭旨)를 전하게 했다.[3]

"예(禮)라고 하는 것은 제후들이 황제를 돕고 황제에게 조빙하는 의리이니 예를 행해 두 마음을 품지 않음으로써[壹德] 천자를 높이 섬기는 것

---

2 「소아(小雅)」 '소명(小明)' 편에 나오는 구절이다.

3 이하는 왕준의 말투로 옮겼다.

입니다. 게다가 왕께서는 시를 배우지 않았습니까? 『시경(詩經)』에 이르기를 '노나라의 임금으로 삼으니 (너의 거처하는 바를 크게 열어) 주나라 왕실의 보필이 될지어다[俾侯于魯 爲周室輔]'[4]라고 했습니다. 그런데 왕의 외숙 장박은 여러 차례 왕에게 편지를 보냈는데 그 말한 바가 패역스러웠습니다. 왕께서는 다행히 (왕에 봉하는) 조책(詔策)을 받았고 경술(經術-유학)에 능통하니, 제후의 명성이 마땅히 국경 밖을 넘어가서는 안 된다는 것을 알고 있을 것입니다. 천자란 세상을 두루 감싸 안아주고[普覆=普遍 覆盖=包容] 황제다움을 조정에 널리 펴야 하는 터라 장박의 간사스러운 말을 듣고서도 모른 척하셨지만[恬=安], 왕께서는 많은 금과 돈을 주며 서로 보응(報應)했으니 그 불충은 막대하다고 할 것입니다. 옛 제도[故事=舊制]에 따르면 제후나 왕이 경사(京師-여기서는 천자)에 죄를 지으면, 죄악의 가볍고 무거움을 떠나 바로 복주(伏誅)하지 아니하고, 반드시 해당 기관에 넘겨 죄의 실상을 가렸는데 헛되이 그냥 지나간 적은 없었습니다. (그런데) 지금 빼어난 상께서는 왕의 죄를 용서하시고 또한 왕에서 계책을 잃고 근본을 잊어버린 것[失計忘本]을 마음 아프게 여기시고, 또 그것이 장박에게 미혹된 때문으로 여기시어 새서를 내려주셨고, 또 (이) 간대부로 하여금 지극한 뜻을 약속해 일깨워주셨으니, 그 정성스러운 은혜[殷勤之恩=慇懃之恩]를 어찌 다 헤아릴 수 있겠습니까! 장박 등이 저지른 잘못은 너무나도 크고 그 아래에서 함께 공모한 자들도 왕법으로는 용서할 수 없습니다. 지금부터라도 왕께서는 더 이상 장박 등과 연루되는 마음을 가져서

---

4 「노송(魯頌)」 '비궁(閟宮)' 편에 나오는 구절이다.

는 안 될 것이며 힘써 그들의 무리를 멀리해야[弃=棄] 할 것입니다. 『춘추(春秋)』의 의리에 따르면 위대하다[大]는 것은 능히 바꾸고 고칠 수 있다[變改]는 뜻입니다.⁵ 또 『주역(周易)』에 이르기를 '밑에 깔되 흰 띠를 사용한 것이니 허물이 없을 것이다'⁶라고 했습니다. 신하의 도리를 말하고 허물을 고쳐 스스로 새롭게 하며 자신을 정결하게 해, 윗사람을 받든 연후에라야 허물에 대한 용서를 구할 수 있을 것입니다. 왕은 이 점에 유의해 삼가 스스로를 경계하고, 오직 허물을 뉘우쳐서 행실을 바꾸도록 하는 것만을 생각함으로써 큰 잘못을 조금이라도 덜어내야만 두터운 은혜를 입을 수 있을 것입니다. 이와 같이 하신다면 오랫동안 부귀가 사라지지 않을 것이고 사직도 편안해질 것입니다."

이에 회양왕 흠은 관을 벗고 머리를 조아린 채 이렇게 말했다.

"번(藩)을 맡아 있으면서 이렇다 할 좋은 업적은 없이[無狀] 죄악은 엄청나게 늘어서 있습니다. 폐하께서는 차마 법대로 다스리지 않으시고 오히려 큰 은혜를 더하시어, 사자를 보내 도리와 방법을 일깨워주시고 번을 지키는 의리를 가르쳐주셨습니다. 엎드려 생각건대 장박의 죄악은 너무나도 심해 마땅히 거듭해서 복주해야 할 것입니다. 신 흠은 온 힘을 다해 스스로를 새롭게 만들고 조책을 받들어 잇도록 하겠습니다. 죽을 죄를 지은 데 대해 깊이 머리 숙여[頓首] 사죄드립니다."

---

5 잘못이나 허물이 있다 하더라도 능히 그것을 바꾸고 고친다면 그것이 진정으로 위대하다는 말이다.

6 대과(大過)괘(䷛)의 맨 아래 떨어진 효[初六]에 대한 풀이다. 맨 아래에 있으니 두려워하고 삼가야만 허물을 피할 수 있다는 말이다.

경방과 박 형제 세 명은 모두 기시됐고 처자식들은 변방으로 유배를 갔다.

성제(成帝)가 즉위하자 회양왕의 족속을 숙부로 대우하면서 공경하고 총애하는 것이 다른 봉국에 대한 것과 달랐다. 왕은 글을 올려 외숙 장박 때의 일을 진술하면서 그것은 자못 석현 등에게 침해를 당한 때문이었다며, 이번 기회에 박의 가족 중에 유배를 가 있는 사람들을 모두 돌아올 수 있게 해달라고 청했다. 승상과 어사대부는 다시 흠을 탄핵해 말했다.

"예전에 장박과 몰래 편지를 주고받았고 그것이 제후왕이라면 해서는 안 되는 것이었으나, 은혜를 입어 처벌을 받지 않았으며 사건이 사면령 이전의 일이었습니다. (그런데) 잘못은 뉘우치지 않고 다시 그 일을 끌어내어 스스로 곧다[直]고 생각하니, 이는 번신으로서의 예를 잃은 것으로 불경(不敬)입니다."

(그러나) 상은 은혜를 베풀어 왕이 복귀시켜달라고 한 바를 허락했다.

(왕위에 있은 지) 36년 만에 훙했다. 아들 문왕(文王) 현(玄)이 이어받아 26년 만에 훙(薨)했다. 아들 인(縯)〔○ 맹강(孟康)이 말했다. "縯은 발음이 (연이 아니라) 인(引)이다."〕이 이어받았는데 왕망(王莽) 때 끊어졌다.

초효왕 오(囂)는 감로(甘露) 2년에 세워져 정도왕(定陶王)이 됐다가 3년 만에 초왕(楚王)으로 옮겼고, 성제(成帝) 하평(河平) 연간에 입조했다가 병에 걸리자 천자가 이를 마음 아파하며 다음과 같은 조서를 내렸다.

'대개 듣건대 "하늘과 땅의 본성은 사람을 귀하게 여기고 사람이 행하는 행실 중에는 효행보다 더 큰 것이 없다"[7]라고 했다. 초나라 왕 오는 평소의 행실이 효성스럽고 고분고분하고 어질고 자애로워[孝順仁慈], 20여 년간 나라를 잘 이끌어오면서 일찍이 그의 허물에 대해서는 전혀 들은 바가 없으니 짐은 이를 심히 아름답게 여겼다. (그런데) 지금 이에[迺=乃] 운명이 다했는지 큰 병[惡疾]에 걸렸다[罹=遭]. 공자가 말하기를 "이건 아닌데[蔑之=亡之]! 운명인가 보다! 이런 사람이 이런 병에 걸리다니!"[8]라고 했거늘 짐은 참으로 가슴이 아프다. 무릇 행실이 크게 아름다운데도 특별한 행적을 드러내지 않은 왕[有國者]들의 경우 무엇으로 권면할 것인가? 『서경(書經)』에 이르지 않았던가? "다움을 발휘하는 자[用德]는 그 좋음을 표창할[章][9] 것이다."

이에 그 아들이 정월에 입조하면 광척현(廣戚縣)의 4,300호를 봉해 그를 광척후로 삼도록 하라.'

이듬해 오(嚻)가 훙했다. 아들 회왕(懷王) 문(文)이 이어받아 1년 만에 훙했고 자식이 없어 끊어졌다. 이듬해 성제(成帝)가 다시 문의 동생 평륙후(平陸侯) 연(衍)을 세워주니 이 사람이 사왕(思王)이다. 21년 만에 훙하니 아들 우(紆)가 이어받았는데 왕망(王莽) 때 끊어졌다.

애초에 성제(成帝) 때 다시 우(紆)의 동생 경(景)을 세워 정도왕(定陶王)

---

7 이는 『효경(孝經)』에서 공자가 한 말이다.

8 이는 『논어(論語)』 「옹야(雍也)」 편에서 공자가 한 말이다. 제자 백우(伯牛)가 죽을병에 걸리자 공자는 직접 문병하고 마지막 이별을 고하면서 이렇게 말했다.

9 원문은 장(章)으로 돼 있는데 『서경(書經)』에는 창(彰)으로 돼 있다.

으로 삼았다. 광척후 훈(勳)이 훙하니 시호를 양후(煬侯)라 하고 아들 현(顯)이 뒤를 이었다. 평제(平帝)가 붕(崩)하고 자식이 없자 왕망(王莽)은 현의 아들 영(嬰)을 세워 유자(孺子)로 삼아 평제의 뒤를 받들게 했다. 망(莽)이 찬위(簒位)하고서 영을 정안공(定安公)으로 삼았다. 한나라가 이미 망을 주살하고 경시(更始) 때에 영은 장안에 있었는데, 평릉(平陵)의 방망(方望) 등이 제법 천문을 알아서 경시는 반드시 패망할 것이라고 말하고, 영은 본래의 정통이니 마땅히 (천자로) 세워져야 한다고 하면서 함께 군대를 일으켜 영을 이끌고 임경(臨涇)에 이르러 (영을) 세워서 천자로 삼으려 했다. (그런데) 경시가 승상 이송(李松)을 보내 영을 쳐서 깨뜨리고 죽였다고 한다[云].

동평 사왕 우(宇)는 감로(甘露) 2년에 세워졌다. 원제(元帝)가 즉위하자 봉국에 나아갔다. 성장해서는 간활한 자들과 어울리며 죄를 범했지만, 상은 그가 지친(至親)이라 용서하고 처벌하지 못했는데 그의 사부와 재상이 서로 죄를 지어 연좌됐다.

얼마 지나서 (친어머니인) 태후(太后-공손징사(公孫徵史), 즉 공손첩여)를 모셨는데 서로 사이가 좋지 못해 태후가 글을 올려 선제를 모신 두릉원(杜陵園)이나 지키며 살게 해달라고 청하자, 상은 이에 태중대부 장자교(張子蟜)를 보내 이 새서를 받들게 하고서 동평왕을 타일러 일깨워주었다.

'황제는 동평왕에게 묻노라. 대개 듣건대 부모를 제 몸과 같이 여기는 보은[親親之恩] 중에 효보다 중한 것이 없고, 윗사람을 높이는 의리 중에 충보다 큰 것이 없다고 했다. 그렇기 때문에 제후는 그 자리에 있게 되면 교만하지 않은 마음[不驕]으로 효의 도리를 다해야 하고, 매사 조심해 절도에 맞게 함으로써 천자를 도운[翼] 연후라야, 부귀가 제 몸에서 떠나지 않을 수 있고 사직도 보전할 수 있는 것이다. (그런데) 지금 듣건대 왕은 스스로를 닦는 바가 부족하고, 왕국의 조정 내에서 (친어머니와) 불화를 빚어 유언비어로 어지럽고[紛紛] 비방하는 말들이 그대의 나라 안에서 일어나고 있으니 심히 비통하다. 왕은 이 점을 두려워해야 할 것이다.『시경(詩經)』에 이르지 않았던가?

"너의 할아버지를 생각하지 않는가? 그 다움을 닦을지어다. 길이길이 천명에 부합하는 것이 스스로 많은 복을 구하는 길이다[無念爾祖 聿修厥德 永言配命 自求多福]."¹⁰

짐이 생각해볼 때 왕은 춘추가 어리고 혈기방장함만을 생각해 도리와 다움[道德]을 소홀히 하고 뜻을 한결같이 하지 못한 채, (친어머니의) 진심 어린 말을 미처 받아들이지 못한 듯하다. 그리하여 태중대부 자교(子蟜)를 보내 왕에게 짐의 뜻을 일깨우노라. 공자가 말하기를 "허물을 짓고서도 고치지 못하는 것, 이것이 진짜 허물이다"¹¹라고 했다. 왕은 이를 깊이 심사숙고해 짐의 뜻을 어기지 않도록 하라.'

또 별도로 왕태후에게 새서를 내려주어 말했다.

'황제는 여러 관리와 환관을 지켜 동평 왕태후에게 받들어 묻는다. 짐이 들은 바가 있는데〔○ 사고(師古)가 말했다. "모자지간의 불화를 말한다.

---

10 「대아(大雅)」'문왕(文王)' 편에 나오는 구절이다.

11 『논어(論語)』「위령공(衛靈公)」편에 나온다.

그러나 그것을 지적해서 말하고 싶지 않았기 때문에 그냥 들은 바가 있다[有聞]고 한 것이다."] 왕태후는 뭔가 말하고자 하는 바가 있는 것 같다. 무릇 복과 좋은 일[福善]로 들어가는 문 중에서 화목보다 아름다운 것은 없고, 근심과 허물의 첫머리로 내분[內離]보다 큰 것이 없다. (그런데) 지금 동평왕은 막 포대기[褓襁=襁褓]에서 벗어나와 임금의 자리[南面之位]에 있으면서, 더욱이 나이가 바야흐로 한창이니[剛] 배움에 힘쓴다 해도 하루가 모자랄 텐데, 신하에게 오만하게 굴고 소홀히 대하며 태후를 남 대하듯 하고 있다. 이런 사이에서 능히 예와 의로움을 잃지 않는 자는 아마도 저 빼어난 이[聖人]뿐일 것이다. 『논어(論語)』에 이르기를 "아버지는 자식을 위해 (자식의 죄를) 숨겨주니 곧음[直]이란 바로 이 가운데 있는 것이다"¹²라고 했다.

왕태후는 이런 뜻을 밝게 살펴서 훤히 알아야만 할 것이다. 한 가정 안의 도리나 어머니와 자식 간의 화목, 몸은 달라도 같은 기운을 가졌다는 점[同氣異息], 골육 간의 은혜 등을 어찌 소홀히 할 수 있겠는가? 어찌 소홀히 할 수 있겠는가?¹³ 옛날에 주공(周公)은 (자신의 아들인) 백금(伯禽)에게 이렇게 말했다. "선대왕의 옛 신하들이 큰 문제[大故]가 없는 한 버리

---

12 이는 「자로(子路)」 편에 나오는 말인데 많이 생략돼 있다. 본문은 이렇다. 섭공(葉公)이 공자에게 말한다. "우리 당에 곧게 행동하는 궁이라는 사람이 있으니, 그의 아버지가 양을 훔치자 그는 아버지가 훔쳤다는 것을 증언했습니다." 이에 공자는 말했다. "우리 당의 곧은 자는 이와는 다릅니다. 아버지는 자식을 위해 숨겨주고 자식은 아버지를 위해 숨겨주니, 곧음이란 바로 이 가운데 있는 것입니다."

13 이처럼 두 번 반복하는 것은 강조하는 표현이다.

지 않으며, 한 사람에게 모든 것이 갖춰져 있기를 바라지 않는다.'[14] 무릇 오래된 은혜의 마음으로 오히려 작은 잘못도 참아야 할 터인데 하물며 이런 일에 있어서야! 이미 왕에게 사자를 보내 왕을 일깨웠고 왕은 이미 잘못을 뉘우치고 엎드려 사죄했으니, 태후도 너그러이 참고 왕을 용서해[貫=緩=容恕]준다면 앞으로는 마땅히 감히 그렇게 하지 못할 것이다. 왕태후는 식사를 잘 챙기고 걱정을 거두어 삼가 스스로를 아껴야 할 것이다.'

우(宇)는 부끄럽고 두려워 사자 앞에 고개를 죽이고 죽을죄를 사죄하고, 마음을 씻어내 스스로 고치겠다고 했다. 또 그 나라의 사부와 재상에게 조서를 내려 말했다.

'무릇 사람의 본성은 다 오상(五常-인·의·예·지·신)을 갖고 있지만 본성이 (외형적으로) 이런저런 차이를 보이는 것은 눈과 귀가 향락과 욕심[耆欲=嗜欲]에 이끌리기 때문이다. 그래서 오상은 흐물흐물 없어지고[銷=盡] 간사한 마음이 일어나면, 욕심[情]이 그 본성을 어지럽혀 이익을 다투는 마음[利]이 의로움을 지키려는 마음[義]을 이기니, 이렇게 되고서 그 집안을 망치지 않은 자는 없었다. 지금 동평왕은 춘추가 한창이라[富] 기력이 용맹스러운데, 사부로부터 가르침을 받은 바는 얕고 듣고 본 바는 적다. 지금부터는 오경(五經)의 바른 학술이 아니거나 유람과 사냥 같은 예가 아닌 것으로 감히 왕을 인도하지 말고, 서둘러 (왕으로 하여금) 좋은 이야기들을 많이 듣게 하라.'

우(宇)가 세워진 지 20년이 됐을 때 원제(元帝)가 붕했다. 우는 중알자

---

14 이 일은 『논어(論語)』 「미자(微子)」 편에 나온다.

신(信) 등에게 말했다.

"한나라 (중앙 조정) 대신들이 천자는 어리고 약해 아직 능히 천하를 다스릴 수 없으니, 내가 법률을 안다 해 나로 하여금 천자를 보좌하는 문제에 대해 토의했다고 한다. 나는 상서(尙書)가 새벽부터 밤늦게까지 크게 고생하는 것을 보았으니 나보고 하라고 하면 난 할 수 없을 것이다. 지금 한창 덥고 현관(縣官)〔○ 장안(張晏)이 말했다. "감히 성제를 가리켜 말할 수가 없어 현관이라고 에둘러 말한 것이다."〕은 나이가 어려 상례를 거행하면 예법대로 다하지 못할까 두려울 터이니 만일 내가 천자라도 싫을 것이다."

하관(下棺) 때까지 우는 모두 세 번만 곡하고 (그다음부터는) 술을 마시고 고기를 먹으며 처첩의 곁을 떠나지 않았다. 또 희첩 구노(朐臑)를 예전에 총애하다가 뒤에 소원해졌는데, 구노가 여러 차례 하늘을 우러러 탄식을 하곤 했다. 우는 이를 듣고서 구노를 내쫓아 지위를 박탈하고, 영항(永巷)의 청소나 시키면서 자주 매질을 했다. 구노는 몰래 우의 과실을 알아내 본가를 시켜 고발하게 했다. 우는 이를 알아차리고서 구노를 목 졸라 죽였다. 유사(有司)가 그를 체포할 것을 주청했으나 조서를 내려 우의 번(樊)과 항보(亢父) 두 현을 삭감하게 했다. 3년 후에 천자는 조서를 내려 유사에 말했다.

'대개 듣건대 친족을 내 몸과 같이 여기기[親親]를 어짊[仁]으로써 해야 하는 것은 옛 도리다. 예전에 동평왕에게 잘못이 있어 유사에서 폐할 것을 청했으나 짐은 차마 하지 못했다. 그런데 다시 (현을) 삭감할 것을 청하니 짐도 감히 거절할 수가 없었다. 아, 왕의 가까운 핏줄로서 일찍이 마음속에서 (그 일을) 잊은 적이 없었다. 지금 듣건대 왕이 행실을 바꾸고 스스로 새롭게 경술(經術-경학 혹은 유학)을 받들어 닦으며[尊修], 가까운 사람들을 제 몸과 같이 여기고 사람들에게 어질게 대하며, 불법을 저지르지 않고 간사한 관리는 멀리하고 있다 하니 짐은 심히 아름답게 생각한다. 옛말에 이르지 않았던가?

"아침에 잘못이 있더라도 저녁에 그것을 바로잡는다면 이 사람은 군자라 할 것이다."[15]

이에 지난번에 삭감했던 현들을 예전과 마찬가지로 회복해주도록[復=反] 하라.'

이듬해 (유우는) 입조해 소를 올려 제자(諸子-제자백가)와 태사공(太史公-사마천)의 책을 구하고 싶다고 하자, 상(上)이 대장군 왕봉(王鳳)에게 물으니 봉(鳳)이 대답했다.

"신이 듣건대 제후가 조빙(朝聘)할 때는 옛 문장(文章)을 상고하고 법도대로 바로하며, 예가 아닌 것은 입에 담아서는 안 됩니다. 지금 동평왕은 다행히도 조빙을 할 기회를 얻었는데, 예절을 지키고 법도를 삼가 따르며, 위태로움이나 잘못을 막으려고는 하지 않고 여러 책들을 구하려고 하니, 이는 조정을 방문하는 의리[朝聘之義]가 아닙니다. 제자백가들의 책은 혹 경술(經術)에 반하는 것들이 있어, 빼어난 이들[聖人]의 말씀이 아니고 혹

---

15 원래 이 말은 『대대예기(大戴禮記)』 「증자입사(曾子立事)」 편에 나오는 다음과 같은 말을 줄인 것이다. "아침에 잘못이 있더라도 저녁에 고친다면 (군자임을) 허여해줄 수 있고, 저녁에 잘못이 있더라도 아침에 고친다면 허여해줄 수 있다."

귀신을 이야기하면서 괴이한 것들을 믿게 만듭니다. 태사공의 책(-『사기(史記)』)은 전국시대의 종횡가의 지모(智謀)나 권모술수[權譎]의 계략을 담고 있고, 또 한나라가 일어나던 초창기에 지략이 뛰어난 신하들의 기발한 계책, 하늘이 보여준 재앙들, 땅의 험난한 정도 등이 실려 있어 이것들은 다 제후왕에게는 적합한 내용들이 아닙니다. 허락해서는 안 될 것이며 불허하는 이유로 마땅히 이렇게 말씀하셔야 할 것입니다.

'오경(五經)은 성인(聖人-공자)께서 지은 것이라 만 가지 일이 남김없이 다 실려 있다. 왕은 도리를 깊이 즐기라. 사부들은 다 유자(儒者)들이니 아침저녁으로 함께 토론하고 암송한다면, 얼마든지 몸을 바로하고 뜻을 즐겁게 할 수 있을 것이다. 무릇 하찮은 궤변[小辯]은 의로움을 깨뜨리고 얄팍한 술수[小道]는 두루 통하지 못하며, 원대함에 이르는 데 있어 (가까운 곳에) 장애물이 있을까 두려워해야 하는 것인데[致遠恐泥],[16] 모두들 제대로 그 뜻을 이해하지 못하고 있다. (사부들은) 왕에게 경술을 더해줌에 있어 좋은데도 아껴서 그렇게 하는 것은 아니다.'"

아뢴 것에 대해 천자는 봉의 말대로 해주었을 뿐이고 끝내 책들을 주지 않았다.

세워진 지 33년 만에 훙하니 아들 양왕(煬王) 운(雲)이 이어받았다. 애제(哀帝) 때 무염현(無鹽縣) 위산(危山)의 흙이 저절로 솟아 일어나 풀을 덮

---

16 이 말은 『논어(論語)』「자장(子張)」편에 나오는 자하(子夏)의 다음과 같은 말이 조금 변형된 것이다. "비록 작은 도리[小道]라 하더라도 반드시 보아줄 만한 것이 있겠지만, 원대함에 이르는 데 있어서 장애물이 될까 두렵다[致遠恐泥]. 바로 이 때문에 군자는 하지 않는 것이다."

었는데 마치 길 모양이었다. 또 호산(瓠山)의 돌이 굴러 일어섰다. 운과 왕후 알(謁)은 돌이 일어선 곳에 직접 가서 제사를 지냈고, 호산의 입석과 같은 모양을 궁 안에 만들어 세워, 거기에 배초(倍草-모사풀)를 묶은 뒤에 제사를 지냈다. 건평(建平) 3년에 식부궁(息夫躬)과 손총(孫寵) 등이 함께 총애를 받던 신하 동현(董賢)과 함께 이 일을 고발했다. 이때 애제는 병을 앓고 있어 꺼리는 바가 많았는데, 일이 유사에 내려가니 왕과 왕후를 붙잡아 감옥에 내려 조사를 했다. 그 결과 무당 부공(傅恭)과 여종 합환(合歡) 등을 시켜 제사를 지내 천자를 저주하고, 또 운이 천자가 되게 해달라고 빌었다는 토설이 나왔다. 운은 또 재이에 대해 잘 아는 고상(高尙) 등과 함께 별자리를 가리키면서 상의 병은 절대 낫지 않을 것이니, 운이 마땅히 천하를 얻게 될 것이라는 말도 했다. 돌이 선 것은 선제(宣帝)가 일어난다는 표징이었다. 유사에서 왕을 주살할 것을 청했으나 조서를 내려 폐위시켜 방릉현(房陵縣)으로 유배를 보내라고 했다. 운은 자살했고 알은 기시됐다. 세워진 지 17년 만에 나라를 없앴다.

원시(元始) 원년에 왕망은 애제의 정치를 원래대로 되돌리겠다며 태황태후에게 건의해, 운의 태자 개명(開明)을 세워 동평왕(東平王)으로 삼았고, 또 사왕의 손자 성도(成都)를 중산왕(中山王)으로 삼았다. 개명은 세워진 지 3년 만에 훙했는데 자식이 없었다. 다시 개명의 형 엄향후(嚴鄕侯) 신(信)의 아들 광(匡)을 동평왕으로 삼아 개명의 뒤를 받들게 했다. 왕망이 거섭(居攝-섭정)하는 동안 동군(東郡)태수 적의(翟義)가 군사를 일으켜 망을 주살하고서 신을 세워 천자로 삼겠다고 모의했다가 모두 망에게 주멸됐다.

중산애왕 경(竟)은 초원(初元) 2년에 세워져 청하왕(淸河王)이 됐다. 3년 후에 옮겨져 중산왕이 됐으나 아직 어리다고 해서 봉국에 나아가지는 않았다. 건소(建昭) 4년에 (장안에 있는) 저택에서 훙했는데, 두릉(杜陵)에 장사를 지냈고 자식이 없어 작위는 끊어졌다. 태후는 친정[外家]인 융씨(戎氏)가로 돌아갔다.

효원황제(孝元皇帝)에게는 세 명의 아들이 있었다. 왕(王)황후는 효성제(孝成帝)를 낳았다. 부(傅)소의는 정도공왕(定陶共王) 강(康)을 낳았다. 풍(馮)소의는 중산효왕(中山孝王) 흥(興)을 낳았다.

정도공왕 강(康)은 영광(永光) 3년에 세워져 제양왕(濟陽王)이 됐다. 8년 만에 옮겨져 산양왕(山陽王)이 됐다. 8년 만에 옮겨져 정도왕(定陶王)이 됐다. 왕은 어려서 원제의 사랑을 받았고 커서는 재능이 뛰어났으며, 음악을 익혀 잘 알아 상은 기이하게 여겨 중하게 아꼈다. 어머니 소의 또한 총애를 받아 거의[幾] 황후와 태자를 대신할 뻔했다. 상세한 이야기는 「원후전(元侯傳)」과 「사단전(史丹傳)」에 실려 있다.

성제(成帝)가 즉위하자 선제(先帝-원제)의 뜻에 따라 강에 대해 다른 왕들보다 특별히 두텁게 대우해주었다. 19년 만에 훙하니 아들 흔(欣)이 이어받았다. 15년 후에 성제가 아들이 없어 불려 들어가 황태자가 됐다. 상은 태자가 대종(大宗)의 뒤를 받들어야 하기 때문에 사친(私親-정도공왕)을 모실 수 없다고 생각해 곧 초사왕(楚思王)의 아들 경(景)을 정도왕으로 삼아 공왕의 뒤를 받들게 했다. 성제가 붕하자 태자가 즉위하니 이 사람이 효애제(孝哀帝)다. 즉위한 지 3년 만에 공왕을 추존해 공황(共皇)으로 삼아, 경사에서 종묘를 받들고 소목(昭穆)의 차례를 정해 모든 의례를 효원제와 같도록 했다.[17] 정도왕 경은 옮겨서 진도왕(信都王)으로 삼았다고 한다.

중산효왕 흥(興)은 건소(建昭) 2년에 세워져 신도왕(信都王)이 됐다. 14년 후에 중산왕으로 옮겼다. 성제가 태자를 세우는 토의를 할 때 어사대부 공광(孔光)은 『상서(尚書)』에 은(殷)나라에서는 왕위의 형제 계승이 있었으며 형이 죽으면 동생이 이어받을 수 있고, 중산왕은 원제의 아들이니 마땅히 뒤를 이을 수 있다고 했다. 성제가 중산왕은 재목이 안 되고 또 형제가 함께 나란히 종묘에 들어갈 수 없다고 생각했다. 외가 왕씨와 조(趙)소가 모두 애제를 데려다가 태자로 삼기를 원했기 때문에 드디어 그를 세웠던 것이다. 상은 이에 효왕의 외숙 풍삼(馮參)을 의향후(宜鄉侯)에 봉하고 효왕에게는 1만 호의 식읍을 늘려주어 그 마음을 위로하게 했다. 흥은 세워진 지 30년 만에 훙했는데 아들 간(衎)이 이어받았다. 7년 후에 애제가 훙했는데 자식이 없어 중산왕 간을 들어오게 해 즉위시키니 이 사람이 평제(平帝)다. 태황태후는 제를 성제의 후사라고 여겼기 때문에 동평사왕의 손자 도향경후(桃鄉頃侯)의 아들 성도(成都)를 세워 중산왕으로 삼아 효왕의 뒤를 받들게 했다. 왕망(王莽) 때 끊어졌다.

찬(贊)하여 말했다.

---

17 아버지 정도공왕을 모든 면에서 황제와 같게 대우하도록 했다는 말이다.

"효원(孝元)의 후손이 두루 천하를 차지했으나 결국 세계(世系)가 손자에서 끊어지고 말았으니 어찌 하늘의 뜻이 아니랴! 회양헌왕(淮陽憲王)은 그때의 제후왕들 중에서 귀 밝고 똑똑했지만[聰察], 장박(張博)이 유혹하자 거의 무도(無道)함에 빠질 뻔했다. 『시경(詩經)』에 이르기를 '탐욕스러운 자가 좋은 사람들[類=善]을 망치는구나'[18]라고 했으니 예나 지금이나 한결같다."

---

18 「대아(大雅)」'탕(蕩)' 편의 구절이다.

권
◆
81

광형·장우·
공광·마궁전
匡張孔馬傳

광형(匡衡)은 자(字)가 치규(稚圭)이고 동해(東海) 승(承-현)〔○ 사고(師古)가 말했다. "承은 발음이 (승이 아니라) 증(證)이다."〕 사람이다. 아버지는 대대로 농부였는데 형(衡)에 이르러 학문을 좋아했고, 집안이 가난했기 때문에 다른 사람에게 고용살이를 해서 가계에 보탬을 주느라, 한편으로는 더욱 힘을 쏟았고 한편으로는 더욱 공부를 했다. 여러 유생들은 이 일을 가지고 격언처럼 말했다.

"마침 『시경(詩經)』을 풀이하려 하면 광이 딱[鼎=方] 나타났고
광이 『시경(詩經)』을 풀이하면 사람들의 턱이 벌어졌네[解]."

형은 사책(射策)의 갑과로 합격했으나 답안의 취지가 갑과의 출제 원칙에 맞지 않는다 해 태상(太常) 장고(掌故)에 제배됐다가 뽑혀서[調=選] 평

원군(平原郡) 문학에 보임됐다. 많은 학자들이 글을 올려 형을 천거해 경술에 밝고 당대에 견줄 만한 사람이 별로 없으니 영을 내려 문학으로서 경사(京師)에서 관직을 맡아야 한다고 했고, 또 후학들이 모두 형을 따라서 평원에 가려고 하니 형을 먼 곳에 두어서는 안 될 것이라고 말했다. 그 일을 태자태부 소망지(蕭望之)와 소부 양구하(梁丘賀)에게 내려보내 질문을 하게 하니, 형은『시경(詩經)』을 바탕으로 여러 대의(大義)들에 대해 답했는데 그 답들이 깊고도 아름다웠다. 망지가 형의 경학은 정밀하면서도 숙련돼 있고 그의 논설에는 스승의 도리가 있어 아주 볼만하다고 아뢰었다. 선제(宣帝)는 유자(儒者)를 쓰는 것을 내켜 하지 않았기 때문에 형을 평원의 학관으로 돌려보냈다. 하지만 황태자는 형의 답변서를 보고서 남몰래 그것을 좋다고 생각했다.

마침 선제가 붕(崩)하고 원제(元帝)가 처음 즉위했을 때 낙릉후(樂陵侯) 사고(史高)가 외척이라 해[1] 대사마 거기장군이 돼 상서(尙書)의 일을 총괄했고 전장군 소망지는 그의 부(副)가 됐다. 망지는 명유(名儒)이고 (원제의) 사부로서 구은(舊恩)이 있었기 때문에 천자는 그를 신임해 많은 사람들이 망지의 추천을 받아 관직에 나아갔다. 고(高)는 자리만 차지하고 있을 뿐이었는데[○ 사고(師古)가 말했다. "할 일이 없었다는 말이다."] 망지와 틈이 있었다. 장안현령 양흥(楊興)이 고를 설득해 말했다.

"장군께서는 친척으로서 정치를 보좌하고 계시니 귀하고 중함이 천하에 둘도 없습니다만 많은 이들의 논의에서 아름다운 명성이나 명예가 전

---

1 사고는 선제의 할머니 사량(史良)의 조카다.

적으로 장군에게 돌아오지 않는 것은 어째서이겠습니까? 그것은 실제로 뛰어난 인재들을 나아가게 해주지 못한다는 소문 때문입니다. 장군의 막부만 놓고 보자면 나라 안의 모든 인재들이 다 그곳에 나아가고 싶어 하지만, 정작 장군이 천거한 사람들을 보면 사문(私門)의 빈객이나 유모의 자제뿐이니, 인정상 이런 큰 일을 소홀히 하고서도 스스로 알지 못하는데, 다른 한편으로 일개 사내가 몰래 논의한 것도 그 이야기가 천하에 퍼져나가고 있습니다. 무릇 부귀가 몸에 있는데도 많은 선비들이 칭송을 하지 않는 것은, 마치 아주 귀한 흰색 여우 가죽옷을 뒤집어 입고 있는 것과 같습니다. 옛날의 뛰어난 사람들은 이렇게 되는 것을 걱정했기 때문에 몸을 낮추고 마음의 노고를 다해 뛰어난 이를 구하는 것을 급선무로 삼았던 것입니다. 옛말에 이르기를 '뛰어난 이를 구하는 것이 어렵기 때문에 일을 할 때 뛰어난 이를 기다리지 않는다고 했고, 먹을 것을 구하기가 어렵기 때문에 배부르게 먹는 것을 기다리지 않는다'고 했다는데 이는 그만큼 어렵다는 뜻입니다. 평원 문학 광형은 재능과 지혜가 넘치고 경학이 출중한데도, 다만 조정에서 아무도 발탁해주는 이가 없어[無階] 발령장을 들고 먼 지방에 가야 했습니다. 장군께서 진실로 그를 불러 막부에 두시게 되면 학사(學士)들이 대거 어진 이에게 귀의해[歸仁] 정사를 토의하는 데 참여할 수 있고, 그렇게 해서 그 사람들이 가진 것을 잘 살펴 조정에 천거를 한다면 반드시 나라의 큰 그릇이 될 것이니, 이런 모습들을 많은 사람들에게 보여주신다면 명성은 세상에 퍼져나갈 것입니다.'

고는 그렇다고 여겨 형을 불러 의조(議曹)의 사(史)로 삼고, 다시 상께 형을 천거해 낭중(郎中)으로 삼았다가 박사 및 급사중(給事中)으로 승진시켰다.

이때 일식이 있었고 지진의 변고가 생기자 상이 정치의 얻고 잃음에 관해 물으니 형은 소를 올려 말했다.

'신이 듣건대 오제(五帝)는 각각 그 예(禮)가 같지 않았고 삼왕(三王)은 각각 그 가르침이 달랐으며, (따라서 그에 속한) 백성들의 풍속도 각기 다른 데 힘을 써서 세시를 맞는 시기도 서로 달랐습니다. 폐하께서는 빼어난 다움을 몸소 체화하시어 태평(성대)으로 가는 길을 여셨고, 어리석은 관리와 백성들이 법에 저촉돼 구금을 당하는 것을 마음 아파하시어, 해마다[比年]크게 사면을 내려 백성들로 하여금 행실을 고쳐 스스로 다시 태어날 수 있게[自新] 해주셨으니, 천하는 크게 다행스럽다고 하겠습니다. 신이 남몰래 대사면 이후를 살펴보니 간사한 자들은 조금도 자신들의 잘못을 줄이거나 자제하려 하지 않으면서, 오늘 크게 사면을 받으면 내일 법을 어겨 서로 줄을 지어 감옥으로 들어가고 있으니, 이는 그들을 바르게 인도해야 하는 일이 거의 성취되지 않았다고 하겠습니다.

(옛날에는) 대개 백성을 보호하는 자는 "다움과 의로움을 베풀어주고[陳之以德義], 좋아해야 할 것과 싫어해야 할 것을 가르쳐 보여준다[示之以好惡]"[2]라고 했으니, 그들의 잘못을 살펴 그들의 마땅함을 잡아주어야 합니다. 그래서 그들을 감동시켜 화합토록 하고 그들을 안정시켜 편안하게 해주었던 것입니다. (그런데) 지금 천하의 풍속은 재물을 탐하고 의로움을 천시하며, 음악과 여색을 밝히고 분수 넘치는 사치[侈靡]를 숭상하며, 염

---

2 둘 다 『효경(孝經)』「삼재(三才)」에 나오는 구절이다.

치의 예절은 거의 사라지고 음란함이 판을 치며, 기강은 차례를 잃고 먼 친척이 가까운 친척보다 더 예우를 받고, 친척의 은혜는 엷으며 혼인으로 맺어진 파당은 번성해 (모든 사람들이) 구차스럽게 요행에만 매달리며, 이익 되는 것에 목을 매달고 있습니다. 그 뿌리를 고치지 않는다면 비록 해마다 사면을 한다고 해도, 형벌은 오히려 그릇된 자들을 다스리는 데 어려움이 있어 무용지물이 되고 말 것입니다.

신의 어리석음으로 한번 이 잘못된 습속을 크게 바꿔보고자 합니다. 공자께서 말하기를 "예와 겸양[禮讓]으로써 나라를 다스린다면 무슨 어려움이 있겠는가?"[3]라고 했습니다. 조정(朝廷)이란 천하의 으뜸이 되는 줄기[楨幹]입니다. 공경대부가 서로 예를 따르며 공손하고 겸양을 보인다면 백성들은 다투지 않을 것이요, 어짊을 좋아하고 즐거움을 베푼다면 아랫사람들은 사납지 않을 것이요, 윗사람들이 의로움을 고매한 절의로 지킨다면 백성들 사이에서도 행실이 높아질 것이요, 너그럽고 온유하며 화목과 은혜를 베푼다면[寬柔和惠] 백성들은 서로 아껴줄 것입니다. 이 네 가지는 밝은 임금이 (형벌을) 엄하게 쓰지 않으면서도 교화를 이루는 까닭입니다. 무슨 말인가 하면 조정에 낯빛을 바꿀 만한 (안 좋은) 언사들[變色之言]이 오가게 되면, 아래에서는 서로 다투는 근심이 있게 되는 것이요, 위에 자기 마음대로 해야 직성이 풀리는 관리들이 있으면 아래에서는 양보를 모르는 사람들이 있게 되는 것이요, 위에 어떻게든 다른 사람을 이겨보려는 관리들이 있으면 아래에서는 남을 해치려는 마음이 있게 되는 것이요, 위

---

3 『논어(論語)』「이인(里仁)」편에 나오는 말이다.

에 이익을 좋아하는 신하들이 있으며 아래에는 도적질을 일삼는 백성들이 있게 되는 것이라는 말입니다. 이는 모든 것의 근본입니다. (그런데) 지금 속된 관리들이 (백성들을) 다스리는 것을 보면 모두 예와 겸양에 뿌리를 두지 않은 채 위에서는 어떻게든 남을 이겨보려고 사납게 굴고, 혹 다른 사람을 해치려는 마음에서 남을 죄에 빠뜨리기를 좋아하고, 재물을 좋아하고 권세가를 흠모합니다[慕勢]. 그렇기 때문에 법을 범하는 자들이 많고 간사스러운 짓은 그치질 않으니, 비록 형벌을 엄격하게 하고 법 집행을 준엄하게 한다 해도 오히려 변하지 않을 것입니다. 이는 하늘이 준 본성[天性]이 그렇기 때문이 아니라 그렇게 만든 연유가 있기 때문입니다〔○ 사고(師古)가 말했다. "그들의 본성 자체가 나빠서가 아니라 위에서 교화에 실패했기 때문일 뿐이라는 말이다."〕.

신이 남몰래 (『시경(詩經)』에 실린) 「국풍(國風)」의 '주남(周南)'이나 '소남(召南)' 등에 실린 시들을 살펴보니, 뛰어나고 빼어난 이들의 교화를 입은 것이 깊었기 때문에 그 행실이 돈독할[篤=厚] 수 있었고 낯빛에는 염치가 있었던 것입니다. 정나라 임금[鄭伯]이 용맹을 좋아하니 나라 사람들이 맨손으로 호랑이를 잡았고[暴虎],[4] 진나라 (임금) 목공[秦穆]이 신의를 귀하게 여기니 많은 선비들이 죽음을 불사하며 그를 따랐고,[5] 진(陳)나라 (소공(昭公)의) 부인이 무속을 좋아하니 백성들도 굿을 일삼았고,[6] 진나라

---

4 이 내용은 「정풍(鄭風)」 '태숙우전(太叔于田)' 편과 관련된다.
5 이 내용은 「진풍(秦風)」 '황조(黃鳥)' 편과 관련된다.
6 이 내용은 「당풍(唐風)」 '산유추(山有樞)' 편과 관련된다.

임금[晉侯]이 검소함을 좋아하니 백성들도 아끼고 비축했으며, 태왕(太王)이 몸소 어짊[仁]을 베푸니 빈국(邠國)도 남들에게 똑같이 베푸는 것[恕]을 귀하게 여겼습니다.7 이로 말미암아 잘 살펴보건대 천하를 다스리(려)는 자는 위에 있는 것들을 훤하게 알기만 하면 될 것입니다. (그런데) 지금은 거짓과 야박함, 그리고 남을 해치고 양보하지 않으려는 마음이 극에 달해 있습니다.

신이 듣건대 교화의 흐름은 가정에 그치는 것이 아니라 다른 사람들도 기뻐해야 한다고 했습니다. 뛰어난 이가 (있어야 할) 자리에 있고 유능한 이가 일을 맡아 하고 있으며, 조정은 예를 높이고 백관들은 삼가고 겸양하며, 도리와 다움이 행해져서 안에서 시작해 밖으로까지 미치고, 먼저 가까운 곳에서 시작한 연후에야 백성들도 본받을 바[所法]를 알게 돼 좋은 쪽으로 옮아가기를[遷善] 날마다 새롭게 하니, 그 스스로도 모를 지경이 되는 것입니다. 이렇게 되면 백성들은 편안하고 음과 양은 조화를 이루게 되니, 신령이 응답해 아름다운 조짐[嘉祥=祥瑞]을 보여주게 됩니다. 『시경(詩經)』에 이르기를 "상나라 도읍이 위엄 있고 반듯하니 사방의 표준[極]이도다. 오래오래 평안하시어 우리 후손들을 보전시켜주셨도다[商邑翼翼 四方之極 壽考且寧 以保我後生]"8라고 했으니, 이는 (상나라를 세운) 성탕(成湯)이 지극한 다스림[至治]을 이룩해 자손들을 보전시키고, 이질적인 풍속을 교화시켜 먼 나라들[鬼方=遠方]을 품어 안을 수 있었던 까닭을 보여

---

7 이 내용은 『사기(史記)』 「주본기(周本紀)」에 나오는 것을 기반으로 하고 있다.
8 「상송(商頌)」 '은무(殷武)' 편에 나오는 구절을 압축한 것이다.

줍니다. (그런데) 지금 장안(長安)은 천하가 계시는 도읍이며 빼어난 교화[聖化]를 몸소 이어받았는데도 그 습속은 먼 나라들과 아무런 차이도 없고, 군국(君國)에서 들어오는 자들은 아무런 법도나 준칙이 없어 누가 지나친 사치를 보이면 서로 따라 하는 지경입니다. 이는 교화의 원천이요 뿌리이며, 풍속의 주된 기틀[樞機]이기 때문에 마땅히 우선적으로 바로잡아야 할 것입니다.

신이 듣건대 하늘과 사람이 서로 관계하는 사이[際=間]에는 음양의 기운[精祲=精氣]이 있어, 서로 스며들어 재앙이나 상서로움을 불러일으키고 좋음과 나쁨[善惡]이 있어 서로 밀어주니, 일[事]은 아래에서 시작되지만 그 모습[象]은 위로 움직여 나타나게 됩니다. 이리하여 음과 양의 이치는 각각 그 동함[感=動]에 응해 음이 변하면 고요함이 움직이고, 양이 가려지면 밝음이 어두움이 돼 홍수와 가뭄의 재앙이 각기 그 (음이나 양의) 유형을 따라서 나타나게 되는 것입니다.

지금 관동 지역에서는 해를 이어 기근이 발생해 백성들은 가난에 시달리다가 혹 서로 잡아먹는 지경에까지 이르고 있으니, 이는 다 부렴(賦斂)이 지나치고 백성들이 바쳐야 할 것들은 많은데 관리들은 마구 실상에 맞지 않게 거둬들인 결과입니다. 폐하께서는 하늘의 경계를 삼가 두려워하시고 백성들을 안타깝고 가슴 아프게 여기시어 세금을 크게 감면해주시며, 감천궁(甘泉宮)과 건장궁(建章宮)의 궁위(宮衛-경호부대)를 줄이시고 주애(珠崖-무제 때 해남도 지역에 설치한 군)를 혁파하시어 군사들을 쉬게 하고, 문치를 행하시어[偃武行文] 장차 요순시대[唐虞]의 융성기를 뛰어넘고자[度=過] 하신다면, (우선) 은나라와 주나라의 쇠퇴를 가져온 풍조들을 끊으셔야 할 것입니다.

이에 먼저 주애를 혁파하라는 조서를 내리신다면 (백성들로서는) 그보다 기쁜 일은 없을 것이며, 사람들은 스스로 장차 태평성대가 도래하리라고 여길 것입니다. 마땅히 뒤이어 궁실의 쓰임새를 절감하고, 사치스러우며 화려한 장식 꾸미기를 줄이며, 제도를 살피고 안팎을 닦으시고, 충직하고 바른 인재들을 가까이하시며 아첨하는 무리들은 멀리하시고, 정(鄭)나라와 위(衛)나라의 음란한 음악은 내치시며 아(雅)와 송(頌) 같은 바른 음악을 나아오게 하시고, 재주가 뛰어난 인재들을 뽑아 바른 말을 할 수 있는 길을 열어주시며, 순수하고 훌륭한 사람들을 임용하고 각박한 관리들을 내쫓으시고, 결백한 선비들을 나아오게 해서 아무런 욕심 없는 길을 밝혀주시며, 육예(六藝)의 본뜻을 친히 살피시고 옛 선인들이 힘썼던 바를 본받아서 자연스러운 길을 밝히시며, 화목을 통한 교화를 넓히시어 지극한 어짊[至仁]을 높이시고, 그릇된 풍속[失俗]을 바로잡으시어 백성들의 눈을 바꾸십시오. 그리고 온 나라 안에 명을 내리시어 이 조정에서 귀하게 여기는 바를 모든 사람들이 다 훤히 알 수 있도록 해주어, 도리와 다움이 (역으로) 경사(京師=장안)에 이르러 (다시) 그 좋은 명성[淑問=善名]이 나라 밖[疆外=境外]까지 떨치게 된 연후에야, 큰 교화는 이루어질 수가 있고 예와 겸양은 크게 일어날 수가 있을 것입니다.'

상은 그 말을 기뻐하며 형을 옮겨 광록대부 및 태자소부로 삼았다.

이때 상은 유가의 학술과 문장을 좋아해 자못 (아버지인) 선제(宣帝)의 (유가와 법가를 절충한) 정치를 고쳤고, 정사에 관해 말을 한 사람들이 많이 진술해 사람들마다 스스로 상의 뜻을 얻으려고 했다. 또 부소의(傅昭

儀)와 그 아들인 정도왕(定陶王-유강(劉康))이 황후와 태자(-유오(劉鶩))를 뛰어넘는 총애를 받았다. 형이 다시 소를 올려 말했다.

'신이 듣건대 나라가 다스려지는지 어지러워지는지, 평안한지 위태로운지를 가르는 기틀은 (황제가) 마음을 쓰는 바[所用心]를 잘 살피는 데 있다고 했습니다. 대개 (처음으로) 천명을 받은 임금[受命之王]은 대업을 새로 열어서[創業] 왕통을 후세에 내려주고 그것을 무궁하게 전해주는 데 힘을 쓰며, 왕통을 이어받은 임금[繼體之君]은 자신의 마음을 먼저 돌아가신 선왕의 다움[德]을 이어서 펼치고 그 공적[功]을 크게 기리는 데 두게 됩니다.

옛날에 (주나라의) 성왕(成王)이 황위를 이어받고서 문왕과 무왕의 도리를 생각함으로써 자신의 마음을 길렀고, 훌륭한 공적[休烈]과 성대한 아름다움[盛美]은 다 두 임금에게 돌리고서 감히 그 명예를 자기 것으로 하려 하지 않았으니, 이 때문에 하늘은 제사를 기쁘게 받았고 귀신도 그를 도왔던 것입니다. 『시경(詩經)』에 이르기를 "우리 황조(皇祖-문왕)를 떠올려보니 이 뜰을 오르내리셨네[念我皇祖 陟降(上下)廷止]"⁹라고 했으니, 이는 성왕이 항상 조상의 대업을 생각했고 귀신이 그 다스림을 도우셨다는 뜻입니다.

폐하의 빼어난 다움은 하늘처럼 덮었고 나라 안의 사람들을 자식처럼 사랑하시지만, 그러나 음과 양이 아직 조화를 이루지 못하고 간사한 일들

---

9 「주송(周頌)」 '민여소자(閔予小子)' 편에 나오는 구절이다. 이 말은 일을 부지런히 하는 모습을 나타낸 것이다.

이 아직도 금지되지 않고 있으니, 이는 아마도 의견을 내는 자들이 아직 돌아가신 황제의 위대한 공로를 제대로 높이지 못하고, 기존의 제도를 쓸 수 없다며 다투어 말하면서 이를 바꾸려고 힘쓰고 있으며, 고친 것들도 혹 실행할 수 없어 다시 원래대로 되돌리려 합니다. 이렇기 때문에 여러 아랫사람들은 다시금 서로 옳으니 그르니 하며 다투고, 관리들은 어디에 의거해 정책을 펴야 할지를 모르고 있습니다.

신은 남몰래 나라가 즐겁게 이룩할 수 있는 업적을 그냥 내버려둔 채 쓸데없이 의견만 분분한 것을 한스러워하고 있습니다. 바라건대 폐하께서는 대업을 계승하신 일들을 자세히 살피시어, 제도를 준수하고 그 공적을 널리 알리는 데 마음을 두심으로써 여러 아랫사람들의 마음을 안정시키셔야 할 것입니다. (『시경(詩經)』의) 「대아(大雅)」에 이르기를 "네 조상을 생각지 않을 수 있겠는가? 마침내[聿] 그 다움을 닦을지어다[無念爾祖 聿修厥德]"[10]라고 했고, 공자께서는 이를 『효경(孝經)』의 첫머리에서 드러내셨으니 이는 대개 지극한 다움[至德]의 근본을 말한 것입니다. 또 옛글에 이르기를 "(사람들이) 좋아하는 것과 싫어하는 것[好惡]을 잘 살피고, 인정과 본성[情性]을 다스릴 줄 알면 임금다운 도리는 (이미) 완성된 것이다"라고 했으니 능히 자신의 본성을 다한 연후에 능히 사람과 일[人物]의 본성을 다할 수 있는 것입니다. 능히 사람과 일의 본성을 다한다는 것은 하늘과 땅의 조화와 본성을 다스리는 도리를 도와줄 것이니, 반드시 이미 남아도는 부분이 무엇인지를 깊이 살피시고, 또한 부족한 부분은 채워주셔야 할

---

10 '문왕(文王)' 편에 나오는 구절이다.

것입니다.

대개 귀 밝고 눈 밝아[聰明] 두루 잘 통하는[疏通=疏通] 사람은 크게 살필 때[大察] 경계해야 하고, 들은 바가 적고 보는 눈이 좁은 사람은 막히고 가려진 것을 살필 때[雍蔽=甕蔽] 경계해야 하고, 용감하고 맹렬하며 강건하고 굳센 사람은 크게 사나운 것을 맞닥뜨렸을 때[大暴] 경계해야 하고, 어질고 자애로우며 온순하고 선한 사람은 결단력이 없는 것[無斷]을 경계해야 하고, 맑고 고요하고 안정되고 편안한 사람은 때를 미루는 것[後時]을 경계해야 하고, 마음이 넓어서 호방한 사람은 흘려버리거나 잊어버리는 것[遺忘]을 경계해야 합니다. 이런 식으로 반드시 자신이 마땅히 경계해야 할 것을 깊이 살피고, 마땅함[義]으로써 이것들을 가지런히 한 연후에야 그에 적중해 조화를 이루는 변화[中和之化]가 나타나게 돼, (결과적으로) 교묘하게 거짓을 일삼는 무리들은 감히 줄지어 조정에 나아가려는 소망을 품지 못하게 될 것입니다. 폐하께서 이를 경계하셔야 하는 까닭은 오직 빼어난 다움을 높이셔야 하기 때문입니다.

신이 또 듣건대 집안의 도리가 잘 닦여지면 천하의 이치도 얻게 된다고 했습니다. 그래서 『시경(詩經)』은 「국풍(國風)」에서 시작하고, 『예기(禮記)』는 관례와 혼례에 뿌리를 두고 있습니다. 「국풍」에서 시작하는 것은 인정과 본성에 근원을 두고서 사람의 윤리를 밝히려는 것이고, 관례와 혼례에 뿌리를 두는 것은 그 조짐을 바로잡아 미연에 막으려는 것입니다. 복을 크게 받는 것으로는 집안의 도리에 뿌리를 두는 것만 한 것이 없으며, 복이 없어지는 것으로는 집 안에서 시작되는 것만 한 것이 없습니다. 그래서 빼어난 임금은 반드시 비후(妃后)와의 사이를 삼가고 적장(嫡長)의 위치를 구별했습니다. 예(禮)에, 내정(內庭-집 안)에 있어서 낮은 이가 높은 이를 넘어서지 못하게 하고, 새 사람이 옛사람을 앞서지 못하도록 한 것은 인정이 통솔되고 음기(陰氣)가 다스려지게 한 것이요, 적자를 높이고 서자를 낮춤에 있어서 적자(嫡子)는 조계(阼階-동쪽 계단 위)에서 관례하고, 예에 단술을 쓰되 중자(衆子-서자)들은 대등하지 못하게 했음은, 정체(正體)를 귀히 여기고 혐의(嫌疑)를 밝혀놓은 것입니다. 쓸데없이 예문(禮文)만 내놓은 것이 아니라, 곧 그들의 속마음이 서로 다르기 때문에 예가 그 실정을 탐지하고서 외모에 나타나도록 한 것입니다. 빼어난 이는 움직일 때건 고요하게 있을 때건 놀고 연회를 함에 있어, 가까이하는 바가 있고 일이나 사물에서도 그 차례를 지키니, 나라 안이 스스로 닦아 백성들도 그것을 따라서 교화가 됩니다. 만일 마땅히 가까이해야 할 사람이 멀어지고 마땅히 낮아야 할 사람이 높아진다면, 교묘하게 아첨하는 간사한 사람이 때를 틈타 설쳐대 국가를 어지럽히게 되기 때문에 빼어난 이는 그 발단을 신중하게 막아서 미연(未然)에 금지한 것이니, 그렇게 되면 사은(私恩)이 공의(公義)를 해치는 일은 없어집니다.

폐하의 빼어난 다움이 순수하게 다 갖춰져서 바르게 닦지 않은 바가 없게 된다면 천하는 아무것도 하지 않아도 다스려질 것입니다[無爲而治]. 『시경(詩經)』에 이르지 않았습니까? "(선비들을) 사방에 써서 능히 집안(혹은 나라)을 안정시켰도다[于以四方 克定厥家]."[11]

또 그래서 『주역(周易)』에서도 이르기를 "집안을 바로잡으면 천하는 안

---

11 「주송(周頌)」 '환(桓)' 편의 구절이다.

정된다"¹²라고 한 것입니다.'

형은 태자소부가 돼 여러 해 동안 있으면서 수차례 소를 올려 백성들을 편하게 할 수 있는 것들을 진달했고, 또 조정에서 정사에 대한 토의를 할 때는 (유학의) 경전에 입각해 대답을 했는데 말하는 것이 대부분 의리를 모범으로 삼았다. 상은 그가 공경(公卿)을 맡을 만하다[任=堪]고 여겼고 이로 말미암아 광록훈 어사대부가 됐다. 건소(建昭) 3년에 위현성을 대신해 승상이 돼 낙안후(樂安侯)에 봉해졌고 식읍은 600호였다.

원제(元帝)가 붕하고 성제(成帝)가 즉위하자, 형이 소를 올려 비필(妃匹)을 경계하고 경학과 위의(威儀)의 준칙을 권면해 아래와 같이 말했다.

"폐하께서는 지극한 효심을 갖고 계시어 (원제의 죽음을) 슬퍼하고 마음 아파하시며[哀傷], 생각하고 그리워하는 것[思慕]이 마음에서 그치질 않아 놀고 사냥하는 일도 아직 하지 않으셨으니, 진실로 '부모님의 상을 삼가서 치르고 먼 조상까지도 잊지 않는 바[愼終追遠]'¹³가 커서 끝이 없다고 하겠습니다. 남몰래 살펴보건대 폐하께서는 비록 빼어난 본성[聖性]을 갖고 계시면서도 오히려 빼어난 마음[聖心]을 더하고 계십니다.

『시경(詩經)』에 이르기를 '외롭고 외로워 오랜 병이 들었네[在]'¹⁴라고 한 것은 성왕(成王)이 상례를 마치고 나서 생각하고 그리워해, 뜻과 기운이

---

12 가인(家人)괘(䷤)에 대한 풀이에 나오는 구절이다.

13 『논어(論語)』「학이(學而)」편에서 공자의 제자인 증자(曾子)가 한 말이다. 부모의 상을 충심으로 치르고 먼 조상들까지 잊지 않고 추모하는 사람이 그렇지 않은 사람에 비해 신실(信實)할 가능성은 비교할 수 없을 만큼 높다는 말이다.

14 「주송(周頌)」 '민여소자(閔予小子)' 편에 나오는 구절이다.

아직 평정을 찾을 수 없었다는 것을 말합니다. (이처럼 성왕이) 대개 문왕과 무왕의 업적을 높이려 한 것은 (그것이) 큰 교화[大化]의 근본이기 때문입니다. 신은 또 스승에게 '배필을 만나는 것은 백성들을 살리는 시초이며 만 가지 복의 근원이니, 혼인의 예가 바른 연후에야 일과 사물이 제 격에 맞도록 놓이게 돼[品物] 마침내 하늘의 명이 온전해진다'는 말씀을 들었습니다. 공자께서는 『시경(詩經)』을 편찬할 때 「국풍(國風)」 '관저(關雎)' 편으로 시작했습니다. 이는 가장 윗자리에 있다는 것은 백성들의 부모나 마찬가지이니, 후부인의 행실이 하늘과 땅(의 이치)에 힘쓰지 않는다면 신령의 가르침을 받들 수 없고 만물의 마땅함을 다스릴 수 없기 때문입니다. 그래서 『시경(詩經)』에 이르기를 '저 얌전한 숙녀여, 군자의 좋은 짝이로구나[窈窕淑女 君子好逑]'[15]라고 했으니, 이는 능히 그 곧고 맑음[貞淑]에 이를 수 있고 그 지조를 버리지 않아 정욕의 감정이 용모나 거동[容儀]에 조금도 끼어들지 못하고, 또 사사로움을 즐기려는 뜻이 움직일 때나 고요할 때 어느 쪽으로도 드러나지 않는다는 말입니다. 무릇 이렇게 된 연후라야 지존(至尊)의 배필이 될 수 있고 종묘의 주인이 될 수 있습니다. 이는 기강의 첫머리이며 임금다운 가르침의 실마리입니다. 상고시대로부터 시작해 삼대(三代)가 일어나고, 망한 것이 이로부터 말미암지 않는 것이 없었습니다. 바라건대 폐하께서는 득실(得失)과 성쇠(盛衰)의 본보기를 상세히 살피시어, 큰 바탕[大基]을 튼튼히 하시고 다움이 있는 사람을 들어 쓰시고, 음악과 여색을 경계하시며, 엄숙하고 삼가는 사람[嚴敬]을 가까이하시고

---

15 「국풍(國風)」 '관저(關雎)' 편에 나오는 구절이다.

잔재주에만 능한 자는 멀리하셔야 합니다.

　남몰래 빼어난 다움이 정말로 무성한 사람들을 살펴보니 그들은 『시경(詩經)』과 『서경(書經)』을 오로지 파고들어 그것을 좋아하면서 싫증을 낼 줄 몰랐습니다. 신 광형은 재주가 둔해[駑] 좋은 일이나 마땅한 일[善義]을 보필해 도울 수가 없고, 폐하의 황제다운 말씀[德音]을 널리 알릴 수도 없습니다. 다만 신이 듣건대 육경(六經-『시경』, 『서경』, 『예기』, 『악기』, 『역경』, 『춘추』)이라는 것은 빼어난 이가 하늘과 땅의 마음을 통합해주고 좋고 나쁨[善惡]이 돌아갈 곳을 드러내주며, 길흉의 구분을 밝혀주고 사람의 도리의 바름을 통하게 해 원래의 본성에 어긋나지 않게 해주는 것입니다. 그래서 여섯 가지 기예[六藝]를 가르치고 배우는 취지는, 하늘과 사람의 이치를 배울 수 있게 해 서로를 조화시켜주고 초목과 곤충이 있게 해 그것들을 길러주는 것이니, 이는 영원히[永永] 변치 않는 도리입니다. 『논어(論語)』와 『효경(孝經)의』 경우에는 빼어난 이가 말하고 행동하는 요체이니 마땅히 그 의미를 깊이 파고들어야 할 것입니다.

　신이 또 듣건대 빼어난 임금[聖主]이 평소 자연스럽게 행하는 것들을 보면 움직일 때나 가만히 있을 때, 혹은 두루 일을 주선할 때에 하늘을 받들고[奉天=事天] 부모를 모시며[承親], 조정에 나아가고 신하들을 거느리는 것이 늘 일마다 절도와 애씀[節文]이 있어 사람의 큰 도리[人倫]를 빛나게 해줍니다. 대개 삼가고 도우며 조심하고 두려워하는 것[欽翼祗栗]은 하늘을 섬기는 모습이고, 따뜻하고 공손하며 삼가고 겸손한 것[溫恭敬遜]은 부모를 모시는 예이며, 몸을 바로 해 엄하게 삼가는 것[正躬嚴恪]은 많은 사람들 앞에 나아갔을 때의 거동[儀]이고, 기뻐하고 은혜로우며 평화롭고 즐거워하는 것[嘉惠和說]은 아랫사람들을 거느리는 얼굴입니다.

어떤 행동을 취하거나 그만두는 것에서 가장 중요한 것은 그 거동[儀]입니다. 그래서 그 모양에서는 어짊과 마땅함[仁義]이 뿜어져 나와야 하고 행동 하나하나는 법도가 돼야 합니다. 제후들이 해마다 정월에 천자를 조현하러 오면 천자는 오직 도리와 다움[道德]을 밝게 보여주어 천자로서 품격을 드러내 보여야 하고, 또 예악(禮樂)을 잘 갖춰 그들을 잘 접대한 다음 돌아가게 해야 합니다. 그러면 온 나라들이 상과 복을 받게 되고 어리석은 백성들은 교화돼 풍속이 바로잡히게 될 것입니다.

지금이 정월 초이니 노침(路寢)[16]에 행차하시어 조하(朝賀-하례 인사)에 임석하시고, 잔치를 열어 만방에 베풀도록 하셔야 합니다. 전하는 말에 군자는 그 처음을 신중히 하라[謹始]고 했습니다.

바라건대 폐하께서는 움직일 때나 가만히 있을 때의 절도[動靜之節]에 뜻을 두시고서, 여러 아랫사람들로 하여금 폐하의 다움이 왕성하게 이루어져가는 것을 볼 수 있게 해주셔서 그 기둥을 튼튼히 하신다면 온 천하는 참으로 다행스러울 것입니다."

상은 삼가며 그 말을 받아들였다. 얼마 후에 형은 다시 아뢰어 남교와 북교의 제사를 바로잡고 각종 음사(淫祀-부정한 귀신에게 지내는 제사)를 폐지했는데 상세한 이야기는 「교사지(郊祀志)」에 실려 있다.

애초에 원제 때 중서령 석현이 정사를 좌우해 그 이전의 재상 위현성이

---

16 임금의 거소(居所)를 침(寢)이라 하는데 중앙에 있는 정전(正殿)을 노침(路寢)이라 하고, 그 동, 서 양쪽에 있는 편전(便殿)을 소침(小寢)이라 한다.

나 형은 모두 현을 두려워해 감히 그의 뜻을 거스를 수 없었다. 성제 즉위 초가 되자 형은 마침내 어사대부 견담(甄譚)과 함께 현의 일을 아뢰어 그가 옛날에 저지른 잘못들을 조목조목 열거하면서 아울러 그의 당여(黨與)들도 함께 규탄했다. 이에 사예교위 왕존(王尊)이 탄핵해 아뢰었다.

"형(衡)과 담(譚)은 대신의 지위에 있으면서 현 등이 권세를 제 마음대로 해 위엄과 복록[威福]을 행사하며, 온 나라 안에 우환과 해악을 끼쳤는데도 정작 그때는 상주해 처벌을 시행하지는 못하고 아첨하며 굴종해, 아래에 붙고 위를 기망했으니 대신으로서 정치를 보좌하는 마땅함을 행하지 못했습니다. 이제 현 등을 탄핵하면서도 예전에 불충했던 죄는 스스로 진술하지 않고, 도리어 선제(先帝)께서 나라를 전복시킬 만한 무리들을 임용했다고 떠들어대니 그 죄는 부도(不道)에 해당합니다."

상은 조서를 내려 형 등을 조사하지 말라고 했다. 형은 부끄럽고 두려워 사죄의 소를 올렸고, 더불어 병을 칭탁해 사직을 청하며[乞骸骨] 승상과 낙안후의 인끈을 위에 올려 반납했다. 상이 답해 말했다.

"그대는 도리와 다움으로 밝음을 닦아[修明] 삼공의 자리에 있었으며, 선제(先帝)께서 정사를 맡기셨고 마침내 짐 자신에까지 이르렀다. 그대는 법과 도리를 받들어 닦으며 황실의 일에 부지런히 노고를 다했으니, 짐은 기꺼이 그대와 한마음 한뜻이 돼 거의 일을 성취할 수가 있었다. (그런데) 지금 사예교위(司隷校尉)가 거짓을 믿고 기만해 그대에게 비난을 가하니 짐은 심히 민망하게 여긴다. 바야흐로 아래의 유사에서 실상을 알아보고 있는데 그대는 뭔가를 의심해 글을 올려 후(侯)의 작위를 반납하고, 나이를 이유로 물러나겠다[乞骸骨]고 하니 이는 짐이 훤히 알지 못하겠다. 전하는 시(詩)에 이르지 않았는가?

'예와 의로움에 허물이 없는데 어찌 남들이 하는 말을 걱정하랴[禮意_{예의}不愆_{불건} 何恤_{하휼} 人之言_{인지언}]!'

그대는 이 점을 잘 살펴서 정신을 온전히 하고, 의원과 약을 가까이하며 잘 먹고 스스로를 챙기도록 하라[自愛_{자애}=自輔_{자보}]."

그러고는 좋은 술과 특별히 잘 기른 소를 내려주었다. 형은 다시 일어나 일을 보았다. 상은 새롭게 즉위해 대신들을 포상하고 도탑게 대해주었으나 여러 신하들 중에는 왕존과 같은 자들이 아직 많았다. 형은 아무 말도 안 했지만[嘿嘿_{묵묵}] 스스로 불안을 느껴, 홍수나 가뭄이 있거나 비와 바람이 절기에 맞지 않을 경우에 연이어서 사직을 청해 관직을 사양했다. 상은 그때마다 조서를 내려 위무하고는 사직을 허락하지 않았다.

한참 뒤에 형의 아들 창(昌)이 월기교위(越騎校尉)로 있으면서 술에 취해 사람을 죽여 조옥(詔獄)에 갇혔다. 월기의 관리와 창의 동생이 함께 장차 창을 감옥에서 빼내기로 모의했다. 일이 발각돼 형은 관을 벗고 맨발로[徒跣_{도선}] 대죄(待罪)하니, 천자는 알자를 보내 조서를 내려 형에게 관을 쓰고 신발을 신게 했다. 그런데 유사에서 형이 토지를 점유하고 탈취했다고 아뢰어 형은 결국 법에 걸려 면직됐다.

애초에 형이 (임회군(臨淮郡) 동현(僮縣)의 낙안향(樂安鄕)에 봉해졌을 때 향의 본래 땅은 제봉(提封)〔○ 사고(師古)가 말했다. "봉을 받은 경계 안의 땅 전체를 말한다."〕 3,100경(頃)이었는데, 남쪽으로는 민백(閩佰)〔○ 사고(師古)가 말했다. "백(佰) 혹은 맥(陌)이란 밭의 동, 서 경계를 말한다. 민(閩)이란 백의 명칭이다."〕을 경계로 하고 있었다. 초원(初元) 원년에 군(郡)

의 토지 지도에서 민백을 잘못해 평릉백(平陵佰)으로 그렸다. 10여 년이 지나 형이 임회군에 봉받을 때, 드디어 진짜 평릉백도 포함된 것을 봉받았는데 실제보다 400경이 많았다. 건시(建始) 원년에 이르러 군에서 마침내 국(國)의 경계를 정해 계부(計簿-토지 계산 장부)를 올리며, 토지 지도를 다시 정해 승상부에 보고했다. 형은 친하게 지내던 관리 조은(趙殷)에게 말했다.

"주부(注簿) 육사(陸賜)는 전에 주조(奏曹)에 있었기 때문에 그 일에 익숙하고, 제후국의 경계의 일을 훤히 알고 있으니 집조(集曹) 연(掾)에 임명하겠다."

이듬해 통계를 처리할 때가 되자 형이 경계의 일과 관련해 은에게 물었다.

"집조에서는 어떻게 할 것인가?"

은이 말했다.

"사(賜)는 통계를 내면서 군에서 올린 일을 그대로 할 것입니다. 혹시 군에서 기꺼이 사실대로 보고하지 않는다면 가승(家丞)을 시켜 위에 글을 올리면 될 것입니다."

형이 말했다.

"통계 조사를 실시하느냐 아니냐만 챙기면 되지 어찌 글을 올릴 것까지 있겠는가?"

실제로 집조에 통계를 바로잡으라고 하지도 않았고 집조에서 보고하는 것을 그대로 따랐다. 뒤에 육사와 관속 명(明)이 통계를 다 바로잡고서 말했다.

"옛날 지도에 의거해 낙안향 남쪽의 평릉백으로 경계를 정했는데, 이전 지도 그대로 하지 않고 민백으로 경계를 정했으니 어떻게 처리해야 할까요?"

군에서는 즉각 다시 400경을 낙안국 소유로 복구했다. 형은 종사(從史)를 시켜 늘어난 토지에서 거둬들인 전조(田租) 1,000여 석을 형의 집으로 운반해왔다. 사예교위 준(駿), 소부 충(忠)이 정위의 일을 대행하면서 이 일을 탄핵해 아뢰었다.

'형은 감독을 맡은 몸으로 그가 관장하는 법률에서 죄로 정한 10금 이상을 가로챘습니다. 춘추(春秋)의 의리에 따르면 제후는 자신의 땅을 마음대로 처리할 수 없게 했는데, 이는 모두가 하나같이 법제를 지키고 존중해야 하기 때문입니다. 형은 지위가 삼공(三公)에 있고 국정을 보좌하면서 계부(計簿)를 총괄하고 군의 실상을 파악하며, 나라의 경계를 바로잡아야 하는데도 이미 정해진 통계를 고쳐 법제를 어겼고, 식읍을 제 마음대로 늘려 사익을 취했습니다. 또한 사와 명은 형의 뜻을 몰래 받들어 군의 업무를 부당하게 처리해 현의 경계를 어지럽히고 줄임으로써, 아래에 붙고 위를 기망해 제 마음대로 대신에게 땅을 더해주었으니 이 모든 것들은 다 부도(不道)의 죄에 해당합니다.'

이에 상은 그들이 아뢴 바가 옳다고 하면서도 형을 (법으로는) 다스리지 말게 하고 승상의 직을 면해 서인이 되게 했는데 (형은) 집에서 생을 마쳤다.

아들 함(咸) 또한 경술에 밝아 구경(九卿)의 여러 자리를 지냈다. 집 안에서는 대대로 박사(博士)가 된 사람이 많았다.

장우(張禹)는 자(字)가 자문(子文)으로 하내(河內) 지(軹-현) 사람인데, 우(禹)의 아버지 때에 이르러 집안을 연작(蓮勺-현)으로 옮겼다. 우가 어린아이였을 때 집안사람을 따라 자주 시장에 갔는데, 점이나 관상을 보는 사람 코앞에 서서 그것을 구경하는 것을 좋아했다. 시간이 흘러 그 시초[蓍]를 나눠 괘(卦)의 뜻을 파악하는 점에 두루 통하게 돼 수시로 그를 따라다니면서 이야기를 많이 했다. 점이나 관상을 보는 사람은 그를 아껴주었고 또 그의 얼굴을 특이하다고 여겨, 우의 아버지에게 말하기를 "이 아이는 아는 것이 많으니 경술을 잘 가르치세요"라고 했다. 우가 장성해 장안(長安)에 이르러 공부를 하게 되자 패군(沛郡)의 시수(施讐)에게 『주역(周易)』을 배웠고, 낭야(琅邪-군)의 왕양(王陽)과 교동(膠東-국)의 용생(庸生)에게 『논어(論語)』를 물었는데 이미 다 밝게 익히게 되자, 따르는 무리가 많아지니 천거를 받아 군의 문학이 됐다. 감로(甘露) 연간에 여러 유생들이 우를 천거하니 조서를 내려 태자태부 소망지(蕭望之)로 하여금 그에게 여러 가지를 물어보게 했다. 우가 『주역(周易)』과 『논어(論語)』의 큰 뜻으로 대답하자 망지는 좋게 여겨 우가 경학을 정밀하게 익혔고, 스승의 법도를 갖고 있어 시험 삼아 일을 맡겨볼 수 있겠다고 아뢰었다. 그러나 주(奏)가 내려오지 않아[寢=不下] 옛 관직으로 돌아갔다. 시간이 얼마 지나 시험 삼아 박사로 삼았다. 초원(初元) 연간에 황태자가 세워지자 박사 정관중(鄭寬中)이 『상서(尙書)』를 태자에게 가르쳤는데, 그는 우가 『논어(論語)』를 잘 안다고 해 추천했다. 조서를 내려 우로 하여금 태자에게 『논어(論語)』를 가르치게 했는데 이로 말미암아 광록대부로 승진시켰다. 여러 해 후에 지방으로 나가 동평(東平-국)의 내사(內史)가 됐다.

원제(元帝)가 붕하고 성제(成帝)가 즉위하자 우와 관중(寬中)을 불러들여 둘 다 스승으로 삼고 관내후의 작위를 내려주었는데, 관중의 식읍은 800호, 우는 600호였다. (우를) 제배해 제리(諸吏) 광록대부로 삼았는데 작질은 중(中) 2,000석이었고 급사중(給事中)으로서 상서(尚書)의 일을 총괄하게 했다. 이때 제(帝)의 외숙 양평후(陽平侯) 왕봉(王鳳)이 대장군이 돼 정사를 보필하면서 전권을 쥐었는데, 상은 춘추가 아직 젊어서[富] 바야흐로 경학에 몰두하면서 사부를 공경하고 존중했다. 그런데 우는 봉(鳳)과 함께 나란히 상서를 총괄하다 보니 속으로 스스로 불안해 여러 차례 병을 핑계로 글을 올려 사직서를 올렸는데, 이는 물러나 봉을 피하고자 함이었다. 상이 답해 말했다.

"짐이 어린 나이에 집정(執政)해 만기친람(萬機親覽)했기에 그 적중된 도리[中=中道]를 잃을까 늘 두려웠는데, 그대는 도리와 다움[道德]으로 스승이 돼주었다. 그래서 국정을 맡겼던 것인데 그대는 뭔가를 의심해 여러 차례 나이를 이유로 물러나겠다고 하니, (홀로) 단아함과 소박함[雅素]을 지켜 유언비어나 피해볼 심산인가? 짐은 들어줄 수 없노라. 그대는 이에 마음을 굳게 먹고 깊이 생각해 제반 업무를 총괄하면서 이를 추진하는 데 전심전력을 다해[孳孳] 짐의 뜻을 어기지 말라."

황금 100근을 더 내려주었고 소와 아주 귀한 술을 하사했으며 태관(太官)은 귀한 음식을 가져다주었고, 시의(侍醫)가 병을 돌보았으며 사자(使者)가 와서 위문을 했다. 우는 황공해 다시 나와서 일을 보았는데 하평(河平) 4년에 왕상(王商)의 뒤를 이어 승상이 돼 안창후(安昌侯)에 봉해졌다.

승상이 된 지 6년 만인 홍가(鴻嘉) 원년에 나이가 많고 병이 들어 사직을 청하니, 상은 도탑게 두 번 세 번 만류하다가 마침내 그리하라고 했다[聽許]. 안거(安車)와 네 마리 말, 그리고 황금 100근을 내려주니 관직을 내려놓고 사저에 머물렀지만, 열후의 자격으로 매달 초하루와 보름에 조회에 참여할 수 있게 했고, 자리를 특진시켜 승상과 같은 예우를 했으며, 종사사(從事史)을 두었고 봉읍을 400호 더 내려주었다. 천자가 여러 차례에 걸쳐 상사(賞賜)를 내려주니 전후로 수천만 전에 이르렀다.

우는 사람됨이 삼가고 두터웠으나[謹厚] 안으로 재화를 늘렸고 집안은 농사를 업으로 삼았다. 부귀하게 되자 논밭을 많이 사들여 400경(頃)에 이르렀는데, 모두 경수(涇水)와 위수(渭水)의 물로 관개해 아주 비옥했기 때문에 최고의 땅값을 기록했다. 다른 재물들도 이와 같았다. 우는 천성적으로 음악을 배우고 잘 알아 안으로 사치하고 음란했으며, 대저택에서 살다 보니 후당(後堂)에 사죽(絲竹)과 관현(管絃)을 두고 익혔다.

우가 길러낸[成就] 제자들 중에 회양(淮陽-군)의 팽선(彭宣)은 대사공에 이르렀고, 패군(沛郡)의 대숭(戴崇)은 소부 구경에 이르렀다. 선(宣)은 사람됨이 공손하고 검소했으며 법도가 있었고, 숭(崇)은 점잖으면서[愷弟] 지혜가 많아 두 사람은 남다른 행실을 보였다. 우는 마음속으로 숭을 가까이하면서 아꼈고, 선은 존중하면서도 멀리했다. 숭은 우를 찾아올 때마다 항상 스승을 채근해 술자리를 마련하게 하고서 음악을 연주하게 한 다음에 서로 즐겼다. 우는 숭을 이끌고 후당에 들어가 먹고 마시며 부인도 만나게 해주고, 광대들에게 관현의 풍악을 연주하게 해 즐겁게 놀다가 늦은 밤이 돼서야 마침내 끝냈다. 반면에 선이 찾아오면 우는 그를 안방 곁에 있는 작은 방에서 만나보고서, 경전의 뜻을 강론하다가 날이 저물면

단지 고기 한 접시와 술 한 잔을 대접했다. 선은 일찍이 후당에 들어가 본 적이 없었다. 두 사람 다 이를 들어서 알고 있었지만 각자 자신에게 대접하는 방식만을 좋아했을 뿐 다른 사람을 어떻게 대하건 개의치 않았다.

우(禹)는 연로해지자 자신의 무덤을 만들고 사당(祠堂)을 세우려고 하면서 평릉(平陵)[17] 비우정(肥牛亭) 근처의 땅을 좋다고 여겼고, 또한 그곳이 연릉(延陵)[18]과 가깝기 때문에 그것을 자신에게 줄 것을 청하니, 상은 우에게 그 땅을 내려주면서 조서를 내려 평릉의 관리자에게 명해 비우정을 다른 곳으로 옮기라고 했다. 곡양후(曲陽侯) 근(根-왕근)이 이를 듣고서 간쟁해 말했다.

"이 땅은 평릉 침묘(寢廟-능)의 의관을 꺼내서 순행시키는 길을 마주하고 있는데, 우는 사부로서 겸양의 길을 따르지 않고 의관이 순행하는 길까지 요구했고, 또 옛 정자를 헐어서 옮기라고까지 했으니 이중으로 마땅하지 못합니다. 공자는 말하기를 '사(賜-자공)야! 너는 그 양을 아까워하느냐? 나는 그 예를 아까워한다'[19]라고 했으니 마땅히 고쳐서 우에게 다른

---

17 소제(昭帝)의 능이다.

18 아직 살아 있는 성제(成帝)를 위해 조성한 능이다.

19 『논어(論語)』「팔일(八佾)」편에 나오는 말이다. 제자 자공(子貢)이 초하룻날 태묘에 곡삭(告朔)하면서 바치는 희생양을 없애려 했다. 이에 공자가 자공에게 했던 말이다. 곡삭(告朔)이란 천자가 섣달에 다음 해 열두 달의 달력을 제후들에게 반포하면 제후들은 그것을 받아 종묘(여기서는 대묘나 태묘)에 잘 보관했다가, 매달 초하룻날이 되면 희생양 한 마리를 사당에 바치고 지내는 제사를 말한다. 주희의 설명에 따르면 공자가 살았던 노(魯)나라에서는 문공(文公) 때부터 군주가 직접 제사를 지내지 않았으나 담당 관리는 계속 희생양을 바쳤다. 자공이 바로 이것을 없애려 한 것이다. 이에 대한 주희(朱熹)의 풀이다. "자공은 그 실상이 없이 함부로 낭비

땅을 주어야 할 것입니다."

근이 비록 (제의) 외삼촌이기는 했지만 상은 우를 그보다 더 중하게 여겼고, 근의 말이 절절하기는[切] 했지만 오히려 그 말을 들어주지 않고, 결국 비우정의 땅을 우에게 내려주었다. 근은 이로 말미암아 우가 받던 총애를 해치려고 해 여러 차례 그를 헐뜯고 비방했다. (그럴수록) 천자는 더욱 더[愈益] 우를 존경하고 두텁게 예우했다. 우가 병이 들면 그때마다 곧장 어떠한지에 관해 보고를 받았고, 거가(車駕)를 타고 직접 가서 병문안을 하기도 했다. 상이 우의 병상 곁에 나아가 절을 하면 우는 머리를 조아려 감사의 인사를 올렸는데, 그 틈을 타서 간절한 주청을 올렸다.

"노신(老臣)에게는 4남 1녀가 있는데 딸아이를 아들들보다 더 사랑하지만 먼 곳 장액(張掖)태수 소함(蕭咸)의 아내로 시집가는 바람에 아버지로서의 애틋한 정을 차마 이겨내지 못해 서로 가까운 곳에 있기만을 염원하고 있습니다."

상은 그 즉시 함(咸)을 홍농(弘農)태수로 옮겼다. 또 우의 막내아들은 아직 관직이 없었는데 상이 우를 병문안 왔을 때 우는 여러 차례 그의 막내아들을 보여주니, 상은 곧장 우의 병상 곁에서 제배해 황문랑(黃門郞)으로 삼고 급사중(給事中)의 일을 맡겼다.

우는 비록 집에 머물기는 했지만 특진후(特進侯)로서 천자의 스승이었

함을 아까워한 것이다. 그러나 예가 비록 폐지됐더라도 양이 남아 있으면 오히려 기억할 수 있어서 복구될 수 있거니와, 만약 그 양마저 함께 없애버린다면 이 예가 마침내 없어질 것이니, 공자께서는 이 때문에 아까워하신 것이다."

기 때문에, 국가에 매번 큰 정사가 있을 때마다 반드시 의견을 정하는 데 [定議] 참여했다. 영시(永始)와 원연(元延) 연간에는 일식과 지진이 더욱 자주 일어나니, 관리와 백성들 중에서 많은 사람들이 글을 올려 재이(災異)에 관해 글을 올려, 이는 왕씨(王氏)가 정사를 독점해서 일어난 것이라고 통렬하게 비판했다. 상은 변고와 재이가 자주 보이는 것을 두려워해 속으로 자못 그렇다고 여겼지만 그것을 명확하게 드러내지는 않고 있었는데, 마침내 거가로 우의 집에 이르러 좌우를 물리치고[辟=闢] 직접 우에게 하늘의 변고[天變]를 물어보면서, 아울러 관리와 백성들이 왕씨 때문이라고 말한 글들을 우에게 보여주었다. 우는 자신이 늙은 데다가 자손은 미약하다고 여겼고 또 공양후와 불화가 있었기[不平=不和] 때문에 원한을 사게 될까 두려웠다. 그래서 우는 상에게 이렇게 말했다.

"『춘추(春秋)』에서는 242년 동안 일식이 30여 차례 있었고 지진이 다섯 차례 있었는데, 그럴 때마다 혹 제후들이 서로 죽이거나 혹 오랑캐들이 중국을 침입했습니다. 재이와 변고의 뜻은 깊고 멀어서 (쉽게) 알기 어려우니 그 때문에 공자께서도 명(命)에 대해서는 드물게 말씀하셨고,[20] 괴이한 일과 귀신의 일에 대해서는 아예 말씀을 하지 않으셨으며,[21] 본성[性]과

---

20 『논어(論語)』「자한(子罕)」편에 나오는 말이다. "공자께서는 이익[利]과 천명[命], 그리고 어짊[仁]에 대해서는 아주 드물게만 언급하셨다." 이 말에 대해 정약용은 이렇게 풀이했다. "이익은 백성을 이롭게 한다[利民]거나 나라를 이롭게 한다[利國]고 할 때의 이(利)의 뜻이다. 명(命)은 천명(天命)이며 인(仁)이란 인륜의 성덕(成德)이다. 이(利)를 자주 말하면 의(義)를 상하게 하며, 명(命)을 자주 말하면 하늘을 모욕하게 되며, 인(仁)을 자주 말하면 몸소 실행하는 것이 미치지 못하게 되니 이것이 드물게 말한 까닭이다."

21 『논어(論語)』「술이(述而)」편에 나오는 말이다. "공자께서는 괴이한 일과 용력과 도를 어지럽히

하늘의 도리[天道]에 대해서는 자공(子貢)(처럼 뛰어난 제자)도 들을 수가 없었는데,[22] 하물며 얕은 견해와 비루한 유자들이 말한 것이야 무슨 말을 할 필요가 있겠습니까? 폐하께서는 마땅히 정사를 잘 닦으시어 좋은 행실[善]로 재이와 변고에 응답하시는 것이 경전의 뜻입니다. 새롭게 배우기 시작한 소인의 무리들이 도리를 어지럽히고 다른 사람들을 잘못 인도하고 있으니 마땅히 그런 말씀을 믿지 마시고 경술(經術)로 그것을 끊어내셔야 할 것입니다."

상은 평소 우를 믿고 총애했기 때문에 이로 말미암아 왕씨를 더 이상 의심하지 않았다. 뒤에 곡양후 근과 여러 왕씨의 자제들은 우가 했다는 말을 들어서 알고는 모두 기뻐했으며 드디어 우에게 와서 붙었다. 우는 종종 변이가 있거나 상의 옥체가 편안하지 못하면 날을 골라 재계를 하고 시초를 늘어놓았고[露蓍],[23] 의관을 바로하고 점을 쳐서[立筮] 길한 괘를 얻으면 즉시 그 점괘를 바쳤고, 만약에 길하지 못하면 우는 마음으로 걱정하며 근심스러운 낯빛을 했다.

성제(成帝)가 붕하자 우는 이어서 애제(哀帝)를 섬겼는데 건평(建平) 2년에 훙하니 시호를 절후(節侯)라 했다. 우에게는 아들이 네 명 있었는데 맏아들 굉(宏)은 후의 작위를 이어받아 관직이 태상(太常)에 이르러 구경

는 일과 귀신에 관한 일[怪力亂神]은 말씀하지 않으셨다."
22 『논어(論語)』「공야장(公冶長)」 편에 나오는 말이다. 자공이 어떤 사람에게 공자에 관해 이렇게 말했다. "스승의 문장은 알아들을 수 있지만 성(性)과 천도(天道)에 대해 말씀하신 것은 알아들을 수 없다."
23 시초점을 친다는 뜻이다.

의 반열에 올랐다. 세 명의 동생들도 모두 교위(校尉)나 산기제리(散騎諸曹)가 됐다.

애초에 우가 스승이 됐을 때 상은 경전의 뜻과 관련해 자신에게 묻는 것을 어려워했는데 이 때문에 그는 『논어장구(論語章句)』를 지어 바쳤다. 이에 앞서 노(魯)나라의 부경(扶卿), 하후승(夏侯勝), 왕양(王陽), 소망지(蕭望之), 위현성(韋玄成) 등이 모두 『논어(論語)』를 강론했으나 사람마다 편차(篇次)가 조금씩 달랐다. 우는 앞서 왕양에게 배웠고 뒤에는 용생(庸生)을 따랐기 때문에, 그중에 뜻이 서로 일치돼 우러나서 자연스러운 것[所安]만 가려서 뽑았기 때문에 가장 늦게 『논어(論語)』에 관한 책을 냈지만 높은 평가를 받아 귀하게 여겨졌다.[24] 유생들은 그 때문에 이렇게 말하곤 했다.

"『논어(論語)』를 제대로 알려면 장우의 글을 읽어라[念=誦]."

이때부터 배우는 자들은 대부분 장씨(張氏)를 따랐기 때문에 다른 학설들은 점점[寖=漸] 쇠퇴했다.

공광(孔光)은 자(字)가 자하(子夏)로 공자의 14세손이다. 공자는 백어(伯魚) 리(鯉)[25]를 낳았고, 리는 자사(子思) 급(伋)을 낳았고, 급은 자상(子上) 백(帛)을 낳았고, 백은 자가(子家) 구(求)를 낳았고, 구는 자진(子眞) 기(箕)를 낳았고, 기는 자고(子高) 천(穿)을 낳았다. 천은 순(順)을 낳았는데 순

---

24 『장후론(張侯論)』이 그것이다. 「예문지(藝文志)」에는 『노안창후설(魯安昌侯說)』 21편이라고 돼 있는데 안창후가 장우다.

25 백어는 자, 리는 이름이다.

은 위(魏)나라 재상이 됐다. 순은 부(鮒)를 낳았는데 부는 진섭(陳涉)의 박사가 됐고, 그 아래에 있다가 (병으로) 죽었다. 부의 동생의 아들 양(襄)은 (한나라) 효혜(孝惠)의 박사, 장사(長沙-국)의 태부(太傅)가 됐다. 양은 충(忠)을 낳고, 충은 무(武)와 안국(安國)을 낳았는데, 무는 연년(延年)을 낳았다. 연년은 패(霸)를 낳았는데 자(字)는 차유(次儒)였다. 패는 광(光)을 낳았다. 안국과 연년은 모두 『상서(尙書)』에 정통해 무제(武帝) 때 박사가 됐다. 안국은 임회(臨淮)태수에 이르렀다. 패 또한 『상서(尙書)』에 정통해 태부(太傅) 하후승(夏侯勝)을 섬겼고, 소제(昭帝) 말년에 박사가 됐으며 선제(宣帝) 때 태중대부(太中大夫)가 됐고, 뽑혀서 황태자에게 경서를 가르쳤는데 첨사(詹事)로 승진했다가 고밀(高密-국)의 재상이 됐다. 이때 제후왕의 재상은 (그 지위가) 군수보다 높았다.

원제(元帝)가 자리에 나아가자 패(霸)를 불러 (옛날에 자신의) 스승이었다 해 관내후의 작위와 식읍 800호를 내려주었으며, 칭호는 (황제의 성취를 도와준 것을 포상한다는 뜻으로) 포성군(襃成君)이라고 하고서 급사중의 일을 보게 했고, 황금 200근과 제1구(區)의 택지를 내려주었으며 호적[名數=戶籍]을 장안(長安)으로 옮길 수 있게 해주었다. 패는 사람됨이 겸손하고 나서지 않아[謙退] 권세를 좋아하지 않았고, 늘 작위가 너무 과분하다며 "내가 무슨 덕(德)으로 이를 감당할 수 있으랴"라고 말하곤 했다. 상은 패를 승상의 지위에 두려고 했는데 어사대부 공우(貢禹)가 졸(卒)하고 설광덕(薛廣德)이 면직되자 곧바로 패를 제배하려 했다. 패는 자리를 사양하며 스스로 물러날 뜻을 세 번이나 밝히자 상은 그 지극한 정성을 깊이 이해하고서 마침내 그를 쓰지 않았다. 이 점을 공경해 상사(賞賜)가 더욱 두터웠다. 패가 훙하자 상은 소복(素服) 차림으로 두 번이나 조문을 했고, 동원(東園)의 비기(秘器)와 돈, 비단을 내려주었으며, 책명(策命)으로 열후(列侯)의 예를 갖추게 했는데 시호는 열군(烈君)이라 했다.

패(覇)는 아들이 네 명이었는데 맏아들 복(福)이 관내후를 이어받았다. 둘째 아들 첩(捷)과 첩의 동생 희(喜)는 모두 교위(校尉)의 제조(諸曹)가 됐다. 광(光)은 막내아들[最少子]로 경학(經學)에 아주 밝았고, 나이가 20세도 못 돼 천거돼 의랑(議郞)이 됐다. 광록훈 광형(匡衡)은 광이 반듯하고 바르다[方正] 해서 천거해 간대부가 됐다. 의견이 천자의 뜻에 합치되지 않는 죄에 연루돼 (패군) 홍현(虹縣)의 장(長-현장)으로 좌천되자, 스스로 관직을 버리고[自免] 향리로 돌아가 학생들을 가르쳤다. 성제(成帝)가 처음에 즉위하자 천거돼 박사가 됐으며 여러 차례 사자로서 억울한 옥사[冤獄]를 재심했고, 풍속을 살피고 유민을 구휼했으며 사자로서 일을 받드는 것이 상의 뜻에 부합한다 해 그로 인해 이름을 알렸다.

이때 박사는 삼과(三科)[26]로 뽑았는데 가장 높은 성적을 얻은 사람이 상서, 그다음이 자사였고, 정사(政事)에 정통하지 못한 자는 오랫동안 그 자리에 있다가 제후의 태부에 보임했다. 광(光)은 가장 높은 성적으로 상서가 됐고, 고사(故事)와 의례[品式]를 잘 살펴 여러 해에 걸쳐 한나라의 제도와 법령을 잘 다뤘다. 상은 그를 깊이 신임해 옮겨서 복야(僕射)로 삼았고 (뒤에) 상서령에 임명했다. 조서를 내려 광이 주도면밀하고[周密] 매사 조심해 일찍이 과실이 없었기 때문에 제리(諸吏)의 관직을 더해주었으

---

26 상서(尙書), 자사(刺史), 제후(諸侯)의 태부 등 3개의 분야였다.

며, 그의 아들 방(放)을 시랑으로 삼하 황문(黃門)에 급사(給事)하게 했다. 몇 년 후에 제리 광록대부로 승진했는데, 작질은 중(中) 2,000석에 급사중으로서 황금 100근을 하사받았으며 상서의 일을 총괄했다. 뒤에 광록훈이 됐다가 다시 상서의 일을 총괄했으며 제리 급사중은 전과 그대로였다. 총 10여 년 동안 중추적인 일을 전담하면서 법도를 지켰고 고사를 잘 따랐다. 상이 물어보는 것이 있으면 경전과 법도에 의거해 마음속에서 우러나는 바대로 대답을 했고, 구차스럽게 상의 뜻에 영합하려는 경우는 거의 없었다. 만약에 혹시 상이 그의 말을 따르지 않더라도 감히 억지로 간쟁하지 않았기에 오랫동안 그 지위를 지킬 수 있었다. 종종 말하고자 하는 바가 있으면 곧바로 초고(草稿)는 없애버렸는데, 왜냐하면 임금의 허물을 드러내 충직하다는 이름이나 얻으려 하는 것은 남의 신하 된 자로서 큰 죄라고 여겼기 때문이다. 사람을 천거했을 때에도 그 사람이 그 사실을 알게 될까 봐만 걱정했다. 정기 휴가[沐日]로 집에 가서 편안히 쉴 때에 형제, 처자들과 한가로이 이야기하게 될 경우에도 끝내 조정에서의 일은 언급하지 않았다. 어떤 사람이 광에게 "(장락궁에 있는) 온실전(溫室殿)에 있는 나무는 다 무슨 나무입니까?"라고 묻자 광은 입을 다물고 대꾸하지 않다가 다시 동문서답을 했으니, 그가 조정의 일을 누설하지 않는 것이 이와 같았다. 광은 제(帝)의 사부의 아들로서 어려서부터 경술에 정통하고 행실이 뛰어나 승진도 아주 빨랐다. 붕당이나 패거리를 맺지 않았고 유세에 능한 이를 길러냈으며 늘 다른 사람에게 공을 돌렸다. 이미 그 품성이 늘 조심해 스스로를 지키는 모습을 보였지만 그가 사람을 대하는 것 또한 이러했다. 광록훈으로 옮겼다가 어사대부가 됐다.

수화(綏和) 연간에 상은 즉위한 지 25년이 됐으나 계사(繼嗣-후사)가 없었고, 가까운 친족 중에는 어머니가 같은[同產=同腹] 동생 중산효왕(中山孝王)과 동생의 아들 정도왕(定陶王)이 있었다. 정도왕은 배움을 좋아하고 재능이 많았으며 제의 아들에 해당하는 항렬이었다. 그래서 왕의 할머니 부(傅)태후는 은근히 왕을 한나라의 후사[漢嗣]로 삼고자 남몰래 조(趙)황후, 소의(昭儀), 그리고 제의 외숙인 대사마 교기장군 왕근(王根)을 잘 섬기니, 이들은 모두 상에게 그런 쪽으로 권유를 했다. 상은 이에 승상 적방진(翟方進), 어사대부 광(光-공광), 우장군 염포(廉褒), 후장군 주박(朱博)을 불러서 모두 금중(禁中)[27]으로 데리고 들어가 중산과 정도왕 중에서 누가 마땅히 후사를 잇는 자가 돼야 하는지를 토의했다. 방진(方進)과 근(根)은 정도왕이 제의 동생의 아들인 데다가 예법에 따르면 "형제의 아들은 자식이나 마찬가지다", "그 뒤를 잇는 자는 그에게 아들이 된다"라고 했으니, 정도왕이 마땅히 사자(嗣子)가 돼야 한다고 했다. 포(褒)와 박(博)도 모두 방진과 근의 의견과 같았다. 광만이 홀로 예법상으로 후사를 세울 때는 가까움[親]을 척도로 삼는다고 했고, 중산왕은 선제(先帝)의 아들이며 제의 친동생이고, 또 『상서(尙書)』「반경(盤庚)」편에 은(殷)나라에서는 형이 죽자 동생이 뒤를 이은 사례가 있으니 중산왕이 마땅히 사자(嗣子)가 돼야 한

---

27 채옹(蔡邕)은 자신의 책 『독단(獨斷)』에서 금중(禁中)을 이렇게 풀이했다. "금중이란 문호(門戶)에 금하는 바가 있어 천자를 시어(侍御)하는 자가 아니면 들어갈 수 없기 때문에 금중이라고 하는 것이다. 효원황후(孝元皇后)의 아버지 대사마(大司馬) 양평후(陽平侯)의 이름이 금(禁)이었기 때문에 당시에는 이를 피해서 성중(省中)이라고 했다. 지금은 마땅히 고쳤고, 뒤에는 결국 이에 관한 새로운 명칭은 없었다."

다고 했다. 상은 예법상 형제가 나란히 종묘에 들어갈 수는 없다고 여겼고 또한 황후, 소의가 정도왕을 세우고 싶어 했기 때문에, 드디어 그를 세워 태자로 삼았다. 광은 의견이 상의 뜻에 적중하지 못했기[不中] 때문에 정위(廷尉)로 좌천됐다.

광(光)은 오랫동안 상서의 일을 맡았고 법령에 숙달돼 있어 일처리가 정교하면서도 공평하다[詳平]는 칭송을 들었다. 이때 정릉후(定陵侯) 순우장(淳于長)이 대역죄에 걸려 주살됐는데, 장(長)의 소첩 내시(迺始) 등 6명은 모두 장의 일이 아직 발각되기 전에 버려지거나 혹은 재혼을 했다. 장의 일이 드러나자 승상 방진, 대사공 무(武-하무)가 토의해 말했다.

"법령에 따르면 범법자는 각각 당시의 법에 의해 처리한다고 그 종료 시점을 명시했는데, 장이 대역죄를 범할 때 내시 등은 장의 아내였으니 이미 죄를 범한 것과 같고, 뒤에 버려졌다고는 하지만 법에 죄를 면하게 해줄 조항이 없습니다. 죄를 줄 것을 청합니다[請論]."

광의 의견은 이러했다.

"대역무도는 부모, 처자, 동모 소생은 아이나 어른이나 모두 기시하게 돼 있는데, 이는 뒤에 법을 어기는 자들을 징계하고자 해서입니다. 부부의 도리란 의리가 있을 때는 합쳐지는 것이고 의리가 없을 때는 떨어지는 것입니다. 장 자신도 아직 대역의 법에 걸려드는지를 모르고 있는 상황에서 내시 등을 버리거나 재혼하게 했으니, 의리는 이미 끊어진 것으로 장의 처였다는 이유로 논죄해 그를 죽인다는 것은 명분이 바르지 않고 연좌할 수도 없는 것입니다."

(상은) 조서를 내려 광의 의견이 옳다고 했다.

이 해에 우장군 포, 후장군 박이 정릉(定陵-순우장)과 홍양후(紅陽侯-왕립)의 일에 연루돼 둘 다 면직당해 서인이 됐다. 광을 좌장군으로 삼아 우장군의 관직을 겸하게 했고, 집금오 왕함(王咸)을 우장군으로 삼아 후장군의 관직을 겸하게 했다. 얼마 후에 후장군의 직을 없앴다. 몇 달 뒤에 승상 방진이 훙하자 좌장군 광을 불러 그 자리에 제배하려고 해 이미 후(侯)의 도장을 깎고서[28] 서찬(書贊-발령 문서)을 인쇄까지 했는데, 상이 갑자기 붕하는 바람에 그날 밤에 곧바로 대행(大行-붕하고 나서 시호를 받기 전까지 천자를 부르는 칭호) 앞에 나가 승상에 제배됐고 박산후(博山侯)의 인끈을 받았다.

애제(哀帝)가 처음에 즉위했을 때 검소와 절약을 몸소 실천해 각종 비용들을 줄이고 정사가 본인으로부터 나오니 조정은 화합돼 지극한 다스림[至治]을 기대했었다. 대신들을 포상하면서 광에게는 식읍 1,000호를 더 봉해주었다. 이때 성제의 어머니인 태황태후는 장락궁(長樂宮)에 거처했지만 제의 친할머니 정도 부(傅)태후는 (장안에 있는) 정도국 저택에 머물고 있었는데 조서를 내려 승상과 대사공에게 물었다.

'정도공왕(共王) 태후는 어디에 머무시는 것이 마땅한가?'

광은 평소 부태후의 사람됨이 강인하고 사나우며[剛暴] 권모술수에 능해, 제(帝)가 아기일 때부터 길렀고 성인이 될 때까지 도리를 가르쳤으며, 제가 (성제의 후사로) 세워지는 데에도 힘을 썼다는 것을 들어서 알고 있었다. 광은 내심 부태후가 정사에 관여하게 되는 것을 두려워해, (부태후

---

28 승상이 되면 후에 봉해지기 때문이다.

가) 제와 아침저녁으로 함께 있어 가까워지지 못하게 하려고 곧바로 정도 태후를 위해 마땅히 궁궐을 다시 지어야 한다고 말했다. (이에) 대사공 하무(何武)가 말했다.

"북궁(北宮)에 기거하실 수 있습니다."

상은 무의 말을 따랐다. 북궁에는 자방(紫房)의 복도(復道-이중 길)가 있어 미앙궁과 통했는데, 부태후는 과연 복도를 따라서 아침저녁으로 제가 있는 곳을 찾았고 존호(尊號)를 받고 싶어 했으며, 자신의 친족들을 높여 중용해줄 것을 청해 상으로 하여금 곧은 길[直道]을 갈 수 없게 했다. 얼마 뒤에는 태후의 사촌동생의 아들 부천(傅遷)이 상의 좌우에 있으면서 더욱 간사한 쪽으로 기울어지자[傾邪], 상은 그를 면직시켜 고향의 군(郡)으로 돌려보냈다. 부태후가 화를 내자 상은 어쩔 수 없이 천을 다시 관직에 머물게 했다. 광과 대사공 사단(師丹)이 아뢰어 말했다.

"(앞서의) 조서에 이르기를 '시중 부마도위(駙馬都尉) 천(遷)은 간교하고 아첨에 능해 의롭지 못하고 기밀을 누설해 불충했으니, 나라를 해치는 자이므로 면직해 고향의 군으로 돌아가게 하라'라고 하셨는데 다시 조서를 내려 이를 중지시켰습니다. 천하는 의혹을 품고서 신뢰할 바를 찾지 못하고 있으니 빼어난 다움[聖德]을 허물고 깎아냈으므로 진실로 작은 허물이 아닙니다. 폐하께서는 변고와 재이가 연달아 나타나자 정전을 피하시고 여러 신하들을 만나보아 그 연유를 찾으려 고심한다고 하셨지만, 지금까지 고쳐진 바가 없습니다. 신들은 천을 고향의 군으로 돌려보내시어 간사한 당을 없애 하늘의 경계에 응답하실 것을 청하옵니다."

끝내 돌려보내지 못했고 다시 시중이 됐다. 부태후에게 겁박당하는 것이 모두 이와 같았다.

또한 부태후가 성제의 어머니와 함께 존호를 받고 싶어 하니, 여러 신하들은 대부분 그 뜻에 순종해 어머니는 자식으로 인해 귀하게 되는 것이니 마땅히 존호를 세워 효도를 두텁게 해야 한다고 말했다. 오직 사단과 광만이 그럴 수 없다는 입장을 견지했다. 상은 대신들의 바른 의논을 어기는 것을 어렵게 여기면서도[重=難], 다른 한편으로는 안에서 부태후의 압박을 받고 있었기 때문에 이러지도 저러지도 못하는 상황[猶違=依違]이 여러 해 동안 계속됐다. 단(丹)이 죄가 있어 면직되자 주박(朱博 ?~기원전 5년)²⁹이 그를 이어 대사공이 됐다. 광은 돌아가신 황제(-성제) 시절부터 후사를 의논할 때 다른 의견을 갖고 있어 틈이 벌어져 있었는데, 다시 부태후의 지시를 거듭 어기자 이로 말미암아 부씨(傅氏) 성을 가진 사람으로 중요 지위에 있는 사람들과 주박은 겉과 속이 돼 함께 광을 헐뜯으며 참소했다. 드디어 몇 달 뒤에 책서를 내려 광을 면직시켰다.

'승상이란 짐의 고굉(股肱-다리와 팔)으로서 함께 종묘를 받들고 나라를 통리(統理)하며, 짐이 미치지 못하는 바를 도와서 천하를 다스리는 자

---

29 의협심이 넘치고 사람 사귀기를 좋아했으며, 독우서연(督郵書掾)이 됐다. 성제(成帝) 초에 대장군막부(大將軍幕府)에 속했고 역양(櫟陽)과 운양(雲陽), 평릉(平陵), 장안(長安) 네 현의 현령(縣令)을 역임했다. 승진해 기주(冀州)와 병주(幷州) 두 주의 자사(刺史)를 거쳤다. 나중에 고제(高弟)로 입조해 좌풍익(左馮翊)이 됐는데, 항상 기묘한 속임수로 남을 복종시켰다. 애제(哀帝)가 즉위하자 경조윤(京兆尹)으로 옮겼다. 처음에는 부태후(傅太后)의 권세에 기대 승상(丞相) 공광(孔光)과 대사공(大司空) 사단(師丹) 등을 참소해서 사단을 대신해 대사공을 맡고, 공광을 대신해 승상이 되기도 했다. 건평(建平) 2년(기원전 5년) 양향후(陽鄕侯)에 봉해졌다. 그 해 권귀(權貴)들과 결탁해 정치를 어지럽히다가 죄를 물어 투옥됐는데 자살했다.

리다. 짐은 이미 눈 밝지 못해[不明] 재이가 거듭해서 일어나고, 해와 달이 빛을 잃었으며 산이 무너지고 강둑이 터지며 오성(五星)이 운행을 잃었으니, 이것들은 짐이 황제답지 못하고 고굉(-신하)이 불량하기 때문이다. 그대[君]는 예전에 어사대부로 선제(先帝)를 보익하며 8년 동안 출입했으나 끝내 충직한 말이나 아름다운 계책[嘉謀]을 낸 바가 없었고, 지금은 짐의 승상이 돼 3년 동안 출입하고 있지만 나라를 걱정한다는 풍문을 다시 들은 바가 없다.

음과 양이 어긋나고 해마다 흉년이 들어 천하는 텅 비었고, 백성들은 굶주림에 시달리며 아버지와 자식이 뿔뿔이 흩어져 길거리에서 떠도는 자가 10만을 단위로 헤아려야 할 정도다. 그런데 백관들은 자신들의 직무를 내팽개치고 간사한 자들은 마구 날뛰며 도적들이 나란히 일어나 혹은 관청을 공격하고 혹은 장리(長吏-수령)를 죽이고 있다. 여러 차례 그대에게 (대책을) 물었으나 그대는 걱정하거나 두려워하는 뜻을 보이지 않았고 대답이라고는 고작 어찌 할 수가 없다는 것이었다. 이 때문에 여러 경대부들도 모두 나태해 아무도 뭔가 해보려는 뜻이 없으니 그 허물은 그대로부터 비롯된 것이다. 그대는 사직의 무거움을 맡아서 백료의 직임을 총괄하고 있는데, 위로는 짐의 잘못을 바로잡지 못했고 아래로는 백성들을 편안하게 해주지 못했다.

『서경(書經)』에 이르지 않았던가?

"자리에 맞지 않는 사람은 쓰지 말라! 하늘이 할 일을 사람이 대신하는 것이도다."[30]

아! 그대는 이에 승상 박산후의 인끈을 올리고 직무를 떠나 고향으로 돌아가라.'

광은 향리에 물러나 문을 닫아걸고서 언행을 조심하며 지냈다[自守]. 그런데 주박이 그를 이어 승상이 되고서 몇 달 후에 부태후의 뜻을 받들어 거짓된 내용으로 일을 아뢴 죄에 연루돼 자살했다. 평당(平當)이 그를 이어 승상이 됐는데 몇 달 후에 훙했다. 왕가(王嘉)가 다시 승상이 됐는데 여러 차례 간쟁해 상의 뜻을 거슬렀다. 1년 사이에 세 명의 승상을 거쳤으니[閱=歷] 의견을 내는 자들은 모두 이들이 광에 미치지 못한다고 여겼다. 상은 이로 말미암아 광을 (다시) 생각하게 됐다.

마침 원수(元壽) 원년(기원전 2년) 정월 초하루에 일식이 일어났고 10여 일 후에는 부태후가 붕했다. 이달에 상이 공광을 불러들여 공거(公車-한(漢)나라 때 상서(上書)와 징소(徵召)를 관장하던 관청)에 이르게 하고서 일식의 일을 물었다. 광이 대답을 올렸다.

"신이 듣건대 해라는 것은 여러 양(陽)들의 근본이자 임금의 표상이며 지극한 존엄[至尊]의 상징입니다. 임금의 (임금)다움이 쇠퇴하면 음(陰)의 도리는 번성하고 강해지며, 그것이 양의 밝음을 파고들어 가리면[侵蔽] 일식이 그에 응답하는 것입니다. 『서경(書經)』('홍범구주(洪範九疇)')에 이르기를 '다섯 가지 일[五事]을 삼가며 쓰라'라고 했고 '황극(皇極)을 세워서 쓰라'라

---

30 「우서(虞書)」 '고요모(皋陶謨)' 편에 나오는 말이다.

고 했으니, 용모와 말하는 것, 보는 것, 듣는 것, 생각하는 것[貌言視聽思]³¹
이 원칙을 잃고 크게 적중하는 도리[大中之道]³²를 세우지 못하면 천벌을
불러들이는 일이 자주 일어나고, 여섯 가지 흉한 일[六極]³³이 거듭해서
내려오게 됩니다. 황제께서 표준[極]을 세우지 못했다는 것이 바로 크게
적중함[大中]이 제대로 이뤄지지 못한 것이니, 그래서 전하는 바에 따르면
'이런 때가 되면 해와 달이 어지러이 운행하게 된다'고 했는데, 이는 해와
달의 운행이 빨라졌다가 느려졌다가 하는 것으로 이것이 심해지면 해와
달의 빛이 엷어지는 것입니다. 또 (『서경(書經)』에) 이르기를 '여섯 가지 나
쁜 기운[六沴]'³⁴이 일어난다고 했으니, 한 해의 아침을 포함에 삼중(三重)
의 아침[三朝]³⁵이면 그 응함이 지극히 중첩된 것입니다. 때마침 정월 신축
(辛丑) 초하루에 해가 먹히는 일이 있었으니 변고가 삼중의 아침에 보인
것입니다.

위로는 하늘이 귀 밝고 눈 밝으시어 만일에 그런 일이 아니라면 변고는
아무런 이유도 없이 일어나지 않을 것입니다. 『서경(書經)』에 이르기를 '먼

---

31 이것이 다섯 가지 일이다.

32 이것이 황극이다.

33 흉단절(凶短折-요절), 질(疾-질병), 우(憂-근심), 빈(貧-가난), 악(惡), 약(弱-나약함)을 가리키며, 이
와 대비되는 것이 오복(五福)으로 수(壽), 부(富), 강녕(康寧), 유호덕(攸好德), 고종명(考終命)이다.

34 나쁜 기운으로 대개 기후가 고르지 못해 생긴다. 재화(災禍)나 병마(病魔)를 가져오는 여섯 가
지의 악기(惡氣)다.

35 정월 초하루의 아침은 한 해의 아침이자 한 달의 아침이며 하루의 아침이다. 그래서 정월 초하
루의 아침을 세 번의 아침이라고 한 것이다.

저 임금을 바로잡고서[假=格=正] 그다음에 이 일을 바로잡겠다[正]'[36]라고 했으니, 이는 이변이 찾아오는 이유가 하는 일에 바르지 못한 바가 있기 때문에 일어나는 것임을 말하는 것입니다. 신이 스승에게 들은 바로는 하늘은 임금 된 자를 도우려 하기 때문에, 재이를 여러 차례 보여줌으로써 그를 나무라고 알려주어 그를 다시 바로잡고자 한다고 했습니다. 그런데도 두려워하지 않으면 가로막거나 풀어주고[塞除], 그래도 가벼이 보고 소홀히 해 얼렁뚱땅 거짓[簡誣]을 일삼으면 흉한 벌을 더해 반드시 이르게 한다고 했습니다. 『시경(詩經)』에 이르기를 '삼가고 또 삼갈지어다. 하늘은 참으로 밝은지라 명(命)은 (보전하기가) 쉽지 않을 것이다[敬之敬之 天維顯思 命不易哉]'[37]라고 했고, 또 이르기를 '하늘의 위엄을 두려워해 이에 (자신의 나라를) 잘 보전할지어다[畏天之威 于時保之]'[38]라고 했으니 둘 다 두려워하지 않으면 흉하고 두려워하면 길하다는 말입니다.

폐하께서는 빼어난 다음에 귀 밝음과 눈 밝음을 갖추셨으니 늘 삼가고 또 삼가서[兢兢業業=戰戰兢兢] 하늘의 경계함을 고분고분 이어받으시고 재이를 삼가 두려워하시며, 마음 씀씀이를 부지런히 하시고 사리사욕을 비우시고, 여러 신하들을 맞아들여보시면서[延見] 그 원인을 생각해 구하신 다음에, 몸을 바로잡고[勑躬] 스스로를 다잡으시어[自約] 모든 정사를 총괄하시고 바로잡으시어, 중상모략하는 말을 퍼뜨리는 패거리는 멀리 내

---

36 「상서(商書)」 '고종융일(高宗肜日)'에 나오는 말이다.

37 「주송(周頌)」 '경지(敬之)' 편에 나오는 구절이다.

38 「주송(周頌)」 '아장(我將)' 편에 나오는 구절이다.

쫓으시고 조금이라도 열렬함[斷斷=誠]을 갖춘 자는 밀어주고 받아들이시며, 탐욕스럽고 잔학한 자들을 내쫓아버리고 뛰어나고 훌륭한 관리들은 나아오게 하셔야 합니다. 또 형벌은 공평하게 집행하시고 부렴(賦斂)은 엷게 해주시며, 은택이 백성들에게 (널리) 베풀어지게 하고 정치하는 큰 뿌리[大本]에 열렬함을 쏟고, 변고에 응답하는 일에 지극히 힘을 쏟으신다면 천하는 참으로 다행이겠습니다. 『서경(書經)』에 이르기를 '하늘은 이미 명을 내리셨으니 자신의 다움을 바로 하라'[39]라고 했으니, 이는 (임금이) 자신의 임금다움을 바로 함으로써 하늘에 순응하라는 뜻입니다. 또 (『서경(書經)』에) 이르기를 '하늘은 정성을 다한 말을 도와준다'[40]라고 했으니, 이는 열렬한 도리[誠道]가 있으면 하늘은 그런 사람을 도와준다는 말입니다. 하늘의 도리를 고분고분 이어받아 밝히는 것은 자신의 다움을 쌓아 널리 베푸는 데 있으니 (스스로) 지극한 열렬함을 갈고닦는 일에 부지런히[孳孳] 힘쓰는 것뿐입니다. 속되게 재앙은 물러가고 복은 찾아오라고 비는 것[祈禳]은 별것 아니어서 결국은 하늘에 응답하고 재이를 막는 데 아무런 도움이 되지 않으며, (실질적으로) 재앙을 막고 복을 부르는 일은 너무도 훤하게[較然] 밝으니 아무런 의심이나 의혹을 가지실 필요가 없습니다."

말씀이 올라가자 상은 기뻐하며 비단 한 묶음[束帛]을 내려주고 광을 제배해 광록대부로 삼고, 작질은 중(中) 2,000석 관리에 급사중(給事中)이였는데 서열은 승상 다음이었다. 광에게 조(詔)하여 상서령을 맡길 만한 사

---

39 「상서(商書)」 '고종융일(高宗肜日)' 편에 나오는 말이다.

40 「주서(周書)」 '대고(大誥)' 편에 나오는 말이다.

람을 천거하라고 하자 광은 봉서를 올려 말씀을 올렸다.

'신은 보잘것없는 재주로 전에 여러 관직을 거치며 대직(大職)을 맡아왔으나, 끝내 한 자 한 치의 효험도 없이 요행히 죄주(罪誅)를 면하고서 머리를 보전했다가 지금 다시 발탁돼, 내조(內朝)의 신하가 돼 정사를 듣는 데 참여하고 있습니다. 신 광은 지모가 얕고 짧으며 늙어서 이빨이 다 빠진 개나 말과 같으니, 진실로 어느 날 갑자기 쓰러져 은혜에 보답도 하지 못할 것 같아 두려워하고 있습니다. 나라의 옛일들을 가만히 보건대 상서라는 직책은 오랜 기간 동안 여러 차례 변천을 겪어왔으나 탁월한[踔絶=卓絶] 능력을 가진 자가 아니면 감히 맡을 수가 없는 자리입니다. 상서복야 창(敞)은 공정하고 부지런하며, 일에 정통하고 민첩하니 상서령을 맡길 만합니다. 삼가 글을 봉해서 올립니다.'

창(敞)은 천거를 받아 동평(東平)태수가 됐다. 창의 성(姓)은 성공(成公)이라 하는데 동해(東海) 사람이다.

광이 대부가 된 지 한 달여가 지나 승상 가(嘉-왕가)가 감옥에 내려져 죽고 어사대부 가연(賈延)이 면직됐다. 광은 다시 어사대부가 됐고 두 달 후에 (다시) 승상이 됐으며, 옛 봉국과 박산후(博山侯)의 작위를 회복했다. 상은 마침내 광이 예전에 자신의 죄가 아닌 것으로 면직됐었다는 것을 알고서, 당시 근신으로 광을 헐뜯거나 비방했던 자들을 문책해 다시 부희를 면직시키며 말했다.

"예전에 (부희는) 시중으로 있으면서 어질고 뛰어난 이(-공광)를 헐뜯고 중상모략했으며, 대신을 무고하게 제소해 뛰어난 인물을 오랫동안 그 자리에 있지 못하게 했다. 가(嘉)는 사람을 위태로움에 빠뜨리고 교묘한 거짓

말을 해 간사한 자들을 끼고서 위를 기망했고, 당여를 높여 조정을 가림으로써 좋은 사람들에게 말할 수 없는 피해를 끼쳤다.

『시경(詩經)』에 이르지 않았던가?

'참소하는 자들은 끝이 없어 사방의 나라를 어지럽게 하는도다〔○ 사고(師古)가 말했다. "「소아(小雅)」 '청승(靑蠅)'편에 나오는 구절이다. 풀이는 「전천추전(田千秋傳)」에 나온다."〕.'

이에 가(嘉)를 면직시켜 서인으로 삼고 고향의 군으로 돌아가게 하라."

이듬해 삼공(三公)의 관직을 (다시) 정했는데 광은 고쳐져 대사도(大司徒)가 됐다. 마침 애제(哀帝)가 붕하니 태황태후는 신도후(新都侯) 왕망(王莽)을 대사마로 삼고 중산왕(中山王)을 불러와 세웠으니 이것이 평제(平帝)다. 제의 나이가 어렸기 때문에 태후가 칭제(稱制)하고 정사는 망(莽)에게 맡겼다. 애초에 애제가 왕씨를 파출(罷黜)했기 때문에 태후와 망은 정씨(丁氏-애제 황후 일족)와 부씨(傅氏-애제의 할머니), 그리고 동현(董賢)의 당여에 대해 원한을 품고 있었다. 망은 광이 옛 승상이자 명유(名儒)로 천하 사람들이 믿고 태후도 공경했기 때문에 예를 갖춰[備禮] 광을 섬겼다. (왕망은) 내칠 사람이 있으면 그때마다 초안을 만들어 태후의 뜻이라며 넌지시 광으로 하여금 상에게 보고하게 했는데, 그가 흘겨본 사람[厓眥]치고 주살되거나 피해를 당하지 않은 사람이 없었다. 망의 권력이 날로 성대해지자 광은 두려워서 어찌 할 바를 몰라 글을 올려 사직을 청했다. 망이 태후에게 건의했다.

"제가 아직 어리시니 마땅히 사부(師傅)를 두어야 합니다."

광을 옮겨서 태부(太傅)로 삼고 사보(四輔)[41]의 지위에 두었으며, 급사중으로서 숙위와 봉양을 책임지고 금중의 문들을 총괄하며, 천자의 입을 것, 먹을 것 등을 감독하게 했다. 이듬해 옮겨서 태사(太師)로 삼았고 망이 태부가 됐다. 광은 늘 병을 이유로 감히 망과 어깨를 나란히 하려 하지 않았다. 조서가 내려와 매달 초하루와 보름에 입조하면 성문의 병사들을 총괄하라고 했다. 망은 또 여러 신하들에게 넌지시 일러 자신의 공로와 다움을 아뢰게 해서 자신을 재형(宰衡)[42]이라 부르게 했으며, 그 지위는 제후왕의 위에 두어 백관을 통솔했다. 광은 더욱 두려움을 느껴 굳게 병을 핑계로 자리를 사양했다. 태후가 조서를 내려 말했다.

'태사 광은 성인(聖人-공자)의 후손이자 선제(先帝)의 사부의 아들로 다움과 행실이 맑고 깨끗하며, 도술(道術-유학)이 달통하고 밝아 사보의 직위에 있으면서 제를 보도했다. 올해 나이가 많고 질병이 있지만 특출한 대신은 오직 국가가 중히 여기는 바라, 이에 오히려 그 자리를 비워둘 수 없었다.

『서경(書經)』에 이르지 않았던가?

"원로[耆老]는 내버려둬서는 안 된다."[43]
구로

나라가 장차 크게 일어나려면 사(師)를 높이고 부(傅)를 중시 여겨야 한

---

41 천자의 좌우전후에 있으면서 보좌하는 네 직위를 말한다. 좌보(左輔), 우필(右弼), 전의(前疑), 후승(後丞)이 그것이다.

42 주공(周公)이 태재(太宰)였고 이윤(伊尹)이 아형(阿衡)이었기 때문에, 그 둘을 합쳐 가능한 한 재상을 높여 부르려 한 것이다.

43 「주서(周書)」 '소고(召誥)' 편에 나오는 말이다.

다. 이에 태사는 앞으로 조회에 참석하지 말고 열흘에 한 번씩 태사에게 식사를 내려주도록 하라. 태사에게 영수장(靈壽杖)을 내려주고 황문령은 태사를 위해 대궐 안에 안궤(案几)를 준비해야 할 것이며, 태사는 대궐에 들어오면 지팡이를 짚을 수 있고 17가지 음식을 내려주도록 하라. 그런 연후에 집으로 잘 모시도록 하며 관속과 직분은 예전과 같이 하도록 하라.'

광은 모두 해서 어사대부, 승상을 각각 두 차례 지냈고 대사도, 태부, 태사를 한 차례 지냈으며, 세 황제에 걸쳐 삼공이나 사보의 지위에 있는 것이 전후로 17년이었다. 상서(尙書)로 있을 때부터 더 이상 제자들을 가르치지 않았고, 뒤에 경(卿)이 돼서는 때때로 문하의 뛰어난 제자[大生=高弟]들을 모이게 해 경전의 의문 나는 곳과 어려운 곳[疑難]에 대해 강문(講問)했고, 그는 대의를 들어 답을 했다고 한다. 그의 제자들 중 많은 사람들이 성취를 이뤄 박사나 대부가 됐고, 스승이 높은 자리에 있어 도움을 기대했으나[幾=冀] 광은 끝내 아무도 천거하지 않아 간혹 원망을 듣기도 했다. 그의 공평무사함이 이와 같다.

광은 나이 70세가 된 원시(元始) 5년에 훙했다. 망이 태후에게 건의해 구경을 사자로 삼아 태사와 박산후의 인끈을 선물로 주고, 승여와 비기(秘器), 금전과 각종 비단을 내려주게 했다. 소부에서는 장막을 제공했고 간대부는 지절을 갖고 가서 알자 두 명과 함께 장례의 일을 도왔으며, 박사들은 예를 거행하는 일을 주관했다. 태후 또한 중알자를 보내 지절을 갖고 가서 상을 살펴보게 했다. 공경과 백관들은 모두 모여서 조문하고 송장(送葬)했다. 유해는 승여의 온량거(輼輬車-상여 싣는 수레)와 부거(副車) 각 한 대에 실었고 우림고아(羽林孤兒)와 제생 등 모두 400명이 만가를 부르며 장송했는데, 수레가 1만여 량이었고 길에는 사람들이 모두 소리 높여 곡을 하며 운구 수레를 보냈다. 장작(將作)이 무덤을 복토하고 병사 500명이 봉분을 쌓았으며, 봉분의 규모는 대장군 왕봉(王鳳)의 제도와 같게 했다. 시호를 내려 간열후(簡烈侯)라 했다.

애초에 광이 승상에 봉해지고서 뒤에 익봉(益封)을 받아 식읍은 모두 1만 1,000호였다. 병이 심해지자 글을 올려 7,000호를 사양하며 반환했고, 또 하사받은 저택 한 채도 반납했다.

아들 방(放)이 뒤를 이었다. 망이 자리를 찬탈한 후에 광의 형의 아들 영(永)이 대사마가 돼 후에 봉해졌다. 형제의 자식들 중에서 경과 대부에 이른 이가 네댓 명이다. 처음에 광의 아버지 패(覇)는 초원(初元) 원년에 관내후가 돼 식읍을 받았다. 패가 글을 올려 공자의 제사를 지내고 싶다고 하자 원제(元帝)가 조서를 내려 말했다.

'이에 스승 포성군(褒成君) 관내후 패(覇)로 하여금 식읍 800호를 가지고 공자에게 제사를 지낼 수 있도록 해주어라.'

그래서 패는 맏아들 복(福)의 호적[名數]을 노(魯)로 옮기게 하고 공자의 제사를 받들게 했다. 패가 훙하자 아들 복이 이어받았다. 복이 훙하자 아들 방(房)이 이어받았다. 방이 훙하자 아들 망(莽)이 이어받았다. 원시(元始) 원년에 주공(周公)과 공자의 후손을 봉해 열후(列侯)로 삼아 식읍을 각각 2,000호씩 내려주었다. 망은 고쳐서 봉해져 포성후(褒成侯)가 됐고 뒤에 왕망(의 이름 망)을 피해[避=忌諱] 이름을 균(均)으로 고쳤다.

마궁(馬宮)은 자(字)가 유경(游卿)으로 동해(東海) 척(戚-현) 사람이다. 『춘추(春秋)』의 엄씨(嚴氏)[44] 학풍을 익혔고, 사책갑과(射策甲科)로 낭(郎)이 됐다가 승진해 초(楚)의 장사(長史)에 올랐는데 면직됐다. 뒤에 승상사 사직(司直)이 됐다. 사단(師丹)이 궁(宮)은 행실과 능력이 고결하다고 추천해 정위평(廷尉平)으로 승진했고, 청주자사(靑州刺史)와 여남(汝南) 및 구강(九江)의 태수(太守)를 지냈는데 가는 곳마다 칭송을 들었다. 광록훈, 우장군을 거쳐 공광의 후임으로 대사도(大司徒)가 되면서 부덕후(扶德侯)에 봉해졌다. 광이 태사(太師)로 있다가 훙하자 궁은 다시 광의 후임으로 태사가 돼 사도의 관직을 겸했다.

애초에 궁은 애제(哀帝) 때 승상, 어사 등과 함께 제의 할머니 부태후(傅太后)의 시호를 토의했는데, 원시(元始) 연간에 이르러 왕망(王莽)이 부태후의 능을 파헤쳐 정도(定陶)로 다시 옮기고서 평민의 신분으로 장례를 지내고, 그 전에 의견을 냈던 자들을 추적해 주살했다. 궁은 망에게 두터운 총애를 받는 바람에 혼자 처벌을 면했으나, 속으로 부끄럽고 두려워서 글을 올려 사죄하고 사직을 청했다. 망은 태황태후의 명을 받아 궁에게 책서(策書)를 내려 말했다.

'태사 대사도 부덕후가 글을 올려 이렇게 말했다.

"예전에 광록훈으로서 고(故) 정도공왕의 어머니의 시호를 토의하면서 말하기를 '지어미는 지아비의 작위와 존귀함에 의거해 칭호하니, 시호를 효원부황후(孝元傅皇后)라 하고 능은 위릉동원(渭陵東園)이라고 하는 것이

---

44 안씨(顏氏)의 잘못으로 보기도 한다.

마땅하다'라고 말한 바 있습니다. 신이 알기로는 첩은 임금을 본받을 수 없고 비천한 자는 존귀한 자와 맞설 수 없는데도, 남의 뜻에 영합하려고 부화뇌동했으며 경전의 뜻을 왜곡해 간사한 학설을 내어 위를 현혹하고 오도했습니다. 신하 된 자로서 불충을 행했으니 마땅히 도끼에 엎어져 주륙을 당해야 하겠으나, 다행히 마음을 씻어내고 스스로를 새롭게 할 기회를 입어 목숨을 보전할 수 있었습니다.

엎드려 스스로 생각건대 사보의 한 사람이고 나아가 삼공의 자리에 있었으며, 작위는 열후인데 진실로 정사에 참여할 면목도 없고 다시 관서에 나아갈 마음도 없으며, 마땅히 식읍의 혜택을 누려서도 안 될 것입니다. 바라건대 태사와 대사도, 그리고 부덕후의 인끈을 올려서 뛰어난 이를 위한 일을 열어주고자 합니다."

그대의 글을 유사에 내렸더니 모두 사보라는 직책은 국가의 큰 기틀[維綱]이며 삼공의 직임은 쇠솥의 발처럼 임금을 받드는 자리이기에, 확고하게 수행해야 하는 것이지 자리만 차지해서는 안 된다고 했다. 그대의 뜻은 참으로 들어줄 만한 것임을 알 수 있으나 그대의 잘못은 새로운 결심을 하기 이전의 것이라 글로 사과할 수 없기에, 짐은 이를 아주 중하게 여겨 그대의 작위와 식읍은 박탈하지 않더라도 "예로부터 모두가 죽는다 해도 믿음이 없으면 설 수가 없다"[45]라는 뜻을 분명히 드러내고자 한다. 이에 태사 대사도의 인끈을 사자를 시켜 올리도록 하고 후(侯)로서 집으로

---

45 『논어(論語)』 「안연(顔淵)」 편에 나오는 말이다. 원문에는 '백성의 믿음이 없으면 설 수가 없다[民無信不立]'는 부분은 빠져 있는데 여기서는 추가했다.

나아가도록 하라.'⁴⁶

왕망이 찬위(簒位)하자 궁을 태자의 사(師)로 삼았는데 재직 중에 졸했다. 본래의 성은 마시(馬矢)였는데 궁이 학문에 종사하면서부터 마씨라고 불렸다고 한다.

찬(贊)하여 말했다.

"효무(孝武)가 학문을 진흥시킨 이래로 공손홍(公孫弘)이 유학으로 승상이 됐고, 그후에는 채의(蔡義), 위현(韋賢), 현성(玄成), 광형(匡衡), 장우(張禹), 적방진(翟方進), 공광(孔光), 평당(平當), 마궁(馬宮)과 당(當)의 아들 안(晏)까지 모두 유종(儒宗)으로서 재상의 자리에 올라 유자의 의관을 착용하고 선왕의 말씀들을 전했으니, 그 너그러움과 두터움[醞藉=仁厚]을 길러
_{온자}　_{인후}
준 것은 좋았다고 할 수 있다. 그러나 이들은 모두 녹봉이나 얻고 자리나 지켰으니 아첨을 했다는 비난을 받을 만하다. 저 옛날 사람들이 바른 도리로 임금을 섬긴 자취는 먹줄처럼 곧은데, 저들이 어찌 능히 그 임무를 감당할 수 있었으랴!"

---

46 직책은 빼앗고 작위는 보존해준 것이다.

권
◆
82

왕상·사단·
부희전
王商史丹傅喜傳

왕상(王商)은 자(字)가 자위(子威)로 탁군(涿郡) 예오(蠡吾)〔○ 사고(師古)가 말했다. "蠡의 발음은 (여가 아니라) 예(禮)다."〕사람인데 두릉(杜陵)으로 이주했다. 상(商)의 아버지 무(武)와 무의 형 무고(無故)는 둘 다 선제(宣帝)의 외삼촌으로서 (후에) 봉(封)해졌다. 무고는 평창후(平昌侯), 무는 낙창후(樂昌侯)가 됐다. 상세한 이야기는 「외척전(外戚傳)」에 실려 있다.

 상(商)은 젊어서 태자 중서자(太子中庶子)가 됐는데, 엄숙하고 삼가며 돈후(敦厚)하다는 칭송을 들었다. 아버지가 훙(薨)하자 상이 작위를 이어받아 후(侯)가 됐는데, 물려받은 재산을 이복동생들에게 나눠주고 자신은 하나도 받지 않았으며 상을 치르는 동안 진심으로 슬퍼했다[哀慽]. 이에 대신들은 상의 행실이 여러 신하들에게 모범이 될 만하며 그의 의로움은 풍속을 두텁게 해주기에 충분하다 해, 마땅히 근신(近臣)의 자리에 두어야 할 것이라고 추천했다. 이로 말미암아 뽑혀서 제조시중 중랑장(諸曹侍中中

郎將)이 됐다. 원제(元帝) 때 우장군과 광록대부에 이르렀다. 이때 정도공왕(定陶共王)이 (상의) 총애를 받고 있어 거의 태자를 대신할 뻔했다. 상은 외척 중신(重臣)으로 정치를 보필하면서 태자(太子-훗날의 성제)를 옹위하고 도와 자못 힘을 쓴 바가 있었다.

원제(元帝)가 붕(崩)하고 성제(成帝)가 자리에 나아가자 상(商)을 공경하고 존중하는 것이 더욱 심해져 그를 옮겨 좌장군으로 삼았다. 그런데 제(帝)의 외삼촌인 대사마 대장군 왕봉(王鳳)이 정권을 제 마음대로 하면서 [顓權=擅權=專權] 교만과 참람[驕僭]을 행하는 일이 많았다. 상이 이 문제를 논하고 의견을 냈지만 봉(鳳)을 바로잡을 수는 없었고, 봉은 이 점을 알고서 상을 멀리했다. 건시(建始) 3년 가을에 경사(京師)의 백성들이 아무런 까닭도 없이 서로 크게 놀라 큰 홍수가 찾아올 것이라고 말하니, 백성들은 달아나면서 서로 짓밟아[蹂躪] 노약자들은 울부짖는 등 장안이 크게 혼란스러웠다. 천자는 전전(前殿)에 몸소 나아가 공경(公卿)들을 불러 의견을 내게 했다. 대장군 봉은 태후와 상과 후궁들은 배에 태울 수 있고, 관리와 백성들은 장안성에 올라가게 해 홍수를 피해야 한다는 의견을 냈다. 여러 신하들이 모두 봉의 의견을 따랐다. 좌장군 상만이 홀로 이렇게 말했다.

"예로부터 무도한 나라에서도 오히려 큰물이 성곽을 덮치는 일은 없었습니다. (그런데) 지금은 정치가 화평하고 세상에는 전쟁이 없으며 위아래가 서로 편안한데, 어찌 큰 홍수가 하루아침에 갑자기 밀어닥친다는 말입니까? 이는 분명 헛소문[訛言=僞言]일 터이니 마땅히 사람들을 성 위로 올라가게 해 거듭해서 백성들을 놀라게 해서는 안 될 것입니다."

상은 마침내 (이 문제에 관한 토의를) 그치게 했다. 얼마 후에 장안 안이 점차 안정이 되자 탐문을 해보니 과연 헛소문이었다. 상은 이에 상(商)의 견고한 식견을 아름답고 장하게 여겨 여러 차례 그의 의견을 칭송했다. 반면에 봉은 크게 부끄러워하며 실언을 스스로 한스러워했다.

이듬해 상은 광형(匡衡)의 뒤를 이어 승상이 돼 식읍 1,000호를 익봉받았고, 천자는 그를 더욱 높이고 신임했다. 사람됨이 매우 질박하고[多質] 다질 위엄을 갖췄으며, 키가 8척이 넘고 체격이 웅대했으며[鴻大] 용모는 너무 홍대 뛰어나 다른 사람과 비교가 되지 않았다. 하평(河平) 4년에 선우(單于)가 와서 조회하자 그를 (미앙궁에 있는) 백호전(白虎殿)에서 만나보았다. 승상 상이 미앙궁의 궁정 안에 앉아 있었고, 선우가 앞으로 나아와 상에게 배알했다[○ 사고(師古)가 말했다. "선우가 장차 천자를 만나려 했으나, 그러려면 미앙궁의 궁정 안을 지나가야 했기 때문이다."]. 상이 일어나 자리에서 벗어나 함께 이야기를 하게 됐는데, 선우는 상의 용모를 올려다보면서 크게 두려워하며 자기도 모르게 뒷걸음질을 쳤다. 천자는 이 말을 듣고서 감탄해 말했다.

"이 사람이야말로 진짜 한나라의 승상[漢相]이다." 한상

애초에 대장군 봉이 인척관계인[連昏=連婚] 양융(楊肜)을 낭야(琅邪)태 연혼 연혼 수로 삼았는데, 그 군 중에 재해를 입은 곳이 14곳이라고 이미 보고가 올라왔다. 상이 부하 속관을 내려보내 문책을 하니 봉은 상에게 타일러 말했다.

"재이는 하늘의 일이니 사람의 힘으로 어쩔 수 있는 것이 아니오. 융(肜)은 평소 유능한 관리이니 마땅히 그냥 두어야 할 것이오."

상은 들어주지 않고 끝내 융을 면직할 것을 아뢰었는데, 그 상주(上奏)는 과연 궁중에 그냥 머물러둔 채 아래로 내려보내지 않았고, 봉은 이 일로 상을 거듭 원망하게 돼 몰래 상의 단점을 캐내 사람을 시켜 글을 올리게 해 상의 집안 내부의 일을 말하게 했다. 천자는 사실 여부가 분명치 않은 허물로 대신을 다치게 할 수는 없다고 보았으나 봉이 굳게 감행하는 바람에 그 일을 사예(司隸-사예교위)에 내려보냈다.

이에 앞서 황태후는 일찍이 상의 딸에 대해 알아보게 하고는 후궁으로 삼으려 했었다. 이때 그 딸은 마침 병이 들었고, 상의 뜻 또한 그것을 어렵게 여겨 병이 났다고 답하고서 들여보내지 않았다. 상은 집안의 일로 조사를 받게 되자 봉에게 중상모략[中=傷=中傷]을 입게 되리라는 것을 알고서 두려워, 뜻을 바꿔 딸을 들여보내는 것이 자신에게 도움이 되리라 여기고서, 마침내 당시 새롭게 상의 총애를 받고 있던 이(李)첩여의 가인(家人)을 통해 말씀을 올려 자신의 딸을 들여보냈다.

이때 마침 일식이 일어나자 태중대부인 촉군(蜀郡) 출신의 장광(張匡)이란 사람이 있었는데, 그 사람됨이 말재주에 능하고 간교해, 글을 올려 근신들로 하여금 일식의 허물에 대해 진술하게 하라고 청했다. 마침 그때 조현하고 있던 좌장군 단(丹-사단) 등에게 글을 내려보내 광(匡)에게 글을 올리게 된 배경을 묻게 하니 광은 이렇게 답했다.

"남몰래 보건대 승상 상(商)은 위엄을 일으키고 복록을 일으켜[作威_{작위}

---

1 원래 위복(威福)은 천자만이 일으킬 수 있는 것인데, 이렇게 표현함으로써 은근히 임금을 침해한 인상을 주고 있다.

作福]¹ 밖에서 안을 제어하며[從外制中],² 어떻게 해서든 상의 마음에 들려고 해 그 성질이 남을 해치고 어질지 못해, 경박한 관리를 보내 남의 죄나 몰래 캐서 위엄을 세우려 하니 천하 사람들이 근심하고 힘들어 합니다. 예전에 빈양(頻陽-현) 사람 경정(耿定)이 글을 올려, 상이 그 아버지의 비(婢)와 간통하고 또 여동생이 음란한 짓을 하자 노비가 그 간부(姦夫)를 죽인 일이 있는데, (경정은) 상이 시켜서 한 짓이라고 의심했습니다. 이 글이 유사에 내려가자 상은 남몰래 원한을 품었습니다. 상의 아들 준(俊)이 글을 올려 상을 고발하려 하니, 준의 처인 좌장군 단(丹-사단)의 딸이 그 글을 가져다가 단에게 보이자, 단은 그 부자가 패륜을 범하고 있다고 여겨 미워했고 딸에게 이혼할 것을 요구했습니다. 상은 충성을 다해 유능한 인재들을 불러들임으로써 (폐하의) 지극한 다움을 제대로 보필하지도 못했고, 빼어난 주상께서 효도를 다하고 여색을 멀리해, 후궁의 일은 모두 황태후의 명을 받아서 행한다는 것을 알고 있었습니다. (그런데) 태후께서 전에 상에게 딸이 있다는 말을 듣고서 후궁으로 삼으려 하자, 상은 고질병이 있다고 말해놓고 뒤에 경정의 일이 있게 되자, 다시 속임수를 써서 이(李)귀인의 가인을 통해 딸을 들여보냈습니다. (이처럼) 그릇된 도리[左道]를 써서 정사를 어지럽히고 거짓말로 주상을 기망해 대신의 절의를 어겼으니, 그래서 이에 대한 응험으로 일식이 일어난 것입니다.

주서(周書)〔○ 사고(師古)가 말했다. "일서(逸書-전하지 않는 책)다."〕에

---

2 밖은 외조(外朝), 안은 중조(中朝) 혹은 내조(內朝)를 가리킨다. 승상은 고문(庫門)의 밖에 있으며 국정을 총괄한다. 중조 혹은 내조는 대사마, 장군, 시중 등을 가리킨다.

이르기를 '좌도(左道)로 임금을 섬기는 자는 주살한다'라고 했고, 『주역(周易)』에 이르기를 '대낮임에도 어둡고 그 오른팔이 부러졌다'[3]라고 했으니, 옛날에 승상 주발(周勃)은 두 차례나 큰 공로를 세우고도 효문(孝文) 때 검부러기만 한 사소한[纖芥] 원한을 품자 하늘에 일식이 일어났고, 이에 발(勃)을 승상에서 물러나게 해 봉국으로 나아가게 하니 마침내 근심이 사라지고 평안해졌습니다. (그런데) 지금 상은 한 자 한 척의 공로도 없으면서 (선제 때부터 성제 때에 이르기까지) 3세에 걸친 총애를 받아 몸은 삼공에 이르렀고, 종족들은 열후, 2,000석 관리, 시중제조 등이 돼 금문(禁門) 안에서 급사(給事)하고 있고, 제후왕들과 통혼해 권력과 총애가 지극히 성대합니다. 집안의 어지러움으로 사람을 죽이고 원한의 실마리가 드러났으니, 마땅히 철저하게 일을 파헤쳐야 할 것입니다.

신이 듣건대 진(秦)나라 승상 여불위(呂不韋)는 왕에게 자식이 없는 것을 보고서 속으로 진나라를 차지하려고 해, 곧바로 아름다운 여인을 구해 아내로 삼고서, 몰래 그 여인이 임신을 했다는 것을 알고서도 그녀를 왕에게 바쳐 시황제를 낳게 했습니다. 그리고 초(楚)나라 재상 춘신군(春申君) 또한 왕에게 자식이 없는 것을 보고서 마음속으로 초나라를 삼키고자 해, 곧바로 임신한 아내를 왕에게 바쳐 낳은 이가 회왕(懷王)이었습니다. 한나라가 일어난 이후에도 여씨(呂氏)와 곽씨(霍氏)의 우환을 만난 바 있고, 지금 상이 어질지 못한 성품을 갖고 있고, 마침내 원한을 품고서 딸을

---

3 풍(豐)괘(䷶)의 구삼(九三-밑에서 세 번째 붙은 효)에 대한 풀이다. 임금을 가리니 어둡고, 믿을 만한 신하인 오른팔이 부러졌다는 뜻이다.

안으로 들였으니, 그 간사한 계교(計巧)는 미처 헤아릴 수가 없을 정도입니다. 전에 효경(孝景)의 시대에 7국의 반란이 일어났을 때, 장군 주아부(周亞夫)가 만약에 (7국이) 낙양(雒陽)의 극맹(劇猛)을 자기 편으로 삼았더라면 관동은 한나라의 영토가 되지 못했을 것이라고 생각했습니다. (그런데) 지금 상의 종족들의 권세는 그 재산을 합치면 거만(鉅萬)을 헤아리고, 사노비도 1,000 단위로 세어야 할 정도이니, 극맹과 같은 필부의 무리와는 비할 바가 아닙니다. 게다가 도리를 잃은 행태가 너무도 심하고, 친척들은 도리를 어기고 집 안에서는 내분이 심해 부자가 서로 고소하면서, (다른 한편으로) (폐하의) 빼어난 교화를 널리 펴서 나라 안을 조화시키겠다고 하니 어찌 그릇된 일이 아니겠습니까!

상이 정사를 보던 5년 동안 관직은 해이해졌고 큰 악을 저지르는 자들이 백성들 사이에 두드러져, (폐하의) 빼어난 다움은 크게 허물어졌으며 쇠솥[鼎]의 다리가 부러지는 흉조(凶兆)[4]가 있었습니다.

어리석은 신이 생각건대 빼어난 임금께서는 춘추가 한창이시고, 즉위하신 이래로 아직 간사한 자를 징벌하는 위엄이 없으셨고, 게다가 뒤를 이을 후사도 아직 세워지지 않아 큰 이변이 나란히 생겨나니만큼, 더욱 마땅히 불충한 자를 주토하시어 재앙이 아직 생겨나기 전에 그것을 막아야[遏=止] 할 것입니다. 단 한 사람에게만 이런 주토를 행하시어도 천하는 두려

---

[4] 정(鼎)괘(䷱)의 구사(九四-밑에서 네 번째 붙은 효)에 대한 풀이의 일부다. "쇠솥의 다리가 부러져 공상(公上)에게 바칠 음식을 엎었으니, 그 얼굴이 무안해 붉어지는 것으로 흉하다." 대신의 지위에 있으면서 천하의 임무를 담당하고 있는데, 불러서 쓰는 사람들이 적임자가 아니라 일이 엉망이 되니 부끄러움이 심하다는 뜻이다.

움에 떨게 되며, 온갖 간사함의 길은 막히게 될 것입니다."

이에 좌장군 단(丹) 등이 아뢰었다.

"상(商)은 지위가 삼공이며 작위는 열후이고, 몸소 조책(詔策)을 받아 천하의 스승이 됐으면서 법도를 따라 국가를 돕는 바가 없고, 엉뚱한 마음을 품고서 아첨을 통해 자신의 측근들을 진출시켜 그릇된 도리로 정사를 어지럽게 했고, 신하 된 자로서 불충을 범했으며, 상을 기망해 무도를 저질렀으니 보형(甫刑)[5]에 있는 사형에 해당돼, 모두 다 극형에 처해야 하는 것으로 죄명은 명백합니다. 신이 청컨대 알자에게 조서를 내리시어 상을 불러 약로(若盧)의 조옥(詔獄)[6]으로 부르셔야 할 것입니다."

상은 평소 상을 중하게 여긴 데다가 광(匡-장광)의 말이 너무 거칠다는 것을 잘 알고 있었기 때문에 제(制)하여 "(법으로) 다스리지 말라[弗治]"라고 했다. (그럼에도) 봉이 굳세게 간쟁하자 이에 어사에게 제조(制詔)를 내렸다.

'대개 승상이란 다움[德]으로 국가를 보익하고, 백료를 통솔해 만국(萬國)을 화합시켜야 하는 자리이기 때문에, 그 직임이 이보다 중할 수 없다. (그런데) 지금 낙창후 상(商)은 승상이 돼 출입하는 5년 동안 충성스러운 건의와 아름다운 계책을 냈다는 소리를 듣지 못했고, 불충함으로 그릇된 도리를 잡아 쥐는 허물이 있어 큰 죄[大辟]에 빠졌도다. 전에 상의 여동생은 안으로 행실을 닦지 못해 그 노비가 사람을 죽였는데, 상이 시켜서 그

---

5   『서경(書經)』「주서(周書)」'여형(呂刑)' 편이다.

6   약로는 소부(少府)의 속관으로 거기에 조옥이 있었다.

렇게 한 것이라는 의심이 있었다. 그런데 상이 조정의 중신(重臣)이었기 때문에 그 일을 눌러서 끝까지 파헤치지 못하게 했다. (그런데도) 지금 혹자는 말하기를 상이 스스로 후회를 하기보다는 도리어 원망하는 마음을 품고 있다고 하니, 짐은 그 점을 심히 마음 아프게 생각한다. 다만 상은 선제(先帝)의 외친(外親)이기 때문에 차마 법리대로 다룰 수는 없다. 이에 상의 죄를 사면한다. 사자는 승상의 인끈을 거둬들이도록 하라.'

상은 승상에서 면직된 지 3일 만에 병이 나서 피를 토하고 훙했는데 시호를 여후(戾侯)라 했다. 그리고 상의 자제나 친속들 중에 부마도위, 시중, 중상시, 제조(諸曹)의 대부, 낭리(郎吏)였던 자들은 모두 지방의 관리로 쫓겨났으며, (천자 가까이에서) 급사(給事)나 숙위(宿衛)를 할 수 있는 자는 다 제거됐다. 유사에서는 상의 죄와 허물이 결정되지는 않았지만, 그럼에도 국읍(國邑)을 없앨 것을 청했다. 조서를 내려 맏아들 안(安)이 작위를 잇게 해 낙창후로 삼았고, (뒤에) 장락(長樂)위위와 광록훈에까지 올랐다.

상이 죽은 후에 해를 이어 일식과 지진이 일어나자, 곧은 신하인 경조윤(京兆尹) 왕장(王章)이 봉사를 올리니 (상은 그를) 불러서 만나보았는데, 그가 상은 충성스럽고 곧았으며 아무런 죄가 없었다고 호소하면서, 봉(鳳)이 정권을 제 마음대로 하면서 임금을 가렸다[蔽主]고 말했다. 봉은 결국 장(章)을 법으로 걸어 주살했는데 상세한 이야기는 「원후전(元侯傳)」에 실려 있다. 원시(元始) 연간에 이르러 왕망(王莽)이 안한공(安漢公)이 돼 자기에게 와서 붙지 않는 자들을 주륙할 때, 낙창후 안도 같은 죄를 입게 되자 자살했고 봉국은 없어졌다.

사단(史丹)은 자(字)가 군중(君仲)으로 노국(魯國) 사람인데 두릉(杜陵)으로 이주했다. 할아버지 공(恭)에게 여동생이 있었는데, 무제(武帝) 때 위(衛)태자의 (후궁인) 양제(良娣)가 돼 도황고(悼皇考)를 낳았다. 황고란 효선제(孝宣帝)의 아버지다. 선제(宣帝)가 한미하던 시절 사씨(史氏)에 의지해 살았다. 상세한 이야기는 「사량제전(史良娣傳)」에 실려 있다. 선제가 존위(尊位)에 나아갔을 때 공은 이미 죽었고 아들이 세 명 있었는데 고(高), 증(曾), 현(玄)이었다. 증과 현은 모두 외척으로 구은(舊恩)이 있었다 해 봉작을 받아 증은 장릉후(將陵侯), 현은 평대후(平臺侯)가 됐다. 고(高)는 시중이 돼 깊은 총애를 받았고, 반란을 일으킨 대사마 곽우(霍禹)를 고발한 공로로 낙릉후(樂陵侯)에 봉해졌다. 선제(宣帝)의 병환이 심해지자 고를 제배해 대사마 거기장군으로 삼고 상서(尚書)의 일을 통령하게 했다. 제가 붕하자 태자가 존호(尊號)를 이어받으니 이 사람이 효원제(孝元帝)다. 고는 5년 동안 정사를 보필하고서 사직을 청하니, 안거(安車)와 네 마리 말, 그리고 황금을 내려주고서 일을 그만두고 저택으로 나아가게 했다. 훙하니 시호를 안후(安侯)라 했다.

원제(元帝)가 태자로 있을 때부터 단(丹)은 아버지 고의 보증으로 중서자(中庶子)가 돼 10여 년 동안 시종했다. 원제가 즉위하자 부마도위시중(駙馬都尉侍中)이 돼 궐 밖을 나설 때는 항상 참승(驂乘)했으므로 총애가 더욱 심했다. 상은 단이 선대의 신하이자 황고의 외속(外屬)이라 해 가까이하고 신임해, 단에게 조(詔)하여 태자(太子)의 집을 지키게 했다. 이때 부소의(傅昭儀)의 아들 정도공왕(定陶共王)이 재예가 있고, 아들과 어머니가 함께 사랑과 총애를 받았는데, 반면에 태자는 자주 주색에 빠졌고 그의 어머니인 왕황후(王皇后)도 아무런 총애를 받지 못하고 있었다.

건소(建昭) 연간에 원제가 병에 걸려 친히 정사를 챙기지 못하고 음악에 뜻을 두고서 좋아했다. 어떤 사람이 궁전 아래에 작은 북[鼙鼓]을 가져다 두니, 천자가 직접 난간 곁에 나아가 구리 구슬을 굴려 북에 던지면 장엄한 북소리가 절도에 맞게 울렸다. 후궁이나 좌우에서 지음(知音)을 익힌 자들 중에도 이를 제대로 해낼 줄 아는 사람이 없었는데, 정도왕 역시 그것을 잘하니 상은 여러 차례 그 재주를 칭찬했다. 단(丹)이 나아가 말했다.

"대체로 이른바 재능이라는 것은 민첩하고 배우기를 좋아하며[敏而好學], 옛것에 온기를 불어넣어 새것을 아는 것[溫故知新]을 말하는 것이니, 바로 황태자가 그런 분이십니다. 만약에 악기나 북의 소리를 맞추는 것으로 인재를 쓴다면, 진혜(陳惠)나 이미(李微)가 광형(匡衡)보다 그런 점에서 뛰어나니 상국(相國-재상)으로 삼아야 할 것입니다."

이에 상은 아무 말을 않고서 웃기만 했다. 그후에 중산애왕(中山哀王)이 훙하자 태자가 영구(靈柩) 앞에 나아가 조문을 했다. 애왕이란 제(帝)의 막냇동생으로 태자와 함께 놀고 공부하면서 자란 사람이다. 상은 태자를 보면서 애왕이 더 그리워져서 슬픔을 절제하지 못했다. 태자는 영구 앞에 서서도 슬퍼하지 않았다. 상이 크게 꾸짖으며 말했다.

"어찌 사람으로서 자애롭지도 않고 어질지도 않은데, 종묘를 받들고 백성들의 부모가 될 수 있겠는가?"

상은 이 일로 단을 책망해 말했다. 단은 관을 벗고 상에게 사죄하며 말했다.

"신은 진실로 폐하께서 중산왕을 애통해하시어 옥체가 상하실 지경이라는 것을 보았습니다. (그래서) 조금 전에 태자께서 문상하시려 할 때 신이 남몰래 경계시키기를, 절대 눈물을 흘려 폐하의 마음을 더 상하게 해서는 안 된다고 당부드린 것입니다. 죄는 곧 신에게 있으니 죽어 마땅합니다."

상은 그렇다고 여겨 마침내 화를 풀었다. 단이 보필하는 방식은 모두 이런 식이었다.

경녕(竟寧) 원년에 상이 병으로 침상에 눕자 부소의와 정도왕은 늘 좌우에 있었지만, 황후와 태자는 나아가 뵐 기회가 거의 없었다. 상의 질병이 점점 심해지자 의식이 몽롱해져 왔다 갔다 했는데, 그러면서도 상서(尙書)에게 경제(景帝) 때 (태자를 폐하고) 교동왕(膠東王)을 세웠던 옛일을 자주 물었다. 이때 태자의 큰외삼촌 왕봉은 위위시중(衛尉侍中)으로 있었는데, 황후 및 태자와 함께 모두 걱정만 하면서 어떻게 해야 할지를 모르고 있었다. 단은 상의 친밀한 신하로서 가까이에서 병을 돌볼 기회를 얻었기 때문에, 상이 혼자 누워 있는 때를 기다렸다가 침실 안으로 들어가 머리를 조아리고 푸른 청포 돗자리에 엎드려 울면서 말했다.

"황태자께서는 적장자로서 그 자리에 세워진 후 이미 10여 년의 세월이 쌓였고, 그 이름은 백성들 사이에 다 퍼져 천하에서는 황태자께 마음이 돌아가 신하가 되려고 하지 않는 사람이 없습니다. (그런데도 폐하께서는) 정도왕을 평소에 아끼고 자주 찾으니, 지금 거리에는 태자의 자리가 동요하고 있다는 유언비어가 떠돌고 있습니다. 이와 같은 것들을 살펴볼 때 분명 공경(公卿) 이하의 사람들은 (설사 폐하께서 정도왕에게 제위를 물려주려 하더라도) 반드시 목숨을 걸고 반대하며, (폐하의) 조서(詔書)를 받들지 아니 할 것입니다. 신이 바라옵건대 먼저 (신에게) 죽음을 내려주셔서 폐하의 본뜻을 여러 신하들에게 보여주십시오."

천자(天子)는 평소 어진 성품이어서 단이 눈물을 펑펑 흘리는 것을 차마 보지 못했고, 단의 말 또한 절절해 마음속에 깊은 감동을 주었으며, 이에 상은 크게 한숨을 짓고 장탄식을 낸 다음 이렇게 말했다.

"나는 날로 힘들어지고 병약해지는데 태자와 두 왕은 아직도 나이가 어려서 내 마음속이 애틋하니, 이 또한 어찌 걱정스럽지 않겠는가? 하지만 그러한 의논[7]을 한 일은 없다. 그리고 (태자의 모친인) 황후는 성품이 삼가고 신중하며, 또 먼저 돌아가신 황제께서도 태자를 아끼셨는데 내 어찌 그 지침을 어기겠는가? (그런데) 부마도위는 어디서 그런 말을 들었는가?"

단은 즉각 (청포 위에서) 물러나 머리를 조아린 채 말했다.

"미욱한 신이 망령되게도 그런 유언비어를 들었으니, 그 죄는 죽어 마땅할 것입니다."

(그러나) 원제는 단의 주청을 받아들이면서 이렇게 말했다.

"나의 병세가 점점 더해가서 아마도 스스로 돌아올 수 없을 듯하니, 태자를 잘 보도하고 나의 이런 뜻을 어기지 말라."

단은 흐느껴 울다가 눈물을 훔치며 일어났다. 태자는 이 일로 말미암아 마침내 후사(後嗣)가 됐다.

원제(元帝)가 끝내 붕하고 (태자였던) 성제(成帝)가 즉위한 초기에 단을 발탁해 장락(長樂)위위로 삼았다가, 우장군으로 승진시켜 관내후의 작위

---

7 태자를 폐하거나 정도왕에게 태자 자리를 넘겨주는 등의 의논을 말한다.

와 식읍 300호를 내려주고, 급사중(給事中)을 거쳐 뒤에 좌장군, 광록대부로 옮겼다. 홍가(鴻嘉) 원년에 상은 드디어 조서를 내려 말했다.

'무릇 다움이 있는 자를 기리고 큰 공로가 있는 자에게 상을 내리는 것은 고금에 통하는 마땅함이다. 좌장군 단은 지난날 충심과 바른 도리로 짐을 이끌었고, 두텁고도 한결같은 대의를 실천했으며, 오랫동안 베푼 은덕이 무성하도다. 이에 단을 봉해 무양후(武陽侯)로 삼고, 봉국은 동해군 담현(郯縣)의 무강취(武彊聚)의 읍 1,100호로 하라.'

단(丹)의 사람됨은 족히 지음(知音)[8]할 수 있었고 점잖으며 다른 사람을 아껴주었는데, 겉으로만 보면 제멋대로 행동하며 차분하지 못한 것 같았지만, 마음은 늘 삼가고 생각이 깊었기 때문에 상으로부터 그만큼 더 신임을 얻을 수 있었다. 단의 형은 아버지의 작위를 이어받아 후가 됐지만 재산은 양보하고서 받지 않았다. (그래서) 단이 아버지의 재산을 남김없이 물려받았고, 자신 또한 큰 봉국의 읍을 식읍으로 받았으며, 거듭해서 구은(舊恩)에 의해 여러 차례 포상을 받아 상사(賞賜)가 수천 금이었고, 노비 또한 100명이 넘었으며 안채에는 처첩 수십 명을 거느려, 안으로는 사치하고 음란했고 술 마시기를 좋아해, 산해진미와 성색(聲色)의 쾌락을 맘껏 누렸다. 장군으로 있은 것이 전후로 16년인데 영시(永始) 연간에 병으로 사직을 청하자 상이 책서(策書)를 내려 말했다.

'좌장군이 병이 들어 차도가 없어 물러가 병을 치료코자 했는데, 짐은

---

8 음악을 통해 속마음을 읽어내다는 뜻인데 여기서는 황상의 뜻을 정확히 살필 줄 알았다는 뜻이다.

(그대를) 관직의 일로 오랫동안 장군 자리에 머물게 하는 바람에 몸이 낫지 않은 것 같아 민망하게 여긴다. 이에 광록훈(光祿勳)으로 하여금 장군에게 황금 50근과 안거(安車-노인용 수레)와 네 마리 말을 내려주도록 하고, (상징적으로) 상장군의 인끈[印綬]을 내려주노라. 마땅히 정신을 잘 가다듬고 힘써 의약을 가까이해 몸이 상하지 않도록 해야 할 것이다.'

단은 저택으로 돌아간 지 수개월 만에 훙했는데 시호는 경후(頃侯)라 했다. 아들과 딸 20명이 있었는데, 9명의 아들은 모두 단의 음덕이나 보증으로 나란히 시중제조(侍中諸曹)가 돼 상의 좌우에 가까이 있었다. 사씨(史氏)는 모두 네 명이 후(侯)가 됐고, 경대부나 2,000석 관리에 이른 자는 10여 명인데, 모두 왕망 때에 이르러 마침내 끊어졌으며, 오직 장릉후(將陵侯) 증(曾)만이 아들이 없어 본인 대(代)에서 (작위가) 끊어졌다고 한다.

부희(傅喜)는 자(字)가 치유(稚游)로 하내(河內) 온(溫-현) 사람인데, 애제(哀帝)의 조모인 정도부태후(定陶傅太后)의 아버지 쪽 사촌동생이다. 어려서부터 배우고 묻기를 좋아했고 뜻하는 바와 행동도 훌륭했다. 애제가 (예전에) 세워져 태자가 되자 성제(成帝)는 희(喜)를 골라 태자서자(太子庶子)로 삼았다. 애제가 처음에 즉위하자 희를 위위(衛尉)로 삼았다가 우장군(右將軍)으로 승진시켰다. 이때 왕망(王莽)은 대사마로 있었는데 사직을 청해 제(帝)의 외척을 피하려고 했다. 상이 이미 망(莽)이 물러나겠다는 뜻을 들어주자 많은 이들의 기대는 희에게 돌아갔다. 희의 사촌동생 공향후(孔鄕侯) 안(晏)은 희 등과 친했고 그 딸은 황후가 됐다. 또 제의 외삼촌 양안후(陽安侯) 정명(丁明)은 모두 친한 데다가 외척이라 해 봉해졌다. 희는 겸손한 태도를 취하며 병을 핑계 댔다. 부태후가 비로소 정사에 관여하자 희가 여러 차례 간언하니, 이로 말미암아 부태후는 그로 하여금 정치를 보필하지 못하도록 하고 싶어 했다. 상은 이에 좌장군 사단(師丹)[9]을 왕망을 대신해 대사마로 삼고, 희에게는 황금 100근과 인끈을 내려주며 광록대부(光祿大夫)로 높여 병을 요양토록 했다. 대사공(大司空) 하무(何武)와 상서령(尙書令) 당림(唐林) 두 사람이 글을 올렸다.

'희(喜)는 행실과 의로움이 잘 닦여 있고 깨끗하며, 충성스러움이 열렬하고 나라를 진심으로 걱정하니, 안에서 보필할 수 있는 신하[內輔之臣]라 할 것입니다. (그런데) 지금 병으로 눕게 되자 하루아침에 내보내 집으로 돌아가게 했으니, 많은 사람들[衆庶]이 하나같이 실망해 말하기를 "부씨(傅氏)들 중에서 (그나마) 뛰어난 사람인데, 그의 의논하는 바가 정도태후와 맞지 않는다는 이유로 물러났다"라고 합니다. 또 백료(百僚)들 중에 나라를 위해 그것을 한탄하지 않는 사람들이 없습니다.

충성스러운 신하란 사직을 지켜내는 자이니, 노(魯)나라는 계우(季友)로 인해 어지러움이 다스려졌고, 초(楚)나라는 자옥(子玉)으로 인해 (나라의 근심이) 가벼워졌다가 무거워졌다가 했으며, 위(魏)나라는 무기(無忌)로 인해 적의 예봉을 꺾었고, 항우(項羽)는 범증(范增)으로 인해 존망이 갈렸습니다. 그래서 초나라는 남쪽으로 타고 넘어가[跨] 토지를 영유했고, 무장 병력 100만을 갖고서도 이웃 나라들은 초나라를 어렵게 만들지 못했는데, 자옥이 장군이 됐을 때 진(晉)나라 문공(文公)은 옆 자리를 비워두고 있다

---

9 앞에 나온 사단(史丹)과는 다른 사람이다.

가,¹⁰ 마침내 자옥이 죽자 (진나라의) 임금과 신하들은 서로 경하했습니다. 100만의 대군도 한 나라의 뛰어난 사람만 못하니, 그 때문에 진(秦)나라는 천금의 뇌물을 써서 염파(廉頗)¹¹를 이간질했고[間=疏], 한(漢)나라는 만금을 뿌려서 아보(亞父)¹²를 이간질했습니다. 부희가 조정에 서는 것은 폐하의 다움이 훤히 빛나는 것[光輝]이니, 부씨의 흥망도 거기에 달려 있습니다〔○ 여순(如淳)이 말했다. "부희가 드러나면 부씨도 흥하고, 부희가 폐기되면 부씨도 그렇게 된다는 말이다."〕.'

상도 스스로 부희를 중하게 여겼다. 이듬해 정월 마침내 사단(師丹)을 옮겨 대사공으로 삼고, 희를 제배해 대사마로 삼아 고무후(高武侯)에 봉했다. 정씨(丁氏)와 부씨(傅氏)들은 교만하고 사치스러웠기 때문에 모두 희의 공손함과 검소함을 질시했다. 그리고 부태후가 자신의 존호(尊號)를 높여

---

10 뛰어난 인재를 위해 자리를 비워두었다는 뜻이다.

11 전국시대 조(趙)나라 사람으로 혜문왕(惠文王) 때 장(將)이 되고, 나중에 상경(上卿)으로 승진했다. 제(齊)나라와 위(魏)나라를 공격해 여러 차례 크게 이기고, 제나라의 기(幾)와 위나라의 방릉(防陵), 안양(安陽) 등 많은 땅을 빼앗았다. 장평(長平) 전투에서 견고하게 수비해 진(秦)나라 군대가 3년 동안 출병했지만, 얻은 것 없이 돌아가게 만들었다. 나중에 조나라가 진나라의 반간계에 걸려 해직하고, 조괄(趙括)을 장수로 기용해 대패했다. 효성왕(孝成王) 15년 연(燕)나라가 대군을 일으켜 침입하자, 오히려 역공을 취해 연나라 장수 율복(栗腹)을 죽이고, 연나라의 수도를 포위한 뒤, 5개 성을 할양 받고 화친을 맺었다. 이 공으로 위문(尉文)에 봉해졌고 신평군(信平君)이 돼 가상국(假相國)에 임명됐다. 도양왕(悼襄王) 때 낙승(樂乘)으로 대신하게 하자 위나라로 달아나 대량(大梁)에서 살았다. 나중에 초(楚)나라에서 늙어 죽었다. 인상여(藺相如)와 생사를 같이하기로 하면서 문경지교(刎頸之交)를 맺은 일이 유명하다.

12 초(楚)나라의 항우(項羽)가 그의 참모인 범증(范增)을 높여 부른 칭호다.

성제의 어머니와 같은 등급의 칭호로 불리고 싶어 하자,[13] 희는 승상 공광(孔光), 대사공 사단(師丹)과 함께 힘을 다해 의견을 바로잡았다.[14] 부태후가 크게 화를 내니 상은 어쩔 수가 없어 먼저 사단을 관직에서 내쫓았고, 이어 희를 정신적으로 압박했으나 희는 끝내 고분고분하지 않았다. 몇 달 후에 드디어 책(策)하여 희를 면직시키며 말했다.

"그대는 정치를 보필하며 출입한 지 3년이 됐으나 아직 짐이 미치지 못하는 바를 훤하게 바로잡지 못하고 있고, 또 본 조정의 대신들이 마침내 간사한 마음을 품게 됐으니 이렇게 된 연유는 그대 때문이다. 이에 대사마의 인끈을 반납해 올리고 사저로 나아가도록 하라."

부태후는 또 스스로 조칙을 내려 승상(-주박)과 어사(御史-조현)에게 가서 말하게 했다.

"고무후 부희는 아무런 공로도 없이 봉작을 받아, 안으로 불충한 마음을 품고 아랫사람에게 붙어 위를 기망했고, 전 대사공 단(丹)과 함께 한마음이 돼 배반하고서 명을 따르지 않고, 왕실의 일족을 흔들어 황제의 다움과 교화를 훼손했으니, 설사 죄악이 사면령 이전이라 하더라도 봄, 가을의 조현을 하기에는 적절치 못하니, 이에 봉국으로 돌아가도록 하라."

그 뒤에는 희의 후(侯) 작위마저 빼앗으려 했으나 (할머니 부태후의 눈치를 보았던) 애제도 그것은 들어주지 않았다.

---

13 애제는 정도왕의 아들로서 황통을 계승했고 성제(成帝)를 이었으며, 부태후는 정도왕의 어머니였다. 따라서 사안 자체로 볼 때 정도태후는 제태후(帝太后)를 칭할 수 없었는데, 이때 부태후가 그 칭호를 받고 싶어 했으니 그것은 예가 아니었다.

14 부당하게 제태후를 칭하려 했던 것을 바로잡았다는 말이다.

희(喜)가 봉국에 머문 지 3년여가 됐을 때, 애제(哀帝)가 붕하고 평제(平帝)가 즉위하자 실권을 장악한 왕망(王莽)은 부씨(傅氏) 일족의 관작을 빼앗아 고향으로 내려가게 했고, 안(晏-부안)은 처자를 데리고 합포(合浦)로 유배를 갔다. 망(莽)은 태후에게 건의해 다음과 같은 조서를 내리게 했다.

'고무후 희(喜)는 풍모와 성품이 단정하고 훌륭하며, 국정에 관한 의논이 충성스럽고 강직했다. 그래서 비록 정도태후와는 일족이었으나 끝내 그들의 뜻을 따르지 않고, 단호하게 절의를 지키다가 그 때문에 배척을 당해 봉국으로 돌아가 살아야 했다. 전(傳)에 이르지 않았던가?

"날씨가 추워진 뒤에야 소나무와 잣나무가 뒤늦게 시듦[後彫]을 알 수 있다."[15]

이에 희를 장안으로 돌아오게 하고 옛 고안후(高安侯)의 막부(幕府)를 희에게 내려주며 지위는 특진해 봄, 가을의 조현에 참여할 수 있게 하라.'

희는 비록 외견상으로는 포상을 받았지만 고립돼 두려웠기 때문에, 뒤에 다시 봉국으로 돌아가 천수를 누리다가 생을 마쳤다[壽終]. 망은 정후(貞侯)라는 시호를 내려주었다. 아들이 이어받았고〔○ 사고(師古)가 말했다. "역사에서 그의 아들의 이름을 알아내지 못했다."〕망이 패망하자 마침내 끊어졌다.

찬(贊)하여 말했다.

---

15 『논어(論語)』「자한(子罕)」편에 나오는 말이다.

"선(宣), 원(元), 성(成), 애(哀)의 외척으로서 흥한 자를 보면 허씨(許氏), 사씨(史氏), 삼왕(三王),[16] 정씨(丁氏), 부씨(傅氏) 집안인데, 이들은 다 후작(侯爵)이나 장군을 이중 삼중으로 맡아 귀할 대로 귀했고 부유할 대로 부유했지만, 그 지위에는 올랐어도 그 적임자는 없었다. 양평후(陽平侯)의 왕씨들은 대부분 재능이 있어 일을 좋아하고 명예를 추구해 그 세력이 더욱 성대했고, 귀한 지위를 누린 것이 가장 오래였다. 그러나 망(莽)에 이르러 결국 나라를 뒤엎었다.

왕상(王商)은 굳세고 강인한 절의가 있었으나 폐출당해 근심 속에서 죽었는데 그의 죄는 아니었다.

사단(史丹) 부자는 서로 이어 높은 중책의 자리에 있었으며 지위는 삼공(三公)에 이르렀다. 단이 돕고 인도해 주군을 보필한 것은 모자란 사람을 덮고 아름다운 사람을 끌어올리는 것이었고, 좋은 뜻(을 가진 사람들)을 널리 한데 모으는 것은 설사 학식이 뛰어난 유학자[宿儒]나 통달한 선비[達士]라 하더라도 그보다 더할 수는 없다.

그리고 황제와 황후만이 머무는 깊은 곳까지 들어가 지극한 정성을 담아 황제의 안색까지 범해가면서 간언을 올려, 마침내 깨우침을 주어 큰

---

16 삼왕이란 공성후(邛成侯), 왕상(王商), 왕봉(王鳳)의 세 집안을 말한다. 공성후 왕봉광(王奉光)은 선제의 왕(王)황후의 일족이다. 왕순(王舜), 왕준(王駿), 왕장(王章), 왕성(王成) 등이 여기에 속한다. 왕상의 왕씨는 탁군(涿郡)의 왕씨로 사황손(史皇孫)의 아내의 족당이다. (왕상의 아버지) 왕무(王武), 왕무고(王無故) 등이 여기에 속한다. 왕봉의 왕씨는 양평후(陽平侯) 왕금(王禁)의 왕씨로 원제의 왕(王)황후의 족당이다. 왕숭(王崇), 왕담(王譚), 왕상(王商), 왕립(王立), 왕근(王根), 왕봉시(王逢時), 왕음(王音), 왕망(王莽) 등이 여기에 속한다.

계책[大謀]이 바로잡히도록 해 태자는 제위를 잇고 모후의 지위까지 안전하게 해주었으니, (『시경(詩經)』에 이르기를) '말에는 대답하지 않음이 없다'[17]라고 한 그대로 그도 마침내 충성스럽고 반듯했던 처신[忠貞]의 보답을 받을 수 있었다.

부희(傅喜)는 절의를 지켜 굽히지 않았으니 그 또한 (소나무와 잣나무처럼) '뒤늦게 시들었다'라는 찬사를 받을 수 있었다. 애(哀)와 평(平) 때에 이르러서는 화(禍)와 복(福)이 바뀌는 것이 참으로 빨랐다."

---

17 「대아(大雅)」 '억(抑)' 편에 나오는 구절이다. 원래는 "말에는 대답하지 않음이 없고, 다움에는 보답하지 않음이 없다"인데 그중 한 부분만 인용했다.

권
◆
83

설선·주박전
薛宣朱博傳

설선(薛宣)은 자(字)가 공군(贛君)으로 동해(東海) 담(郯-현) 사람이다. 젊어서 정위 서좌(書佐-서기)와 도선 옥사(都船獄史)를 지냈다. 뒤에 대사농에 속한 두식속(斗食屬)으로 있을 때 청렴하다는 평가를 받아 불기(不其)의 현승이 됐다. 낭야(琅邪)태수 조공(趙貢)이 현들을 순시하던 중에 선(宣)을 보고서 그의 능력을 크게 좋아했다. 선을 데리고서 속현들을 순시한 뒤에 태수 관사로 돌아가 처자들과 서로 인사를 시킨 다음에 가르쳐 말했다.

"공군(贛君)은 승상에까지 이르겠지만 내 두 아들은 아마 승상사(丞相史)에 머물 것이다."

선의 청렴함을 파악하고서는 승진시켜 낙랑(樂浪)의 도위승(都尉丞)으로 삼았다. 유주(幽州)자사가 그를 무재(茂材)로 천거해 완구(宛句)의 현령이 됐다〔○ 사고(師古)가 말했다. "낙랑은 유주에 속한다. 그래서 자사의 천거를 받은 것이다."]. 대장군 왕봉(王鳳)이 그의 능력을 듣고서는 설을 천거해 장안(長安)현령으로 삼았는데 치적으로 과연 이름났다. 그리고 법 조문을 밝게 익혔기 때문에 조서를 내려 어사중승(御史中丞)에 보임됐다.

이때는 성제(成帝)가 처음 즉위했을 무렵이라 설이 어사중승이 돼 (안으로는) 전중(殿中-대궐 내)에서 법을 집행하고, 밖으로는 부자사(部刺史-지방행정 감찰관)를 총괄하게 됐는데 소(疏)를 올려 말했다.

'폐하께서는 다움이 지극하시고 어짊이 두터우셔서 백성들을 불쌍히 여겨 늘 가슴 아파하시면서, 항상 해가 떨어질 때까지 노고를 다하시고 안일함과 쾌락[佚豫=逸豫]의 즐거움을 멀리하셨으며, 진실로 빼어난 도리[聖道]를 잡아 쥐고서 형벌을 시행하심이 도리에 적중하셨습니다. 그런데도 아름다운 기운은 일찍이 엉겨 붙어[凝=不通] 음양이 조화를 이루지 못하니, 이로 인해 신하들은 (폐하를) 칭송할 바를 찾지 못하고 폐하의 교화는 홀로 넉넉지 못한 것입니다. 신이 남몰래 엎드려 그 한 가지 단서를 생각해보건대 수많은 관리들이 가혹한 정사를 펼치고, 정사와 교화가 번거롭고 자잘하며[煩碎], 대체로[大率] 허물이 부자사에 있어 혹 직무 수칙을 제대로 지키지 않고, 그릇된 사람을 써서 그들이 뜻을 관철해 군과 현의 공무를 담당하고, 사사로운 가문[私門]들이 문을 열어젖히고서 남을 해코지하는 말과 거짓말을 들어 관리와 백성들은 허물을 짓게 되고, 백성들을 꾸짖는 것이 시시콜콜한 데까지 이르고 의로움을 따지는 일은 없습니다. 군과 현이 서로 압박하고 밀쳐대고 심지어 그 안에서도 서로에게 각박하게 구니, 그런 풍조는 많은 백성들에게까지 흘러들고 있습니다. 이로 인해 시골 마을에서는 손님을 아름답게 환대하는 일이 사라졌고, 구족(九族

-친족)은 친척들을 제 몸과 같이 여기는 은혜를 잊어버렸으며, 먹고 마시고 형편이 다급한 사람을 도와주는[周急] 두터움은 점차 쇠했고, 가는 사람을 환송하고 오는 사람을 환영하는 예는 행해지지 않고 있습니다. (이처럼) 무릇 사람의 도리가 (제대로) 통하지 않으면 음과 양은 서로 배척해 멀어지고 조화의 기운은 일어나지 않으니, 반드시 이 때문이 아니라고 할 수는 없을 것입니다. 『시경(詩經)』에 이르기를 "백성들이 백성다움을 잃어버린 것은 마른 밥(-소홀한 음식 대접)을 내놓은 때문이라네[民之失德 乾餱以愆]"[1]라고 했고, 속담에 이르기를 "가혹한 정사는 백성들을 멀어지게 하고, (백성들의) 번뇌와 고민은 (임금의) 은혜를 상하게 하네"라고 했습니다.

바야흐로 자사(刺史)들로 하여금 시무(時務)에 관해 아뢰게 하시고, 널리 신칙을 밝히시어 중앙 조정이 긴요하게 생각하는 사안이 무엇인지를 훤히 알게끔 하셔야 합니다. 신은 어리석어 다스리는 도리[治道]를 제대로 알지 못하오니, 밝은 폐하께서 잘 살펴셔야 할 것입니다.'

상은 이를 아름답게 여겨 받아들였다.

선(宣)은 정사를 제대로 하는 방안[便宜]에 대해 여러 차례 말을 했고, 부자사 군국(郡國) 2,000석 관리들을 천거하는 과정에서 (성적이) 떨어지는 자는 내쫓고 칭찬해야 할 자는 진출시키는 것이 흑백처럼 분명했기에, 그로 인해 이름이 알려졌다. 지방으로 나가 임회(臨淮)태수가 됐는데 정사와 가르침이 크게 행해졌다. 마침 진류군(陳留郡)에 큰 도적이 일어나 정사

---

1 『시경(詩經)』「소아(小雅)」'벌목(伐木)' 편에 나오는 구절이다.

와 가르침이 엉망이 되자, 상은 선을 옮겨 진류태수로 삼으니 도적은 사라졌고 관리와 백성들은 그의 위엄과 신망을 존경했다. 중앙으로 들어와 임시 좌풍익이 됐다가 1년 기한을 채우고 직에 맞게 정식[眞] 좌풍익이 됐다.

애초에 고릉(高陵)현령 양담(楊湛), 역양(櫟陽)현령 사유(謝游)가 모두 탐욕스럽고 교활해 공손하지 못해, 군(郡)의 장점과 단점을 파악하고서 마음대로 위세를 부리니, 그 이전의 2,000석 관리들은 여러 차례 조사를 하고서도 끝내 다스리지를 못했다. 선(宣)이 업무를 보게 되자 관청에 두 사람이 찾아와 인사를 하니, 선은 술자리를 베풀어 두 사람을 상대해 잘 대접했다. 얼마 후에 몰래 그들의 죄상을 알아본 다음에 증거를 골고루 확보했다. 선은 담(湛)이 절조를 바꿔 선을 공경할 뜻이 있음을 알아차리고서, 마침내 문서로 그 죄악을 일일이 열거하고 밀봉해 직접 주면서 말했다.

"관리와 백성들이 여기에 적힌 그대로 조목조목 말한 것인데, 혹시라도 착복한 것에 대해 의문이 있다면 말해보라. 풍익은 현령을 공경하고 어렵게 생각하지만, 또한 10금(金) 이상이면 법에 따라 처벌하지 않을 수 없으나 차마 그렇게 할 수는 없다. 그 때문에 남모르게 작성해 직접 넘겨주니 현령이 스스로 진퇴를 결정하면 앞으로 좋은 얼굴을 볼 수 있을 것이고, 만약에 그런 일이 없다면 이 문건을 돌려보내되 현령이 명확하게 처리해주기를 바란다."

담(湛)은 자신의 죄상이 빠짐없이 적혀 있고 선의 말이 부드러우면서도 자신을 해치려는 뜻이 없음을 알아차렸다. 담은 곧바로 인끈을 풀어 관리에게 보내고 글을 올려 선에게 사례하고 끝까지 아무런 원망의 말을 하지 않았다. 그런데 역양현령 유(游)는 스스로 큰 유학자로 이름이 났음을 자부하면서 선을 가벼이 여겼다. 선은 홀로 글을 보내 그를 문책했다.

'역양현령에게 고하노니 관리와 백성들은 현령의 행정이 번잡하고 죄를 만들어 사역을 시킨 자가 1,000여 명이었으며, 부세로 거둬 빼돌린 돈이 수십만이고 불법으로 지출했으며, 부자 관리에게 매매를 일임했는데 그 값을 다 계산할 수도 없다. 이런 증거들이 명백하기에 관리를 보내 조사를 시키면 천거한 사람이 연좌돼 유학자로서 부끄러움이 될 것이기에 속연(屬掾) 평(平)을 보내 현령에게 통보하노라. 공자가 말하기를 "능력에 맞춰 대열에 서게 하되 능력이 없는 자는 그치게 한다"라고 했으니 현령은 이 점을 깊이 숙고해 바야흐로 대리할 수 있는 사람을 잘 골라 써야 할 것이다."

유는 격문을 받고서 또한 인끈을 풀어놓고 곧바로 자기 갈 길을 떠났다. 또 빈양현(頻陽縣)의 북쪽은 상군(上郡), 서하(西河)와 접하고 있고, 여러 군의 사람들이 모여드는 곳[湊]이기 때문에 도적이 많았다. 그곳의 현령은 평릉(平陵) 출신 설공(薛恭)으로 본래 현에서 효행에 의해 천거된 자인데, 연공이 쌓여 승진했지만 아직 제대로 백성들을 다스리지 못했고, 직무를 제대로 처리하지 못했다. 그런데 속읍현(粟邑縣)은 작고 산속에 치우쳐 있어 백성들은 근면하고 소박해 다스리기가 쉬웠다. 이곳의 현령은 거록(鉅鹿) 출신 윤상(尹賞)으로 오랫동안 군의 관리로 일했고, 누번(樓煩)의 현장(縣長)을 지내다가 무재(茂材)에 의해 천거된 자인데 속읍으로 옮겨왔다. 선(宣)은 즉각 영을 내려 상(賞)과 공(恭)의 현을 바꿨다. 두 사람이 일을 본 지 몇 달이 지나자 두 현 다 잘 다스려졌다. 선은 문서를 보내 두 사람을 위로하고 격려하며 말했다.

'옛날에 맹공작(孟公綽)은 조(趙)나라와 위(魏)나라에서는 우수했으나 등(滕)나라와 설(薛)나라에서는 적합하지 못했다고 했으니,[2] 그 때문에 어떤 사람은 다욺으로 드러나고 어떤 사람은 공로로 드러나는 것이다. "군자의 도리에 어찌 속임수가 있을 수 있겠느냐"[3]라고 했으니 (좌풍익의) 속현에는 각각 뛰어난 사람이 있으니 풍익은 팔짱만 끼고 있어도 성공할 것이다. 바라건대 맡은 직임에 힘써 끝내 공업을 이루도록 하라.'

선은 군내의 관리나 백성들 중에서 누군가가 죄를 지었다는 말을 듣게 되면 곧장 해당 현의 장리(長吏)를 불러 알려주고는 직접 처벌을 하게 했다. 그러고는 그렇게 하는 이유에 대해 "군에서 직접 적발한 자가 아니라서 현령 대신 처벌해 뛰어난 현령이나 현장의 명성을 빼앗고 싶지 않아서다"라고 밝혔다. 장리들은 모두 기뻐하면서 동시에 두려워하며, 관을 벗어 선에게 감사했고 결국 징벌을 받게 되는 자에게 은혜가 돌아갔다.

선은 관리에 대한 상벌을 분명하게 했고 법을 쓸 때는 공평하게 해서 반드시 실행했으며, 가는 곳마다 모두 조리 있게 기록해 일의 골격을 세

---

2 『논어(論語)』「헌문(憲問)」편에 나오는 말이다. 맹공작은 노나라 대부인데 큰 나라에서 가신은 맡을 수 있지만 작은 나라에서 대신은 맡을 수 없다는 말이다. 그 재능의 성격이 그렇다는 뜻이다.

3 『논어(論語)』「자장(子張)」편에 나오는 자하(子夏)의 말이다. 전문은 이렇다. 자유(子游)는 말한다. "자하의 제자들은 물 뿌리고 빗자루질 하며 손님을 응대하고, 관에 나아가고 물러나는 예절을 당해서는 괜찮지만, 그것은 지엽말단일 뿐이고 근본적인 것은 없으니 어찌하겠는가?" 자하가 그것을 듣고서 말한다. "아! 자유의 말이 지나치다. 군자의 도리가 어느 것을 먼저라 해 전수하며 또 어느 것을 뒤라 해 가르치기를 게을리하겠는가? 초목에 비유하자면 종류로 구별되는 것과 같으니, 군자의 도리에 어찌 속임수가 있을 수 있겠느냐? 처음과 끝을 구비한 것은 오직 성인이실 것이다."

웠기 때문에 인자함과 용서와 사랑과 혜택이 많았다. 지양(池陽)현령이 청렴한 관리라며 옥의 아전 왕립(王立)을 추천한 적이 있는데, 부(府-좌풍익부)에서 아직 부르기도 전에 립(立)이 죄수의 가족으로부터 돈을 받았다는 소문이 들려왔다. 선이 그 현령을 문책하자[責讓] 현에서 아전을 조사해보니, 마침내 그 아내가 독자적으로 죄수로부터 돈 1만 6,000전을 두 번에 걸쳐 받았으나, 아전은 실은 모르고 있었다. 아전은 부끄럽고 두려워 자살했다. 선이 이를 듣고서 지양에 글을 보냈다.

'현에서 천거한 청렴한 관리인 옥의 아전 왕립은 그 아내가 몰래 뇌물을 받았지만, 본인은 모르고 있다가 자살로써 스스로의 억울함을 밝혔다. 립은 진실로 청렴한 선비이며 참으로 가슴 아프고 애석하도다! 이에 그의 관에 직명을 '부(府)의 결조(決曹) 연(掾-아전) 립의 관'이라고 써서 그의 영혼을 현창한다. 부의 연(掾)과 사(史)들 중에서 평소 립과 서로 알고 지내던 자들은 모두 송장(送葬)에 참여하라.'

동지와 하지의 관리 휴가 날에 적조(賊曹) 연(掾) 장부(張扶)만이 홀로 휴가를 쓰지 못하고 사무실에서 업무를 처리하고 있었다. 선이 나가서 그에게 일러 말했다.

"대개 예(禮)란 조화를 이루는 것[和]을 귀하게 여기고, 사람의 도리는 서로 통하는 것을 중하게 여긴다. 동지나 하지에 관리를 쉬게 하는 것은 그 유래가 오래됐다. 부서의 일이 비록 공직의 일이기는 하지만 가족 역시 사사로운 은혜를 바라고 있다. 그대도 마땅히 사람들처럼 처자가 있는 집으로 돌아가 술과 안주를 베풀고, 이웃 사람들을 불러서 한바탕 웃고 서로 즐기는 것 또한 얼마든지 좋은 일이다."

부(扶)는 부끄러워했다. 관리들은 이 일을 칭송했다. 선(宣)은 사람됨이 위의(威儀)를 좋아하고 행동 하나하나가 온화해 심히 봐줄 만했다[可觀]. 성품은 치밀하고 침착했으며[密靜] 생각이 깊었고, 관리의 직무를 다룰 때는 늘 간략하면서도 순리대로 일을 처리하려고 했다. 심지어 붓과 벼루 같은 재용까지도 다 일일이 계획을 빈틈없이 세워 잘 쓰고 경비를 아꼈다. 관리와 백성들은 이를 칭송했고 군 안은 깨끗해졌다. 이에 승진해 소부(少府)가 됐고 각종 비품을 관리함에 있어 차질이 없었다.

(선(宣)이 소부(少府)가 되고서) 한 달여가 지나 어사대부 우영(于永)이 세상을 떠나자, 곡영(谷永)이 소(疏)를 올려 다음과 같이 말했다.

'제왕의 제왕다움 중에 사람을 볼 줄 아는 것[知人]보다 더 큰 것은 없고, 사람을 잘 볼 줄 알게 되면 백료(百僚)들은 자신들에게 어울리는 직책을 맡게 되니, 천자가 임명한 관직에는 공허한 것[曠=空]이 없게 됩니다. 그래서 고요(皐陶)는 말하기를 "사람을 잘 볼 줄 알면 훤히 눈 밝게 돼[哲=明] 능히 사람을 관직에 쓸 수 있다"[4]라고 한 것입니다. 어사대부(御史大夫)라는 자리는 안으로는 본 조정의 풍속 교화[風化](의 업무)를 잇고, 밖으로는 승상을 도와 천하를 통리(統理)[5]하는 것이니, 그 임무는 중하고 직책은 커서 평범한 인재는 감당할 수가 없습니다.

지금 여러 경들 중에서 마땅한 사람을 뽑아 빈자리를 채워야 합니다. 적재(適材)를 얻는다면 만백성[萬姓]이 기꺼이 기뻐할 것이고 백료들도 즐

---

4 『서경(書經)』「우서(虞書)」'고요모(皐陶謨)' 편에 나오는 말이다.

5 다스림[統治]보다는 아래 단계의 관리라는 의미다.

거이 따를 것이지만, 그런 인재를 얻지 못한다면 그 큰 직책은 땅에 떨어지고 임금의 공업[王功]은 흥하지 못할 것입니다. 순임금[虞帝]의 눈 밝음[明]도 이 하나의 조치에 달려 있으니 지극히 상세하게 하지 않을 수 있었겠습니까? 남몰래 소부 선(宣)을 살펴보건대, 재주가 뛰어나고 행실이 깨끗하며, 정치를 받드는 데[從政]⁶ 통달해 전에 어사중승(御史中丞)이 됐고, 폐하의 수레바퀴[輦轂] 아래에서 법을 집행했으며, 강자 앞에서 약하거나 약자 앞에서 강하지[吐剛茹柔]⁷ 않고 그의 조처하는 바는 때에 들어맞았습니다[時當=時宜]. 또 밖으로 나가 임회(臨淮)와 진류(陳留)의 태수로 있을 때에는 두 군에서 그의 치적을 높이 칭송했고, 좌풍익(左馮翊)으로 있을 때는 교화를 높이고 좋은 기풍을 길러 위엄과 다움[威德]이 나란히 행해졌으며, 여러 직책들이 잘 관리되고 간사한 무리들은 단절돼 소송하는 자가 몇 해가 지나도 승상부에 이르지 않았고, 큰 사면 후에는 삼보(三輔)의 나머지 도적 떼가 10분의 9나 줄어들었습니다. 그가 이룩한 공적은 탁월했기에 좌내사(左內史)가 처음 설치된 이래로 이런 일은 일찍이 없었습니다. 공자께서 이르기를 "만일 높이는 경우가 있다면 분명 그를 따져보았을 것이다[如有所譽 其有所試]〔○ 사고(師古)가 말했다. "『논어(論語)』「위령공(衛靈公)」편에 실려 있는 공자의 말인데 사람을 높여줄 때는 반드시 일을 통해 그 사람을 시험해보는 것이 마땅하다는 뜻이다."〕"라고 했습니다.

---

6 중간 관리의 정치 행위를 종정(從政)이라 한다.
7 딱딱한 것은 뱉고 부드러운 것은 먹는다는 뜻으로 강자에게 비굴하고 약자에게 위압적인 사람을 가리킨다.

선(宣)의 인사고과 성적[考績功課]은 대부분[簡=大] 승상부와 어사부 두 부에 보존돼 있으니, 감히 지나친 칭찬[過稱]으로 거짓과 무함의 죄를 가리지는 못할 것입니다.

신이 듣건대 뛰어난 인재(의 자질 중에)는 사람을 잘 다스리는 것보다 큰 것이 없다고 했으니 선은 이미 그에 맞는 실적[效]을 갖고 있습니다. 그의 법률(에 대한 전문성)로 보자면 정위(廷尉)를 맡기고도 남음이 있고, 그의 경술(經術)은 아름다운 풍치[文雅]가 있어 임금의 체모를 도모하고 나라의 논의[國論]를 결단하기에 충분합니다. 또 몸은 수와 그릇[數器]을 겸하고 있어[8] '물러나 먹기를 공소로부터 하는[退食自公]'[9] 절조를 갖고 있습니다. 선에게는 사사로운 당여나 유세객의 도움이 없으니, 신은 폐하께서 (『시경(詩經)』의) 시 '고양(羔羊)'의 뜻을 소홀히 하시어, 공평하고 내실이 꽉 찬[公實] 신하를 내치시고, 겉으로만 화려하고 속은 빈[華虛][10] 명예만 있는 자를 쓰실까 봐 두려워하고 있습니다. 이 때문에 제 직분을 뛰어넘어 선의 행실과 능력[行能]을 진술했사오니, 부디 폐하께서는 여기에 뜻을 두시고서 깊이 살펴주시기 바랍니다.'

상은 그렇다고 여기고 드디어 선을 어사대부로 삼았다.

몇 달 후에 장우(張禹)를 이어 승상이 돼 고양후(高陽侯)에 봉해져 식

---

8 일을 풀어가는 수가 깊고 많으며, 그릇이 크다는 뜻이다.

9 『시경(詩經)』「소남(召南)」 '고양(羔羊)' 편에 나오는 구절이다. 공과 사를 엄격하게 구분하는 모습을 그린 시다.

10 공실(公實)과 화허(華虛)는 서로 대조를 이룬다.

읍 1,000호를 받았다. 선은 조공(趙貢)의 두 아들을 제배해 사(史-승상사)로 삼았다. 공(貢)이란 조광한(趙廣漢)의 형의 아들도 관리가 돼 역시 유능하다는 이름을 얻었다. 선이 상(相)이 되자 부(府-승상부)의 송사 문건 중에 1만 전이 안 되는 사안은 모두 다른 부서로 넘기도록 했는데, 이후에는 모두 설후(薛侯)가 만든 이 전례를 따랐다. 그러나 관속들은 선의 방식이 번잡스럽고 자잘하다며 그를 뛰어난 재상이라고 칭송하지 않았다. 이때 천자는 유학의 도리를 좋아했는데, 선은 경술 또한 깊지는 않아 상이 그를 가벼이 여겼다.

한참 후에 광한군(廣漢郡)에 도적 떼가 무리지어 일어나니, 승상과 어사는 연사(掾史)를 파견해 체포하게 했는데 제대로 해내지 못했다. 상은 이에 하동도위 조호(趙護)를 제배해 광한태수로 삼아 군법으로 일을 처리하게 했다. 몇 달 후에 도적의 우두머리 정궁(鄭躬)의 목을 베자 투항자가 수천 명이었고 마침내 평정됐다. 때마침 공성(邛成)태후(-선제(宣帝)의 왕(王)황후)가 붕(崩)했는데 상사(喪事)가 워낙 창졸간이라 관리들은 갑자기 부세를 거둬 임시변통으로 일단 일을 치렀다. 그후에 상은 이 일을 듣고서 승상과 어사대부에게 잘못이 있다며 드디어 책(冊)하여 선을 면직시켰다.

'그대는 승상으로 출입한 지 6년인데 충효의 행실이나 백료들을 솔선수범했다는 등의 이야기를 짐은 들어본 바가 없다. 짐이 눈 밝지 못해 변고와 재이가 여러 차례 나타났고, 해마다 흉년이 들어 창고는 텅 비었으며, 백성들은 굶주림에 시달려 길거리를 떠돌고 있고, 질병이나 전염병으로 죽는 사람들이 만 단위로 세야 할[萬數] 정도라, 사람들은 서로 잡아먹는 지
만수

경에 이르렀고 도적들은 앞다퉈 일어나는데도, 여러 관직들은 (인사를 제대로 하지 않아) 텅 비어 내버려져 있으니, 이는 짐의 임금답지 못함 때문임과 동시에 신하들이 불량하기 때문이다.

얼마 전에 광한에 도적 떼들이 마구 날뛰며 관리와 백성들을 해치니, 짐은 측은하고 마음 아프게 여겨 여러 차례 그대에게 물었으나, 그때마다 그대의 대답은 실상과 동떨어진 것이었다. 나라의 서쪽은 서로 교통이 제대로 이뤄지지 않아 거의 군(郡)이라고 할 수도 없다. 삼보(三輔)의 부렴(賦斂)은 일정한 원칙이 없다 보니 잔혹한 관리들이 서로 얽혀 간사한 짓을 저지르며 백성들을 침탈하고 동요시키고 있어, 그대에게 조사할 것을 조(詔)했으나 역시 실상을 알아보려는 뜻이 없었다. 구경(九卿) 이하는 모두 은근히 그대의 뜻만 받들면서 동시에 윗사람을 속이는 죄에 빠졌으니, 허물은 그대 때문이로다. 유사에서는 그대가 맡은 임무를 게을리하고 기만하는 풍조를 열었으며, 풍속의 교화를 해쳐 사방에 모범을 보이지 못했다고 탄핵했다. 차마 그대로 법대로 처리할 수가 없으니, 이에 승상과 고양후의 인끈을 반환해 올리고, 직무를 떠나 집으로 돌아가도록 하라.'

애초에 선이 승상으로 있을 때 적방진(翟方進)이 (승상) 사직(司直)으로 있었다. 선은 방진(方進)이 이름난 유학자인 데다가 재상의 그릇임을 알아보고서 깊이 교결을 맺기를 두텁게 했다. 뒤에 방진이 마침내 그를 이어 승상이 됐을 때 선이 베풀어준 구은(舊恩)을 생각해, 면직된 지 2년이 지난 후에 선은 법조문을 밝게 익혔고, 나라의 제도를 익숙하게 알며 전에 걸린 죄가 중하지 않으나 다시 나아오게 해 쓸 만하다고 추천했다. 상은 선을 불러 다시 고양후의 작위를 회복시켜주고 특진(特進)의 총애를 베풀어 지위는 안창후(安昌侯-성제의 스승 장우(張禹)) 다음으로 했으며, 급사중(給事中)으로서 상서(尚書)의 일을 보게 했다. 선은 상의 존중을 회복했다. 정사를 맡은 지 몇 년 뒤에 정릉후(定陵侯) 순우장(淳于長)과 친했던 죄에 연루돼 파직되고 사저로 나아갔다[就第].
쥐제

애초에 선에게는 명(明), 수(修) 두 명의 아우가 있었다. 명은 남양(南陽) 태수에 이르렀고, 수는 군수와 경조윤, 소부(少府)를 거쳤고 사람들과 잘 교제하며, 그가 다스렸던 마을들에서도 칭송을 얻었다. 계모가 있었는데 항상 설수를 따라다니면서 관직 생활을 돌봐주었다. 선이 승상이 됐을 때 (수가 임치령(臨淄令)이 되자) 선은 계모[後母=繼母]를 가서 맞았는데 수
후모 계모
는 그러지 않았다. (그런데 정작) 계모가 병으로 죽자 수는 관직을 버리고 상복을 입었다[持服=服喪]. (반면에) 선은 설수에게 3년복은 거의 실천
지복 복상
할 수 없는 것이라 말해 두 형제는 서로 의견을 합치할 수가 없었다. 수는 끝내 3년복을 입어 이로 말미암아 형제 사이에 불화가 생겨났는데 그것이 아주 오래갔다.

시간이 흘러 애제(哀帝)가 처음 즉위했을 무렵 박사(博士) 및 급사중인 신함(申咸)도 (그 형제들처럼) 동해(東海) 사람이었는데, 선이 계모를 제대로 봉양하지 못했고 상복을 입는 예도 행하지 않았으며 골육에 대한 정(情)도 엷으니, 예전의 불충과 불효를 이유로 그를 면직시키고 다시는 후(侯)로 봉하지 않아 조정에 설 수 없도록 해야 한다고 말했다. 선의 아들 황(況)이 우조시랑(右曹侍郎)이 돼 여러 차례나 그런 말을 듣게 되자, 식객 양명(楊明)에게 뇌물을 주고서 함의 얼굴에 상처를 내게 해서 자리에 나아

갈 수 없게 만들기로 했다.¹¹ 때마침 사예(司隷)의 자리가 비게 되자 황은 함(咸)이 그 자리에 가게 될까 두려워, 마침내 나라의 명령이라 꾸미고서 궁문 밖에서 함의 길을 막고, 그를 베어 코와 입술을 잘라내고 몸을 갈기 갈기 찢어 죽였다. 일이 유사(有司)에 내려지자 어사중승(中丞) 중(衆) 등이 아뢰었다.

'황(況)은 조정 신하[朝臣]이며 그의 아버지가 예전에 재상이었다 해서 다시 열후(列侯)에 봉해졌지만, 폐하의 다움을 널리 펴는 데 도움을 주지는 못한 채 골육끼리 서로 의심하다가, 함이 설수의 말을 듣고서 설선을 헐뜯고 비방했을 것이라고 의심했습니다. 함이 말한 바는 다 선의 실제 행적으로 그것은 많은 사람들이 함께 지켜본 바이고, 나라에서도 마땅히 들어서 알고 있던 것입니다. 황은 급사중 함과 알고 지냈는데 혹시 그가 사예가 될 경우 선의 문제를 들어 탄핵하는 주문을 올릴까 두려워, 나라의 명이라 꾸미고서 양명 등을 시켜 궁궐 입구까지 따라가게 해 조정의 근신(近臣)을 큰 길에서 많은 사람들이 지켜보는 가운데 도륙을 해놓고서도 폐하의 눈과 귀를 막으려 하고, 또 조정에서의 논의의 실마리도 막아서 끊어보려 하고 있습니다. 이자는 사납고 간교해[桀黠] 두려워하거나 꺼리는 바가 없으며, 여러 사람들을 시끄럽게 만들어[諠譁] 그 소문이 사방으로 퍼져나갔는데, 이는 많은 일반 사람들이 분노로 인해 다투게 되는 것과는 같은 유의 일이 아닙니다.

신이 듣건대 근신(近臣)을 공경하는 것은 곧 임금을 가까이하는 것이

---

11 당시 한나라 제도에는 얼굴에 칼자국[金夷]이 있을 경우 관리로서 실격이 되는 조건이 있었다.

라고 했습니다. 『예기(禮記)』에 따르면 "(대부(大夫)와 사(士)는) 공문(公門 -대궐 문)을 지날 때에는 수레에서 내리고, (임금의 수레를 끄는) 노마(路馬)를 보았을 때에는 식(式)의 예[12]를 한다[下公門式路馬]"라고 했고, 또 예법에서는 임금이 기르는 짐승들에게도 오히려 삼가라 했습니다. 『춘추(春秋)』의 의리에 따르면 그 품은 뜻이 그릇된 것[惡]이면, 설사 일을 성취한다 하더라도 주벌을 면치 못하고 위를 범하는 자[13]는 오래갈 수 없다고 했습니다. 황은 이번 사건의 수괴이고 명은 상해를 끼친 하수인이어서, 동기나 결과 모두 악한 것이니 모두 다 크게 불경을 범한 것입니다. 마땅히 명에게는 무거운 벌인 사형을 논고하며 황도 기시(棄市)해야 할 것입니다.'

이에 대해 정위 직(直)[14]은 다음과 같이 아뢰었다.

'율(律)에 따르면 "싸울 때 칼로 사람을 상처 나게 하면 완형(完刑)[15]으로 성단(城旦)[16]을 행하고, 그 죄수에게는 죄 1등(-사형죄)을 추가하며 공모자도 같은 죄로 다스린다"라고 돼 있습니다. 조서(詔書)를 갖고서 그것을 날조한 것[詆欺]은 죄가 성립되지 않습니다. 옛글에 이르기를 "사람을 만나 의로움을 행하지 않고, 멍든 것을 그냥 지켜보는 자와 사람을 멍들

---

12 수레의 손잡이를 잡고서 쓰다듬어 삼가는 마음을 드러내는 것이다.

13 여기서는 임금의 근신을 해치는 것을 말한다.

14 방진(龐眞)을 가리킨다. 따라서 직(直)은 진(眞)의 잘못이다.

15 경형(黥刑)이나 의형(劓刑)처럼 신체를 손상하지 않은 형벌을 말한다.

16 매일 아침 일찍부터 일어나 성 쌓는 노역에 동원되는 형벌로 형기는 3~4년이다.

게 한 자의 죄를 같은 것으로 다스리는 까닭은 곧지 못함[不直]을 미워하
기 때문이다"라고 했습니다. 함은 수와 사이가 아주 좋았는데, 자주 선의
잘못을 언급해 소문이 널리 퍼지게[流聞] 만든 것은 의롭지 못한 것이니
함을 곧다고 말할 수는 없습니다. 황은 의도적으로 함에게 상처를 입히고
자 하고 그 계략을 이미 정하기는 했지만, 뒤에 사예교위의 후임이 올 것
이라는 것을 듣고서 예전부터 계획한 대로 명을 사주한[趣=促] 것이기 때
문에, 함이 사예교위가 될 것을 두려워해서 의도적으로 계략을 꾸민 것이
라고 볼 수는 없습니다. 본래 사사로운 일로 다툰 것이기 때문에 비록 궁
문[掖門] 밖에서 함이 길을 가던 중에 상해를 입힌 것이기는 하지만, 많은
일반 사람들이 분노로 인해 다투게 되는 것과 다를 바가 없습니다. 사람을
죽인 자는 사형에 처하고 상처를 입힌 자는 형벌을 가하는 것은 옛날이나
지금이나 통하는 도리이고, 삼대 이래로 바뀐 바가 없습니다. 공자께서도
"반드시 이름부터 바로잡겠다[正名]"라고 하셨으니, 이름이 바르지 못하면
형벌을 행하는 것이 알맞지 못하고[不中], 형벌이 알맞지 못하면 백성들이
(믿고 의지할 데가 없어) 손발을 둘 곳이 없어집니다.[17] (그런데) 지금 황은

---

17 『논어(論語)』 「자로(子路)」 편에 나오는 다음과 같은 대화를 줄인 것이다. 자로가 물었다. "위나
라 군주가 스승님을 기다려 정치에 참여시키려고 하니 스승님께서는 정치를 하시게 될 경우
무엇을 우선시 하시렵니까?" 공자는 말했다. "반드시 이름부터 바로잡겠다." 이에 자로가 말했
다. "이러하시다니! 스승님의 우활하심이여! (그렇게 해서야) 어떻게 (정치를) 바로잡으시겠습
니까?" 이에 공자는 말했다. "한심하구나, 유여! 군자는 자기가 알지 못하는 것은 비워두고서
말을 하지 않는 법이다. 이름이 바르지 못하면 말이 순하지 못하고, 말이 순하지 못하면 일이
이루어지지 못하고, 일이 이루어지지 못하면 예악이 흥하지 않고, 예악이 흥하지 못하면 형벌
이 알맞지 못하고, 형벌이 알맞지 못하면 백성들이 손발을 둘 곳이 없게 된다. 고로 군자가 이

사건의 수괴가 되고 명은 상해를 끼친 하수인이 돼 큰 불경(不敬)에 해당한다고 하는 것은 공과 사를 구분하지 못한 것입니다.『춘추(春秋)』의 의리란 마음의 뿌리까지 들어가서 그것을 근거로 삼아 죄를 정하는 것[原心定罪]입니다. 황의 마음의 뿌리까지 들어가 보면 자기 아버지가 비방을 당하는 것에 분노가 폭발한 것이지 다른 큰 죄악이 아닙니다. 여기에다가 날조했다[詆欺]는 죄를 더하고, 소소한 잘못들을 주워 모아 큰 죄[大辟]로 만들어 사형에 몰아넣으려는 것은, 밝은 조서에도 위배되고 법의 본래 정신에도 맞지 않을까 두려우니 (사형을) 시행해서는 안 될 것입니다. 빼어나신 임금[聖王]은 분노 때문에 형을 늘이지 않는다고 했습니다. 명은 마땅히 사람을 해쳤으니 곧지 못하다는 것을 갖고서 죄를 주되, 황은 공모자일 뿐이니 벼슬을 감안해 감형을 하고서[爵減],[18] 완형(完刑)으로 성단(城旦)을 행하게 하셔야 합니다.'

상이 공경과 의견을 내는 신하들[議臣]에게 물었다. 승상 공광(孔光)과 대사공 사단(師丹)은 중승의 의견이 옳다고 했고, 장군부터 박사, 의랑(議郞)에 이르기까지는 모두 정위가 옳다고 했다. 황은 결국 죄 1등(-사형죄)을 덜어 돈황으로 유배를 보냈다. 선은 연좌돼 면직당하고 서인이 돼 고향으로 돌아갔다가 집에서 죽었다.

선(宣)의 아들 혜(惠) 또한 2,000석 관리에 이르렀다. 애초에 혜가 팽성

름을 붙이면 반드시 말할 수 있고, 말할 수 있으면 반드시 행할 수 있는 것이니, 군자는 그 말에 있어 구차히 함이 없을 뿐이다."

18 이는 그냥 벼슬을 낮춘다고 풀이할 수도 있으나 사고(師古)의 풀이에 따라 이렇게 해석했다.

(彭城)현령으로 있을 때 선은 임회(臨淮)에서 진류(陳留)태수로 자리를 옮겨 그 현을 지나가던 도중에 교량과 우역(郵驛)을 제대로 정비해놓지 않은 것을 보았다. 선은 마음속으로 혜가 유능하지 못하다는 것을 알고서, 팽성에 며칠 머물러 관사에 쉬면서 가구나 집기를 옮기고 채소밭도 살펴보았지만, 끝내 혜에게 직무에 관해서는 묻지 않았다. 혜는 현을 다스리는 것이 선의 마음에 차지 않았으리라는 것을 스스로 알고서, 자신의 아전으로 하여금 선을 모시고서 진류군까지 따라가게 한 뒤에, 아전으로 하여금 법고서 마치 자신이 묻는 듯이 해, 혜의 직무에 관해 묻지 않은 이유를 물었다. 선은 웃으면서 말했다.

"관리의 도리는 법령을 스승으로 삼아 거기에 물어보면 알 수 있는 것이다. 그런데 능한지 그렇지 못한지는 스스로 타고난 재능이 있는 것이니 배운다고 해서 될 수 있는 것이겠느냐?"

애초에 선(宣)이 두 번째로 봉해져 후가 됐을 때 아내가 죽었는데, 당시 (선제(宣帝)의 딸인) 경무 장공주(敬武長公主)가 과부였기 때문에 상은 선으로 하여금 공주와 혼인을 하라고 했다. (그 후에) 선이 면직돼 고향 군으로 돌아갈 때 공주는 경사(京師)에 남았다. 뒤에 선이 졸(卒)하자 주(主-공주)는 글을 올려 선을 (성제의 능인) 연릉(延陵)에 장사를 지내고 싶다고 해서 재가를 받았다. 황(況)은 몰래 돈황에서 장안으로 돌아왔는데, 마침 사면령이 있어 장안에 머물며 공주와 은밀하게 난잡한 짓을 했다. 애제(哀帝)의 외가인 정씨(丁氏)와 부씨(傅氏)가 귀하게 되자, 공주는 이들에게 붙어 섬기면서 왕씨(王氏)와는 거리가 멀어졌다. 원시(元始) 연간에 망(莽)이 스스로를 높여 안한공(安漢公)이 되자, 공주는 또 밖에 나가 망을 비난했다. 한편 황은 여관(呂寬)과 서로 친했는데 관(寬)의 일이 발각됐을 때 황도 아울러 조사해 그의 죄상을 폭로했고, 사자를 보내 태황태후의 조서 형식으로 공주에게 사약을 내리게 했다. 공주가 화를 내며 말했다.

"유씨(劉氏)가 고립되고 힘이 없어 왕씨가 조정을 제 마음대로 하면서 종실을 배척하고 있는데, 또 올케(-태황태후)가 어찌 시누이의 안방 일을 갖고서 죽일 수 있는 것이냐!"

사자가 공주를 압박하며 지켜서 있자 드디어 약을 마시고 죽었다. 황은 효수돼 머리가 시장에 내걸렸다. 태후에게는 공주가 갑자기 병으로 흥했다고 전했다. 태후는 그 장례에 참석하고 싶어 했으나 망이 굳게 간쟁해 마침내 막았다.

주박(朱博)은 자(字)가 자원(子元)으로 두릉(杜陵) 사람이다. 집안이 가난해 젊은 시절 현(縣)의 급사(給事)로 정장(亭長)이 됐는데, 빈객과 젊은 사람들을 좋아해 도적을 잡는 일이 있을 때는 과감하게 나서 피하지를 않았다. 점차 승진해 (현의) 공조(功曹)가 됐고 협객들과 사귀기를 좋아했으며, 사대부를 따를 때에는 비바람을 피하지 않았다. 이때 전장군 망지(望之)의 아들 소육(蕭育)과 어사대부 만년(萬年)의 아들 진함(陳咸)은 공경의 아들로 재주가 뛰어나 이름이 있었는데, 박(博)은 이 두 사람 모두와 우정을 나눴다. 당시 여러 능(陵)들의 현(縣)은 태상(太常)에 속해 있었는데, 박은 태상의 연(掾)으로서 청렴함이 눈에 띄어 안릉(安陵) 승(丞)에 보임됐다. 뒤에 관직을 버리고 경조(京兆-도성)에 들어와 조사(曹史)의 여러 연을 지냈고 지방으로 나와 독우(督郵) 서연(書掾)이 됐는데, 맡은 부서의 일마다 잘 처리해[辨] 군(郡)내에서 칭송을 들었다.

그런데 진함이 어사중승으로 있으면서 궐내[省中=禁中]의 일을 누설한 일에 연루돼 옥에 내려졌다. 박은 관리를 그만두고 몰래 걸어 들어가 정위(廷尉)의 관아에 숨어들어 함의 일을 훔쳐보았다. 함이 고문을 당하며 아주 고생을 하자, 박은 의원(醫員)인 것처럼 보여 옥 안에 들어가 함을 만나볼 수 있었고, 죄에 걸려든 정황을 구체적으로 알게 됐다. 박은 감옥 밖으로 나와 다시 성과 이름을 바꾸고서, 함이 수백 대나 맞는 등의 고초를 겪고서 어쩔 수 없이 털어놓은 것임을 입증해, 사형을 면하고 감형될 수 있게 해주었다. 함은 정식 논죄를 받아 감옥을 나왔고, 그 바람에 박은 이름이 났으며 군의 공조가 됐다.

오랜 시간이 흘러 성제(成帝)가 즉위하자 대장군 왕봉(王鳳)이 정권을 쥐고서 진함을 장사(長史)로 삼을 것을 청했다. 함은 소육과 주박을 천거해 막부의 속관으로 삼았는데, 봉(鳳)은 이들을 기이하게 여겨 그중 박을 천거해 역양(櫟陽)현령으로 삼았다가 운양(雲陽)와 평릉(平陵)의 2개 현으로 옮겼고, 여기서 높은 인사고과[高弟]로 도성에 들어와 장안현령이 됐다. 경사(京師)에서도 잘 다스리자 기주(冀州)자사로 승진했다.

박은 본래 무리(武吏)로 법률[文法]을 다룬 적이 없었는데 자사가 돼 부(部)를 순시할 때, 관리와 백성 수백 명이 길을 막고서 할 말이 있다며 관청 안을 가득 채우고 있었다. 종사(從事)는 이 현에서 백성들의 말을 다 들어보고서 일을 마친 다음에 출발하는 것이 좋겠다고 건의했는데, 이는 박을 시험해보려는 것이었다. 박은 마음속으로 그것을 알아차리고는 밖에 있는 자에게 수레를 빨리 준비하라고 재촉했다. 이미 수레가 준비됐다고 하자 박은 나가서 수레 쪽으로 가 건의하겠다는 백성들을 만나본 다음 종사를 시켜 관리와 백성들에게 이렇게 분명하게 경고할 것을 지시했다.

"현승(縣丞)이나 현위(縣尉)에게 할 말이 있는 자는, 자사가 황색 인끈[黃綬-승이나 위의 인끈]을 감독하지는 않으니 각자 군으로 가도록 하라. 2,000석 검은 인끈 장리에게 할 말이 있는 자는 사자가 부에 대한 순시를 마치고 돌아오거든 자사가 업무를 처리하는 곳으로 나아오도록 하라. 관리에게 억울한 일을 당한 백성 혹은 도적이나 소송의 일을 말하고자 하는 자는 각 부의 종사에게 그 일을 맡기도록 하라."

박이 수레를 세워두고 재판을 해 백성들을 떠나보내자 400~500명이 모두 귀신처럼 떠나가버렸다. 관리와 백성들은 크게 놀랐는데 박이 이런 사태에 그처럼 신속하게 대응하리라고 생각지 못했기 때문이다. 뒤에 박이 천천히 알아보니 과연 늙은 종사가 백성들을 사주해 모이게 한 것이었다. 박이 이 관리를 죽이자 주군(州郡)에서는 박의 위엄을 두려워했다. 옮겨서 병주(幷州)자사, 호조도위(護漕都尉)가 됐다가 (제나라) 낭야(琅邪)태수로 승진했다.

제(齊)나라에 속한 군 사람들은 기질이 느릿느릿하고[舒綬] 잘난 척하는 것으로 유명했는데, 박이 처음 업무를 보게 되자 우조(右曹)의 연사(掾史)들이 모두 병을 핑계로 (휴가를 내고) 드러누웠다. 박이 그 까닭을 묻자 이렇게 답했다.

"황공하옵니다. 전례에 따르면 2,000석(-태수)이 새로 오게 되면 곧장 관리를 보내 위문을 하고 성의를 표시해야 비로소 감히 일어나 업무에 나아 갑니다."

박은 수염을 쓰다듬고 안석을 치며 말했다.

"제 땅의 애송이들이 이다지도 저속한 줄을 이제야 보게 되는구나!"

이에 여러 조사(曹史)와 서좌(書佐), 그리고 현의 대리(大吏)들을 불러서 만나본 다음에, 그중에서 쓸 만한 자들을 골라 그들로 하여금 새롭게 일을 보도록 하고, 병을 핑계로 나오지 않은 자들을 다 내쫓고서, 모두 흰 두건을 쓰고 부의 문을 나가게 했다. 군내가 크게 놀랐다. 얼마 후에 나이 많은 큰 유학자 문하연(門下掾-관직 이름) 공수(龔遂)가 수백 명을 가르치는데 박과 만났을 때, 그가 절하고 일어나는 것이 느릿느릿했다. 박은 나와서 주부(主簿)에게 일러 말했다.

"공은 늙은 유생이라 관리의 예를 익히지 못한 듯하니, 주부가 그에게 장차 절하고 일어나는 것을 가르치도록 하고 한가롭게 꾸물대는 습관을 없애도록 하라."

또 공조(功曹)를 다그쳐 말했다.

"관속들이 대부분 넓고 큰 옷과 바지를 입고 있는데 절도에 맞지 않으니, 이제부터 연사들은 모두 땅에서 3촌(寸) 정도 올라오게 해서 입도록 하라."

박은 더욱 유생들을 좋아하지 않게 돼 군내에 가는 곳마다 회의가 끝나면 이렇게 말했다.

"어찌 다시 모조(謀曹-참모 관리)를 둘 필요가 있겠는가?"

문학(文學)과 유리(儒吏)들은 수시로 옛 기록 운운하며 글을 올렸으나 박은 그들을 만나보고서 이렇게 말했다.

"태수란 한나라 관리이며 3척(짜리 죽간에 실린) 율령이면 얼마든지 일을 할 수 있을 뿐인데, 무슨 유생들이 함부로 성인의 도리 운운하는가? 정 그런 도리를 따르고 싶거든 훗날 요순(堯舜) 같은 임금이 나타났을 때 그 사람에게 가서 진설(陳說)하라."

박이 다른 사람을 꺾고 거스르는 것[折逆]이 이와 같았다. 일을 본 지 여러 해가 지나자 그곳의 풍속은 크게 바뀌어, 연사(掾史)들의 예절은 초(楚)나 조(趙)나라 관리의 그것과 같아졌다.

박은 군을 다스리면서 늘 속현들에 명해 각각 자기 현의 호걸들을 써서 대리(大吏-고위 관리)로 쓰도록 하고, 문재와 무재를 감안해 적재적소에 배치토록 했다. 현에 큰 도적이나 그밖의 다른 비상사태가 있으면 즉각 문서를 보내 엄하게 책망했다. 이에 그들이 온 힘을 다해 효과가 있으면 반드시 두터운 상을 주었고, 간교함을 품고서 임무를 소홀히 할 경우에는 즉각 주벌을 시행했다. 이 때문에 호강(豪强)한 자들은 두려워해[慹=懼] 복종했다. 고막현(姑幕縣)에서 한 패거리 8명이 현의 청사 뜰에서 자신들의 원수를 보복하는 일이 벌어졌는데, 그들을 하나도 붙잡지 못했다. 현의 장리(長吏)가 직접 문서를 보내 부(府)에 보고했고, 적조(賊曹) 연사(掾史)가 스스로 고막에 가겠다고 나섰다. 그러나 일이 있어 유보시키고 보내지 않았다. 공조(功曹)의 여러 아전들이 즉각 모두 자원했으나 역시 보내지 않았다. 이에 부의 승이 태수[閤]에게 왔기 때문에 박은 승연(丞掾)을 만나보고서 말했다.

"내 생각으로는 고막에 장리가 있고 부에서는 아직 관여할 일이 아니라 보는데, 승연은 부에서 마땅히 관여해야 한다고 여기는가?"

합(閤) 아래의 서좌(書佐)를 들어오게 해 박은 그에게 격문을 구술했다.

"부에서 고막현령과 승에게 고하노라. 적의 무리를 붙잡지 못했다는 보고를 받았다. 격문이 도착하는 대로 현령과 승은 직무에 나아가고, 유요(游徼-도둑을 잡는 지방 관리)인 왕경(王卿)은 온 힘을 다해 그들을 붙잡되 율령대로 하라."

왕경은 경고장을 받자 두려움에 떨었고, 그의 부하들도 낯빛이 바뀌어 밤낮으로 분주히 돌아다닌 끝에 10여 일 동안 다섯 명을 체포했다. 부는 다시 글을 보내 말했다.

'왕경이 공사(公事)를 걱정하는 것이 참으로 깊도다! 격문이 도착하는 대로 그간의 공로와 행적을 기록해 부에 보내도록 하라. 부(部)의 연(掾) 이하도 마찬가지이며, 그 나머지도 차곡차곡 다 붙잡도록 하라.'

그가 아랫사람들을 다루는 것은 다 이와 같았다.

치적이 뛰어나 도성에 들어가 임시 좌풍익이 됐고 임기를 다 채우자 정식 좌풍익이 됐다. 그가 좌풍익을 다스릴 때 법리와 총명(聰明)은 설선(薛宣)에 미치지 못했지만 무략과 계책이 많았고, 비밀 연락망을 잘 조직했으며 이익을 별로 탐하지 않았고 과감하게 주살(誅殺)을 시행했다. 그러나 또한 풀어놓고서 때로는 큰 관용을 베풀었기 때문에 아래 관리들은 이로 인해 온 힘을 다했다.

장릉(長陵)의 명문가[大姓 대성] 출신 상방금(尙方禁)은 젊어서 일찍이 남의 아내를 겁탈했다가 칼에 베여 뺨에 흉터가 있었다. 부(府)의 공조가 뇌물을 받고서 금(禁)을 제배해 임시로 수위(守尉)로 삼겠다고 건의를 했다. 박은 소문을 들어서 알고 있었기 때문에 다른 일로 그를 불러서 만나보니, 그의 얼굴에 과연 흉터가 있었다. 박은 좌우의 사람들을 물리고서 금에게 물었다.

"이는 어쩌다 생긴 상처인가?"

금은 이미 박이 사정을 알고 있다고 생각하고서 머리를 조아리며 실상을 털어놓았다. 박이 웃으며 말했다.

"장부가 경우에 따라 그럴 수도 있지. 이 풍익이 경(卿)의 치욕을 씻어주고자 그대를 쓰려고 하는데 정말 능력을 보여줄 수 있겠는가?"

금은 한편으로는 기쁘고 한편으로는 두려워하면서[且喜且懼] 말했다.
차희 차구

"죽기를 각오하고 반드시 최선을 다하겠습니다."

박은 금에게 타일러 말했다.

"다른 사람에게는 말하지 말고 혹시 필요한 일이 있으면 즉시 말을 기록해두도록 하라."

이처럼 신임을 보여 그를 자신의 눈과 귀로 삼았다. 금은 아침 일찍부터 밤늦도록 관내의 도적들 및 다른 숨어 있던 잡범들을 잡는 공로가 있었다. 얼마 뒤에 공조를 불러 만나보면서 합의문을 닫고서 금의 일에 대해 조목조목 따지면서 붓을 주어 스스로 다음과 같이 쓰게 했다.

'한 푼이라도 받은 것이 있으면 결코 숨기지 않겠습니다. 한 마디라도 거짓이 있을 경우 제 목을 자르십시오.'

공조는 두려움에 떨며 그동안 저지른 간사한 짓을 다 털어놓아 크건 작건 어느 하나 숨기지 못했다. 박은 그의 답이 사실임을 알고서 마침내 자리로 나아가게 하고서, 스스로를 고치겠다는 다짐만 받아냈을 뿐이다. 그리고 칼을 던져주어 그가 썼던 것을 다 깎아내게 하고 내보내 직무를 보도록 했다. 공조는 뒤에 늘 두려움에 떨며 감히 일을 함에 있어 차질이 없었고, 박은 드디어 그를 잘 챙겨주었다[成就].
성취

(박은) 승진해서 대사농(大司農)이 됐다. 1년여가 지나 사소한 법에 걸려 건위(犍爲)태수로 좌천됐다. 이에 앞서 남만(南蠻)의 (호족 두목인) 약아(若兒)가 여러 차례 도적질을 하자, 박은 그의 형제들과 두터운 친분을 맺고서 반간계(反間計)를 써서 습격해 그를 죽이니 군 안이 깨끗해졌다.

옮겨서 산양(山陽)태수가 됐는데 병이 들어 관직에서 물러났다. 다시 불려가 광록대부가 됐고 정위(廷尉)로 승진했는데, 그 직무가 의옥(疑獄)을 결단하는 자리라 천하의 옥송을 공평하게 재판해야 했다. 박은 관속(官屬-부하 관리)들에게 무고를 당할까 두려워해 일을 보면서 정감(正監)[19]의 법을 담당하는 연과 사를 불러 이렇게 말했다.

"정위(-자기 자신)는 몰래 무리(武吏)로 입신해 법률에 정통하지 못한데, 다행히 여러분처럼 뛰어난 이들이 많으니 참으로 무슨 걱정이겠소? 그러나 이 정위도 군들을 다스리면서 옥사를 결단한 것이 20년이 돼가니 참으로 귀로만 얻어들은 것이 오래이고, 3척의 율령에 인사(人事)가 다 들어 있다고 할 수 있소. 연사는 시험 삼아 정감과 함께 이전에 판결했던 사건들 중에서 논의를 통해 확실한 결단이 어려웠던 사건 수십 건을 골라 이 정위에게 가져온다면 여러분들과 함께 다시 따져볼 생각이오."

정감은 박이 실제로는 잘 알고 있으면서 일부러 그렇지 못한 척한다고

---

19 정위부에는 정감, 좌감, 우감이 있는데 작질은 1,000석이다.

여기고서 조목조목 아뢰었다. 박은 연사를 모두 불러 나란히 앉게 하고서 의견을 물었고 경중에 따라 알맞게 판결을 내렸는데, 십중팔구가 사안에 적중했다. 관속들은 모두 박이 소략하면서도 그 재주가 남들보다 훨씬 뛰어남을 알고서 탄복했다. 매번 승진해 관직을 옮길 때마다 가는 곳에서 늘 이와 같은 기발한 계책을 냄으로써 아랫사람들에게 자신을 아무리 속이려 해도 속일 수 없다는 것을 훤히 보여주었다.

한참 지나서 승진해 후장군이 돼 홍양후(紅陽侯) 립(立-왕립)과 서로 친하게 지냈다. 립이 죄가 있어 봉국으로 나아갔고 유사에서는 립의 당우(黨友)들을 아뢰니 박은 연루돼 면직됐다. 1년여 뒤에 애제(哀帝)가 즉위하자 박이 명신(名臣)이라 해 불러서 만나보고는 집에서 일으켜[起家] 다시 광록대부로 삼았고, 승진시켜 경조윤(京兆尹)으로 삼았으며 몇 달 뒤에는 품계를 뛰어넘어 대사공(大司空)으로 삼았다.

처음에 한나라가 일어났을 때 진(秦)나라의 관제를 써서 승상(丞相) 어사대부(御史大夫) 태위(太尉)를 설치했다. 무제(武帝) 때에 이르러 태위를 혁파하고 처음으로 대사마(大司馬)를 두어 장군(將軍)의 칭호로 삼았는데 인끈[印綬]이나 관속(官屬)은 없었다. 성제(成帝) 때에 이르러 하무(何武)를 구경(九卿)으로 삼자 아래와 같은 말씀을 올렸다.

"옛날에는 백성들이 질박하고 일이 간략했는데도 나라의 보좌를 위해 반드시 뛰어나거나 빼어난 이를 얻어서 썼습니다. 그러했는데도 오히려[然猶] 하늘이 세 가지 빛[三光-해, 달, 별]을 갖고 있듯이, 삼공(三公)이란 관직을 두고서 각각에게 직무를 나누어주었습니다. (그런데) 지금은 말세의 타락한 풍속[末俗]이 폐단을 드러내고 있고, 정사는 번잡스럽고 많으며, 재상의 재목은 옛날에 미칠 수 없는데도 승상 혼자서 삼공의 업무를 겸하고 있으니, 이것이야말로 오랫동안 막히어 다스림이 제대로 이뤄지지 않는 까닭입니다. 마땅히 삼공의 관직을 세우시고 경과 대부의 맡은 바를 정하시고 직무를 나눠 정사를 내려주신다면 좋은 결과[功效]를 보시게 될 것입니다."

그후에 상(-성제)이 스승인 안창후(安昌侯) 장우(張禹)에게 묻자 우왕(禹王) 때 그렇게 했다고 말했다. 이때 곡양후(曲陽侯) 왕근(王根)이 대사마 겸 표기장군(票騎將軍)이 됐는데 하무는 어사대부가 됐다. 이에 상이 곡양후 왕근에게 대사마의 인끈을 하사하고 관속을 두었으며 표기장군이라는 관직은 혁파했다. 그리하여 어사대부 하무를 대사공(大司空)으로 삼고 열후(列侯)에 책봉한 다음, 둘 다 높여 승상으로 삼아 삼공의 관직을 갖추게 됐다. 의견을 내는 자들이 대부분 지금의 제도는 옛날과 다르다고 했다. 한나라는 천자라는 호칭부터 아래로 좌사(佐史)에 이르기까지 모든 관직명이 옛날과 같지 않았는데, 오직 삼공만 고치니 맡은 일이 제대로 나눠지기 어려웠고 어지러움을 다스리는데 유익함이 없을 것이라는 말이었다.

이때 어사부(御史府) 관리들의 숙소에 있는 100여 곳의 우물이 모두 마르고, 또 그 부중에 줄지어 있는 측백나무에 평소 들새 수천 마리가 서식하면서 아침에 나갔다가 저녁에 돌아오곤 해 이를 조석오(朝夕烏)라고 불렀는데, 그 까마귀들이 떠나가서 돌아오지 않는 것이 수개월째라 장로들이 이상하게 여겼다. 그로부터 2년여 후에 주박이 대사공이 돼 말씀을 위에 아뢰었다.

"제왕의 도리란 (왕조가 바뀌었는데도) 반드시 이어받아야 할 필요가 없고, 각자 그 시대의 사안[時務]을 바탕으로 삼아야 합니다. 고황제께서는 빼어난 다움으로 천명을 받으시어 대업을 이룩하신 다음 어사대부(御史大夫)의 관직을 설치해, 지위는 승상 다음으로 하고 법도를 바르게 하는 일을 맡도록 함으로써, 직무에 관여해 백관들을 통솔하고 아래위를 서로 감독하고 살펴서[監臨], 200년이 지나도록 천하를 안정시켰습니다. (그런데) 지금 그것을 고쳐 대사공(大司空)이라 하고 승상과 같은 지위에 두니, 아름다운 하늘의 복[嘉祐]을 받을 수가 없습니다.

옛일을 살펴보면 군국(郡國)의 재상이나 고위 관리들 중에서 골라 중(中) 2,000석 관리로 삼고, 중(中) 2,000석 관리 중에서 골라 어사대부로 삼았으니, 맡은 일은 승상과 같아도 위계질서에는 차례가 있었는데, 이는 (황제의) 빼어난 다움을 높이고 나라의 재상[國相]을 (지방에서 뽑아 올린 어사대부보다) 중하게 여긴 때문입니다. (그런데) 지금은 중(中) 2,000석 관리가 어사대부는 될 수 없는데 승상은 될 수 있으니, 이는 권한이 가벼워 나라의 재상을 중하게 여기는 이치라고 할 수 없습니다.

어리석은 신은 대사공의 관직을 혁파하시고 어사대부를 다시 설치하시어 옛 제도를 따라서 받들어야 한다고 봅니다. 신이 바라건대 어사대부로서 힘을 다해 백료(百僚)를 통솔해야 할 것입니다."

애제(哀帝)는 이 말을 따랐고 이에 박을 고쳐 제배해 어사대부로 삼았다. 마침 대사마 희(喜-부희)가 면직되자 양안후(陽安侯) 정명(丁明)을 대사마 위(衛)장군으로 삼고 관속을 두었으며, 대사마의 관호(冠號)는 예전 그대로 했다. 4년 후에 애제가 드디어 승상을 고쳐 대사도라고 하고 다시 대사공, 대사마를 두었다.

애초에 하무(何武)가 대사공(大司空)이 되자 또 승상 적방진(翟方進)과 공동으로 아뢰어 말했다.

"옛날에는 제후들 중에서 뛰어난 자를 골라 주백(州伯-지방행정 책임자)으로 삼아, 『서경(書經)』에 이르기를 '12목(牧)에게 물으시기를'[20]이라고 했으니, 이는 귀 밝고 눈 밝은 자들에게 길을 넓혀주고 숨어 지내는 은자들에게 빛을 밝혀주기 위함이었습니다. (그런데) 지금은 부자사(部刺史)가 목백(牧伯)의 지위에 있으면서, 한 주의 통할권을 쥐고 주요 관리들을 마음대로 뽑으며, 그가 추천한 자는 지위가 구경(九卿)에까지 높이 오르고 그릇된 자는 마음대로 내쫓을 수 있으니, 맡은 바는 무겁고 해야 할 일은 아주 많습니다. 『춘추(春秋)』의 의리에 따르면 귀한 자는 쓰고 천한 자는 다스려서, 비천한 자가 존귀한 자리에 있도록 해서는 안 됩니다. 자사(刺史)는 그 지위가 대부(大夫)의 아래이면서도 2,000석 관리의 대우를 받으니, 가볍고 무거움[輕重]이 서로 맞지를 않아 위계의 차례를 잃었습니다. 신이 청컨대 자사를 혁파하시고 다시 주목(州牧)을 설치하시어, 옛 제도와 상응하도록 하셔야 할 것입니다."

이에 애제가 허락하자 주박은 다시 어사대부의 관직을 회복해야 한다며, 또 아래와 같은 주문(奏文)을 올렸다.

'한나라 황실[漢家]은 지극한 다움이 두루 퍼지고[溥=普] 커서, 온 세상[宇內] 사방 1만 리에 군과 현을 세워 설치했습니다. 부자사(部刺史)는 주

---

20 이 글은 「우서(虞書)」 '순전(舜典)' 편에 나온다.

(州)의 모든 업무를 장악해 군국의 관리들을 감독하고 백성들의 안녕을 책임집니다. 옛일에 따르면 한 부에 9년 동안 있게 되면 들어서 (지방의) 태수와 재상[守相]으로 삼고, 그중에서 특별한 재주가 있거나 공로가 드러나면 곧장 발탁해 작질은 낮더라도 상을 두텁게 내려, 모두 힘써 공을 세우도록 권면하며 즐거이 나아가도록 했습니다. 전(前) 승상 적방진(翟方進)이 자사(刺史)를 혁파할 것을 아뢰어 다시 주목(州牧)을 설치했는데, 작질은 진(眞) 2,000석 관리였고[21] 지위는 구경(九卿)의 다음이었습니다. 구경에 결원이 생기면 그다음 고위직으로 보충을 하는데, (이렇게 될 경우) 그중에 재주가 있는데도 그저 제 몸이나 지키고 있을 뿐이면, 정사의 효험이 점차 사라져[陵夷] 간사한 자들을 막을 수 없을까 두렵습니다. 신이 청컨대 주목을 혁파하시고 예전처럼 자사를 설치하셔야 할 것입니다.'

아뢴 대로 하라고 했다.

박(博)은 사람됨이 청렴하고 검소했으며 술이나 여색, 그리고 놀이를 좋아하지 않았다. 미천할 때부터 부귀해져서까지 음식은 맛을 중시하지 않았고, 밥상에서 술을 석 잔 이상 마시지 않았다. 저녁에 일찍 잠자리에 들어 아침 일찍 일어났기 때문에, 아내도 그의 얼굴을 보기 힘들었다. 딸 하나가 있었고 아들은 없었다. 그러나 사대부들과 즐기는 것을 좋아했기 때문에 군수와 구경으로 있을 때 빈객들이 문을 가득 채웠고, 벼슬을 하고 싶어 하는 자들을 천거해주었으며 원한을 갚고 싶어 하는 자에게는 칼을

---

21 한나라 때 경과 사의 중간에 대부가 있었는데, 대부의 작질이 진(眞) 2,000석과 비(比) 2,000석이었다.

풀어주었다. 사안에 따라 선비를 대접하는 것이 이와 같아 박은 스스로 설 수 있었지만 그러나 결국에는 그로 인해 실패했다.

애초에 애제(哀帝)의 할머니 정도(定陶)태후가 존호를 받고 싶어 했을 때, 태후의 사촌동생 고무후(高武侯) 부희는 대사마로 있으면서 승상 공광(孔光), 대사공 사단(師丹)과 함께 공동으로 바른 의견을 고수했다. 공향후(孔鄕侯) 부안(傅晏) 또한 태후의 사촌동생이었는데, 아첨을 하면서 태후의 뜻을 따르고자 해, 마침 박이 새롭게 불려와 경조윤이 되자 함께 교결을 맺고서 존호를 받게 하려는 계책을 만들어, (애제가) 효도를 넓힐 수 있게 해주려 했다. 이로 말미암아 사단이 먼저 면직됐고 박이 그를 대신해서 대사공이 되자 여러 차례 애제가 한가한 틈을 타서 봉사를 올려 말했다.

'승상 광의 뜻은 자기 한 몸이나 지키는 데 있어 나라를 제대로 걱정하지 않습니다. 대사마 희는 지존의 지친이면서 대신에게 아부해 당파를 이뤘으니, 정치에 아무런 도움이 되지 않습니다.'

상은 드디어 희를 파직시켜 내보내 봉국으로 나아가게 했고, 광을 면직시켜 서인으로 삼고서, 박으로 하여금 광을 대신해 승상으로 삼고서 양향후(陽鄕侯)에 봉하고 식읍은 2,000호로 했다. 박은 글을 올려 사양하며 말했다.

'고사에 따르면 승상을 봉할 때 1,000호를 넘지 않았는데 신 홀로 제도를 뛰어넘으니 참으로 부끄럽고 두렵습니다. 1,000호를 반납하고자 합니다.'

상은 허락했다. 부(傅)태후는 부희에 대한 원망이 그치지를 않아 공향후 안으로 하여금 은근히 승상에게 눈치를 주어 희의 후(侯) 작위를 박탈하도록 아뢰게 했다. 박은 조(詔)를 받고서 어사대부 조현(趙鉉)과 토의를 하니 현이 말했다.

"그 일은 이미 전에 결정됐는데 없었던 일로 하는 것이 마땅하지 않겠습니까?"

박이 말했다.

"이미 공향후가 가져온 (태후의) 뜻에 따르기로 했소. 필부와의 약속이라도 죽음으로 지켜야 합니다. 하물며 지존(-태후)이겠습니까? 박은 오직 죽음이 있을 뿐이오."

현은 즉시 그렇게 하겠노라고 했다. 박은 오직 희만을 배척하는 글을 아뢸 수가 없어, 예전에 대사공이었던 범향후(氾鄕侯) 하무도 전에 역시 죄에 연루돼 봉국으로 돌아간 적이 있어, 일이 희와 유사하다고 여겨 곧장 함께 아뢰어 말했다.

"희와 무는 예전에 자리에 있으면서 모두 정치에서는 무익했는데, 비록 이미 물러나서 면직됐지만 작위와 봉토는 그대로 받고 있으니 마땅한 바가 아닙니다. 청컨대 모두 벗겨서 서인으로 삼아야 합니다."

상은 부태후가 평소에 일찍이 희에게 원한을 가지고 있다는 것을 알고 있어서, 박과 현이 태후의 뜻을 이어받은 것으로 의심하고 곧바로 현을 불러 상서로 오게 해 상황을 물어보니, 현이 두려워해 실상을 자백하자 조서를 내려 좌장군 팽선(彭宣)과 중조(中朝)에 있는 신하들이 함께 조사하라고 지시했다. 이에 선(宣) 등이 주박을 탄핵해 아뢰었다.

"박은 재상이고 현은 상경(上卿)이며 안은 외척으로 그 지위가 특진(特進)이니, 모두 팔다리와 같은 대신으로 상의 신임을 받고 있는데도, 온 정성을 다해 공을 받들고 은혜와 교화를 넓히는 일에 힘써 백료들을 앞서 이끌 생각은 하지 않고서, 모두 아는 바와 같이 희와 무의 일은 이미 성은에 따라 결정된 일이며, 세 번이나 고쳐서 사면됐는데도 박은 그릇된 도리를 고집하며 폐하의 성은을 훼손하고, 외척과 신의를 지킨다며 임금과 신하의 의리를 저버리고 정치를 어지럽게 하면서 간사한 무리의 우두머리가 돼 아랫사람에게 붙어 위를 기망하려 했으니, 신하 된 자로서 불충이자 부도입니다. 현은 박이 말한 것이 법에 어긋나는 것임을 알면서도 대의를 굽혀 아첨하고 따라 큰 불경을 저질렀습니다. 안과 박이 희를 면직시키자고 토의한 것은 예를 잃은 것이며 불경입니다.

신은 청컨대 알자에게 조서를 내리시어 박, 현, 안을 불러 정위에 이르러 조옥(詔獄)에 가둬야 할 것입니다."

제(制)하여 말했다.

"장군, 중(中) 2,000석, 2,000석, 제(諸)대부, 박사, 의랑이 함께 토의하라."

우장군 교망(蟜望) 등 44인은 "선(宣) 등이 말한 대로 허락하셔야 합니다"라고 했고, 간대부 공승(龔勝) 등 14명은 "『춘추(春秋)』의 대의에도 간사하게 임금을 섬길 경우에는 일반 형벌을 그만두지 않습니다. 노(魯)나라 대부 숙손교여(叔孫僑如)는 노나라 공실을 제 마음대로 하려고 그 족형인 계손행보(季孫行父)를 진(晉)나라에 참소했고, 진나라에서는 행보를 잡아가두어 노나라를 혼란에 빠뜨렸는데 『춘추(春秋)』는 이 일을 중하게 여겼기 때문에 기록한 것입니다. 지금 부안은 폐하의 명을 따르지 않아 일족을 패망으로 이끌고 조정의 정사를 어지럽게 만들었으며, 대신을 협박해 상을 기망하려 했으며 본래부터 계책을 주도해 혼란을 빚어냈으니, 박, 현과 같은 죄이며 모두 부도(不道)에 해당합니다"라고 말했다.

상은 현의 죽을죄를 3등급 감형했고 안의 식읍 4분의 1을 삭감했으며, 알자에게 지절을 주어 승상을 불러 정위의 조옥에 보내게 했다. 박은 자살했고 봉국을 없앴다.

애초에 박이 어사로 있다가 승상이 돼 양향후에 봉해지자 현(玄)은 소부(少府)에서 어사대부가 됐는데, 나란히 어전에서 절을 하고 계단을 올라 책서(策書)를 받으려 할 때 어디선가 종소리가 들렸다. 상세한 이야기는 「오행지(五行志)」에 실려 있다.

찬(贊)하여 말했다.

"설선(薛宣), 주박(朱博)은 둘 다 좌사(佐史-지방 말단 서기)에서 몸을 일으켜 여러 자리를 거쳐 재상에 올랐다. 선(宣)은 가는 곳마다 잘 다스려 대대로 관리가 되는 자[世吏]의 스승이라 할 수 있으며, 큰 지위에 올라서는 너무 자잘한 것들을 잘 살펴 이름을 잃었으니 사람의 그릇이 거기까지가 한계라 할 수 있다. 박(博)은 열심히 내달려 진취(進取)한 바가 컸으나 도리와 다움[道德]을 생각지 않았으니 이미 뭐라 칭송할 만한 말이 없고, 또 효성(孝成)의 세상을 보았고 대신으로 위임을 받아 이름을 빌려 권력을 마음대로 행사했다. 세상의 주인[世主]이 이미 바뀌었다고 좋아하고 싫어하는 것을 예전과 달리하면서, 다시 정씨(丁氏)와 부씨(傅氏)에게 붙어 공향후(孔鄕侯)의 뜻에 맞춰 순종했다. 일이 발각돼 힐책을 당했고 드디어 꾐에 빠졌으니, 말은 궁하고 사실은 명확해 우러러[仰][○ 사고(師古)가 말했다. "우러러 약을 마셨다는 것은 머리를 들어 약을 마셨다는 뜻이다."〕 짐독(鴆毒)을 마셨다. 공자(孔子)가 말하기를 '오래됐구나! 유(由)의 거짓을 행함이여!'²²라고 했으니 박(博) 또한 그러했도다."

---

22 『논어(論語)』「자한(子罕)」편에 나오는 공자의 말의 일부다. 공자가 병이 더 심해지자 자로는 또 다른 제자로 하여금 스승의 가신으로 삼았다. 병에 차도가 있자 공자는 이렇게 말한다. "오래됐구나! 유의 거짓을 행함이여! 가신이 없는데 가신을 두었으니, 내가 누구를 속였는가? 내가 하늘을 속였구나! 또 내가 가신의 손에 죽기보다는 차라리 너희들의 손에 죽는 것이 낫지 않겠는가? 또 내가 큰 장례를 얻지야 못하겠지만 내가 길거리에서야 죽겠는가?"

KI신서 9071

완역 한서 ❽ 열전列傳 4

1판 1쇄 인쇄 2020년 4월 3일
1판 1쇄 발행 2020년 4월 17일

지은이 반고
옮긴이 이한우
펴낸이 김영곤
펴낸곳 (주)북이십일 21세기북스

출판사업본부장 정지은 **서가명강팀장** 장보라
서가명강팀 강지은 안형욱
서가명강사업팀 엄재욱 이정인 나은경 이다솔
교정 및 진행 양은하 **디자인 표지** 김승일 **본문** 김정자
영업본부이사 안형태 **영업본부장** 한충희 **출판영업팀** 김수현 오서영 최명열
마케팅팀 배상현 김윤희 이현진
제작팀 이영민 권경민

출판등록 2000년 5월 6일 제406-2003-061호
주소 (10881) 경기도 파주시 회동길 201(문발동)
대표전화 031-955-2100 **팩스** 031-955-2151 **이메일** book21@book21.co.kr

(주)북이십일 경계를 허무는 콘텐츠 리더

21세기북스 채널에서 도서 정보와 다양한 영상자료, 이벤트를 만나세요!
페이스북 facebook.com/jiinpill21 **포스트** post.naver.com/21c_editors
인스타그램 instagram.com/jiinpill21 **홈페이지** www.book21.com
유튜브 youtube.com/book21pub

서울대 가지 않아도 들을 수 있는 명강의! 〈서가명강〉
유튜브, 네이버 오디오클립, 팟빵, 팟캐스트, AI 스피커에서 '서가명강'을 검색해보세요!

ⓒ 이한우, 2020

ISBN 978-89-509-8753-4 04900
978-89-509-8756-5(세트)

- 책값은 뒤표지에 있습니다.
- 이 책 내용의 일부 또는 전부를 재사용하려면 반드시 (주)북이십일의 동의를 얻어야 합니다.
- 잘못 만들어진 책은 구입하신 서점에서 교환해드립니다.